suhrkamp taschenbuch 1678

Franz Xaver Kroetz, geboren 1946 in München, lebt in Kirchberg.

Franz Xaver Kroetz
Stücke
II

Suhrkamp

Umschlagfoto: Alexandra Purucker

suhrkamp taschenbuch 1678
Erste Auflage 1989

Satz: Hümmer, Waldbüttelbrunn
Druck: Nomos Verlagsgesellschaft, Baden-Baden
Printed in Germany
Umschlag nach Entwürfen von
Willy Fleckhaus und Rolf Staudt

1 2 3 4 5 6 – 94 93 92 91 90 89

Inhalt

Hartnäckig 7
Der Mensch Adam Deigl und die Obrigkeit 25
Oberösterreich 89
Trilogie Münchner Leben
Herzliche Grüße aus Grado 125
Bilanz 149
Gute Besserung! 173
Maria Magdalena 197
Ein Mann ein Wörterbuch ... 257
Die Wahl fürs Leben 295
Münchner Kindl 321
Schwarzer Sonntag 347
Verfassungsfeinde 357

Copyrightangaben 370
Zeittafel 371
Bibliographie 375

Ich widme diese Ausgabe meiner Mutter, die am 5. Januar 1989
gestorben ist. Ich denke in Dankbarkeit an sie,
denn ohne sie hätte mein literarisches Werk,
jenseits dessen, daß sie mich geboren hat, nie entstehen können.

Hartnäckig

Stück in 20 Bildern

Personen

WILHELM RUSTORFER, *Gastwirt*
SEINE FRAU
HELMUT, *sein älterer Sohn*
AXEL, *sein jüngerer Sohn*
RUDI ERL, *Gastwirt*
CHRISTINE, *seine Tochter*

Helmut Rustorfers rechtes Bein ist am Oberschenkel amputiert.

1. Bild

Im »Adler«. Christine hinter der Theke, beim Gläserabtrocknen. Helmut angelehnt, davor.

HELMUT Gibst mir ein Bier?

CHRISTINE *tut es.*

Pause.

HELMUT Hat sich nix geändert?

CHRISTINE Das weiß ich nicht.

Pause.

HELMUT Ich meine die Liebe.

CHRISTINE Anders wird es schon sein.

HELMUT Daran gewöhnt man sich.

CHRISTINE Und was hab ich davon?

HELMUT Das mußt du selber wissen.

CHRISTINE Eben. Und schön is es nicht.

Pause.

HELMUT Weil du etwas gegen mich hast.

CHRISTINE Nein.

2. Bild

Helmut und Christine auf einem Weg im Grünen.

CHRISTINE Das is schön, wenn man hinauskommt aus die Leut.

HELMUT Wo man nicht gesehen wird, weil man allein is.

CHRISTINE Bist gehemmt. Ich halt zu dir.

HELMUT Das is ein Glück, daß du zu mir haltst.

CHRISTINE Hast eben ein Glück bei mir.

HELMUT Das hab ich mir auch denkt, wie ich im Spital war, daß mich die Christine nicht im Stich laßt.

Er faßt ihr unter den Rock.

CHRISTINE Laß mich stehn.

HELMUT Bist unwohl.

CHRISTINE Nein.

Pause.

Ich kann mich nicht konzentriern, wo jemand kommen kann.

HELMUT Da kommt keiner.

Pause.

Das is mir ein Trost, daß du mich liebst.

3. Bild

Helmut und Christine in einem Heuschober.

HELMUT Machen wir es ohne Ausziehen, weil das sticht.

CHRISTINE Das hat früher auch nicht gestochen, weilst deinen Mantel hinlegst.

HELMUT Machen wir es ohne ein Ausziehen.

CHRISTINE Warum?

HELMUT Fragen.

CHRISTINE Fragen wird man dürfen.

HELMUT Weil ich nackert keine Schönheit bin.

CHRISTINE Hast Komplexe.

HELMUT Zu Komplexe hätt ich gar keine Zeit.

CHRISTINE Anzogen is es nix.

HELMUT Bist anspruchsvoll.

Christine beginnt sich auszuziehen. Helmut schaut dabei zu.

Jetz langts.

CHRISTINE Bist komisch. Daß du kein Fuß nicht mehr hast auf der rechtn Seitn, glaubst, das is mir entgangen.

Pause.

Das weiß ich doch.

HELMUT Alles sehen verdirbt die Lust.

CHRISTINE Das wirst du wissen.

HELMUT Meine Hosn laß ich an. Fertig.

CHRISTINE Dann zieh ich mich auch nicht ganz aus.

HELMUT Genau.

CHRISTINE Dann hättn wir es auch im Stehn machn können.

HELMUT Bist hartnäckig. Das sind Notwendigkeiten.

CHRISTINE Ich will keine Notwendigkeiten, weil ich normal bin.

HELMUT Jetzt kommst und redst nicht.

CHRISTINE Den Rock laß ich aber an.

HELMUT Nur die Unterhosen mußt ausziehen.

CHRISTINE *tut es.*

HELMUT Komm her, das hat auch seine Schönheit.

CHRISTINE Nix wie Schwierigkeiten hat man mit dir.

HELMUT Es gibt für alles eine Lösung.

Christine setzt sich auf den im Heu liegenden Helmut.

CHRISTINE So kommst gar nicht hinein.

HELMUT So komm ich hinein, wettn.

CHRISTINE Und eine Eierstocksenkung gibt das auch.
HELMUT Wer sagt das?
CHRISTINE Das Wahre is das nicht.
HELMUT Mit ein bissel gutem Willen gehts.
CHRISTINE Aber eine Umgewöhnung is es.
HELMUT Bist benäßt.
CHRISTINE Wennst mir so kommst.
HELMUT Man muß sich zu helfen wissen.

4. Bild

Erl und Christine in der Gasthausküche.
ERL Wenn er impotent geworden wär, hättst dich nicht mehr mit ihm einlassen können.
CHRISTINE Aber impotent is er nicht.
ERL Das is ein Pech.
CHRISTINE Ich liebe ihn.
ERL Das sagen alle.
CHRISTINE Weil du mir nix gönnst.
ERL Mit seine Kinder straft einen der Himmel. Wo deine Mutter nicht mehr is, bist du mir entglitten.
CHRISTINE Daß ich aber der Mutter ihre Arbeit mach, is verschwiegen.
ERL Daß ich ein Witwer bin, is mein Pech.
CHRISTINE Weil das mit dem Helmut und mir was zu tun hat!
ERL Das verstehst du nicht.

5. Bild

Helmut und Christine in einem Unterschlupf.
Christine liegt, Helmut zieht sich aus.
CHRISTINE Jetzt kommst und machst nicht so viele Anstalten.
HELMUT Bist ungeduldig, weilst es nicht erwarten kannst.
CHRISTINE Wenn mir schon beinand sind.
HELMUT Eine Rücksicht gibts nicht bei dir.
CHRISTINE Weilst umständlich bist.
Helmut kommt zu Christine.
HELMUT Jetzt könnt es sein wie immer.

CHRISTINE Red nicht und komm.

Pause.

HELMUT Bist kalt.

CHRISTINE Wenn ich so lang auf dich warten muß.

HELMUT Gut, daß die mir nicht was anders abgfahren ham, sonst wärs jetzt nix mit uns.

CHRISTINE Das kannst glaubn.

HELMUT Einen Fuß kann man verdauen.

CHRISTINE Immer mußt reden.

HELMUT Willst einen schweigsamen Mann?

6. Bild

Erl zapft in der Schank ein neues Faß an. Christine dabei.

ERL Ich red dir niemand aus.

Pause.

Ein Mann mit einem Fuß is ein Krüppel, wenn man es genau nimmt. Das muß man überlegen.

CHRISTINE Wenn ich ihm hörig wär, tät mich sein jetziger Zustand bestimmt nicht stören, aber hörig bin ich ihm nicht.

ERL Du wirst nie jemand hörig, da paß ich schon auf.

Pause.

CHRISTINE Aber ein Kind krieg ich trotzdem von ihm. Im dritten Monat bin ich. Ich hab Beweise.

ERL So eine Sau. Das tut er mir an, damit er dich festnageln kann.

CHRISTINE Wenn ich ihn nicht nehm, dann hab ich im Frühjahr ein lediges Kind. Ich hab einen Test machen lassen. Zehn Mark hats kost.

7. Bild

Helmut und Christine im Heu beisammen.

HELMUT Das is das Schicksal, dem man nicht ausweichen kann.

CHRISTINE Daß ausgerechnet du das Schicksal haben mußt, wos so viele gibt.

HELMUT Das is das Schicksal.

CHRISTINE Und was hab ich davon?
HELMUT Ein tapferer Mann is besser wie kein tapferer Mann.
CHRISTINE Mir wär lieber, es wär wie früher.
HELMUT Bist undankbar.
CHRISTINE Immer kann man das nicht machen. Weil ich das nicht aushalt. Das schlägt sich auf die Eierstöck.
HELMUT Es gibt viele Möglichkeiten.
CHRISTINE Trotzdem.
Pause.
HELMUT In der Nacht sieht man nix.
CHRISTINE Das is kein Beweis für nix.
Pause.
Und wenn ein Krieg gwesn wär, hätt es sein können. Aber so.
HELMUT Glaubst, die Starfighter-Piloten reißen sich darum, daß abstürzen und verrecken mitten im Friedn?
CHRISTINE Das is mir aber Wurscht.
HELMUT Das sind Opfer, die man anerkennen muß.
CHRISTINE Glaubst.

8. Bild

Erl und Rustorfer im Schlachthof.
RUSTORFER Ein Fuß wachst nicht nach und wenn zehn Jahr vergehn. Und eine Prothesn bleibt eine Prothesn, auch wenns aus England kommt.
ERL Ein Krüppel hat etwas Unfreundliches, das is klar.
Pause.
RUSTORFER Ich brauch aber eine klare Antwort von dir, Rudi.
ERL Das is meine Tochter, wo du meinst und nicht ich.
RUSTORFER Wenn es bleibt, wie es is, erbt der Helmut mit oder ohne Fuß, das is mir dann ganz gleich.
ERL Und wenn nicht?
RUSTORFER Dann bin ich froh, daß ich noch einen Bubn hab.
ERL Ein Weicher bist nicht, Wilhelm.
RUSTORFER Wenn es mit dem Helmut und der Christine bleibt, trotz dem Unglück, is bei mir alles beim altn. Der Helmut erbt. Mit zwei Gasthäuser und einer tüchtigen Frau wie der Christine is er als Wirt auch mit einem Fuß tragbar. Wenn das nix is, muß ich auf den Jüngeren zurückgreifen. Dann is ein Sohn mit einem

Fuß sozusagen nur ein halber Sohn für mich. Ich setz ihm eine Rente aus und laß ihn einen andern Beruf lernen. Einen Gastwirt mit Holzfuß gibts nicht.

ERL Ich hab glaubt, die englische Prothesn is aus Leichtmetall?

RUSTORFER Stimmt.

9. Bild

Rustorfer und seine Frau auf der Veranda. In der Nähe spielt Axel. Helmut im Liegestuhl weiter weg.

FRAU Ich mein, daß beide Kinder die unsern sind.

RUSTORFER Das mein ich auch.

FRAU Dann darf man den Helmut nicht vor den Kopf stoßen.

RUSTORFER Das is auch nicht beabsichtigt.

FRAU Wenn man ihn enterbt, is das vor den Kopf stoßn.

Pause.

RUSTORFER Dann enterbt man ihn ebn nicht.

FRAU Man muß ihn aber enterben, sonst schwimmt der Betrieb hinunter. An die Zukunft muß man denken.

RUSTORFER Das sag ich auch. Auch unsere Zukunft steht auf dem Spiel. Wenn mir einmal in Austrag gehen, muß der Betrieb so viel abwerfen, daß mir und die Kinder davon leben können. Und wenn mit dem Helmut das Sach hinunterschwimmt, is nix mehr gesichert.

FRAU Bis der Axel so weit is, daß er zählt, das sind noch zwanzig Jahre.

RUSTORFER Nicht mehr ganz. Die Kinder sind heute frühreif.

FRAU Fünfzehn Jahre.

Pause.

RUSTORFER Umgekehrt müßt es sein, das wär besser.

FRAU Wie umgekehrt?

RUSTORFER Wenn der Axel verstümmelt wär und der Helmut gsund. Das könnt man dann beeinflussen, dann tät ich den Axel auf die Oberschul schicken, weils dann gleich is, wenn er einmal Lehrer oder Arzt is. Im Gegenteil, für die Contergan-Kinder, was glaubst, was sie da alles tun, der Staat. Der Helmut hat Kellner glernt. Jetz sitzt er da.

FRAU Das hat man nicht wissen können, daß es so kommt. Du mußt ihn auf eine Erwachsenenbildung schicken, Wilhelm.

RUSTORFER Wo er hartnäckig is.
FRAU Man muß sich nach der Decke strecken.
RUSTORFER Das kann Jahre dauern.
FRAU Der Helmut is jung und hat Zeit.

10. Bild

Erl und Christine in der Gasthausküche.
CHRISTINE Reiß mir den Helmut nicht aus dem Herzen.
ERL Wie deine Mutter gestorben is vor zwei Jahr, das war aus dem Herzen gerissen.
CHRISTINE Der Helmut is nicht gestorben.
ERL Bist hartnäckig.
Pause.
Aber das mit dem Kind beweist meine Theorie. Bevor er ein Krüppel war, hätt er dir nie ein Kind gmacht. So eine Verstümmelung is nicht nur äußerlich. Das verdirbt auch den Charakter.
CHRISTINE Aber ich liebe ihn.
Pause.
ERL Die Operation tät ich zahlen, das kost einen Tausender und wär es mir wert.

11. Bild

Im Klo. Frau Rustorfer putzt am Boden Tropfen auf. Rustorfer, Helmut und Axel stehen dabei.
FRAU Eine Sauerei is das, wos dauernd anbieselt is und privat is.
RUSTORFER Gäst kommen keine da her.
FRAU Axel, komm her, daß ich dir die Nasn hineinstoß, wenn du nicht aufpaßt.
AXEL Wo ich es bestimmt nicht bin.
FRAU Einer is, wos immer antröpfelt is.
RUSTORFER Da biesel ich seit dreißig Jahren hinein. Die Tropfen sind neu.
FRAU Dann is der Helmut, wo er sich nicht abstützen kann auf die Stöck, wenn er bieselt. Verlierst das Gleichgewicht und machst daneben.

HELMUT Bestimmt nicht.

FRAU Ich bin es nicht. Weil eine Frau sich hinsetzen muß beim Bieseln, da geht nix daneben.

RUSTORFER Setzt dich in Zukunft auch hin, Helmut, dann hast einen Halt.

HELMUT Wo ich sag, daß ich es nicht bin.

FRAU Wenn du dich hinsetzt wie ich, is der Verdacht von dir.

12. Bild

Rustorfer arbeitet im Bierlager. Helmut dabei.

HELMUT Aber für das Militär bist.

RUSTORFER Ich hab es nüchtern überlegt und jeder tät mir recht gebn, der ein Hirn hat. Ein Gasthaus braucht einen Mann mit zwei Füß, das siehst an mir.

HELMUT Es war ein Blutopfer, das ich auch für dich gebracht hab.

RUSTORFER Im Frieden.

HELMUT Das kann man sich nicht aussuchn. Es is für die Heimat, das ham alle gsagt beim Militär.

RUSTORFER Im Frieden gibts keine Heimat, da ist man geschäftlich. Ich hab dich zum Bund geschickt, damit sie einen Mann aus dir machen und nicht einen Krüppel. Das is ein Unglück. Grad in dem Geschäft. Ein Gasthaus braucht einen Wirt, der auftreten kann, das sagt schon das Wort.

HELMUT Wenn ich erst eine Prothesen hab, geh ich wie früher.

RUSTORFER Und im Hundert-Meter-Lauf wirst ein Weltmeister.
Pause.
Der Axel kriegt es, wie ich gsagt hab, und du hast Wohn- und Unterhaltsrecht dein Lebn lang. Das ist weitsichtig von mir, das kannst glaubn, weil der Axel eine Chance hat und du nicht.

HELMUT Ohne den Betrieb is es mit der Christine nix, um das geht es mir.

RUSTORFER Da hab ich andere Vorstellungen wegen der Christine.

HELMUT Die Christine is auf meiner Seitn, das kann ich dir beweisen.

RUSTORFER Das wär was anders. Weil gegen den Strom schwimmen tät ich ungern.

13. Bild

Wilhelm Rustorfer und seine Frau im Ehebett.

RUSTORFER Laßt es gschehn.

FRAU Ja.

RUSTORFER Früher war das anders, wenn ich mich erinner.

FRAU Ich bin nicht mehr jung, Wilhelm.

RUSTORFER Aber glückliche Gefühle hast du keine mehr.

FRAU Die Liebe ist jetz innerlich.

RUSTORFER Bei mir nicht.

Pause.

FRAU Der Arzt sagt auch, daß ich vorsichtig sein muß, das Herz, du weißt es. *Pause.* Aber da bin ich immer für dich.

RUSTORFER Das is ein Glück, weil ich noch eine Vitalität hab.

FRAU Weilst gsund bist, Wilhelm, das is schon recht.

Pause.

RUSTORFER Weil mir Männer überhaupts mehr Vitalität haben. Schau den Helmut an, hat nur noch einen Fuß und macht sofort der Christine ein Kind.

FRAU Krüppel und Irre haben eine besondere Potenz, heißt es.

Pause.

RUSTORFER Daß die Christine das lassen hat, wo sie anständig ist.

FRAU Wenn du nur einen Fuß hättst, tät ich es auch lassen müssen.

RUSTORFER Aber normal is es nicht.

FRAU Die Christine is ihm jetzt fest. Das is auch eine Sicherheit.

Pause.

RUSTORFER Ich trau dem Friedn nicht. Die Christine hat jetzt Oberwasser, weil sie erbt ein Gasthaus wie der Helmut. Da liegt der Unterschied.

FRAU Wenn sie aber schwanger is, muß sie froh sein, wenn der Helmut sie nimmt.

RUSTORFER Wartn mir es ab, was schwerer wiegt, ein Krüppl oder ein Kind.

FRAU Schlafen mir, morgen is ein neuer Tag. Gute Nacht!

14. Bild

In Christines Zimmer. Erl und Christine.

CHRISTINE *indem sie ihren Mantel auszieht:* Jetz is weg.

ERL Kannst dankbar sein, daß ich das geschaukelt hab.

Pause.

CHRISTINE Er hat mir sogar eine Narkose gebn, weil ich es verlangt hab. Sonst macht er es ohne eine Narkose, aber weil ich Angst ghabt hab, hat er mich eingeschläfert.

ERL Wichtig ist, daß es so gmacht is, daß nix hintn bleibt.

CHRISTINE Wie ich aufgwacht bin, hat er mich ausgwaschen, weil das glaufen is wie ein Bach.

ERL Brauchst keine Einzelheiten sagn.

Pause.

CHRISTINE Hunger hab ich.

ERL Willst, daß ich dir eine Fleischsuppn bring? Das stärkt.

CHRISTINE Von mir aus.

ERL Leg dich nieder. Ruhe is jetz wichtig.

Pause.

CHRISTINE Jetzt is weg.

Pause.

ERL Das Lebn fangt erst an.

CHRISTINE Das weiß ich selber.

ERL Bist erleichtert, sei sicher.

Pause.

CHRISTINE Aber das passiert mir nicht noch einmal.

ERL Besser wie ein Kind.

Pause.

CHRISTINE Daß der Helmut mir das mit dem Kind antut, hätt ich nie von ihm glaubt.

ERL Das hat er absichtlich gmacht.

CHRISTINE Das sagst du, daß es Absicht war. Redst, wo du nicht dabei warst.

ERL Ich weiß, was ich weiß. Was tust mit einem Kind?

CHRISTINE Nix.

ERL Wo der Vater nur einen Fuß hat.

CHRISTINE Das hat mich bestimmt nicht gestört. Aber festlegen will ich mich nicht auf die Zukunft.

ERL Bist eine gute Partie, kannst dir alle Wege offenhalten. Brauchst nicht ins Fettnäpfchen treten.

CHRISTINE Wo der Helmut selber schuld is.

Pause.

ERL Zeit mußt haben zum Erholen, das is wichtig.

CHRISTINE Geheiratet hätt ich ihn eh nicht mehr. Weil ich eine normale Ehe mir vorstell, zumindest am Anfang. Und der Fuß is eine Gewöhnung, wo nicht geht.

ERL Das hab ich gleich gsagt.

CHRISTINE Den Stumpen hast nie gsehn, da kommt dir das Speibn.

ERL Deine Mutter hat am Bauch eine Warzn ghabt, daran hab ich mich ein Lebn nicht gewöhnt.

Pause.

CHRISTINE Bring mir eine Suppn, wenn ich schon einen Hunger hab.

15. Bild

Helmut und Christine im Heustadel.

CHRISTINE Das is auch schön, wenn man sich dran gewöhnt.

HELMUT Genau.

Pause.

CHRISTINE Aber für immer möcht ich das nicht so haben.

HELMUT Hast kein Vertrauen in die Liebe.

Pause.

Bauch hast noch keinen.

CHRISTINE Nein.

HELMUT Wird vielleicht ein kleines Kind.

CHRISTINE Was du alles weißt.

HELMUT Is eine Vermutung. Wenn man hinlangt und du still haltst, muß man es spüren. *Tut es.*

CHRISTINE Spürst was?

HELMUT Nein.

Pause.

CHRISTINE Da is auch nix zum spürn, weil da kein Kind is.

HELMUT Hast eine Hoffnung, weil du noch kein Bauch hast.

CHRISTINE Ich hab eine Hoffnung, weil es ein Abgang war.

HELMUT Hast es abtreiben lassen, wiest in der Stadt warst?

CHRISTINE 800 Mark hats kost.

HELMUT Das hätt ich nie von dir denkt.

CHRISTINE Billig is das nicht.
HELMUT Nein.
Pause.
Dann is es aus mit der Liebe.
CHRISTINE Ich glaub, daß das keine richtige Liebe war, sondern körperlich.

16. Bild

Axel spielt im Sandkasten, Helmut dabei.
HELMUT Spielst einen Krieg.
AXEL Und einem wird ein Fuß weggeschossen wie dir.
Tut es.
HELMUT Das war aber anders. Schau her, ich zeig es dir. *Verändert die Spielanordnung von Axel.*
AXEL Jetzt machst alles kaputt.
HELMUT Wenn ich es dir zeigen soll. *Beschmiert die Spielzeugpanzer mit Dreck.*
AXEL Jetzt machst alles schmutzig.
HELMUT Das is eine Tarnung.
AXEL Warum?
HELMUT Daß der Feind nicht gesehen wird.
AXEL Warum?
HELMUT Das bin ich. Weils drei Tag geregnet hat, is der Boden matschig, daßd bis zu die Knie einsinkst. *Er schüttelt aus einem Eimerchen Wasser auf den Sand.*
AXEL Im Sandkasten darf kein Wasser benutzt werden, sagt die Mama.
HELMUT Das is eine Ausnahm. Jetz kommt ein Panzer ins Rutschn, weil der Boden nachgibt. Ich schrei: Deckung, ein Panzer rutscht. Die Kameraden hinter mir spritzen auseinander. Der erste muß dran glaubn.
AXEL Warum?
HELMUT Weil ich nicht mehr ausweichn kann.
AXEL Und jetzt wirst du vom Sanitäterauto ins Krankenhaus gefahren. *Tut es.*
HELMUT Genau.

17. Bild

Rustorfer, seine Frau, Helmut und Axel beim Abendessen.

RUSTORFER Wisch dem Axel den Mund ab, der schmiert sich an.

FRAU *tut es.*

RUSTORFER Wennst einen Pudding nicht essen kannst, wird keiner mehr kocht.

Sie essen. Axel greint. Schließlich schmeißt er einen Batzen Pudding auf das Tischtuch.

FRAU Jetz hat er das Tischtuch auch anpatzt.

RUSTORFER *gibt Axel eine Ohrfeige.* Wie bei die Schweine.

HELMUT Laß ihn stehn. Das Hauen nutzt nix.

RUSTORFER Weiß immer alles besser, dein Sohn.

Pause.

Wost jetz einen guten Beweis hast, was dein Vater weiß.

HELMUT Daß sie das Kind abtreibn laßt, war nicht geplant.

FRAU Sei still, vor dem Kind.

RUSTORFER Das hätt ich dir gleich sagen können, aber du hörst ja nicht.

HELMUT Weil sie nix mehr von mir wissn will.

RUSTORFER Du brauchst einen Beruf, den du im Sitzen ausüben kannst. Machs Abitur nach, ich zahl es. Ich laß dich studieren.

HELMUT Ich bin kein Student.

RUSTORFER Hartnäckig, das bist du. *Zu seiner Frau:* Dem wünsch ich einmal Kinder so wie er.

FRAU Dann wirst an uns denkn.

Pause.

HELMUT Da muß aber ein Unterschied sein, ob man mit einem Rausch an einen Baum fahrt mit dem Auto, daß einem der Fuß abgenommen werden muß, oder ob man bei der Bundeswehr war und gedient hat.

RUSTORFER Eine Rente kriegst so und so.

HELMUT Wennst besoffen bist beim Fahren, kriegst keine Rente. Da zahlt die Versicherung nicht.

RUSTORFER Dann is das der Unterschied, daß du eine Rente kriegst. 217 Mark sind auch was.

HELMUT Der Christine ihre Abtreibung hat 800 kost.

RUSTORFER Das hast du nicht zahlen müssen.

Pause.

FRAU Das muß man einsehen, daß die Gewalt nix nutzt.

Pause.

RUSTORFER Die Weichen sind gestellt in eine neue Zukunft. Ich zahl es.

HELMUT Redst.

Pause.

RUSTORFER Ewig kann ich da nicht sitzen. Ich hab eine Arbeit.

FRAU Tuts essen.

18. Bild

Axel spielt im Hof. Helmut kommt.

AXEL Wo gehst hin?

HELMUT Fort.

AXEL Wo gehst hin?

HELMUT Was anschaun.

AXEL Wo?

HELMUT Brauchst nicht fragn, ich nehm dich nicht mit.

AXEL Ich geh aber mit.

HELMUT Dann gehst mit.

AXEL Was schaun wir an?

HELMUT Nix.

Pause.

In einer Grubn liegt ein Toter, den schaun mir an.

AXEL Warum?

HELMUT Weil ihn einer hineingschmissn hat.

AXEL Warum?

HELMUT Das muß die Polizei feststellen. Wennst willst, zeig ich ihn dir.

AXEL Lebt er noch?

HELMUT Vielleicht.

AXEL Dann ziehn mir ihn heraus.

HELMUT Genau.

Beide ab.

19. Bild

An einer Odelgrube. Helmut und Axel.

HELMUT *rückt den Deckel beiseite.*

AXEL *schaut hinein.*

HELMUT Siehst ihm?

AXEL Nix is drin.

HELMUT Dann muß ich mich getäuscht habn.

AXEL Hast mich anglogn.

HELMUT Oder er is untergangen.

AXEL *schaut wieder hinein.*

HELMUT Wenn ich dich jetz hineinschmeißn tät, tät einer drinliegn.

AXEL Aber du schmeißt mich nicht hinein.

HELMUT Das tät keiner wissn, wenn ich dich jetz hineinschmeiß.

AXEL Aber dem Papa tät ich es sagen.

HELMUT Wennst tot bist.

Helmut fängt Axel mit seinen beiden Krücken ein und drängt ihn zum Loch.

Bist ein Angsthas.

AXEL *schreit wie am Spieß.*

HELMUT Verstehst keinen Spaß.

AXEL Das sag ich alles dem Papa, dann kriegst es aber.

HELMUT Der versteht keinen Spaß.

AXEL Das wird der Papa dir schon austreiben, diese Spaß mit mir.

HELMUT Ein Spaß is ein Geheimnis. *Er läßt von Axel ab.*

AXEL Das wirst sehn, wenn ich das alles dem Papa sag, was dann is. Weil da überhaupts kein Toter drinliegt. Das sag ich auch dem Papa. Lügn tut er.

HELMUT *starrt ins Loch.* Jetz taucht er auf.

AXEL *schaut ebenfalls wieder hinein.* Lügn tut er, nix is drin.

HELMUT *gibt Axel einen Schubs.* Genau is ein Toter drin.

AXEL *läuft heulend vom Loch weg.*

HELMUT Wennst du blind bist, kann ich nix dafür.

20. Bild

Rustorfer im Garten bei einem Feuer. Helmut dabei.

RUSTORFER *verbrennt Laub, alte Äste, Abfall.*

HELMUT *stochert mit der einen Krücke im Feuer herum.*

RUSTORFER Wenns zambrennt sind, ich kauf dir keine neuen. Wo ich gsagt hab, du sollst nicht stirdeln.

Rustorfer schmeißt Hefte in das Feuer.

HELMUT Was hast da?

RUSTORFER Hefter, wo die Mutter in deim Zimmer gefundn hat.

HELMUT Das is mein Eigentum, wo ich kauft hab.

RUSTORFER Wigsvorlagen sind das, wo in meim Haus nix verlorn ham.

HELMUT Die sind noch aus der Spitalzeit. Gibs her, wo eins 4 Mark kost.

RUSTORFER *schmeißt sie langsam ins Feuer.* Wigs! Wigs! Wigs!

HELMUT Das zahl ich dir heim. Wos mir ghörn.

RUSTORFER Mein Sohn wigst nicht. Wennst wieder ein Geld für so was hast, wanderns den gleichen Weg.

HELMUT Das zahl ich dir heim.

RUSTORFER Willst deinem leiblichen Vater drohn?

HELMUT Wost dich an meinem Eigentum vergreifst.

Der Mensch Adam Deigl und die Obrigkeit

Nach dem gleichnamigen Hörspiel von Josef Martin Bauer

Personen

ADAM DEIGL
FRAU DEIGL

INGE } *ihre Kinder*
TONI

BEILNGRIESSER
SEINE FRAU
HOLLREISER
FRÄULEIN RASCH
DR. FRINGS
DR. GERNHAUS
BAYERL
DR. BREI
STAATSANWALT
VORSITZENDER
1. POLIZIST
2. POLIZIST
POLIZIST
JUNGER MANN
BAUFÜHRER
1. MÄDCHEN
2. MÄDCHEN
3. MÄDCHEN
KALFAKTOR
EIN ALLERWELTSGESICHT *Mörder*
MANN
KELLNER
NOTAR BRECHTL
POLIZISTEN
GÄSTE
VOLK

Selig
sind die Armen
im Geiste.
Sagt Christus.

Aber
die Armen im Geiste
werden nicht
von Gott,
sondern von Menschen
gemacht.

Vorspiel

DEIGL *starrt mit schweißnasser Stirn vor sich hin.*

VORSITZENDER ... scheint dem Gericht eine Gefängnisstrafe von 4 Jahren und 6 Monaten angemessen. Die Untersuchungshaft von 6 Monaten wird auf die Strafe angerechnet. Gegen das Urteil ist Revision beim Bundesgericht möglich.

DEIGL *schließt die Augen wie von einem schrecklichen Schmerz befallen.*

VORSITZENDER Sie haben – und die Verteidigung wird Sie dabei beraten – ausreichend Zeit zur Überlegung, ob Sie Revision einlegen oder das Urteil annehmen wollen. Herr Staatsanwalt?

STAATSANWALT Nein.

DEIGL *schaut ängstlich nach links und rechts. Pause. Dann kommen ihm Tränen in die Augen. Er schüttelt den Kopf, läßt ihn unsicher hin und her kreisen. Mit hilfloser Geste:* Is scho recht. Scho recht. *Nickt.* Annehma, freile ... *Er sinkt auf seiner Bank zusammen.*

VORSITZENDER Damit ist das Urteil rechtskräftig. Strafantritt also heute um 18.15 Uhr. Die Verhandlung ist geschlossen.

Gefängnishof

Beim Spaziergang. Mehrere Häftlinge ziehen vorbei, darunter Deigl. Dieser schaut gen Himmel, beobachtet. Über den Himmel ziehen, ganz weit, lautlos, zwei Düsenjäger und lassen Kondensstreifen hinter sich.

Parkplatz beim Flughafen

Starker Flugzeuglärm. Eine Maschine landet auf dem Flughafen München Riem. Auf dem Parkplatz Richtung Feldkirchen stehen Deigl, seine Frau und die beiden Kinder und schauen startenden und landenden Flugzeugen zu, Frau Deigl sitzt auf einer Bank, die Kinder stehen ganz am Drahtzaun, Deigl hinter den Kindern.

DEIGL Isa Gheimnis, a Fliaga! *Lacht.* De Fliaga landn und lassn se ned afhoidn. Vo nermds! Sägds es Kinda, daßa glandt is?

Die Kinder antworten nicht. Schauen.

FRAU DEIGL Woids eppa ned hoamgeh? Koid hone!

DEIGL Koa Vaschdesd fia de Dechnik!

FRAU DEIGL Scho! – Awa etz langds!

DEIGL Gfoids da ned?

FRAU DEIGL Scho.

DEIGL Unvageßle – genau. Wuisd du hoam? Ind es? *Er meint die Kinder.* Gema hoam?

INGE *schüttelt den Kopf ohne umzuschauen.*

FRAU DEIGL Un wia ma gengan etz! *Sie zerrt die Kinder vom Zaun weg.* Ois hodan End! Mo!

DEIGL Guad, gema, wensd koid hosd! Schod.

Im VW auf der Heimfahrt

INGE Wo fliagd a Flugzeug hi?

Pause.

FRAU DEIGL Ind Weid!

INGE Amerika?

FRAU DEIGL Gnau.

INGE Und wenns obstürzt?

FRAU DEIGL Bäch.

INGE Warum? *Lacht, Toni lacht mit.*

DEIGL Wos es vaschdeds vo da Dechnik?! Schmarrn!

FRAU DEIGL Etz dads nixe ausmacha – gei?!

DEIGL *schaut seine Frau an, lacht.*

FRAU DEIGL Woaßtas scho – farma vobei – am Grund?

DEIGL *nickt.* Weis grod sche is. Em.

FRAU DEIGL Wos da insa Grund is, miaß ma hi!

Beide lachen. Plötzlich schreit Frau Deigl. Deigl lenkt schnell nach rechts.

Auf der Straße, ein Mercedes bremst hinter dem VW. Er ist in der Fahrbahnmitte. Ein Mann steigt aus. Geht zum VW von Deigl.

MANN *angetrunken:* Ja, du blöder Hund, du saublöder, kannst denn du ned aufpassn, du Hanswurscht.

DEIGL *starrt den Mann an.*

MANN Ihr saudummen Deifeln, ihr blödn, bleibsts doch daheim, wennts ned Autofahrn könnts.

Der Mann schlägt verächtlich auf das Dach des VW, geht schwankend zu seinem Auto zurück, steigt ein, fährt weg.

Deigl steigt aus dem Auto aus, untersucht das Dach, es ist nichts. Er steigt wieder ein.

Im Auto, sie fahren weiter. Schweigend. Inge weint.

FRAU DEIGL *starrt ihren Mann an.* Schuid warsd ned, du awa er! – Er is gwen.

TONI *spielt auf der Lehne des Rücksitzes mit einem Spielzeugauto.* Tut, tut, bumm!

FRAU DEIGL *wendet sich um, gibt Toni eine Ohrfeige.* Wersd afhean – Unfug macha!

Beide Kinder weinen.

Wiaso hosdn nix gsogd? Mo! Wora seiba schuid war.

DEIGL Wos a Mercedes gwen is. *Pause, er fährt.* Und guad ozong!

FRAU DEIGL Kreizbsuffa.

DEIGL Wos woaß ma, wem ma begegnd?!

Pause.

DEIGL Etz woma glei afm eigna Grund han, is Woana nix Gscheids! Gei! *Er versucht sich zu seinen Kindern umzudrehen, während der Fahrt, lächelt.* Wos fia enk is! Gei!

Auf dem Deigelschen Grundstück

In einer Siedlung, mit mehreren noch unfertigen Häusern, der VW steht vor einem eingezäunten kleinen Grundstück, noch ganz unbebaut.

Die Kinder sind bei einem großen Brombeerstrauch und essen Früchte.

DEIGL *kommt dazu.* Seim s Obschd!

Die Frau kommt zu Deigl, nimmt ihn am Arm, sie schauen über ihr Grundstück, nickend lächeln sie.

Ein Verkehrsflugzeug kommt.

Die Kinder haben aufgehört zu essen, sie winken dem Flugzeug.

Flugzeug verschwindet hinter dem Dach des halbfertigen Hauses neben Deigls Grund.

DEIGL Lambsam nacha hoamwärts!

Deigl an der Autotür. Ko ma ned schdein an Grund und moing is wida a Arbad, weis Mondog is!

Das Telefon klingelt.
Fräulein Rasch hebt ab, hinter ihr an einem großen Schreibtisch sitzt Herr Hollreiser, er schaut ärgerlich.

RASCH Baugeschäft Hollreiser! – Bitte?

HOLLREISER *schaut von seiner Arbeit kaum auf, ärgerlich und ganz leise:* Wenns niemand gscheiter is, beutlns ihn ab!

RASCH *versucht sich zum Chef umzudrehen, falsch freundlich:* Aha, da Herr Renkl! Grüß Gott Herr Renkl!

HOLLREISER Nix!

RASCH Der is leider nicht da und ich weiß auch nicht, wann er wieder kommt. Soll man was ausrichtn, Herr Renkl?

HOLLREISER *winkt mit der Hand ab.*

RASCH Aha. – Ja, da sag ich ihm, sie haben angerufn und er soll Sie zurück anrufn. Gell! Danke, wiedersehn. *Fräulein Rasch hängt ein, lacht ihren Chef an.*

HOLLREISER *lächelt ebenfalls und arbeitet weiter.* Der Loamsiada, der verflixte, der kommt doch bloß immer mit irgendoana Bamperlarbeit daher. Da ham mir jetzt koa Zeit und koane Leit. *Er schüttelt den Kopf.* Und wenn der wieder anruft: für den bin ich nie da. Gell!

RASCH *nickt.* Wo ich es eh verstandn hab, Herr Hollreiser!
Sie lächelt den Chef nochmals verehrend an, arbeitet weiter.

HOLLREISER *arbeitet ebenfalls.* Ehrlichkeit is schon recht. Aber alles muß seine Grenzn habn! *Es klopft an der Tür.* Ja!

DEIGL *kommt bei der Geschäftstüre herein, verbeugt sich devot.* Gutcn Morgn Herr Hollreiser! Gutn Morgn Fräulein Rasch!

HOLLREISER *kopfschüttelnd:* Ich schätz, daß der Deigl jetz zwanzig Jahr in der Firma von mir is?

DEIGL *nickt erfreut.*

HOLLREISER Und mindestens einmal im Monat hab ich ihm gsagt, daß Firmenangehörige ned klopfen müssen, sondern eintreten. Weil sonst die Zeit vergeht und nix tan werd.

DEIGL *schaut vor sich hin.*

HOLLREISER Is ja wurscht. Sonst bist scho recht. Bloß wia da Vastand austeilt wordn is, bist halt im dritten Glied gstandn. Gell?! *Schaut Deigl an.*
Fräulein Rasch lacht Deigl an.

DEIGL *versichert sich mit einem Blick, daß man es nicht bös meint, dann lacht er.* Genau, Herr Hollreiser. *Er schaut noch einen Moment, dann nimmt er seine Tasche, nimmt die Sachen heraus.* Da san also die Lichtpausn – wenn is daher legn derfat.

Er geht zum Schreibtisch von Herrn Hollreiser, legt die Kopien hin.

Die Lieferschein von heut früh.

Er legt sie Fräulein Rasch auf den Schreibtisch.

Do san no a paar Sachan, de obgebn wordn san und da Niedermayer is zum Dokta ganga, weila se beim Eisnbiagn die Hand aufgrissn hod. Aba nix schlimms, und do is Geid. *Er gibt Hollreiser ein großes Bündel Geld.*

HOLLREISER Zähln Sies nach Fräulein Rasch und richtns die Lohntütn her, daßis glei aufd Baustelln mitnehma kann.

Fräulein Rasch nimmt ihm das Geld ab und zählt. Deigl schaut dabei zu.

HOLLREISER *nimmt Deigls Aktentasche, die auf einem Schränkchen abgestellt ist.* Jo, sog amoi, wos hosdn du do fira stinkfeine und naglneue Taschn? Is des von da Firma?

DEIGL *lacht.* Aba na, Herr Chef. De hod mir da Toni, da Planzeichna glicha, zwegns da Schönheit. Wenn man schon so an Batzn Geid drogd, nachat muaß aa in oana scheen Taschn sei. *Er lacht dümmlich.*

HOLLREISER *schüttelt den Kopf, gibt die Tasche Deigl.* Jetz woasd as, daß du so dumm bist, Deigl! Geh, mid deina altn Brotzeittaschn kammert nie jemand drauf, daßd du als Bankbote fungierst. De neie de schreit ja direkt danach.

DEIGL *schaut dumm.* Wos nachat?

HOLLREISER *lauter:* Du brauchst koa schene Taschn, sondern eine unauffällige. Und de gibst zruck. Wenn man zehn oder zwanzigtausend Mark umanandadrogt, nachat unauffällig, wenn man ein Hirn hat!

DEIGL *schaut erschreckt.* Ein Überfall!

Fräulein Rasch lacht ob Deigls Erschrecken.

HOLLREISER *nickt.* Genau. An sowas denkt der kluge Mann. Mei liaba, da miaßast lang zruckzoin, wennsd du ohne Geld kummast. Was hosdn ghoid heit?

DEIGL *liest von einem Zettel ab:* Fuchz hundata, 75 fuchzga, 75 zwanzga, 110 zehna, 20 Roin Fünfa, 20 Zwicklroin und 35 Marklroin. Kein Kloanas heit.

RASCH *lächelt.* Weil ma no gnua ham!

HOLLREISER *schaut Deigl an.* Und des gibt?

DEIGL Wos? *Er schaut hilflos.*

RASCH Das gibt 12300 Mark. Und stimmen tut es auch!

Fräulein Rasch lacht Deigl an, dann schaut sie zu Hollreiser, auch der lacht.

DEIGL *erleichtert:* Da fallt mir aber ein Stein vom Herzn. Nachat san des iwa 10000 Mark, de i trogn hob.

Pause.

RASCH 12300 Herr Deigl.

DEIGL *schüttelt den Kopf.* Wenni des gwußt hätt!

HOLLREISER *lacht.* Na, des koa ma ja gor ned weidavazein, Deigl, wie du di steist. Du hosd scho vui mehra ghabt, in die letztn Johr.

DEIGL So? *Sinnierend:* Wenn mi do oana ibafoin dad, waars aus. *Nickt* Richtig. Des kannt i nia zruckzoin – oda da Grund waar hi.

HOLLREISER Wos?

DEIGL Mei, daß Sie des ned wissen! Einen Grund kaufn mir, wegn Baun. *Lacht.* Kostet 16285 Mark. 700 Quadratmeter. *Nickt stolz.* Der Beilngrießer hat ihn verkauft. *Nickt.* Morgn is Verbriefung. Nach da Abad. In Minchn. *Er schnauft nach dieser langen Rede heftig.*

HOLLREISER *erstaunt:* Ja, do schau her! Jetzt baut a da Deigl. Derf ma do frogn, wo du des Geid herhosd?

DEIGL Sparbuch 32406 Bayrische Hypotheken- und Wechselbank im Ort.

HOLLREISER *lacht.* Das is dir eine komische Plattn. Gratulier i oiso. Und, Fräulein Rasch –

Fräulein Rasch schaut Hollreiser ernst an.

HOLLREISER *lustig:* Den Adam Deigl, der wo bei uns arbeit –

Er schaut Deigl verschmitzt an.

Deigl neugierig.

HOLLREISER – dem gebns vorerst kein Scheck mehr zum Abholn von der Bank. *Noch verschworener:* Der baut, hab ich ghört, dem is nimmer zum Traun, bis Häusl steht. Und – dann – erst recht ned.

Fräulein Rasch und Hollreiser lachen schallend über den Witz. Deigl zuerst ganz unsicher, dann scheint er zu verstehen und lacht mit. Aber nicht frei.

DEIGL Herr Hollreiser, i –

HOLLREISER *noch lachend:* Jetz, vaschwind du guade oide Seele, und wennsd in da nächstn Zeid wos brauchsd, Mörtlmaschin oda so, kosd ois hobn, bloß frogn.

DEIGL *strahlt über das ganze Gesicht.* Des is a Wort, wo mia fasd ois seiba macha woin. Dankschön, vageids God, Herr Hollreiser. Fräulein Rasch, Wiedasehn! Dankschön!

Er geht überglücklich hinaus.

HOLLREISER Wennis koam vagunna dad, da Deigl dea hods vadeand. Dumm und brav, awa volla Respekt, der arm Deife.

Notarbüro

Notar, die Deigls und Beilngrießers.

NOTAR ... erschienen vor mir, dem Notar Brechtl, der verheiratete Ökonom Georg Beilngrießer und seine Frau Anna, des weiteren der verheiratete Lagerarbeiter Adam Deigl und seine Frau Walburga, sämtliche legitimiert durch Paß und Personalausweis, und vereinbarten folgendes: Georg und Anna Beilngrießer verkaufen an Adam und Walburga Deigl das Grundstück Plannummer 2213 der Gemeinde Hofbrück zu 697 Quadratmeter zum Preis von 16 285 Deutsche Mark. Der Kaufpreis wird vor dem Notar in bar erlegt. Was hiermit bestätigt wird. Belastungen des Grundstücks sind nicht vorhanden. Der Besitzwechsel wird zum Eintrag in das Grundbuch vorgemerkt.

Deigl lächelt und nickt. Seine Frau hört aufmerksam zu. Die Beilngrießers lassen die Prozedur über sich ergehen.

NOTAR Die Auflassung kann sogleich anschließend erfolgen. Vorgelesen, genehmigt und unterschrieben.

Der Notar blickt auf, liest weiter ... Georg Beilngrießer – bitte –

Beilngrießer beugt sich vor, nickt und unterschreibt.

NOTAR Anna Beilngrießer – bitte

Sie unterschreibt ebenfalls. Der Notar nimmt einen Löscher und fährt damit über die Unterschriften.

NOTAR Und jetzt Sie! Adam Deigl!

Deigl beugt sich vor, zum Unterschreiben.

NOTAR Walburga Deigl – bitte –

Frau Deigl unterschreibt.

Der Notar nimmt wieder den Löscher und fährt über die Unterschriften.

NOTAR So, die Übergabe.

Die Deigls schauen unsicher.

BEILNGRIESSER *lächelt.* Ah, zoin wuisd woi nix, ha?

Er lacht.

DEIGL *nimmt die Brotzeittasche und macht sie auf, legt das Geld auf den Tisch.* Ez häd is vageßn.

BEILNGRIESSER I ned. *Er schüttelt Deigl die Hand, zum Notar:* Doktor, es stimmt! Und du bist jetz Besitzer. Gratuliere, Herr Grundbesitzer.

DEIGL *antwortet ganz ernst:* Danke, Herr Beilngrießer. Danke, Herr Notar! Danke alle!

DEIGL *lächelt glückselig in die Runde.*

BEILNGRIESSER *steckt bedächtig das Geld in seine Brieftasche, fast geht es nicht hinein.* Sakkradi, so a gschwollne Briafdaschn hobe a no nia ghabt. Daßd koan Scheck ausgsteid hosd, Deigl? *Schüttelt den Kopf.*

DEIGL *schaut ihn verständnislos an.* Ja, warsd, moane, du mid so am Babirl zfriedn gwen?

BEILNGRIESSER *schlägt ihm freundschaftlich auf die Schulter.* Nia! *Er lacht.* Wei du schaugsd doch grod aso aus wia da schlimmst Scheckbetriaga! Gei Dokta?

NOTAR *räumt seinen Schreibtisch auf, nickt.* Wie Sie es sagn, Herr Beilngrießer!

Er macht einen gewaltigen Unterschied zwischen dem Deigl und dem Beilngrießer! Genau so.

DEIGL *erstaunt:* Wos reds es do?

NOTAR Alles in Ordnung, Deigl!

BEILNGRIESSER Wos glabsd etz du, wos mid dem Geid gschicht? – Genau dort wosd as du ghoid hosd, kimmts wida hi. Ind Bank in Dresor, bei da Hypo. Dahoam bei ins. Und wo hosd as du hea?

DEIGL Vo da Hypo bei ins!

BEILNGRIESSER *lacht.* Ebn drum, de Roas häd ma erm sparn kenna, am Geid. Machd nix, hods amoi Urlab vum Knasd ghobt. Gei?!

Alle außer Deigl lachen.

Frau Beilngrießer, eine toll aufgeputzte Bäurin, wird es zuviel.

FRAU BEILNGRIESSER Und jetz gehn mir, Georg. Auf Wiedersehn Herr Notar!

BEILNGRIESSER *nimmt seine Frau um die Schultern.* Etz hod die Oid as Mei aufgmacht, etz muaße vaschwindn! Doktor pfiad de, is nächste Moi kimmt gwiß!

NOTAR *verbeugt sich hinter dem Schreibtisch.* Ich bedank mich, Herr Beilngrießer! Frau Beilngrießer meine Verehrung.

BEILNGRIESSER *mit seiner Frau im Abgehen.* Na, woasd as Deigl, des is die reinste Diagwälarei, wos du mia oadusd. Etz bine mit sechzndausad Mark in Minga und de Oid is dabei. Oide, heid zoi i! Pfiat enk! Dokta, servus!

NOTAR *mit unveränderter Freundlichkeit:* Es war ein Ehre, Wiedersehn beisammen!

DEIGL Derfa mir aa geh, Herr Notari?

NOTAR *schaut vom Tisch auf, bayrisch:* I hob ma denkt, Ihr seids scho draußn. Mir san firti, pfiat enk!
Beugt sich wieder über seinen Schreibtisch.

DEIGL *packt seine Frau, sie gehen schnell hinaus.* Wiedersehn und Gott vagellts!

FRAU DEIGL Wiedersehn, Herr Notari! *Sie machen die Tür hinter sich zu.*

Korridor

Die Deigls gehen den Korridor entlang.

FRAU DEIGL Hosd as ghead – der ko sogar borisch – da Notari!

DEIGL *nickt.* Awa bloß bei bsondane Anläß.
Frau Deigl schaut ihren Mann an.

DEIGL Awa freindle isa gwen!

FRAU DEIGL Dea werd scho zoid fias Freindlesei!

Parkplatz

Schönes Wetter. Deigl bezahlt beim Parkwächter die Gebühren, dann steigen sie beide in den alten VW und fahren weg.
Deigl und seine Frau schwitzen.

FRAU DEIGL Eine Hitze is es.
Pause, Deigl chauffiert und lächelt.

DEIGL Das is schon zum Aushalten, wos einen Sinn hat.

FRAU DEIGL Sag eh nix.

DEIGL Jetz is, was man gwünschd hod, wos ma hod. *Pause.* Unglaublich…

Autobahn

Die Deigls im VW auf der Autobahn. Die Autobahn ist sehr belebt. Lichthupe.

Deigl, nervös, steuert rasch auf die rechte Fahrbahnseite und schaut den überholenden Wagen, verschreckt, nicht an.

Die Autobahn, der Wagen von Deigls langsam eine Höhe erklimmend, Lastwagen davor und dahinter.

DEIGL *fährt, lächelt.* Warum soidn unsane Kinda, grod, weis Kinda von kloane Leid han, eahna Lebn long Loschi-Leid sei?

FRAU DEIGL *nickt.*

DEIGL *immer wieder schaut er in die Spiegel.* Genau. De soin amoi sogn kena, wen mia d'Aung zuamacha: Sie ham ins a Haisl hintalassn. Soins sogn kenna!

FRAU DEIGL Da Vada und Muada!

DEIGL *nickt.*

Pause.

FRAU DEIGL Daß insa mehras Geid aba itza scho furd is, woasd scho, gell?!

Pause.

DEIGL Es werd si scho a Loch aufdoa –

Er schaut in den Seitenspiegel und biegt aus, um den Laster vor sich zu überholen. Für a Hypothek oda so, wia mas ins denkd hom.

Der VW überholt den Laster und schert wieder rechts ein.

FRAU DEIGL *nickt.* D'Sparkass moansd.

DEIGL *Er ist nicht ganz so sicher, wie er sich anhört.*

Wenn de Kinda ned waarn, waars ned node, awa so. Oamoi wern ses sogn: kloane Leid sans scho gwen gegn uns – wei de wos wern, da paßn mir scho auf, aber – sie ham epps hintalassn, wos so mancha Beamta seine Kinda ned hindalaßd! Woaßd!

FRAU DEIGL *nickt lächelnd.* Freile is des a Leisdung, wos mia dan. Und wia. Bloß weidageh miaßad es etz!

DEIGL Gehd scho!

Pause.

Mei, wenn mia scho a Million Schuidn häddn, glabsd as, nachad dadn se se grod drum reißn, ins no epps zleicha! Wei ma owa breddlebn san und nix schuide, neamd a Fuchzgal, werds epps hom. Andane ham ebn Freind, vo dene leicha se se de erschdn hundadtausand, und wenns de Schuidn nochweisn kenna, nachad kriegns vo da Bank no mehra.

FRAU DEIGL *nickt.* Ko sei.

DEIGL Wiris sog.

Pause.

FRAU DEIGL De sechzeadausand Marg miassad ma no hom, mid dene du an Grund zoid hosd. Des waars.

DEIGL *nickt.* Da Grund war zdeia i hobs a glei gsogt.

FRAU DEIGL *beugt sich zu ihrem Mann.* Und koan billigan gfundn! Wos duad etz da Beilngriaßa mid dem vuin Geid? Moansd?

DEIGL Afd Sparkass drogn, hosd as do ghead!

FRAU DEIGL *fährt sich mit der Hand mehrmals über den Mund. Sie studiert.*

DEIGL So is.

Pause.

Wos moansd etz nachad?

FRAU DEIGL *schaut ihren Mann so an, wie sie glaubt, daß es schlitzohrig ist.* Nix!

Pause.

DEIGL Wo ich es sig, wiasd schdudiasd!

FRAU DEIGL Em.

Pause.

FRAU DEIGL *spricht vor sich hin und schaut Deigl nicht an. Sehr überlegt:* Der Beilngrießer is ein Freund – von dir.

DEIGL *vollkommen verständnislos:* Warum?

FRAU DEIGL *nickt.* Fast. Obwoi daßa reich is, weia mehra hod, ea is scho gsessn mid dia beim Wirt und an Rausch habds aa scho ghabt, olle zwoa, meina Sel – nemanand.

Kleine Pause.

DEIGL *starrt seine Frau kurz an.*

FRAU DEIGL *nimmt ihn am Arm.* Adam, i hob a Idee, baß af. *Sie schnauft tief und schaut stur vor sich hin.* Brobian gäd iwa schdudian! Woasd as ä! Du gäsd heid no – wenn ma dahoam san – zum Beilngriaßa und sogsd wos i da etz sog.

Pause.

So mach mas! Baß af.

Schlemmerlokal

Gegen Abend. Beilngrießer und seine Frau, er ziemlich angeheitert, sitzen mit einer größeren Runde zusammen. Die anderen lassen sich von Beilngrießer aushalten. Kellner rennen um den Tisch herum etc.

Beilngrießer ist angetrunken, aber so, wie man es bei geübten Trinkern kennt: ohne die Kontrolle zu verlieren!

BEILNGRIESSER Sitzt ein einsamer Moa an einem riesign Bierdisch. Trinkt sei Maß. Kimmd a Preiß und sogd: »Ist dieser Platz neben Ihnen frei?« – »Ja, wenns Eana ned histzn scho!«

Die Runde lacht ergeben, Beilngrießer am lautesten.

BEILNGRIESSER Prost, die Herrschaften!

Sie trinken.

Frau Beilngrießer sitzt mit wütendem Gesicht am Tisch. Sie trinkt auch nicht mit.

Sie schaut mit Verachtung in die Runde und mustert die Leute.

FRAU BEILNGRIESSER Ich will etz heim, und zwar sofort! Hörsd ned?

BEILNGRIESSER *schaut seine Frau verachtend an.* Gäsd hoid, mir gfoids!

Frau Beilngrießer schnauft, frißt den Ärger in sich hinein.

BEILNGRIESSER *erzählt wieder einen Witz.* »Entschuldigns, awa Sie san ja ganz schwarz im Gsicht.« – »Ich bin Neger!«

Beilngrießer lacht, die andern mäßig.

BEILNGRIESSER Des san de für die Kindaschdund! Etz paßts auf: A greane Widwe sigd an Posdbodn kumma, do lafds ihra scho, gei –

FRAU BEILNGRIESSER *wütend:* Herr Ober, zahlen!

BEILNGRIESSER Zahlen! Wos? *Er schaut sich um.* Warum? Wea zoid? I zoi!

Die anderen Gäste am Tisch versuchen, ihn zu halten.

1. GAST Wo ma se grod kennaglernt hod!

2. GAST Wos is mid dera Widwe.

3. GAST I woaß an vui bessan, baßds af: Zwoa Schwule, gei –

1. GAST Oiso i dad no dobleibn, Girgl, aufd Bruadaschaft!

Er will mit Beilngrießer anstoßen, dieser versucht aber krampfhaft, seine Brieftasche aus der Brusttasche herauszufingern. Schließlich gelingt es ihm, er wirft sie aber auf den Boden. Sie klappt auf und einige der vielen Scheine fallen heraus.

Die Runde verstummt, man schaut fasziniert auf die Brieftasche von Beilngrießer.

Beilngrießer steht schwerfällig auf und will sich bücken, der Gast neben ihm ist schneller und bückt sich nach der Brieftasche.

Frau Beilngrießer springt auf, kommt dem Gast zuvor und hebt die Brieftasche und die Scheine schnell auf, stopft alles wieder krampfhaft in die Taschen, jetzt auch zerknittert.

KELLNER Kann man helfen?

FRAU BEILNGRIESSER Gäd scho, gäd scho! Wos san ma schuide?

KELLNER 185 Mark und 40 Pfennig.

Er gibt ihr die Rechnung.

BEILNGRIESSER Oalle sans eiglodn gwen, Kelna!

KELLNER *lächelt Beilngrießer an.* Mir sind ein ziviles Lokal.

Frau Beilngrießer kramt aus der Brieftasche verschämt die zwei Hunderter heraus, alles kommt noch mehr durcheinander. Sie gibt sie dem Kellner.

KELLNER Mit bestem Dank.

Er steckt das Geld ein.

FRAU BEILNGRIESSER *wartet auf das Wechselgeld.* Kriege nix mea?

BEILNGRIESSER *schreit:* Schdimd scho, schdimd scho!

FRAU BEILNGRIESSER Schdimd scho. Guad.

Sie schaut auf ihren Mann.

Wenn ma nua scho draußn waarn!

Die Runde grölt! Man versucht Beilngrießer wieder hinzusetzen. Mit Gewalt.

Frau Beilngrießer kriegt ihren Mann zu fassen, zerrt ihn vom Tisch weg, er folgt ihr wie ein Tanzbär, das ganze Lokal schaut zu. In der einen Hand die pralle Brieftasche, in der andern ihren Mann, streben die beiden aus dem Lokal.

Die Runde schreit ihnen hinterher.

Vor dem Ausgang bleibt Frau Beilngrießer stehen, denkt an die Brieftasche, steckt sie in ihre Handtasche. Dann verlassen sie mühevoll das Lokal.

Auf der Straße

Die Beilngrießers kommen aus dem Lokal, gehen über die Straße, den Bürgersteig hinunter.

FRAU BEILNGRIESSER Spaziern gehn mir etz, a bißl, bisd di wieda kennsd, Moa! Bisd bsuffa, wia kumma mia hoam?!

BEILNGRIESSER *fährt sich mit der Hand über die Stirn, Augen, schnauft, nickt, geht neben seiner Frau. Zu sich selber, ganz atemlos:* A Gseischafd, wia da Deife.

FRAU BEILNGRIESSER Warum bisdn dann so lang bliem, Mo?

BEILNGRIESSER Em, deszweng! *Nickt, schnauft.*

Auf einem Parkplatz.

FRAU BEILNGRIESSER Kosd fahrn?

BEILNGRIESSER *nickt, er schaut sich um, will sich orientieren.*

FRAU BEILNGRIESSER In dera Richdung muaß da Wong schde!

Vor einem Mercedes 220 D, der an einer Parkuhr steht. Sie steigen ein.

Der Wagen manövriert ein wenig, dann biegt er langsam aus der Parklücke aus und fährt weg.

Autobahn

Schon dunkel. Der VW von den Deigls, sie fahren.

DEIGL So moansd du.

FRAU DEIGL Jawoll, mia packa as Glick beim Schobf! Du sogsd erm: Er soi da des Geid, dös du erm grod beim Notari hizäid hosd, wieda gebn.

DEIGL *hört gespannt zu.*

FRAU DEIGL … er soll dirs leiha, auf Hypothek von mir aus, vielleicht kriagadsd as billiger wia bei da Schbarkass!

Sie schaut ihren Mann fest an und nickt ihren Worten nach.

DEIGL Heid no?

FRAU DEIGL Frisch gewagt is halb gewonnen! Etz hodas Geid no, moing duad as aufd Bank und nacha is schwara!

DEIGL Wennsd as moansd. Brobian kones scho, oba ma das Geid, des i erm heid gebn hob, leicha duad. *Lächelt.* Wennas dad, waarn ma nadirle fein heraußn.

FRAU DEIGL *nickt.* Aso is. Schaug erm o, dem kos do wurschd sei, obas seim aufd Schbakass drogd und vo dera sein Zins kriagd, oda ob as am Freund leichd, ders node brauchd. Gäsd hi, duasd an Vasuach, mehra wia nein song kona ned.

DEIGL Und wenna mi auslachd?

Er schaut seine Frau ängstlich an.

FRAU DEIGL *schüttelt den Kopf, faßt ihren Mann am Ärmel, ganz leise:* Nikse do. Du gäsd hi, duasd afd Freindschafd – de is zwischn eich – hipecka, und wira nachad reagiad, so schdeisd de. Wenna nix da gleicha duad, duasd, ois wia wennsdas ä ned ernsd gemoand hädsd. Schdeigd a awa ei, nachad is des sovui ois wia wenns Heisl schde dad.

DEIGL *schnauft.*

FRAU DEIGL Muasd as aso ofanga: wennas Geid ä aufd Bank duad, wosa gsogd hod, nachha han des bloß Zinsn. De gleichn gibsd erm du aa – sogsd – wenn as ned billiga gebn duad.

Große Pause. Wos wuisd denn –

DEIGL *schaut sie an.*

FRAU DEIGL Is doch woar, da Beilngrießa wo ä ned woaß woas Geid hidoa soi, volauda Grindvaschachan, dea ko scho amoi an Freind epps leicha. Packsd erm bei da Ehr, wen des nix nuzd, redsd ned weida. Awa doa duasd as, des waar bläd, nix brobian. A Schneidagang, mehra kos ned sei. Hosd mi.

DEIGL *nickt bedächtig.* Wos du moansd, dure, wennsd as wuisd.

Frau Deigl schaut auf die Armbanduhr von ihrem Mann, dazu muß sie seinen Arm heben und zum Licht der Straßenlaternen führen.

FRAU DEIGL Etza gäsd auf sieme, bis ma dahoam san is hoiba achde, wennsd de tummelst kosd erm grod nach da Dagesschau dawiascha, wo heid nix Gscheids im Fernsehn is. Bloß Schmarrn!

Deigl chauffiert eine kleine Seitenstraße hinein, dahinter kommt eine trostlose Arbeitersiedlung zum Vorschein, er bleibt stehen. Sie steigen aus, Deigl sperrt den Wagen ab. Sie gehen auf die Häuser zu.

DEIGL Wenn ma des sigd, de Siedlung –

Pause.

nacha dad i ois, bloß daß ma auße kumma.

Pause. Er fügt nachdenklich hinzu: Kinda!

FRAU DEIGL Em.

Sie treten in eines der Häuser, man sieht das Licht im Gang angehen.

Autobahn

Nacht. Auf der Strecke die Beilngrießers. Sie haben das Autoradio eingestellt. Frau Beilngrießer sitzt nervös neben ihrem Mann, dieser fährt ziemlich tranig.

FRAU BEILNGRIESSER Dua ned eischlaffa, Mo!

BEILNGRIESSER Nia. Wo i aufpaß!

Pause, sie fahren dahin.

Auf der Autobahn, der Mercedes will einen Lastwagen überholen, will ausscheren, ein Wagen, der sich bereits auf der Überholspur befindet, blinkt wild.

BEILNGRIESSER Sau, vadammte, weasd da Zeid lassn!

Die beiden Wagen, wie sie den Laster überholen, während der hintere Wagen, ein BMW 2000, fortwährend blinkt. Nach dem Überholvorgang fährt Beilngrießer absichtlich erst sehr spät wieder auf die rechte Spur.

Beilngrießer, schimpft aus dem Seitenfenster hinaus, während der BMW vorbeizieht.

BEILNGRIESSER Da Deife soi de hoin, Dregsau, dreggade!

FRAU BEILNGRIESSER Reg de ned auf, Mo, drifd di ja no da Schlog!

BEILNGRIESSER Wenns scho soichane Deifen san, des Gsindl!

Das Radio sagte Nachrichten an, nun kommt der Wetterbericht.

FRAU BEILNGRIESSER Awa schimpfa nuzd aa nixe!

BEILNGRIESSER Schdui, as Wedda!

Wetterbericht.

Wohnung Deigl

Die Deigls sitzen beim Abendessen.

Wetterbericht.

DEIGL Wenns nua a Gwidda gabad, mid oana Üwaschwemmung grod bei ins, daße ned geh kannt!

Er lächelt.

Toni ist damit beschäftigt, Kaiserschmarren mit Apfelmus zu übersäen.

INGE *schaut den Papa an.* Geht da Papa weg heute?

DEIGL Für euch geht da Papa!

INGE Wohin?

FRAU DEIGL Tuts aufessen und ned dumm fragn. Zeit zum Schlafn. Der Papa hat was zum tun, was nix für Kinda is. Gell, Adam!

DEIGL *nickt.* Recht hods, die Mama, rechd hods! *Er schnauft schwer.* Duads essn, fest, und nacha vaschwints! Ind Klappn! Papa und Mama machn es schon.

INGE Was?

DEIGL Werds es schon sehn, wenns so weid is!

Toni schmeckt es nicht mehr. Er patzt zuerst auf dem Teller herum, dann macht er einen großen Fleck auf dem Tischtuch. Frau Deigl gibt ihm eine hinter die Ohren.

FRAU DEIGL Saubär, kosd ned afpassn!?

Toni weint.

INGE *schaut die Mama an.* Wos eh nimmer sauber is, die Deckn!

FRAU DEIGL Des wirst du wissn!

Pause.

Sie essen weiter. Dann werden die Teller zusammengestellt und Inge deckt ab. Deigl zündet sich eine Zigarre an.

DEIGL Galgenfrist! *Er raucht.*

Landstraße

Nacht. Im Mercedes.

FRAU BEILNGRIESSER Na oiso, etz hammas ä glei.

BEILNGRIESSER Wenn ma bloß scho dahoam waarn!

FRAU BEILNGRIESSER *nickt.*

Schöne Villa

Der Mercedes fährt langsam vor. Beilngrießer steigt aus und öffnet das Einfahrtstor. Steigt wieder ein und fährt den Wagen in die Garage, deren Tor offen stand.

Die Beilngrießers steigen aus.

Beilngrießer schließt das Garagentor und sperrt ab. Frau Beilngrießer geht zur Haustür, sperrt sie auf und macht Licht. Beilngrießer kommt nach, die Tür verschließt er hinter sich. Sperrt zu.

FRAU BEILNGRIESSER Mogsd noch was zum Essn?

BEILNGRIESSER Na, nix!

FRAU BEILNGRIESSER Hosd aa ä gnua gsuffa, gei?

BEILNGRIESSER Laß man doch mei Ruah!

Er geht ins Wohnzimmer, fällt schwer in einen Stuhl, zündet sich eine Zigarre an.

Alle Dog fahrn ma ja ned ins Schdod! Oamoi werds scho erlaubd sei!

FRAU BEILNGRIESSER *kommt ins Zimmer.* Alloa koa ma di jednfois ned lassn, des woaße etz.

BEILNGRIESSER *schaut seine Frau an.*

FRAU BEILNGRIESSER Und wire des woaß. Wennsd mi ned ghabd hädsd, hädsd du des Geid ned hoambrochd, wia i!

Pause.

Wo isn? Ha?

BEILNGRIESSER *erschrickt.*

FRAU BEILNGRIESSER *nimmt ihre Handtasche, legt sie auf den Tisch.* Wo werdsn sei? – Do is. In da Daschn! Oida Bsuff!

Sie stellt lautstark ihre Handtasche auf den Tisch.

Und etz gä i ins Bed, wei mid dir is heid koa Gseischafd mea! Guad Nacht! Schlaf da dein Rausch aus, wia sis ghärd, daßd morgn ned grang bisd, i – pfleg de ned.

BEILNGRIESSER *schaut seine Frau an.* Guad Nachd!

Wohnung Deigl

Im Flur zieht sich Deigl seinen Mantel an. Frau Deigl richtet an seiner Kleidung herum, putzt den Mantelkragen mit der Hand.

FRAU DEIGL Schee bisd, etz machs guad!

DEIGL Werd scho sei, wias is.

FRAU DEIGL *gibt ihrem Mann ein Bussl, dann geht er zur Haustür, öffnet sie.* I bleib auf, Adam, und wart!

DEIGL *lächelt.* Werd aa guad sei! Pfiade!

FRAU DEIGL Vui Glick, Adam.

Adam Deigl schließt hinter sich die Haustür. Frau Deigl legt die Sperrkette ein und löscht das Licht im Gang.

Im Wohnraum spielen noch die Kinder, schon im Nachthemd.

FRAU DEIGL Ins Bett etz, oder soll is nomoi song?
Die Kinder kümmern sich nicht viel darum.

Wohnung Deigl. Im Kinderzimmer

Inge und Toni liegen in den Betten, Frau Deigl an der Tür.
FRAU DEIGL Das is ein Gfrett mit dene Fratzn! Ned zum Glaubn. Etz duads guad und schnell schlafn, morgn is wieder ein Dog, da muaß ma aufschde.
Sie löscht das Licht aus und schließt die Tür.
Die Kinder schreien ein ›Gute Nacht‹ nach.
Frau Deigl geht zurück in den Wohnraum, sie schaut auf die Küchenuhr. Es ist 20.37 Uhr.
FRAU DEIGL Etz werda grod durt sei, da Adam.
Sie schnauft.
Räumt den Tisch ab und beginnt Geschirr zu spülen.

Wohnung Beilngrießer

Eine große, bäuerlich-antike Kuckucksuhr, 20.37 Uhr.
Beilngrießer ist in seinem Stuhl eingenickt, die Zigarre im Aschenbecher. Sie ist ganz abgebrannt. Es klingelt.
Beilngrießer reißt die Augen auf, schaut sich um, weiß nicht, was ihn aufgeweckt hat, sieht seine Zigarre, drückt sie aus.
Es klingelt wieder.
Beilngrießer steht auf, schaut sich um, geht dann zum Vorhang und späht hinaus.
Deigl steht vor der Haustür und wartet.
Man sieht Beilngrießer hinter dem Vorhang herauslinsen.
Nach kurzem fällt der Vorhang wieder vor, man hört Schritte.
Deigl merkt auf, spannt sich, schnauft.
Beilngrießer geht auf die Haustür zu, schaut durch das Guckloch hinaus.
DEIGL Da Adam Deigl is bloß, Beilngriaßa!
BEILNGRIESSER *hat geöffnet.* Da Deigl? Geh eina.

Wohnung Beilngrießer. Im Wohnzimmer

Im Aschenbecher die ausgedrückte Zigarre und eine neue, die auch schon halb abgebrannt ist.

BEILNGRIESSER *lacht, raucht.* Du bisd scho da seidsamsd Heilge, deagmia bishea begnt is! Adam!

DEIGL *ganz ernst und leise, vorsichtig:* Grod a Frog, Beilngrießa. Wei, für di kos doch wurschd sei, obsd as Geid aufd Sbarkass drogsd, oda mia gibsd. Zleia natirle, mid am guadn Zins! Vaschdedse.

BEILNGRIESSER *schüttelt den Kopf und lacht.* Ja, na hädsd ma ja an Grund gor ned zoin kena, grod aso. Na hädsd dei Geid no, wo etz i hob, und du brachsd.

DEIGL Ohne as Geid hädsd ma an Grund ned gem, moane!

BEILNGRIESSER Schdimd aa. *Lacht sehr laut.*

DEIGL *bemüht sich um einen ganz amtlichen Ton.* Ohne an Grund, hädis Geid, brauchads awa ned, weie ned baun kannt! Ohne Grund. Des is.

BEILNGRIESSER Da beißd se da Koda in sein eigna Schwanz! Prost! Adam! Varegda Deife!

Deigl nimmt sein Glas und prostet Beilngrießer zu. Beilngrießer trinkt kräftig, Deigl nippt bloß.

DEIGL Weisd mei Freind bisd, hone gmoand!

BEILNGRIESSER Beim Geid gibds koa Freindschaft, für mi!

Sie stellen die Gläser wieder ab.

DEIGL *schnauft, beugt sich dann vor.* Mei Frau und i, mir zwoa, hädn ins die Sach aso iwalegd: Wensd as Geid aufd Schbarkass drogsd, mid oana ganz langa Kindigung, nachad wersd ned mehra wia 8 Prozent kriagn.

BEILNGRIESSER *lacht erstaunt über Deigls Wissen.* Erm schaug oo!?

DEIGL *sehr langsam sprechend:* Wohr is, wose sog, wo ma in da Schbarkass gwen san – zwengs am Geid! – Achde is as Oallahöchsd. Und mia, wenma a Hybodeg vo ihra kriagn, mia zoin – ois in oim um de zehne – hosd mi? Wennsd du mia des Geid leichsd, nachad giba da neune! *Lacht.* So gäd des, und mia machan oalle zwoa a Gschäfd!

BEILNGRIESSER Etz hone oallawei gmoand, du kosd ned bis finfe zein, und dawei!

DEIGL *lacht dumm und stolz.* Gell, do schaugsd. – Awa, mei Idee is eigandle ned gwen, sondan da Burgl ihra, mein Weib!

BEILNGRIESSER Aso wad da Wind!

DEIGL Grod aso.

Pause. Deigl schaut Beilngrießer abwartend an, Beilngrießer nimmt sein Glas, macht einen mächtigen Zug.

BEILNGRIESSER Wei mia Freind han? *Er feixt Deigl an.*

DEIGL *nickt.*

BEILNGRIESSER *zieht an seiner Zigarre, seine Augen sind lustig, er schüttelt den Kopf.* Wia lang habtsn ihr den Plan scho?

DEIGL Grod vor oana Schdund, beim Hoamfahrn.

BEILNGRIESSER *scheint es nicht zu glauben.* So. – Ja mei, woasd aso is aa ned, des Geid bleibt ned ollawei auf da Bank, da were scho wieda wos ofonga, wenne wos Gescheids findt!

DEIGL *schaut unsicher, putzt sich die Stirn vom Schweiß ab.* Wos?

BEILNGRIESSER Andane Grind kaffa zum Beischbui!

DEIGL Duasd Schbegulirn?

BEILNGRIESSER *nickt.* So is. Und do schaugd mehra außa wie auf da Schbakass!

Deigl schaut vor sich hinunter auf seine Hände. Nickt auch. Beilngrießer will grade an seiner Zigarre ziehen, da hört man im Garten ein starkes Geräusch, ein Gegenstand ist umgefallen. Beide merken auf und horchen.

Beilngrießer steht auf, geht zum Fenster, öffnet ein wenig den Vorhang und schaut hinaus.

DEIGL *schaut zum Fenster.* Wos is gwen?

Im Garten

Man sieht Beilngrießer aus dem erleuchteten Fenster schauen, was er nicht sieht: Ein Mann versucht sich an der Garagenwand zu verstecken.

Im Wohnzimmer

BEILNGRIESSER *läßt den Vorhang wieder sinken, dreht sich um, schüttelt den Kopf.* Heid is ma grod scho amoi da Schregg in oalle Glida gfahrn.

DEIGL Warum?

BEILNGRIESSER Eigkehrd sama no, nachm Notari! In am schdinkfein Lokal – awa … *Er schüttelt den Kopf.* Na ja, is vorbei und vageßn!

Er kommt wieder zum Tisch, zieht an seiner Zigarre, eine dicke Portion Asche fällt auf den Teppich, direkt Deigl vor die Füße. Man erkennt, daß Beilngrießer nicht mehr der Nüchternste ist. Er setzt sich schwer hin.

Deigl nimmt dienstbeflissen den Aschenbecher vom Tisch, indem er von oben hineingreift und versucht die Asche aufzuheben und hineinzutun. Es gelingt ihm nicht.

BEILNGRIESSER Laß schde, oda bisd mei Buzfrau?

DEIGL *schaut unsicher, stellt den Aschenbecher wieder hin.* Wiasd moansd, Beilngriaßa!

BEILNGRIESSER *schaut Deigl gönnerhaft an.* Oiso, es is aso: Normalaweis gibe koane Hybodegn, weiles Geid fia epps andas brach.

DEIGL Han di scho weidle vaschdandn!

BEILNGRIESSER I mach ava a Ausnahm. Zwengs dir, weisd a arma Deife bisd un i ned, *er lacht laut*, weila de mog. Guad is, prost, oida Hiasl!

Deigl schaut ihn groß an, nimmt sein Glas nicht, sondern holt aus der Tasche ein Taschentuch, putzt sich die Stirn ab.

BEILNGRIESSER Prost, hobe gsogt!

DEIGL *nimmt schnell sein Glas.* Prost Beilngrießer, und is es dei Ernsd?

BEILNGRIESSER *trinkt, stellt das Glas ab.* Ja Adam, er is! Awa die Hypothek muaß eidrogn wean!

DEIGL Grod wiasd as sogsd!

BEILNGRIESSER No hosd awa ned amoi oan Zigl, wo ma a Hypothek hipabba kunnt!

DEIGL *wischt sich immer noch den Schweiß ab.* I gib da dawei an Schuidschei!

Der gemütlich sitzende, seine Wohltätigkeit weidlich ausnützende Beilngrießer und das »arme, schwitzende Schwein« Deigl.

BEILNGRIESSER Gä, laß me bloß mid deim Schuidschei aus. I bin koa Bank, i duas, weis nix schod, wenn ma wos Guads duad, gei, am arma Freind, den ma kennt.

DEIGL Ja, ja, hosd rechd, Beilngrießer.

BEILNGRIESSER Außadem dade ma heid schwar, midm Schuidschei-Schreim! Dei Gsichd is ma guad, firs Geid. – Wuisd ois hom?

DEIGL *nickt.*

BEILNGRIESSER *lacht.* Ausgschamta Deife! Na, wenn de Gradla an kloan Finga säng, nachad woins de ganz Hand.

DEIGL *versteht die Beleidigung, nickt aber nur.*

BEILNGRIESSER Wenn da Deife s Roß dawischd, nachad reit as zschandn? Kennsd des?

DEIGL Jo.

BEILNGRIESSER *nimmt die Brieftasche aus der Handtasche, er nimmt die ganzen Scheine heraus, zählt sie.* A bißl wos hobe scho lassn, in da Schdod, bei de Baraber. Do, nimmst de secheza dausend, as Kloazeug bhoid ee.

DEIGL *nimmt mit ziemlich zittrigen Händen das Geld.* Heit wuisd mas glei gem?

BEILNGRIESSER Und ob! Mia is liaba, du schlafsd mid schlechde Dram, weisd sechzea dausand Mark untam Kopfkissn hosd, ois wia ii. Do... zei noch, sechzeadausand Mark, wiasd mas gem hosd, ohne de zwoahundadfinfadachg Mark! Hosd me!

DEIGL *hält den Packen schwer in den Händen.* Nachad brauchds aa koa Nachzein, awa, epps zum einidoa brachad ii.
Er ist dem vielen Geld gegenüber ganz hilflos.

BEILNGRIESSER *steht auf, überlegt, weiß nichts.* Mei, wos nimmd ma etz do am dappigstn? De Oid, wenn auf waar, de häd scho was. Mogsd an Plastikbeutl? In da Kich waar oana?

DEIGL Freile, dea is undurchlasse! An Beutl!
Beilngrießer geht aus dem Zimmer, im dunklen Flur öffnet er am Fenster wieder den Vorhang und schaut hinaus, aber er sieht nichts.
Er geht in die Küche, macht dort Licht, nimmt einen Frischhaltebeutel mit Reklameaufschrift, läßt das Licht brennen.
Deigl im Wohnzimmer, er ist dabei, die Scheine liebevoll zu glätten und zusammenzufalten.

BEILNGRIESSER *kommt mit dem Beutel zurück. Er gibt ihn Deigl.* So, do hosdn. Und etza dade song, duasd de vaziagn. Wosd wuisd hosd, und i bin miad. Oida Gauna, oida!

DEIGL *packt das Geld in den Frischhaltebeutel.* Hädsd as ned doa miaßn, wennsd ned meng hädsd.
Deigl hat das Geld im Beutel verstaut, steht auf, Beilngrießer daneben.

BEILNGRIESSER Sog nix! Etz schleichde und kumm guad hoam, gei! Moing schaugsd amoi vobei nach da Abad, weie do an Wisch vorbereit zum Untaschreim! Gei!

Er begleitet Deigl an die Tür, öffnet sie, Deigl tritt ins Freie.

DEIGL Wann soie kumma?

BEILNGRIESSER Hoibe achde, pünktle! Pfiade!

DEIGL Mei Beilngrieaßa, dank da sche, dank da sche, danke! Pfiade! Danke! Nomoi!

Er geht über den Kiesweg, den Beutel in der Hand, winkt zurück.

Im Garten

Während Deigl noch winkt, schließt Beilngrießer schon die Haustür zu.

An einem Busch verborgen steht eine Gestalt und schaut Deigl nach.

Deigl faltet die Tüte ganz vorsichtig, nachdem er noch einmal hineingeschaut hat, zu, mehrmals, dann legt er sie auf den Nebensitz.

Er steigt ein, schließt die Tür, startet und fährt langsam weg.

Die Gestalt löst sich vom Zaun und geht im Nachtschatten der Garagenwand auf das Haus zu.

Im Haus

BEILNGRIESSER *sperrt die Haustür zu, besonders gut und aufmerksam. Prüft, ob zu ist.* Direkt froh hine, daß des Geld ausm Haus is.

Nickt sich selber zu, löscht im Gang das Licht, geht zurück ins Wohnzimmer. Weis der Depp aa bar zoin hod miassn.

Pause.

Das werd scho zu seim Plan ghead hom.

Er lacht, schenkt sich noch ein Glas ein, trinkt.

Neun Prozend is ned schlechd netto.

Pause.

Draufzoin dure nia. Da Rechdsanwoid Bachl machd des scho. Außadem laß in dynamisch oleng, an Zins, mitm Geidvafoi.

Pause, er trinkt, setzt ab.
Guad is Gschäfd ned, is klar, awa es is a Freind, und schlechd is erschd rechd ned, fia mi.
Er lacht.
Er hört ein Geräusch. Das Lachen erstirbt, Beilngrießer ist erschrocken. Starrt. Er erhebt sich, löscht im Zimmer das Licht, geht wieder zum Fenster und schaut hinaus.
Es ist nichts zu sehen.
Beilngrießer schüttelt den Kopf, wie um einen Alptraum loszuwerden. Schnauft.
Hois da Deife, oida Depp.
Er geht vom Fenster weg, bleibt in der Mitte des dunklen Zimmers stehen.
Etz gäsd ins Bett, Narr, weasd ja vun deim eigna Schattn kobpfschei!
Ohne noch einmal Licht zu machen, geht er aus dem Zimmer. Beilngrießer macht die Wohnzimmertür zu, geht den Gang entlang ins Bad. Schaut ins Bad, so als würde er sich waschen wollen.
A wos, morgn!
Er löscht das Licht im Gang, geht die Treppe hinauf, macht oben wieder Licht. Er öffnet vorsichtig eine Zimmertür und schaut hinein.
Frau Beilngrießer vom Ganglicht ganz wenig angeleuchtet, liegt in ihrem Bett und schläft fest und tief...
Beilngrießer ist einen Moment unschlüssig, dann schließt er die Tür wieder, und zwar ganz leise. Er zuckt mit den Achseln, geht eine Tür weiter, löscht im Gang das Licht und geht in sein eigenes Zimmer.

Im Garten

Das Beilngrießersche Haus. Im oberen Stockwerk geht das Licht in einem Zimmer an.
Im Nachtschatten der Garagenwand steht eine Gestalt.
Sie schaut hinauf.

Wohnung Deigl. In der Wohnküche

Der Frischhaltebeutel liegt auf dem Küchentisch, daneben das Geld sauber gefaltet zu einem Bündel. Herr und Frau Deigl sitzen am Tisch, schauen ihr Vermögen an.

FRAU DEIGL Adam, i kos gor ned glam!

DEIGL *lacht.* I no vui weniga!

Er nimmt das Geld in die Hand, »kostet« daran.

FRAU DEIGL Etz hamas zun zwoadn Moi ind Händ, am heidign Tog, und an Grund hama ekschdra! Na, na, mia ham a Glick, des mua ma song!

DEIGL Und wia, Oide, und wia!

FRAU DEIGL Drum gemma etz aa ins Bed, weis do am schensdn is. Damma no a bißl Plän macha, etz, wo ois guad is, und nacha schlaf ma.

DEIGL I ko no ned schlafa!

Er lacht wieder.

FRAU DEIGL *lacht auch.* Bett is Bett! Weasd as seng, midm Liegn kimmd da Schlof! Mo!

DEIGL *nickt.*

Frau Deigl steht auf. Adam Deigl auch.

FRAU DEIGL Gemma nua!

Wohnung Beilngrießer. Im Schlafzimmer

Beilngrießer macht das Nachtlicht auf dem Nachtkästchen aus.

Beilngrießer im Dunkeln, zieht die Decke hoch und dreht sich um...

BEILNGRIESSER Oide Bißgurkn, oide! *Er atmet gleichmäßig.*

Wohnung Deigl. Im Flur

Deigl macht die Tür zum Kinderzimmer auf, schaut hinein. Die beiden Kinder schlafen fest.

DEIGL Duads schlafn, da Bua unds Weibile! Is scho rechd, da Baba is wida do!

Pause.

Mei liaba.

Er nickt sich selber zu und schließt vorsichtig und leise die Kinderzimmertür. Er geht zum Ganglichtschalter, macht ihn aus und geht ins Schlafzimmer.

Frau Deigl liegt schon im Bett, die Nachttischlämpchen brennen. Deigl beginnt sich auszuziehen.

FRAU DEIGL Gäsd eina, hosd as vadeand heid, Mo!

Deigl nickt. Er zieht ein altmodisches Nachthemd an, es darf ruhig erkennbar werden, daß er sich beim Ausziehen vor seiner Frau schämt... Deigl kriecht ins Ehebett.

Pause.

Die Deigls schauen – glücklich – den Plafond an.

DEIGL Beinah ware an da großn Kreizung nach Hofbrück wida umgkead!?

FRAU DEIGL Hea auf, um Gods wuin!

DEIGL Bine ä ned!

Er lacht über seinen guten Witz.

Wohnung Beilngrießer. Im Garten

Die Gestalt löst sich aus dem Nachtschatten der Garage, geht langsam auf das Haus zu. Das Haus liegt dunkel und still da.

Die Gestalt geht an der Hauswand entlang, bei den Fenstern schaut sie sich jeweils die Verriegelungen an.

Bei einem Fenster ist die Oberlichte ein wenig offen.

Die Gestalt greift in die Manteltasche und bringt daraus einen dicken Draht hervor, langt geschickt durch die Öffnung der Oberlichte und kann mit dem Draht, den sie sich mehrmals zurechtbiegt, die Fensterverriegelung erreichen.

Es ist nicht einfach, aber zuletzt kann sie die Drahtschlaufe so plazieren, daß sie die Verriegelung öffnen kann. Sehr vorsichtig öffnet sie die beiden Fensterflügel, schaut sich nochmals um und steigt ein.

Danach sieht man sie das Fenster wieder schließen.

Wohnung Deigl. Im Schlafzimmer

Die Deigls im Bett. Das Licht der Nachttischlämpchen brennt noch.

FRAU DEIGL So, etz werd awa gschlafa, Adam. Moing is a neicha Dog, da muasd wos doa!

Sie löscht ihr Nachtlicht. Deigl löscht sein Nachtlicht. Pause. Das Zimmer ist dunkel, nur vom Fenster kommt ein wenig Licht.

DEIGL Wo isn iwahaubds as Geid?

FRAU DEIGL *lacht.* Wo werdsn eppa sei? Am Kuchldisch liegds, im Frischhaltebeudl, wiasd as brochd hosd.

DEIGL So.

Pause.

DEIGL Und wenns oana schduid in da Nochd?

Er sagt es nicht ängstlich, sondern humorvoll.

FRAU DEIGL Gä, wea gäd denn zu ins zun Schdein?

DEIGL Koana.

Er lächelt.

Guad Nachd.

FRAU DEIGL Guad Nachd, Adam.

Wohnung Beilngrießer

Im Wohnzimmer sucht ein Mann die große antike Kommode ab. Er geht weiter zum Buffet. Er wendet sich, da er nichts findet, ab, sucht in den anderen Einrichtungsgegenständen des Zimmers. Er sucht im Sekretär, daneben steht eine große Stehlampe. Er macht die Verriegelung geschickt auf, kramt in den Papieren. Kuckuckschreie.

Er schnellt herum, wirft dabei die Stehlampe um.

Der Vogel der Kuckucksuhr schreit elfmal.

Der Mann steht starr, horcht, stellt die Lampe wieder auf, sucht weiter.

Beilngrießer im Bett. Er horcht. Es ist aber wieder leise.

Er steht vom Bett auf, zieht sich die Hausschuhe an, macht in seinem Zimmer Licht. Er öffnet die Schlafzimmertür, geht hinaus, geht im Dunklen die Treppe hinunter …

Der Mann sucht weiter, er öffnet eine Tür, kommt vom Wohn-

zimmer in das Zimmer, in dem zuerst Deigl und Beilngrießer saßen. Setzt seine Suche fort.
Beilngrießer kommt die Treppe herunter, er sieht sich am Fuße der Treppe horchend um, dann geht er auf die Zimmertür zu. Der Mann merkt nichts, er sucht weiter. Beilngrießer öffnet die Zimmertür. Der Mann schrickt von seinem Suchen auf, dreht sich um. Beilngrießer hat von der Kommode einen großen Halbedelstein genommen, will damit zuschlagen. Der Mann nimmt schneller als Beilngrießer den Aschenbecher vom Tisch, schlägt ihn Beilngrießer schwer über den Schädel. Der Halbedelstein fällt nicht zu Boden, sondern kullert auf die Kommode zurück. Der Aschenbecher zersplittert. Beilngrießer schießt das Blut ins Gesicht, er fällt schwer zu Boden, rührt sich nicht mehr. Mit dem Hinterkopf ist er auf die Konsole der Kommode gefallen, sein Kopf knickt ein, fällt zur Seite.

Wohnung Deigl. Im Schlafzimmer

Deigls Hand auf dem Bett. Sie wird von Frau Deigls Hand gehalten und ein wenig gestreichelt. Deigl schläft fest. Frau Deigl schaut froh und zufrieden in das Dunkel des Zimmers.

Wohnung Beilngrießer

Das Gesicht des Mannes, der Beilngrießer niedergeschlagen hat: ein schreckverzerrtes Allerweltsgesicht... Der Mann schaut auf den am Boden liegenden Beilngrießer, wendet sich entsetzt ab, sucht aber weiter. Ohne Unordnung zu machen untersucht er das ganze Zimmer. Findet nichts. Er öffnet langsam die Tür zum Flur, geht hinaus, schaut sich um, geht in Richtung Küche weiter, will im Gang suchen...
Er hört ein Geräusch.
Der Mann fährt herum, starrt in Richtung Treppenhaus.
Man sieht in hübschen Pantoffelchen steckende Frauenfüße auf der obersten Treppe. Langsam gehen sie herunter.
Der Mann erstarrt, er kann nicht mehr zum Fenster, von dem er gekommen ist, zurück, ohne der Frau zu begegnen, verzweifelt wendet er sich an die Haustür, versucht sie zu öffen. Er kann die

Sperrkette und das Sicherheitsschloß öffnen, dann geht er leise aus dem Haus.

Im Garten

Der Mann kommt aus der Haustür, sieht sich um, rennt über den Rasen, springt über den Zaun, rennt davon.
Frau Beilngrießer schreit wild um Hilfe.

Baustelle

Schönes Wetter. Eine Barackenstraße mit Pfützen. An einem großen Geräteschuppen hantiert Deigl mit Werkzeug.
Hinter dem Schuppen ein im Rohbau befindlicher, dreistöckiger Bürobau.
Arbeiter sind an den Gerüsten, es geht laut zu.
Deigl geht zu einem abgestellten Kleinlastwagen, nimmt aus dem Führerhaussitz einige Lieferpapiere und geht damit zur Ladefläche.
Er steigt auf die Ladefläche und kontrolliert die Ladung, mehrere Säcke Zement, Hartfaserplatten, Verschalungsholz etc.
DEIGL Hams uns wida bschissn, de Lumpn?!
Er schaut auf seinen Lieferschein, dann auf die Ladung, hebt eine Plane hoch, findet den gewünschten Gegenstand.
Werd eucha Glück sei.
Ein weißer Mercedes 280 SE fährt die Barackenstraße hinein, an Deigls Arbeitsplatz vorbei, bleibt kurz dahinter stehen.
Hollreiser steigt aus dem Mercedes aus, geht auf die Baustelle zu. Er ist kaum in Sichtweite, kommen ihm bereits Bauführer, Polier und ein Arbeiter entgegen, sie begrüßen sich und gehen sich unterhaltend auf den Bau zu.
Deigl auf dem Lastwagen. Über die Barackendächer hinweg kommen Hollreiser und seine Leute in Sicht. Deigl schaut auf, sieht sie. Er zieht den Hut und grüßt. Natürlich umsonst, denn Hollreiser wendet ihm den Rücken zu und ist weit entfernt. Deigl arbeitet weiter.
Hollreiser und seine Männer steigen eine Leiter hinauf, kommen in den zweiten Stock. Man hört eine Polizeisirene. Die

Männer schauen hinunter auf die Straße. Ein Polizei-VW fährt heran. Deigl richtet sich auf dem Lastwagen auf und schaut. Der Wagen hält, zwei Polizisten steigen aus, gehen auf den Laster zu. Deigl bemüht sich, möglichst schnell vom Laster herunterzukommen und militärisch dazustehen. Auch Hollreiser und die Männer steigen schnell das Gerüst des Rohbaus herunter.

1. POLIZIST Guten Tag. Arbeitet hier ein Herr Deigl?

Adam Deigl ist hoch erfreut.

DEIGL Und wia!

1. POLIZIST So. Und wo is er dann?

DEIGL Des bin i, da Deigl, Herr Inspektor!

Hollreiser und die Männer kommen dazu.

HOLLREISER Was isn los da?

1. POLIZIST Guten Tag, Herr Hollreiser!

2. POLIZIST Guten Tag, Herr Hollreiser!

HOLLREISER Der Herr Oberinspektor Lux! Was gibt uns denn die Ehre? Habe wida amoi foisch parkt?

1. POLIZIST Leida ned, es is schlimma.

1. POLIZIST *putzt sich den Mund mit der Hand ab.* Der Beilngrießer is tot.

DEIGL Wos?

1. POLIZIST Der Georg Beilngrießer, den mir alle kennen und schätzen, ist gestern nacht erschlagen worden in seinem Hause. Die Mordkommission is schon dort. Mir holen den Herrn Deigl ab, weil der gestern mit dem Herrn Beilngrießer in der Stadt beim Notar gwesn sein soll, sagt die Frau. Is des richtig?

DEIGL *erfreut, daß er so viel Aufmerksamkeit erzeugt, strahlend:* Und wia! Hama gwen, weng an Grund, wissns scho, Herr Hollreiser.

HOLLREISER Der Beilngrießer derschlong?

Pause.

Des gibts doch ned.

1. POLIZIST Wo die Leich schon im Medizinischn is. Irrtum ausgeschlossen.

Die Männer um Hollreiser murmeln etwas von nicht verstehen und Überraschung.

1. POLIZIST *erzählt fast stolz:* Mit einem Aschenbecher is er derschlang wordn. In seim eigna Haus. Und zwar schon gestern nacht in da Nacht. War es.

DEIGL Des ko ned sei, Herr Inspektor, weile gestern bis umara zehne no bei erm gwesd bi!

1. POLIZIST So?

HOLLREISER Und wer wars?

1. POLIZIST *schüttelt mit dem Kopf, zuckt die Achseln.*

2. POLIZIST Noch keine Spuren. Aber es wird schon gesichert.

1. POLIZIST Das is doch klar.
Er räuspert sich.
Pause.
Herr Hollreiser, deswegen möchten mir den Herrn Adam Deigl gern zum Zeugen mitnehmen aufs Revier. Wenns recht is. Amtlich. Zmittag kann er wida do sei.

HOLLREISER *nickt.* Freile, nehmans nua mid.
Pause.
Mir gäd des gor ned ei. Is des ois sicha, koa Irrtum? Ha? Der war ja so gsund, da Beilngrießer. Vorige Woch war ma noch beinand auf da Jogd, wo er nix dawischt hod. Hob erm nix okennt.

1. POLIZIST Ermordet is er wordn, ned gstorbn.

HOLLREISER Aso, ja freile.
Er wischt sich den Schweiß von der Stirn.
Des gäd mir ned ei.
Pause.
Er sieht seine Leute an.
Ja, Leid, duads weida, wenns aso is, muaß de Polzei es macha, unsa bled Schaung kosd bloß Zeid und bringd nix.

BAUFÜHRER Wollns Ihnen die Verstrebung noch einmal anschaun? Meiner Meinung nach halt das, sogar für einen Lagerraum mit extremer Belastung, was nicht in Frage kommt, wenn man von den Berechnungen ausgeht –
Er verstummt, weil ihn Hollreiser anschaut.

HOLLREISER Sie ham erm ned kennt, an Beilngrießer? Ha?

BAUFÜHRER Nein.

HOLLREISER Is scho recht. Machts weida. De Strebn hoidn scho, moane aa.

BAUFÜHRER Dann mach ma weida, Leid!
Die Männer verabschieden sich und gehen wieder zurück.
Die Zurückgebliebenen schauen sich betreten an.

1. POLIZIST Ja, Herr Deigl, wenns mitgehen wollen. Bitte.

DEIGL *schaut Hollreiser an.*

Derfe weg vo da Arbad?

HOLLREISER Ja freile, frog doch ned so dumm, da Tod von unsam Freind – deina wara doch aa – weila se gern mid de oafacha Leid obgem hod – manchmoi –

DEIGL *strahlt.* Ma kannt aso song, daß a mei Freind aa gwen is, wenns nix dageng ham?

HOLLREISER Aiso na, gäsd mid, und sogsd ois, wosd woasd, daßn boid aufhänga kena, den, dern aufm Gwissn hod, an Beilngrießa!

1. POLIZIST Des oane mechd i Erna glei song, Herr Deigl: Wos Sie do vazein, etza – des muaß aufs Haar stimma, gei – wei, de Herrn han von da Mordkommission aus Minga, des han de ganz andan. De macha oan ferte, wenns erm in de Finga ham, daß der am End seiba nimma woaß, wos wahr is und wos ned. *Hochdeutsch:* Kreuzverhör!

DEIGL *strahlt noch mehr.* Des mach i scho! De wern mid mia zfridn sei, de Mörda.

1. POLIZIST Wos?

DEIGL De Komison.

Er nickt.

Er steigt zuerst in den VW auf den Rücksitz.

Hollreiser bleibt in einiger Entfernung stehen.

DEIGL *schaut zu ihm.* Bis zmiddog bine wida do! Gwiß, Herr Hollreiser!

Hollreiser nickt. Die Polizisten steigen auch ein, lassen den Wagen an, fahren weg. Hollreiser steht allein in der Barackenstraße. Er schaut dem VW der Polizei nach, dann geht er zu seinem Mercedes, steigt ein, läßt den Motor an und fährt langsam – rückwärts – aus der Barackenstraße. Er kommt auf die Straße, rangiert.

HOLLREISER Da Beilngrießa, na, da Beilngrießa!

Er schüttelt verständnislos den Kopf.

Polizeibüro

Eine Amtsuhr zeigt auf halb zwei. Der 2. Polizist hinter einem Schreibtisch, Deigl auf einem Stuhl davor.

DEIGL Zmiddog howe gsogd, bine wida auf da Bauschdei.

Er schnauft.

Der 2. Polizist schaut ihn an. Schaut wieder auf seine Arbeit auf dem Schreibtisch.

DEIGL Etz waars scho Zeid moane, daße drokumm.

Er schaut den Polizisten an.

2. POLIZIST Des dauad ois a bißl länga, bei uns.

DEIGL Wo i a wichdiga Zeuge bin, wias gsogd ham, de Herrn! Vielleicht kummad i gor ind Zeidung mid eine. Der Lagermeister Adam Deigl zu Hofbrück war der letzte, der den Georg Beilngrießer lebendig gesehen hat.

Er schaut verschmitzt vor sich hin.

In da Zeidung bine no nia gstandn mei Lebdog ned. Wia gabadsn des aa – hächsdns, wennsd stirbst! Fia unsaon!

Er lacht.

Die Tür wird forsch aufgemacht, es treten ein Polizeirat Dr. Frings, zwei Polizisten in Uniform, der 1. Polizist, Frau Deigl.

2. POLIZIST Guten Tag, Herr Doktor!

FRINGS Grüß Gott zusammen.

DEIGL *zu seiner Frau:* Du bisd aa do?!

Frau Deigl will etwas sagen, wird aber von Frings unterbrochen.

FRINGS Wenn Sie sich jetzt nicht unterhalten. Es ist besser. Nehmen mir doch alle Platz, und die Frau Deigl erzählt weiter.

Die Gruppe sucht sich Stühle, da aber nur noch zwei da sind, schiebt Frings den einen Frau Deigl zu, auf den andern setzt er sich selber. Die Polizisten bleiben stehen.

FRAU DEIGL Ghoid hams me – stanttepede! *Nickt ihrem Mann anerkennend zu.*

FRINGS Lassen Sie uns auch teilhaben an der Unterhaltung. *Schaut lächelnd auf das Ehepaar.* Und Sie sind so gut und schreiben mit!

2. POLIZIST Sehr wohl, Herr Doktor!

Er spannt in seine Schreibmaschine Papier ein.

FRAU DEIGL *schaut in die Runde, sie kann es sichtlich nicht erwarten, anfangen zu dürfen.* Eigendli is ois ganz oafach.

FRINGS Der gestrige Abend, weil der für uns interessant is.

FRAU DEIGL Ja.

Sie ist irritiert, schaut ihren Mann an.

DEIGL *schaut seine Frau groß an.* Etza vazei, wenns de Herrn scho wissn woin – awa i wissad no vui mehra!

Er nickt sich selbst anerkennend zu.

FRINGS *zündet sich eine Zigarette an, 1. Polizist gibt ihm Feuer.* Es kommen alle dran, und Sie sind jetzt ruhig und Ihre Frau erzählt!

FRAU DEIGL *nickt.* Es is ganz oafach – obwois des aa wida ned is, wei unsaoana mid oam soicha Haufa Geid ned ofd zamkimmd.

FRINGS *greift in seine Aktentasche, bringt den Frischhaltebeutel zum Vorschein, wirft ihn auf den Schreibtisch.* Einfache Leute, wie man Sie und Ihresgleichen wohl zu bezeichnen pflegt, haben normalerweise etwas mehr Respekt, als diese Verpackung vermuten läßt. Gegebenenfalls würde man hier auf einen Bankräuber tippen.

DEIGL *ist verwundert und merkt, daß das gegen ihn geht.* Warum nachad?

FRINGS *barsch und hart:* Sie sollen still sein, bis ich Sie etwas frage, haben Sie mich verstanden?

DEIGL *nickt, das ist ihm in die Knochen gegangen.*

FRAU DEIGL *schaut ihren Mann unsicher an.* Ja.

Pause.

FRINGS *schaut sie an, nimmt den Frischhaltebeutel vom Tisch, holt das Geld langsam Schein für Schein heraus.* Was meinen Sie mit »ja«, oder wollen Sie weitererzählen.

DEIGL *starrt Frings an.* Jo, wia kimmd etz da Hea Inspekta do zu insam Geid? Wia kosdn des hea gem, Oide?

FRAU DEIGL *zupft an ihrem Kleid herum.* Glicha hones fia de Beweis, nachad kriang mas scho wida.

DEIGL *schaut Frings groß an.* Aso, nachad is guad.

Nickt.

FRINGS *macht seine Zigarette aus, im Aschenbecher. Zu Deigl:* Könnten Sie einmal den Aschenbecher ausleeren, Herr Deigl?

DEIGL Warum? Is a ned voi, Herr Inspektor.

FRINGS Machen Sie weiter, Frau Deigl!

FRAU DEIGL *schwitzt.* Gfreid ham ma ins hoid – awa Angsd hod er aa ghabd, da Mo. Wei aa se ned draud hod, gei!

DEIGL *schaut seine Frau an.* Warum?

FRINGS Ihre Frau meint, Sie hätten vor der Tat Angst gehabt.

Pause, Deigl schaut seine Frau an. Er fährt sich mit der Hand über die Nase.

DEIGL Wia sis sogd, de Oid, so is.

FRINGS Na also. Und wie ging es weiter. Wir könnten ja längst fertig sein.

FRAU DEIGL Wenn ins erschd no da Beilngriaßa as Geid wida gem duad, ham ma ins gfreid, gei, nachad samma gmachte Bauleid. Oa Prozend billiga fia ins, oans mehra fia erm, mei, wenn ma des woaß, waar ma ja bläd, wenn mas ned dad.

Sie pocht sich auf die Brust.

Mei Idee.

Ja und nachm Obndessn is er hi, gei – weie ned nochlassn hob.

Pause. Sie lächelt.

Durch mi!

FRINGS Wann ist Ihr Mann aufgebrochen?

FRAU DEIGL Nachm Essn.

FRINGS Um welche Uhrzeit meine ich. Verstehen Sie beide denn nicht deutsch? *Er ist erregt.* Wann?

Er sieht den 2. Polizisten, der eher mitleidig auf Deigl und seine Frau schaut. Ja, was schauns denn? Machn Sie ein Stenogramm für die wichtigsten Punkte.

2. POLIZIST Jawoll, Herr Doktor!

DEIGL *schaut Frings groß an. Vor sich hin sagend:* Doktor!

Er lächelt und wiegt ein wenig mit dem Kopf, als würde er sagen wollen: Mit was für tolle Leut mir heute zusammenkommen.

FRINGS Was sagen Sie?

DEIGL Jawoll, Herr Dokda!

FRINGS *schnauft.* Wir machen weiter. Frau Deigl, wann ging Ihr Mann weg?

FRAU DEIGL Nachm Obndessn – um vidlnach achde.

FRINGS *erstaunt:* Haben Sie sich das so gut gemerkt?

FRAU DEIGL Weis aso barsch hifrong.

FRINGS Was?

Pause.

FRINGS Jetzt brauch ich bald einen Dolmetscher! Herrgott noch mal!

1. POLIZIST Herr Doktor, es sind einfache Leute, das ist im Ort bestens bekannt. Die Deigls.

FRINGS *schaut sich nach dem 1. Polizisten um.* So. *Wieder zu Frau Deigl:* Dann erzählen Sie bitte weiter, einfach.

FRAU DEIGL *schaut Frings zufrieden an.* Wos derfe etza am Herrn Dokda song?

FRINGS Er ging gegen inneren Widerstand vor der Tat um acht Uhr fünfzehn aus dem Haus.

FRAU DEIGL Innara Widaschand is guad. Wenn i ned gwen waar.

FRINGS Weiter.

1. POLIZIST Frau Deigl, sie moana doch Angsd vor dem Biddgang hod aa ghabd, ned vor oana Tat.

FRAU DEIGL *schaut den 1. Polizisten, dann Deigl mit Seitenblick, an.* So is.

FRINGS *schaut sich um nach dem 1. Polizisten, sein Gesicht ist verbissen, er redet aber ganz ruhig.* Bitte nehmen Sie vor der Türe Aufstellung, daß wir hier nicht im entscheidenden Augenblick von irgendeinem unterbrochen werden können – Herr Wachtmeister!

1. Polizist schaut die Deigls an, schaut Frings an. Salutiert, verläßt das Zimmer.

FRINGS Und jetzt wollen wir einmal weitermachen. Bitte, Frau Deigl: Wann kam Ihr Mann zurück?

FRAU DEIGL Des woaße ganz genau, weie scho so hard gward hob. Hoibe eife. Genau.

FRINGS Heiter und guter Dinge?

FRAU DEIGL Und wia! – Mia ham im Bed vorm Einschlaffa no oallawei Heisl baud, Fensdasteck eigsezd und Bödn glegd.

FRINGS Und dann.

FRAU DEIGL Na hama eigschlafa.

FRINGS Und wo haben Sie das Geld über Nacht verwahrt?

FRAU DEIGL Aufm Kuchldisch is glegn, no aso, wias gleng is, wia Sie kumma san mid de Wachtda.

DEIGL *schaut seine Frau an.* Afd Bang drong muaß mas. Mia ham nämli zwoa Kinda, Herr Doktor.

FRINGS Sie kennen das hier also? *Er meint Geld und Frischhaltebeutel auf dem Schreibtisch.*

DEIGL Warum a ned. Des is, wos ma da Beilngrißa gem hod. Sechzeadausand miaßns sei, wents es nix valorn habds.

FRINGS *schaut Deigl kopfschüttelnd an.* Seien Sie ganz beruhigt, das Geld ist bei uns ganz gut aufgehoben. Und auf die Bank wird es auch wieder kommen, auf das Konto des toten Herrn Beilngrießer. Sie können uns voll vertrauen, Herr Deigl!

DEIGL *schaut den Dr. Frings erstaunt an.* Nachad derfa mia des Geid am End gor ned bhoidn, weia etz dod is, da Beilngriaßa? *Er schaut in die Runde.*

Ja, nachad häds a des Ganze gor ned brachd, wos ma aso schwar gfoin is!

FRINGS Das glaub ich Ihnen!

DEIGL Und wia, mei Wei kos aa song.

FRAU DEIGL Schdimd!

FRINGS *zündet sich eine neue Zigarette an.* So, jetzt erzählen Sie einmal den Tathergang, Herr Deigl! Wie sind Sie zu dem Geld gekommen?

DEIGL Gem hod aa mas.

FRINGS Freiwillig?

DEIGL Zerschd hod aa scho ned woin – ärle gsogd – awa

FRINGS Dann haben Sie ihm den Aschenbecher auf den Schädel geschlagen...

DEIGL Wos? *Starrt den Dr. Frings an.* I hob erm gsogd, daßa von mia oa Prozend mehra griang ko wia auf da Schbarkass –

FRINGS *schreit:* Herr Beilngrießer pflegte sein Geld nicht in den Sparstrumpf zu geben, sondern er war Grundstücksspekulant! Für den waren acht oder neun Prozent Zinsen ein Trinkgeld!

DEIGL *erschreckt zu Tode.*

FRINGS *schreit:* Was lügen Sie denn da herum? Sie sollen die Wahrheit erzählen, wir sind nicht in der Märchenstunde! Also – schreiben Sie mit?

Der auch erschreckte 2. Polizist krümmt sich hinter seinem Schreibtisch zusammen.

2. POLIZIST Jawoll, Herr Doktor!

FRINGS Weiter, Deigl!

Frau Deigl hat das Maul sprachlos aufgerissen. Sie schwitzt.

DEIGL Wia Sis song, Hea Dokta – hod a da Beilngriaßa gsogd – schbegulirn duad er. Awa in mein Foi hod er a Ausnam gmachd, weile sei Freind bin – hoda gsogd.

FRINGS *schreit:* Und dann?

DEIGL Hoda mas gem.

FRINGS In einem Frischhaltebeutel? *Starrt Deigl an, Pause.*

DEIGL Den hod a erschd sucha miaßn!

FRINGS Als Leiche?

DEIGL Jo.

Pause.

DEIGL Leicha hod er gsogd, und nachad ois Hypothek eidrong, vaschded se.

FRINGS *verwirrt:* Was?

2. POLIZIST Leihen meint er – der Herr Deigl. Leihen.

FRINGS *brüllt:* Danke! Weiter!

DEIGL *schnauft schwer, er schwitzt auch.* Am End isa ganz froh gwen, weias Geid ned iwa Nachd im Haus hod ghoitn miaßn. Hoda gsogd, da Beilngrießer!

FRINGS Und warum haben Sie ihm das Geld am Nachmittag in bar – wohlgemerkt, wo jeder vernünftige Mensch überweist – ausbezahlt, wenn Sie es ihm am Abend schon wieder abgenommen haben? *Beugt sich vor.* Der Weg war doch für einen vernünftigen Menschen nutzlos, nur für einen »einfachen Menschen« wie Sie, nicht!

DEIGL Etz frongs awa ganz sche dampfe, Hea Dokta, wos mi zerschds aso lang ham wardn lassn.

FRINGS Ich glaube, Sie werden noch genug gefragt.

DEIGL Ja frongs nua zua, grod zua!

FRINGS *schüttelt den Kopf.* Wenn Sie schon auf die Idee kamen, das Geld wieder zurückzuverlangen – warum noch am selben Abend?

DEIGL *lacht.* Des is schlau gwen, gei. Mia ham ins denkt, daß as ins vielleicht nimma gibd, wenns scho auf da Schbarkass is. So langs Eisn hoaß is, muaß mas biang! Hoaßds!

FRINGS *schüttelt den Kopf, lächelt. Er wendet sich an den 2. Polizisten.* Stenografieren Sie das mit?

2. POLIZIST Jawoll, Herr Doktor!

FRINGS Wörtlich bitte!

2. POLIZIST *nickt, er schaut verzweifelt auf Adam Deigl.* Wörtlich, Herr Doktor!

FRINGS Ich nehme an, Sie waren anfänglich davon überzeugt, daß Ihnen Herr Beilngrießer das Geld ohne weiteres geben würde?

DEIGL Des ned – wea gibd scho gern a sechzeadausad Mark aus da Hand – schdeins Erna des amoi fir!

FRINGS Weil es Sie waren, der einfache Mensch Adam Deigl, da hat der Herr Beilngrießer sofort gesagt: Bitte nimm das Geld an dich, daß ich es heute nacht nicht im Haus haben muß.
Er nickt.

DEIGL Grod aso, grod aso, wia Sies song. *Lächelt.*

FRINGS *kalt und ganz leise:* Bevor oder nachdem Sie ihn mit dem Aschenbecher erschlagen haben?

DEIGL *lächelt weiter, er versteht nicht.* Wos?

FRINGS *lehnt sich in seinem Stuhl zurück, sehr gütlich:* Oder muß ich Ihnen ausdrücklich erklären, was ein Raubmord ist? Wie Sie wollen: Auf der Tatwaffe, dem schweren Aschenbecher aus Naturstein finden sich dreierlei Fingerabdrücke, der von Beilngrießer, der von seiner Frau und noch einer.

Pause.

Der eines einfachen Menschen, wie die Fingerlinienstruktur erkennen läßt. Eines Hilfsarbeiters etwa.

DEIGL *lacht.* I bi Lagamoasta, do seng Ses.

FRINGS Würden Sie jetzt diesen Aschenbecher ausleeren.

DEIGL *unsicher:* Wenns woin, Herr Doktor.

Adam Deigl nimmt den Aschenbecher: Er nimmt ihn nicht von unten, sondern langt oben hinein wie in einen Topf, hält ihn so. Deigl schaut sich nach etwas zum Ausleeren um.

FRINGS Genau so hatte der Mann, der Georg Beilngrießer heute nacht erschlagen hat, den Aschenbecher in der Hand. Adam Deigl, ich verhafte Sie unter dem dringenden Verdacht, Georg Beilngrießer ermordet zu haben.

Adam Deigl läßt den Aschenbecher fallen, er zersplittert auf dem Fußboden. Frau Deigl schreit hysterisch auf und stürzt sich auf ihren Mann. Sie tritt in die Glasscherben, sie klirren, Frau Deigl unklammert ihren Mann.

FRINGS Abführen!

Wohnung Beilngrießer

Das Zimmer, in dem die Tat passierte, Frau Beilngrießer, die verheult im Stuhl sitzt, vollkommen aufgelöst. Zwei Polizisten in Uniform, drei Männer in Zivil. Das Telefon klingelt. Kriminalrat Bayerl geht zum Telefon.

BAYERL *wendet sich an Frau Beilngrießer.* Darf ich?

Frau Beilngrießer reagiert nicht. Bayerl geht zum Telefon und hebt ab.

BAYERL *am Telefon:* Landpolizei, Bayerl. – Ja. Jaaa… unglaublich. – – – Das tät ich aber mit Vorsicht genießen. – – – Nein, persönlich nicht, aber unwahrscheinlich is es trotzdem. Rufns an, wenns die Fingerabdrück verglichen ham. – – – Mir tun hier nur noch das Übliche. Danke!

Er hängt auf.

Frau Beilngrießer, man nimmt an, daß es der Adam Deigl war. – Grad hab ich es gehört am Telefon. Was sagn Sie dazu?

FRAU BEILNGRIESSER *schaut Bayerl an, ganz leise:* Unsinn!

Pause, Bayerl nickt in sich hinein.

Pause.

BAYERL Könnens Ihnen denn an gar nix erinnern, aus der fraglichen Zeit?

FRAU BEILNGRIESSER Wie is scho gsogd hob. Weila zvui gsuffa ghobd hod, bine glei ins Bed, daß a ses merkd, dea …

Sie stockt, sie schaut Bayerl verzweifelt an, will etwas sagen, kriegt aber einen Heulkrampf.

BAYERL Was wolltns denn sagn?

Es dauert lange, bis sie weiterspricht.

FRAU BEILNGRIESSER dea Schlawina, dea –

Pause, dann sehr laut:

Wenni gwußd häd, daßa heid dod is, ware natirle aufbliebn …

Sie weint wieder.

BAYERL Und weiter …

KRIPOMANN Ich weiß ned, Herr Bayerl, ob das einen Sinn hat. Die Frau Beilngrießer wird ja bloß gequält, und wird beim zehnten Mal auch nix anderes sagn, als daß ins Bett is, und wies aufgwacht is wegn einem Krach, hats Licht im Gang brennt und –

FRAU BEILNGRIESSER Und wie i owakumm, ligd a do, da Mo, da meinige, dod im Bluad –

BAYERL Und sonst?

FRAU BEILNGRIESSER *schreit:* Nix!

BAYERL *ganz ruhig:* Frau Beilngrießer, mir ham doch jetzt schon eine Spur, die heißt Adam Deigl. Ich mein, Sie sollen den ganzen gestrigen Tag noch einmal erzählen und dabei immer an den Deigl denken. Da kann doch alles in einem anderen Licht erscheinen.

FRAU BEILNGRIESSER *trotz des Schmerzes ziemlich wütend:* So ein Blödsinn!

Sie schaut die Männer an, Pause.

Ja, was stehts denn da rum? Ich hab alles gsagd, wose weiß, weile nix weiß. Und wennts ihr den Deigl ois Mörda vo meim Mo vakaffa woids, dea wo koana Fliagn wos doa ko, na gäbds eicham Beruf auf und werds Wahrsaga – es Gsindl! *Sie springt vom Stuhl auf, verläßt das Zimmer und schlägt wütend die Tür hinter sich zu. Pause.*

POLIZIST Das geht schon die ganze Zeit so, in 10 Minuten kommt sie wieder und entschuldigt sich.

BAYERL *schnauft und setzt sich auf einen Stuhl.* Da gibts viele, die einer Fliege nix zuleide tun können, aber jemand umbracht ham...

Pause.

Warten wir auf die Fingerabdrücke, wenns stimmen, ist der Fall gelaufen, und die Frau Beilngrießer hat ihre Ruh. – Der Deigl?!

Polizei. Ermittlung

Deigl, mehrere Polizisten und Leute in Zivil. Ohne Frings. Es werden Fingerabdrücke gemacht. Deigl schaut tumb vor sich hin.

POLIZIST Und de andre, bittschen!

Die andere Hand wird abgedrückt. Er nimmt Deigl am Arm.

Und wei ma grod da san, machma no a poar Fotografien, gei!... So is recht.

Deigl läßt sich widerstandslos hinsetzen, sein Gesicht vom Polizisten in die gewünschte Lage bringen, er ist wie tot.

Büro. Hollreiser

Fräulein Rasch, die emsig die Zeitung liest, auf der 1. Seite Foto Deigl. Überschrift: Ist er der Mörder?

RASCH *zu sich selber:* Zwei Seelen wohnen ach in meiner Brust. – So ein guada Mensch und plötzlich laßt es aus!

Sie nickt sich selber zu.

Wie ich immer sag: liawa arm sei und gsund, wia reich und in ewiga Gfahr. Aber das is kein Beweis – wenn so ein die Wut packt, weiß er ned was er tut, und bringt wem wegn 5 Mark um.

Pause, sie liest weiter.

Wenn ich gwußd hätt, daß er ein Mörder is, hätt ich vorher gekündigt, weil das kein Umgang is.

Sie liest weiter.

Hollreiser kommt herein. Fräulein Rasch versucht, schnell die Zeitung verschwinden zu lassen.

Hollreiser geht an Fräulein Rasch vorbei, als hätte er nichts gesehen. Er setzt sich an seinen Schreibtisch.

HOLLREISER War was los?

RASCH Nix. *Sie arbeitet weiter.*

HOLLREISER *sitzt an seinem Schreibtisch, er beobachtet Fräulein Rasch.* Lassns mich auch einmal hineinschaun in die Zeitung?

RASCH *erschrickt.* Bitte, Herr Hollreiser!

Sie holt die Zeitung hervor und reicht sie Hollreiser auf den Schreibtisch.

HOLLREISER Danke!

Fräulein Rasch arbeitet an der Maschine, Hollreiser liest die Zeitung.

HOLLREISER *ohne aufzuschauen zu Fräulein Rasch, ganz leise:* Glaubn Sie das, was da steht?

RASCH *hört auf zu schreiben, schaut vor sich hin, gekünstelt:* Natürlich nicht!

HOLLREISER Gott sei Dank! Was mi des Kundn kost, wenn des wahr is – da können mir zusperrn! *Er liest weiter...*

Schulhof

Es ist gerade Pause, ca. 100 Kinder stehen, laufen, spielen, essen ihr Pausebrot. Inge in einer Gruppe von 6 Kindern. Sie ißt ihr Pausenbrot.

1. MÄDCHEN Wennst mir ein Stück von der Wurscht gibst, gib ich dir ein Stück von dem Nuts.

Inge nimmt das schön zurecht gemachte Pausenbrot und bricht es auseinander.

2. MÄDCHEN Wenn er ein Mörder is, dein Papa, dann gehört es ihm nicht besser, sagt mein Papa.

INGE Mein Papa is aber kein Mörder!

2. MÄDCHEN Das wirst du wissen, wennst nicht dabei warst! *Lacht, nicht böse, ganz lustig.*

Inge gibt das geteilte Pausenbrot dem 1. Mädchen. Dieses nimmt es, bricht das Nuts auseinander, gibt es Inge.

3. MÄDCHEN So einen Papa möcht ich nicht habn!

1. MÄDCHEN *ißt das Brot. Es schmeckt ihr.* Warum?

2. MÄDCHEN Weil das die Inge Deigl is, wo der Vater in dem Gefängnis sitzt.

INGE *ißt das Nuts.* In einer Woche is er wieder daheim, sagt meine Mama, weil es klar is.

1. MÄDCHEN *schaut Inge von der Seite her an.* Wennst mir das Nuts wieder gibst, gib ich dir das Pausnbrot wieder.

INGE Nein, tauscht is tauscht, weil ihr blöd seids. Alle. *Sie geht von der Gruppe weg, durch den Hof. Die anderen Mädchen stehen beisammen, schauen ihr nach.*

1. MÄDCHEN Mag wer das Brot?

Niemand sagt etwas. 1. Mädchen wirft das Brot weg, aber so, daß es die anderen Mädchen nicht merken.

Inge bei den Radständern, ganz allein. Sie ißt ihr Pausenbrot und das Nuts. Sie weint.

Gefängnis. Büro

Auf dem Schreibtisch: Der zerbrochene Aschenbecher, dazu Abzüge der Fingerabdrücke.

FRINGS Na also, das ist alles viel einfacher als man denkt! Das sind diese Leut, wie ich es mir gedacht hab: Ein Lebn lang ins Eck gestellt, immer die Letzten, man kennt es. Auf einmal läuft das Haferl über und dann passiert es: Beilngrießer. *Er schaut genüßlich in die Runde. Bayerl und alle anderen, die wir schon kennen, sind da, die anonymen Polizisten nicht.*

Da gehört auch gar keine besondere Fantasie dazu, meine Herrn! Was, frage ich Sie, war denn der Beilngrießer in den Augen dieses »einfachen Mannes«? Hm? Ein Schlawiner, der mit Grundstückshandeln, auf den Volksmund gebracht »Leut betrügn«, sein Geld verdient. Und so kommt er auch an den Adam Deigl. Der zahlt brav und ehrlich, aber beim Heimfahrn wurmt es ihn. Ich kann mir schon vorstelln, was da gelaufen ist, zwischen den Eheleuten: »So an Haufa Geid fia des bißl Grund« – na ja, ich kann nicht bayrisch – bloß soviel weiß ich, nach dem Abendessen ist er fort, der Deigl, als »einfacher Mensch« – daß er als Mörder heimkommt, das hätt er sich selber nicht träumen lassen, da bin ich sicher.

Er schaut wieder in die Runde, dann nickt er.

BAYERL Jetzt tät man nur noch ein Geständnis brauchen: Wenn grade ein einfacher Mensch – wohlgemerkt – nicht gesteht –, hab ich ein komisches Gefühl. So unerwartet so ein armes Würmerl losschlagt, aus angefressener Rache, aus Verzweiflung und Dummheit – wobei der Adam Deigl sicher ein kriminalistisches Paradebeispiel ist –, so schnell gesteht so einer auch, das is uns allen bekannt.

FRINGS Das kommt schon noch, Herr Kollege, laßns ihn einmal einen Monat sitzen, dann ist er weich, so einer auf jeden Fall, weil der Heimweh hat, nach Dorf, Frau, Kind und Arbeit! Ein Monat, Sie werden es sehen!

Gefängniszelle

Kalfaktor in der Zelle, er stellt einen Blechteller mit Eintopf auf den Gefängnistisch.

DEIGL *an dem Tisch, er starrt das Essen an.* Nehmas des Blechgschia, des greisliche nua wida mid, i mog nixe, a Wuaschd hone no vo dahoam, as Brod kenas do laßn.

Vollkommen gleichgültig nimmt der Kalfaktor wieder das Essen, das Brotstück läßt er liegen.

DEIGL *schaut ihn an.* Wissn Sie wos, wia lange no do bleim muaß?

Der Kalfaktor lacht über diese Einfältigkeit.

DEIGL Derfans ned oda mengs ned redn mid oam, dem ma an Raubmord firwirfd?

KALFAKTOR *lacht noch mehr.* Bisd du vom Land, ha?

DEIGL *glücklich:* Ja, von Hofbrück.

KALFAKTOR *geht aus der Zelle, im Hinausgehen, leise, lächelnd:* Lebenslänglich!

Adam Deigl holt aus der Tischschublade ein Stückchen Wurst und ein Messer, er schneidet die Wurst und das Brot in ganz kleine Stücke und beginnt zu essen.

Wohnung Deigl. In der Wohnküche

Beim Abendessen sitzen: Frau Deigl, Inge und Toni, der Platz von Deigl ist leer. An seinem Platz ist ein unbenütztes Gedeck.

INGE *will etwas sagen, bevor sie es kann –*

FRAU DEIGL Sei ruhig und tu essn.

Sie essen weiter, Toni patzt, die Mama sieht es, aber sie tut nichts dagegen. Toni patzt vergnügt weiter.

INGE *ißt und schaut auf die Mutter.* Was – *da die Mutter nicht unterbricht, spricht sie weiter,* der Papa jetz machd?

FRAU DEIGL *schaut ganz langsam vom Essen auf zu Inge. Man merkt, wie sie sich beherrscht.* Auch essn, was denn sonst?

Pause.

Die lassen den Papa schon ned vahungan.

Sie ißt weiter.

Pause.

INGE Und wann kommt er wieder heim, der Papa?

FRAU DEIGL Morgen, oder übermorgen!

INGE Aber aufdeckt braucht nicht sein, wenn er nicht da is, der Papa!

FRAU DEIGL Jedn Tag werd aufdeckt, bis da Papa heimkummd. Jedn Aungblick kanna einakummen und sieht, daß man ihn ned vageßn hod. *Sie ißt weiter. Dann laufen ihr Tränen über das Gesicht, ohne äußeren Ausdruck eines Schmerzes.*

INGE *hört auf zu essen und schaut ihre Mutter an.* Mama.

Lange Pause, dann essen alle ganz langsam weiter.

Gefängniszelle

Adam Deigl sitzt auf seiner Pritsche und starrt vor sich hin. Frings ist da, neben ihm sitzt Bayerl und dahinter der Staatsanwalt Dr. Gernhaus.

FRINGS Vierzehn Tage sinds jetzt schon da, Deigl.

Schauns das ist der Erste Staatsanwalt, der Herr Dr. Gernhaus, der sich auch extra die Mühe gemacht hat und herkommen ist.

DEIGL *starrt die Herren an.* Sovui gschdudiade Herrn, mechsd as ned glam!

BAYERL Wie stehts jetzt, mit der Wahrheit, Deigl? Das nützt Ihnen doch alles nix. – Damit machn Sies doch bloß noch schlechter, Deigl!

GERNHAUS Wollen sie mit einem Anwalt sprechen?

DEIGL *bleibt stumm.*

GERNHAUS Das ist Ihr gutes Recht, ich hoffe Sie wissen das!

Bei dem Wort ›Anwalt‹ kommt etwas Leben in Deigl.

DEIGL *atmet tief durch und verneint.* Fia sowas hod unsaoana koa Geid. – No so an gschdudiadn Herrn mehra, dea in da Schdund sovui vadeand, wia unsaoana in da Woch ned hoambringa ko.

GERNHAUS Ich lasse die finanziellen Verhältnisse prüfen und eventuell für die Verhandlung einen Armenanwalt bestellen.

DEIGL Brach koan.

FRINGS *lächelt.* Niemand kann Sie zwingen, Deigl. Im übrigen haben Sie recht. In Ihrer Lage braucht man keinen Anwalt, sondern ein offenes, ehrliches Geständnis, das imponiert dem Richter.

GERNHAUS Ich zitiere Ihre eigenen Worte:

Er nimmt aus seiner Aktentasche einen Ordner, schlägt ihn auf und liest.

Mia ham ins denkt – oder wie das auf bayrisch heißt –, daß as uns vielleicht nimma gibd – von dem Geld ist die Rede –, wenns scho auf da Sparkass is. Zitat Ende. Es steht auch noch da, wie schwer Ihnen das alles gefallen ist, einmal geben Sie sogar eine ›Tat‹ – möglicherweise infolge eines Hörfehlers, aber immerhin – zu. Und so weiter.

Er lächelt Deigl an.

Die Fingerabdrücke auf der Tatwaffe, dem Aschenbecher – sind die Ihren, außer denen der Beilngrießers selber. Daß sich Beilngrießer mit dem Aschenbecher selber erschlagen hat…

Er lacht – und zwar allein – über seinen guten Witz.

Oder daß Frau Beilngrießer ihren Mann mit dem Aschenbecher erschlagen hat, glauben Sie wohl selber nicht.

Pause.

Wir auch nicht – was bleibt? – Sie!

Pause.

Auch sonst gibt es nichts, was auf einen anderen Täter hinweist, und außerdem niemanden, der ein Motiv hätte haben können. Wieder bleibt – nur Sie!

DEIGL *starrt Gernhaus an.*

FRINGS Und daß er Ihnen das Geld freiwillig – in einem Frischhaltebeutel – gegeben hat und anschließend von einem Geist mit seinem Aschenbecher erschlagen wurde, das mag – vielleicht, ich habe keine Kinder – als Märchen durchgehen.

Pause, in einem harten Ton:

Aber nicht hier! Also nochmal: Sie haben...

DEIGL *fast flehend:* Nix hobe, meine Herrn! Nix. Er hat mas gem, feiwille – i hobs a bloß zleicha woin.

Pause.

Zleicha hädis aa auf da Schbakass kriagd, do häd i neamds daschlong miaßn.

FRINGS Nicht so billig.

DEIGL Um oa Prozent mehra.

GERNHAUS Es wird doch nicht behauptet, Herr Deigl, daß Sie zu Beilngrießer mit der Absicht gegangen sind, ihn zu erschlagen, um ans Geld zu kommen. – Das hat sich bloß so ergeben im Verlauf der Auseinandersetzung – oder?

DEIGL Er hod gsogd: aso moansd, und i han gsogd: jo, aso moane, sunsd nix.

FRINGS Der Herr Staatsanwalt meint doch, daß es nicht Ihre Absicht war, den Beilngrießer zu erschlagen.

DEIGL Freile. Wiaso hädi erm aa umbrings soin?

GERNHAUS Eben. Kein Mensch bringt gern einen anderen um, wenn er kein geborener Mörder ist. Aber es hat sich ergeben, daß Ihre Auseinandersetzung immer heftiger wurde, der Beilngrießer hat vielleicht gesagt, Sie hätten nicht alle Tassen im Schrank. Sie aber waren total in die Absicht verbohrt, ohne das Geld das Haus nicht mehr zu verlassen! Stimmts?

DEIGL *zuckt mit den Achseln.* Mei. Freile, wo i scho amoi do war, hane schon ned mit leere Händ hoamkomma woin.

Pause, er schaut die Herrn an.

Wenni gwußt hätt, wia des ausgäd, hädi die Finga davo loßn. – Ganz gwiß!

GERNHAUS Na also, war das so schwer?

DEIGL Wos?

GERNHAUS Das Geständnis.

DEIGL Wos? *Schaut perplex.* Wos fia a Geständnis.

FRINGS *eilig:* Genau das, was Sie bisher geleugnet haben: Sie wollten das Geld – meinetwegen leihweise. Niemand hier, der Ihnen das nicht glaubt. Dann kam es zum Streit – Beilngrießer wollte nicht. Verständlich, logisch! – So wie Sie, auch das wissen wir, schauen Mörder nicht aus – üblicherweise. Aber – wie ich Sie einschätze, sind Sie ein Mann, der auf einer einmal gefaßten Meinung beharrt, ein eigensinniger, harter, auch jähzorniger Mann. Wie ein Felsen.

DEIGL *Die Beschreibung seiner Persönlichkeit imponiert ihm sakrisch. Er lächelt vor sich hin.*

FRINGS Ein Mann also, wie man ihn selten sieht – und der sich schon auch einmal im Zorne vergreifen kann – komme da, was wolle – furchtlos – sozusagen? Ha?

DEIGL Schdimd, aso bine! Wia Si song, Hea Dokta – grod sche wars. Wei – auf irgandoa Weis miaßn ja mia klana Leid an zu insan Rechd kema. *Er lächelt kameradschaftlich.* Es gschdui-dade Herrn machds ses auf eicha Weis. Mid de Paragrafn und Gsetza! *Er nickt anerkennend.*

FRINGS Und im Jähzorn tut man schon einmal mehr, als man beabsichtigt hat.

GERNHAUS Schaun Sie, Deigl: Die Gerichte sind so, daß sie eine Tat, die im Jähzorn vollbracht wurde, nicht so schwer bestrafen. Das muß Ihnen doch Mut geben.

DEIGL Gor koa Schdraf waar ma nadirle liawa.

BAYERL Unglaublich – meine Hochachtung, Herr Dr. Frings.

GERNHAUS Gar keine Strafe? Wo Ihr ›Freund‹ Beilngrießer tot ist...

Er schüttelt den Kopf. Aber die drei sind ziemlich vergnügt.

FRINGS *zu Bayerl:* 4 Wochen wollte ich, wenn Sie sich erinnern – jetzt sind es 14 Tage.

Er lacht, Bayerl nickt anerkennend.

GERNHAUS Dann wollen mir einmal ein Protokoll machen, das die ganze Sache ein Gesicht kriegt.

Frings, Bayerl und Gernhaus erheben sich, Deigl bleibt auf seinem Bett sitzen und starrt sie an.

GERNHAUS Kommens mit, Deigl – Sie sind die Hauptperson!

Deigl erhebt sich langsam. Gernhaus klopft an die Zellentür, sie wird aufgesperrt, die drei Herren gehen hinaus...

Gefängnis. Büro

Frings, Gernhaus sitzt hinter seinem Schreibtisch, Bayerl, ein junger Mann, schreibt auf der Maschine mit, was Gernhaus diktiert, zwei Polizisten an der Tür.

GERNHAUS ...wollte er mir das Geld nicht geben und es ging laut her. Wir sind alle Menschen! *Er nickt Deigl zu.*

DEIGL *sitzt auf dem Stuhl vor dem Schreibtisch.* Schdimd!

GERNHAUS Eben. Schreiben Sie bitte: Ich bin keineswegs in der Absicht zu Beilngrießer gegangen, ihm irgendwelchen körperlichen Schaden zuzufügen...

Der junge Mann an der Schreibmaschine, nickt, wenn er fertig ist.

GERNHAUS Schaden zuzufügen...

DEIGL Natirle, des hob ja oallawei gsogd! *Er nickt Gernhaus zu.*

GERNHAUS Eben, weiter: Beilngrießer jedoch zeigte sich nicht gleich geneigt, meinem Ansinnen stattzugeben und mir das Geld zu überlassen.

DEIGL *stur:* Oa Prozend mehra wia auf da Schbakass hobe gsogd, na hoda glachd und gmoand, ea vadeanad mid de Grind mehra und dads zweng da Freindschaft.

GERNHAUS Tuns nicht unterbrechen jetzt, so weit sind wir noch nicht. – Wenn ich das Geld nicht so dringend zum Bau meines Hauses gebraucht hätte, wäre es gar nicht zu der Auseinandersetzung gekommen. Infolge der Weigerung, mir das Geld zu überlassen, sind meine Worte immer heftiger geworden...

DEIGL Mei, wia hoid unsaoana so sogd, gei!

GERNHAUS Jetzt tuns die Niederschrift nicht dauernd stören, sinds froh, daß mir die Sach geschaukelt ham. Ohne Ihr Geständnis, mein Lieber, da schaut es verdammt nach Raubmord aus. Sinds froh: Geständnisse stimmen die Richter milde. Also, so kriegens ein paar Jahr, und sonst vielleicht lebenslänglich. Das ist ein Unterschied mein Lieber!

DEIGL Lemslängi? *Er starrt Gernhaus an.* Mia waars gnua. Do hobe ja akkrad no a Glick, daß i de Herrn droffa hob, gei. *Schaut die Herrn an.*

Song ses nua, wias am bestn is fia mi, daße woaß, wose do hob. Es werdses scho wissn.

Gernhaus räuspert sich.

Pause.

DEIGL Da Gfängnispfarra hod aa gsogd, wire bei da Beichd war: Erleichtern Sie Ihr Gwissn Adam Deigl. I steh unter dem Beichtgeheimnis. Ganz enddeischt isa gwen, weile koan Mord beichd hob. Und dreimoi hoda gsogd, daß de ganze Absoluzion nixe is, wenne wos vaschwing hob.

Alles ist still, die Herrn warten nur darauf, ob Deigl noch etwas »Eindeutiges« gegen sich sagt.

DEIGL Sogoar da Hea Pfarra. Er aa – mechsd as ned glam.

Pause. Er fährt sich mit den Händen über das Gesicht.

Werd scho guad sei – es ganze Lem habts es Obrign, vum Pfarra bis zum Schandarm, und im Kriag da Feidwewe, gwißd, wos fia mi guad is und wos ned. Und fia de meina. – Warumts soidses an etz ned wissn, af oamoi. *Nachdrücklich:* Schreims weida, schreims grod weida!

GERNHAUS *fährt sich mit der Hand über die Haare.* Kein Mensch wird bestraft, wenn er nichts getan hat – eben, man muß es nur einsehen. Schreiben Sie weiter: Als ich meinerseits ziemlich heftig wurde, gab Beilngrießer entsprechend zurück. Ich weiß es selbst nicht mehr genau, weil ich sehr erregt war. Aber auf einmal hatte ich den Aschenbecher in der Hand und muß ihn dem Beilngrießer wohl so heftig auf den Kopf geschlagen haben, daß dieser blutend zusammenbrach. Dann habe ich das Geld aus der Handtasche genommen und – weil kein geeigneter anderer Gegenstand da war, in einen zufällig herumliegenden Frischhaltebeutel getan.

DEIGL Aus da Kuchl hodan ghoid.

GERNHAUS Zusatz: Den habe ich noch aus der Küche geholt. Dann habe ich schnellstens das Haus verlassen.

DEIGL *nickt.* Mia is do nix erinnali, awa – wenn Si moana – na werds scho aso gwen sei. Sie macha schos beste aus da Gschicht, gei, Hea Dokta, schaungs, i bin a bloß a ganz a kloana Mo, dea nixe ghod hod vum Lem wia Kopfeiziang, Foing, und Abadn. Frau und Kinda hone aa, des hädi fasd vageßn, kloane, de an Vaddan no braucha. Hea Dokta. *Nach dieser großen Rede sinkt er wortlos in sich zusammen.*

GERNHAUS *nickt.* Ich versteh Sie besser, als Sie sich vorstellen können, Deigl! Und leid tun Sie mir auch, das kann ich Ihnen garantieren. Wenn unsereiner so einen wie Sie erwischt – das ist keine Genugtuung!

Er nickt sich selber zu.

Aber durch das umfassende Geständnis haben Sie Ihre Lage ja wesentlich verbessert. Jetzt tun wir noch unterschreiben, dann haben Sie Ihre Ruhe, und alles ist so gut, wie man es sich in Ihrer Situation nur wünschen kann! Also abschließend: vorgelesen, genehmigt und unterschrieben – wollen Sie es noch einmal in Ruhe durchlesen?

DEIGL Nana, brachds ned. Wo Sie a Dokta san und i in de schrifdlichn Sachan ned aso dahoam bi – wo muaße undaschreim?

JUNGER MANN Da bitte.
Deigl unterschreibt zittrig, ungeübt, ganz langsam.

Gefängniszelle

Deigl liegt auf seiner Pritsche, starrt an die Decke. Er ist zusammengefallen, schaut verschreckt, müde und hoffnungslos drein. Die Zellentür geht auf, Walpurga Deigl und der junge Rechtsanwalt Dr. Brei kommen herein.

FRAU DEIGL Adam, i bins, griaß di!
Adam Deigl erhebt sich ganz langsam von seiner Pritsche, schaut seine Frau an wie ein Wesen von einem anderen Stern.

DEIGL Ah du bisdas! Griaß de.

FRAU DEIGL *bleibt knapp vor Adam stehen, schaut ihn an, dann gibt sie ihm ganz zart einen kleinen Kuß.* Griaß di, Mo!

DEIGL Und da anda?

BREI *macht eine kleine Verbeugung.* Brei ist mein Name, Doktor Brei. Ich habe Ihre Verteidigung übernommen.

DEIGL *schaut ihn mit unverhohlenem Mißmut an, dann zu seiner Frau:* Rechtsanwoid brauchi koan. Mia ham ned fia dös aa no a Geid.

FRAU DEIGL Kimma di ned, des zoid ois da Hollreisa, hoda gsogd, weila vo deina Unschuid iwazeigd is, wia olle im Ort.

DEIGL Mia huifd koa Rechdsanwoid mea. – I hob scho undaschrim.
Er schaut seine Frau und Brei an. Dann wendet er das Gesicht weg zur Wand.

BREI *stellt seine Aktentasche auf den kleinen Tisch, setzt sich auf den Stuhl davor.* Ich weiß, und – Herr Deigl, warum haben Sie dieses ›Geständnis‹ unterschrieben?

FRAU DEIGL *ziemlich laut:* Du kosd ma doch ned vazein, daß du des wirkle do hosd. Des glab i dia oafach ned, Mo!
Sie schaut Deigl an, der dreht ihr wieder sein Gesicht zu, schaut sie an. Das Ehepaar schaut sich lange an, Frau Deigl rinnen Tränen über das Gesicht.

DEIGL Af des kimmds ned o, obsd as du glabsd oda ned. Af des kimmds o, wos as Gerichd glabd. Du kennsd mi, awa de Herrn Richda?
Er nickt bedächtig mit dem Kopf.

Vierzea Dog bine so vui gfrogd worn, daßi heid gor nimma woaß, wos wirkle gwen is, wose do hob und obe wos do hob oda ned. So is kemma, wias etz is.

BREI *schüttelt den Kopf.* Wissen Sie eigentlich, was Sie wirklich unterschrieben haben?

DEIGL *lächelt den Anwalt gutmütig an.* A wengl.

FRAU DEIGL *schreit fast.* Du hosd undaschrim, daßdn Beilngrieaßa daschlong hosd, weisd as Geid ned zleicha kriagd hosd vun erm.

BREI Warum haben Sie denn so einen Unsinn gemacht – das kann Ihnen das Kreuz brechen!

DEIGL Des hob i do ned seiba ausdengt, wose untaschrim hob. I hob doch aa ned des ausdenkt, wose am Dog vorhea beim Notari untaschrim hob. Rechd ofd brauchd unsaoana ned untaschreim in seim Lem und wenn, drum valaßd ma se drauf, daß schdimd, wos ma oam hiduad. De Leid han doch fia des do, die Gschdudiadn, de Doktan, de Richda und Kriminala, daß des richde hischreim, wo unsaoana aso außalaßd.

BREI Und die Wahrheit?

DEIGL Wos nuzd mi a Wahrheid, de ma koana glabd auf da Weid, außa meim Wei – ned amoi da Pfarra.
Er nickt mit dem Kopf, schaut seine Frau an.

BREI *nimmt Akten aus seiner Aktentasche.* Sie müssen jetzt einmal ganz vernünftig sein, Herr Deigl, und nicht den Kopf hängen lassen. Außer diesem Geständnis haben wir dem Gericht gegenüber alle Vorteile in der Hand. Das werden wir alles noch einzeln durchbesprechen, ich werde Sie vor dem Prozeß noch oft besuchen. Wir bauen eine Verteidigung auf, die sich gewaschen hat, seien Sie sicher. Aber – das Geständnis müssen Sie widerrufen! Verstehen Sie!? Sie dürfen nicht gegen mich arbeiten – auch nicht aus Angst –, wenn ich das Gericht von Ihrer Unschuld überzeugen soll!

DEIGL *zu seiner Frau, die seine Hand nimmt und hält.* Unschuid! Daße ned lach. – Des waar ganz rechd, awa wos huifd ma denn mei Unschuid? I derf froh sei, wenn ma de Herrn glam, daße koan Raubmord beganga hob. So schdesds, mei Liawa!

FRAU DEIGL *drückt Adams Hand.* Um Gods Wuin, Adam, laß da heifa vum Rechdsowoid, dea is aa gschdudiad, wie de andan.

DEIGL Nix do! Bringds mi etz ned draus. Weni etz wida andasd sog, nachad glabd mas Grichd iwahaupts nix mehr! So is!

BREI Herr Deigl, ich kann Ihnen nur helfen, wenn Sie sich nicht einschüchtern lassen! In der Verhandlung müssen Sie das Geständnis widerrufen und die Wahrheit sagen, die reine Wahrheit, sonst sind alle meine Bemühungen hinfällig, gegen ein Geständnis, und wenn es das unglaubwürdigste der Welt ist, kann man nicht argumentieren. Verstehen Sie mich? Kopf hoch, Herr Deigl!

DEIGL *schaut seine Frau an. Er hat Angst.* Des sogds es scho. *In einem anderen Ton, warm:* Mei Oide, daße di iwahaupts no amoi sig, i han gmoand, de Weid gäd unta fia mi!

BREI Nichts da! Sie werden die Verhandlung als freier Mann verlassen, das wäre doch gelacht, wir leben doch in einem Rechtsstaat!

DEIGL *schaut Brei mehr als skeptisch an.* Oda daucha mi lemslängli eini.

Gericht. Sitzungssaal

Deigl auf der Angeklagtenbank, er trägt einen blauen schönen Anzug, dazu ein weißes Hemd und eine passende Krawatte. Er sieht so wirklich wie ein Schwerverbrecher oder ein dressierter Affe aus. Er sitzt wie hingeleimt, aufrecht auf der Anklagebank, beide Hände hängen schlaff herunter, sein Gesichtsausdruck zeigt nur Verstörung, Verwirrung und Angst.

HOLLREISER *Er ist sehr modisch gekleidet, vielleicht heller Trachtenanzug, den Hut in der Hand.* Vielleicht der beste Mann in meim Betrieb. Er hat das ganze Lager unter sich ghabt, praktisch eine Vertrauensstellung, wenn man so sagen will. Er war Firmenbote, in dieser Funktion war er mehrmals mit sehr hohen Beträgen – 10 bis 20000 Mark – als Bankbote tätig. Alle Abrechnungen haben immer bis auf den letzten Pfennig gestimmt, das Lager war sauber und ordentlich wie eine Küche.
Pause.
Also, mehr kann ich nicht sagen. Nur, ich kann es einfach nicht glauben, daß es stimmt, was man ihm vorwirft. An Menschn totschlagen wegen Geld – nia. Ich kenn doch meinen Deigl, seit 20 Jahren in der Firma.
Er schaut auf Deigl hin, nickt ihm freundschaftlich zu. Deigl sitzt regungslos auf der Anklagebank.

VORSITZENDER Fest steht, daß er Geld zum Bau seines Hauses dringend gebraucht hat.

HOLLREISER Nur zum leihen, und das hätt er mit seinem ehrlichen Gesicht überall haben können.

VORSITZENDER 16000 Mark, mitten in der Nacht, ohne Quittung, geschweige Schuldschein und – in einem Frischhaltebeutel? Herr Hollreiser, Sie haben Adam Deigl besser gekannt als Herr Beilngrießer, hätten Sie – unter den beschriebenen Umständen wohlgemerkt – Deigl soviel Geld geliehen?

HOLLREISER *sichtlich in der Zwickmühle.* Ich bitte Sie, Herr Rat, das is alles bloß zum verstehen, wenn man den Deigl kennt. Ohne seine Person ist das alles unverständlich – aber Sie kennen ihn halt nicht. Es gibt viele Menschen, die so sind wie er. Ich kenn einige, aber Ihresgleichen werden Menschen wie Adam Deigl immer ein Rätsel sein, aus einer andern Welt.

VORSITZENDER Danke für die Belehrungen, aber ich habe Sie etwas gefragt, Herr Hollreiser: ja oder nein! *Er schaut Hollreiser aufmerksam an.*

HOLLREISER *schnauft tief.* Also – eine Quittung – die hätt ich mir, glaub ich, schon geben lassen, bei soviel Geld, und keiner weiß, ob er morgen noch lebt. Aber ich bin halt ein Büromensch gegen den Beilngrießer, der hat so manches Geschäft mit Handschlag im Wirtshaus gmacht. Das is halt kein Vergleich.

VORSITZENDER *nickt.* Aber Sie hätten sich eine Quittung geben lassen.

HOLLREISER *gezwungen, aber er ist ehrlich.* Ja.

VORSITZENDER Haben der Herr Staatswanwalt oder der Herr Verteidiger an den Zeugen eine Frage?

STAATSANWALT *ziemlich jung, nicht unsympathisch.* Keine weiteren Fragen, danke. Die Verhandlung wird meines Erachtens nur unnötig in die Länge gezogen. Die Indizien von den Fingerabdrücken bis zum Frischhaltebeutel sind vorhanden, des weiteren das Geständnis des Angeklagten, der Zeuge kann dazu keine erheblichen Aussagen machen, danke.

VORSITZENDER Herr Verteidiger?

BREI *steht auf, kommt nach vorne.* Herr Hollreiser, Geschäfte wie das beschriebene, also mit Handschlag, sind die in Hofbrück, wie auch, das habe ich mir sagen lassen, auf anderen bayrischen Dörfern noch üblich?

HOLLREISER Das probier ich ja zum erklären. Wenn man so eine

Geschichte aus unserm Dorf hinauszieht in die Stadt, dann schaut alles ganz anders aus. Solche Handschlaggschäfte wie zwischen dem Beilngrießer und dem Deigl sind gang und gäbe. Die Summe ist sehr hoch, natürlich, aber der Beilngrießer war kein armer Mann.

BREI Danke. Keine weiteren Fragen.

Hollreiser verbeugt sich vor dem Richtertisch und nimmt wieder Platz. Brei geht zurück auf seinen Platz hinter Deigl.

VORSITZENDER *kramt in seinen Papieren.* Ja, ich glaube auch, daß wir die Verhandlung nicht unnötig in die Länge ziehen sollten. Wir haben immerhin noch Frau Deigl, Frau Beilngrießer, den Herrn Notar Brechtl, Arbeitskollegen des Angeklagten, die Vernehmungsprotokolle, Sachverständigengutachten – schauen wir doch, daß wir die Zeugeneinvernahme vor der Mittagspause abschließen können.

Die große Uhr im Gerichtssaal zeigt 10.35 Uhr.

Später, es ist 15.08 Uhr. Deigl sitzt da wie vorher.

STAATSANWALT Wie ich bereits vorausgesehen habe, hat die gesamte Zeugeneinvernahme keine neuen Aspekte der Tat gebracht. Möglicherweise war der Nachhilfeunterricht in bayrischer Volkskunde lehrreich, aber hier haben wir es mit einem ganz klaren, ausreichend bewiesenen Fall zu tun, der meines Erachtens nach nicht mit Psychologie erklärt und verwässert werden muß. Hier sprechen klare Fakten, Indizien. Es gibt keine – ich wiederhole – nicht eine einzige Spur, die darauf hinweist, daß sich um die fragliche Zeit eine andere Person als Adam Deigl in dem Haus befunden hat – ja, befunden haben kann! Vor Ihnen, Herr Vorsitzender, liegt die Tatwaffe, der Sachverständige hat eindeutig bewiesen, wer den Aschenbecher wie in der Hand hatte, nämlich Adam Deigl und zwar so ... *Er macht vor, wie man von oben in den Aschenbecher greift.* So hält man einen Aschenbecher nicht zum Ausdrücken einer Zigarette, sondern um jemanden zu erschlagen. *Er führt in der Luft den Schlag aus.* Dann sucht man das Geld, das einem verweigert worden ist, und weil man den schrecklichen Ort der Tat verlassen will, stopft man es in einen Frischhaltebeutel. Zu Hause legt man sich schlafen und spielt der Frau den glücklichen Menschen vor. Das ist auch der einzige Punkt, der mir darauf zu schließen erlaubt, daß diese Tat zwar im Affekt begangen wurde, den Täter aber nicht sonderlich beeindruckt haben wird. Nun ja, in Anbetracht der Primitivität des Angeklagten, seines begrenzten Denkvermögens und seiner sonstigen Persönlichkeitsstruktur ist es nicht auszuschließen, daß er sich in einer Form von erheblicher Bauernschläue gedacht hat: Jetzt hilft mir nur noch der große Unbekannte, den auch einige Zeugen als Täter vorgeschlagen haben. Dazu ist zu sagen, daß wir Juristen und keine Dichter sind. Des weiteren haben wir das Geständnis des Angeklagten – vielleicht erinnert er sich auch daran nicht mehr? Ich darf es vielleicht noch einmal vorlesen.

DEIGL *auf der Anklagebank, hört jetzt zu.*

BREI *flüstert:* Sie müssen jetzt widerrufen, Deigl gell!

STAATSANWALT Infolge der Weigerung, mir das Geld zu überlassen, sind meine Worte immer heftiger geworden. Und als ich meinerseits ziemlich heftig wurde, gab Beilngrießer entsprechend zurück. Ich weiß es selbst nicht mehr genau, weil ich sehr erregt war. Aber auf einmal hatte ich den Aschenbecher in der Hand und muß ihn dem Beilngrießer wohl so heftig auf den Kopf geschlagen haben, daß dieser blutend zusammenbrach. Dann habe ich das Geld aus der Handtasche genommen und – weil kein anderer Gegenstand da war – in einen zufällig herumliegenden Frischhaltebeutel getan. *Er legt das Papier ab, schaut zum Richtertisch.* Es gibt hier keinen Unbekannten, es gibt keinen Zweifel: Adam Deigl hat die Tat begangen. Er sagt es selbst, und wir haben es ihm bewiesen.

BREI Mein Mandant möchte eine Erklärung abgeben!

DEIGL *sitzt und traut sich nicht.*

VORSITZENDER Bitte, was ist zu hören?

BREI *zu Deigl:* Jetzt reden Sie doch endlich, Herr Deigl! Sagen Sie, was Sie schon vor einem halben Jahr hätten sagen sollen. Heraus mit der Wahrheit!

DEIGL *sitzt zitternd vor Angst auf der Bank. Er traut sich kaum aufzuschauen.*

BREI Deigl, sagen Sie die Wahrheit!

DEIGL Mei...

BREI Stehen Sie auf und laut und deutlich.

DEIGL Mei. *Er steht langsam auf, schaut zu den Richtern.* Des hobi oiwei scho gsogd, gleino, wias mi vahafd ham, daßen ned umbrochd hob, an Beilngrießa.

BREI Weiter!

DEIGL Oiso, daßes sog: I hob mid dem nix zdoa, daßa umbrochd worn is, da Beilngrießa, gei. *Er nickt sich selbst zu.* Dea hod mi a no ausn Haus ausse gfiard bis and Dia und pfiade ham ma ins no gsogd, wia gädn des, wenna scho dod gwen sei soi. Na, so leids ma duad, Hea Dokta, awa i han nix zdoa mid dera Sach, wenis song soi, wias is. I hob erm nix do, am Beilngrießa, beim bestn Wuin, Hea Dokta.

VORSITZENDER *mustert Deigl scharf.* Sie widerrufen Ihr Geständnis?

DEIGL Bidschen, wens erlaubt is. – Gei.

VORSITZENDER Sie sind doch ein einfacher Mann, Herr Deigl, wenigstens versucht man das von allen Seiten zu beweisen. Wenn Sie widerrufen, dann haben Sie – in jedem Fall – einmal gelogen, und zwar recht ausgiebig. Tun das einfache Menschen?

STAATSANWALT *erhebt sich.* Sie widerrufen grade im richtigen Augenblick – wenn ich Ihr Geständnis nicht vorgelesen hätte, hätten Sie wohl ganz drauf vergessen! Wieder einmal so ein »naiver« Versuch, ein umfassendes Geständnis in der Verhandlung zu widerrufen. Abgesehen davon, daß es bei der erdrükkenden Beweislast nicht darauf ankommt, ob Sie gestehen oder nicht, ist Ihr Umgang mit der Wahrheit meiner Meinung nach einem »einfachen« Mann doch ziemlich wesensfremd. Derzeit gehe ich davon aus, daß es sich um einen Totschlag handelt, aber wenn Sie so weitermachen, kommen wir vielleicht noch auf einen Mord heraus. Haben Sie ein Geständnis unterschrieben, das unwahr ist?

DEIGL *steht schlotternd da, ganz schüchtern, er nickt nicht mit dem Kopf dabei.* Jo.

BREI Erklären Sie auch dem Gericht, Herr Deigl, warum Sie ein unwahres Geständnis unterschrieben haben.

DEIGL Jo. I hobs em grod undaschrim, weile ma dengd hon, de gschdudiadn Herrn wern scho wissn, wos fia mi guad is.

VORSITZENDER *schüttelt den Kopf.* Also ich bin mir nicht sicher, Herr Verteidiger, ob das für den Angeklagten gut ist. Sicher, Sie haben nicht nur das Recht, sondern die Pflicht, ein falsches Geständnis zu widerrufen, aber – es geht ja nicht nur um das Geständnis, sondern um handfeste Beweise.

DEIGL *hat aufmerksam gehört, was der Vorsitzende gesagt hat.* Sie moana, Hea Dokta, es waar bessa, i dad ned widaruafa, ha?

BREI *drückt Deigl auf den Stuhl.* Ruhe Deigl!

STAATSANWALT *lächelt.* Bei dieser veränderten Lage möchte ich noch ein paar Fragen an den Angeklagten richten.

VORSITZENDER Bitte, Herr Staatsanwalt.

STAATSANWALT Verstehe ich Sie richtig, Angeklagter, daß Sie Ihr Geständnis nur dann widerrufen, wenn das günstiger ist für Sie?

DEIGL *nickt, steht diesmal von selber auf, gutmütig:* Aso is, Hea Dokta. Sie miaßns bloß song, wose doa soi. I foig aa ä. Bloß wissen miaßad is, wose doa soi. Wennts es Eich einigen kannts mid meim Dokta, wosi doa soi – i bin a kloana Mo, sonsd nix. I bin a kloana Mo und dua, wia ma gschaffd werd vo de hochn Herrn!

STAATSANWALT *nickt, er ist sichtlich von der Naivität Deigls schockiert.* Ich habe keine Fragen mehr, danke. Allerdings scheint mir eine erheblich herabgesetzte Zurechnungsfähigkeit in jedem Fall vorzuliegen.

VORSITZENDER Tja, Herr Deigl, Sie machen es Ihrem Herrn Verteidiger nicht einfach!

Brei sitzt hinter Deigl, er schaut vor sich auf den Tisch, Hand vor der Stirn.

VORSITZENDER Da der Angeklagte anscheinend nicht in der Lage ist, die Tragweite eines Geständnisses bzw. seinen Widerruf intellektuell verarbeiten zu können, sollte man doch zur Faktenlage zurückkehren.

BREI *steht auf.* Ich habe noch eine Frage an meinen Mandanten.

VORSITZENDER Bitte!

BREI *kommt zu Deigl vor.* Herr Deigl, Sie wissen genau, was ein Geständnis ist, und niemand kann Ihnen helfen außer mir. Das Geständnis ist falsch. Sie hatten Angst und wollten es den hohen Herrn recht machen. Aber es ist unwahr. Widerrufen Sie laut und deutlich!

Deigl schaut hilfesuchend in die Runde. Alle schauen Deigl mit verschlossenen, aufmerksamen Gesichtern an. Deigl schaut zuletzt auf Brei.

DEIGL Etza trau i mi nima. *Er blickt anschließend zu den Richtern.*

BREI *starrt ihn an, dann geht er resignierend an seinen Platz zurück.* Keine weiteren Fragen.

Er sinkt auf seinem Stuhl zusammen.

Deigl dreht sich um, schaut seinen Verteidiger an, als wollte er sagen: Was hams denn?

Später …

VORSITZENDER … scheint dem Gericht eine Gefängnisstrafe von 4 Jahren und 6 Monaten angemessen. Die Untersuchungshaft von 6 Monaten wird auf die Strafe angerechnet. Gegen das Urteil ist Revision beim Bundesgericht möglich. Sie haben – und die Verteidigung wird Sie dabei beraten – ausreichend Zeit zur Überlegung, ob Sie Revision einlegen oder das Urteil annehmen wollen.

DEIGL *schaut ängstlich nach links und rechts. Pause. Dann kommen ihm Tränen in die Augen. Er schüttelt den Kopf, läßt ihn unsicher hin und her kreisen. Mit hilfloser Geste:* Is scho recht. Scho recht. *Nickt.* Annehma, freile … *Er sinkt auf seiner Bank zusammen.*

VORSITZENDER Damit ist das Urteil rechtskräftig. Strafantritt also heute um 18.15 Uhr. Die Verhandlung ist geschlossen.
Das Gericht erhebt sich und verläßt den Saal. Deigl auf seiner Bank, dahinter Dr. Brei. Frau Deigl stürzt auf ihren Mann zu, wird aber von Polizisten zurückgehalten.

BREI *räumt seine Akten zusammen.* Dieses Urteil haben Sie sich selber zuzuschreiben.
Deigl starrt mit glasigen Augen vor sich hin, wischt sich mit der Hand die Augen aus, Frau Deigl gibt ihm ein Taschentuch.

DEIGL Hosd aa gmoand, daße weniga kriag, ha? Da muaß da Bua ohne mi as Schuigeh ofanga, und as Derndl hod bei da Firmung koan Vata. Via Johr und sechs Monad san lang, und midm Heisl werds aa nixe wern, muaßd an Grund hoid vakaffa, daß epps zun Zuasetzn hobds, wene ned do bin.
Pause. Frau Deigl bekommt einen Weinkrampf.

DEIGL Awa wen man bedenkt, daße a lemslängli häd kriagn kena, hama aa wida a Glick ghobd. Aso wars do grod Todschlog, weiles zuagem hob. Werd scho guad sei, wias is. De Doktan und Inspekta kenan ernare Gsetza. Und mid de Zeid findns erm vielleicht do, den seibign, dern wirkle daschlong hod, mein Freind, an Beilngrießa.

Gefängnishof

Zwei Düsenjäger am Ende des Firmamentes, ihre Kondensstreifen sind groß und schon fast aufgelöst. Die anderen Gefangenen sind weitergegangen, Deigl steht allein da und schaut in den Himmel. Plötzlich reißt es ihn, er schaut zu den anderen Gefangenen und läuft schnell zu ihnen, reiht sich wieder ein, und geht gehorsam weiter.

Oberösterreich

Personen

ANNI
HEINZ

Zum Bühnenbild
Viele Szenen spielen in der Zwei-Zimmer-Küche-Bad-Wohnung. Sie könnte simultan aufgebaut sein. Ein anderer Schauplatz auf der Bühne könnte für alle Szenen außerhalb der Wohnung benützt werden.
Das wäre technisch sparsam und dramaturgisch vernünftig.

Zum Dialekt
An Süddeutsch angelehnt, also relativ ungebunden und lediglich in der Grammatik sehr eigenständig bayrisch.
Keinen süddeutschen Dialekt beherrschende Schauspieler müssen die Sprache als Kunstsprache betrachten und herstellen.

Erster Akt

1. Szene

Im Wohnzimmer vor dem Fernseher. Anni und Heinz. Die Sendung ist gerade zu Ende gegangen …

HEINZ Des wars.

ANNI Schaltn mir aus?

HEINZ Genau, wo mir »heute« schon gsehn ham. *Er steht auf und schaltet den Fernseher aus, macht das große Licht an.*

ANNI Schön is wieder gwesn, gell.

HEINZ *nickt.*

Pause.

ANNI Was die jetz machn?

HEINZ Wer?

ANNI Was die jetz nach der Sendung machn, das tät mich interessiern.

HEINZ Warum?

ANNI Wo es eine live-Sendung is.

HEINZ *lächelt.* Genau.

ANNI Wien.

HEINZ Eine Kaiserstadt.

ANNI Einmal fahrn mir auch nach Wien, gell.

HEINZ Münchn is eine Königsstadt, aber Wien is eine Kaiserstadt, heißt es.

ANNI Und wie.

HEINZ Sieht man eh auf die Bilder.

ANNI Fahrn mir einmal nach Wien?

HEINZ Wennst es willst, das is keine Affäre.

ANNI Ebn.

HEINZ Vierhundert Kilometer. Da redt man ned drüber.

ANNI Ich möchert schon fahrn.

HEINZ Brauchst es bloß sagn.

Pause.

ANNI Essn gehn werdns jetz.

HEINZ In ein Nobellokal.

ANNI Genau. Da hams schon einen Tisch reserviert und das ganze Lokal wartet natürlich nur auf sie. Auf wen denn sonst. Und wenn die Sendung ein Erfolg war, dann werdns dementsprechend empfangen in dem Lokal.

Pause.

HEINZ Aber nicht allein.

ANNI Überhaupts ned. Ein ganz großer Tisch in einem Nobellokal. Mit viele Freunde und andere sitzns bis in der Früh und feiern den Erfolg der war. – Ich möchert schon einmal nach Wien!

HEINZ Gfallt er dir der Schönherr?

ANNI So mein ich es ned, bloß anders.

HEINZ Weils etwas ham die zwei was einem imponiert und mitreißt. Man vergißt sich selber ganz. Das is das Schöne daran, was Mut macht.

ANNI *lächelt.* Genau.

2. Szene

In der kleinen Küche am Abend. Anni macht das Abendessen. Heinz schaut einen Prospekt der Gartenfirma Versand GmbH an. Anni schaut Heinz über die Schulter in den Prospekt.

ANNI Wenn mir jetz einen Gartn hättn, tät man sich einen schwimming-pool kaufn.

HEINZ Weil es ein Sonderangebot is.

ANNI Aber schön. – Das ladet richtig ein zu einem Bad.

HEINZ Genau. *Liest.* Dieses Schwimmbecken mit einem Durchmesser von vier Meter fünfzig liefern wir Ihnen einschließlich Filteranlage und Steigeleiter zu dem sensationellen Preis von DeMark neunhundertfünfzig. Im Karton verpackt. – Einfachste Selbstmontage nach Anleitung. Die Filteranlage entspricht den deutschen Sicherheitsbestimmungen.

ANNI Schwimmbeckenheizungen gibt es auch.

HEINZ Genau. *Liest.* Lieferbar auf Anfrage.

ANNI Wenn mir uns ein Schwimmbecken kaufn tätn, weil mir einen Gartn habn, tät man auch eine Heizung brauchn.

HEINZ Die wird aber ned billig sein, die Heizung.

ANNI Na.

HEINZ Sonst tät nämlich ned dastehn: auf Anfrage. Sonst tät ein Bild und ein Preis drin sein.

ANNI Aber wenn es ein kalter Sommer sein tät, tät man angewiesn sein auf eine Heizung.

HEINZ Dann schon. Es gibt sogar einen Springbrunnen. Schau!

Er blättert um.

ANNI Ein schwimming-pool wär mir aber lieber.

HEINZ Nur als Beweis, was es alles gibt. *Liest.* Heißner-Springbrunnen die Zierde jedes Gartens. Ente aufrecht, einundvierzig Zentimeter siebenunddreißig Mark. Ente gebückt, zweiundvierzig Zentimeter auch siebenunddreißig Mark. Seehund dreiundvierzig mal vierunddreißig Zentimeter dreiundneunzig Mark.

ANNI Einen Seehund tät man vielleicht wolln, aber eine Ente nicht.

HEINZ Nein. *Lacht.* Keine Ente.

ANNI Jetz tust den Prospekt weg, daß ich anrichtn kann.

HEINZ Genau. Lieber gut gegessn als schlecht geträumt.

ANNI Ein schwimming-pool is kein Traum, wo es so viele gibt, die ein habn.

HEINZ Einen Garten braucht man dazu, das is es.

ANNI Ein Traum tät sein, wenn sich einer eine eigene Insel im Meer ausdenkt.

HEINZ Eine Lagune.

ANNI Genau. *Nimmt ihm den Prospekt weg.* Jetz wird gessn, sonst is kalt und schmeckt nimmer. *Sie richtet an: Lauch, Rindfleisch und Bratkartoffeln.*

HEINZ Bore.

ANNI Schmeckt wie Spargl, wo er viel billiger is.

HEINZ *probiert.* Schmeckt!

ANNI Und nicht teuer.

HEINZ Weil mir uns keinen Spargel leistn können!

ANNI Wenn der Bore genauso schmeckt und billiger is.

HEINZ Weil du kochn kannst.

ANNI Eine gute Köchin spart der Familie Geld und beschert ihr höchste Genüsse.

HEINZ So ein Schmarrn.

ANNI Wenn es so heißt.

HEINZ Schmarrn.

Anni lacht. Heinz lächelt. Sie essen.

HEINZ Aber Eignlob stinkt.

ANNI Wenn man was hat braucht man sich deswegn nicht zum schämen.

HEINZ Der Johanser hat seinen neuen Manta.

ANNI Warum?

HEINZ Da hat er sich extra zwei Stunden freignommen, daß er ihn eignhändig abholn kann.
ANNI Hast ihn schon gsehn?
HEINZ Wenn er gleich damit in die Firma is.
ANNI Welche Farb?
HEINZ Zitronengelb heißt das, obwohl ich es ihm ned glaubt hab.
ANNI Schön?
HEINZ Is ein Auto der Manta. Wo er den Sechzehnhunderter hat mit achtundachtzig PeeS. Da tätn mir nimmer mitkommen, wenn es ein Wettrennen gebn tät. *Lacht.*
ANNI Weil unser Kadett kein schönes Auto is!
HEINZ Aber ein Massnauto und kein Vergleich. Da tät man schon einen Capri brauchn, daß man mitkommt. Der Zweitausender, der macht es.
ANNI Wo ein Auto ein Gebrauchsgegenstand is und sonst nix.
HEINZ Ned ganz.
ANNI Und was ich im Haushalt spar, weil ich Fähigkeitn hab, das gibst du für das Auto wieder aus.
HEINZ Wo das Auto uns mitnander gehört. Jeder die Hälfte.
ANNI Sag eh nix, aber vorbaun will ich.
HEINZ Wenn der Kadett nicht so ein Massnauto wär, wär er richtig.
ANNI Das is doch gleich, wo er uns ghört.
HEINZ Wenn mir morgn beim Kegeln sind, kannst ihn dir anschaun, den Manta, wenn der Johanser auch kommt. Wo er das neue Auto hat, kommt er bestimmt. Das is natürlich.
ANNI Wenn ich dableibn tät, könntn die Vorhäng genäht sein.
HEINZ Die Kollegn ham auch die Fraun dabei, wo mir einmal im Monat kegln. Wie das ausschaut.
ANNI Du kannst ja sagn, daß ich bloß daheim bin, weil ich die neuen Vorhäng näh. Daß zu Ostern drauf sind.
Pause.
HEINZ Magst ned mitgehn?
ANNI Das Zuschaun is fad auf die Dauer.
HEINZ Und wenn ich der Beste bin?
ANNI Weil du der Beste bist! *Nickt.*
HEINZ Es letzte Mal hab ich fünf Mark gewonnen!
Pause.
ANNI Willst es unbedingt habn, daß ich mitgeh?
HEINZ Man kann niemandn zu seinem Glück zwingen.

ANNI Wennst es mir versprichst, daß du ned mehr wie zwei Maß trinkst und mir um zwölfe gehn.

HEINZ An etwas anderes is nicht gedacht.

ANNI Dann geh ich mit und näh die Vorhäng am Wochnende.

HEINZ Ebn, das lauft dir ned davon.

ANNI Is dein Fleisch ned weich? Meines schon.

HEINZ Freilich, warum denn nicht?

ANNI Weilst ned ißt.

HEINZ Ich iß schon.

ANNI Das muß auch weich sein, wo ich es extra beim Metzger kauft hab und nicht beim Tenglmann.

HEINZ Genau.

3. Szene

Am Starnberger See in einem Strandcafé auf der Seeterrasse. Anni und Heinz bei gutem Wetter und Ostern.

ANNI *schaut auf den Nachbartisch.* Das nennt man Flambiern, gell?

HEINZ Ned so laut, sonst hört man es, daß mir es ned wissn.

ANNI Aber man nennt es Flambiern.

HEINZ Freilich. Aber wenn man es weiß, braucht man es ned erwähnen, sonst merken die andern, daß man es nicht gewohnt is, weil man so hinschaut.

ANNI Hättn mir halt auch etwas gessn, was flambiert wird.

HEINZ Die Gerichte, die flambiert werdn, sind die teuersten, das is bekannt, weil die Schönheit ihren Preis hat.

ANNI Das Gulasch war auch gut.

HEINZ Ebn.

ANNI Obwohl man sich am Ostersonntag schon einmal eine Ausnahm leistn könnt.

HEINZ Es geht ned ums Leistn, sondern ums Sparn. Leistn kann man sich alles, wenn man nicht sparsam is.

ANNI Alles ned.

HEINZ Aber vieles. Und wenn man sparsam is, dann können mir uns hin und wieder etwas leistn, was man sich eigentlich nicht erlaubn könnt. Denk an den Wohnzimmerschrank mit zwölfhundertdreiundachtzig Mark.

ANNI Der reut mich nicht.

HEINZ Natürlich nicht. Das is ein bleibender Wert.

Pause.

ANNI Jetz redn mir nicht vom Geld, wo so ein schöner Tag is.

HEINZ Du hast angfangt.

ANNI Ich hab bloß vom Flambiern gredt.

HEINZ Und ich hab gsagt, daß das sehr teuer is, so ein Gericht mit Flambierung. Das sieht man doch.

ANNI Ja.

Pause.

Ich schau schon längst auf das Wasser und hab das Flambiern vergessn.

HEINZ Genau. Willst eine Dampferrundfahrt machn?

ANNI Wo der Himmel »stahlblau« is. *Nickt.*

HEINZ Ebn. Ich kann mich ja einmal erkundign, was das kost, eine Rundfahrt und wie langs dauert.

ANNI Daß mir rechtzeitig wieder daheim sind.

HEINZ Ebn.

ANNI Aber schön könnt es schon sein, so eine Dampferfahrt. Vielleicht ein unvergeßlicher Eindruck, wo ein Ostern mit strahlender Wärme und Frühlingssonnenschein is.

HEINZ Dabei hams im Fernsehn gsagt, daß mir eine neue Eiszeit kriegn.

ANNI Warum?

HEINZ Mir gehn einer neuen Eiszeit entgegen, hat ein Meteorologe gsagt.

Pause.

ANNI Das glaub ich nicht. *Verneint.*

HEINZ Ich auch nicht.

4. Szene

Im Schlafzimmer in der Nacht. Anni und Heinz beim gewöhnlichen Geschlechtsverkehr.

ANNI Bist gar nicht bei der Sach.

HEINZ Red ned.

Pause.

ANNI Das merkt man als Frau ganz genau.

HEINZ So wie man is, is man.

ANNI Niemand kann aus seiner Haut fahrn, aber einen guten Willn kann man habn, wenn man will.

HEINZ Eh.

Pause.

ANNI Bist müd?

HEINZ Ja.

ANNI Dann laßn mir es doch gut sein. Zwingen soll man sich nicht, das verdirbt bloß die Lust.

HEINZ Genau.

ANNI Gehst außer, wennst es ned willst.

HEINZ Wo noch gar kein Genuß war.

ANNI Ich brauch keinen Genuß heute.

HEINZ Ich auch nicht.

ANNI Ebn.

Sie gehen auseinander, Pause.

HEINZ Wenn ein Mann seine Frau nicht befriedigen kann, kann sie nicht glücklich werdn. – ?

ANNI Die glücklichn Gefühle braucht es nicht immer, das kann ich dir ganz verläßlich sagn.

HEINZ Aber es gibt Verbindungen, da is die Frau bei jedem Mal glücklich.

ANNI Das sind Ausnahmen.

Kleine Pause.

HEINZ Du bist keine Ausnahme.

ANNI Nein, ich nicht. Jednfalls nicht in dieser Beziehung.

HEINZ Ich auch nicht.

Pause.

ANNI Ausnahmen sind seltn.

HEINZ In der Firma erzählns, der neue Abteilungsleiter vom Einkauf hat einer Putzfrau von hint unter den Rock griffn, wies auf alle viere putzt hat.

ANNI Der Neue?

HEINZ Genau. Der jugoslawischn Putzfrau, die wo noch jung is und nicht häßlich. Einfach beim Vorbeigehn von hintn ein Griff genau hin. Und die hat keine Anzeige gemacht, heißt es, bei der Polizei oder Firmenleitung.

ANNI Warum?

HEINZ Was weiß man, was in einem Menschn vorgeht. Mir geht das nicht aus dem Kopf. Seit ich es weiß.

ANNI Woher weiß man es, wenn die Putzfrau keine Beschwerde gemacht hat.

HEINZ Rumgesprochn hat es sich ebn.

ANNI Wenn es niemand gesehn hat.
HEINZ Vielleicht hat es jemand gesehn und nicht weggeschaut.
ANNI Bei uns in der Abteilung is davon nix bekannt.
HEINZ Mir hat es der Johanser gesagt, auf dem Klo. Klogeschichten, aber wahr! Wie in der Schul, wie mir Kinder warn und über uns die Lehrer.
ANNI Das tätn mir auch wissn.
HEINZ Aus der Luft griffn is es nicht.
Pause.
Verstehst?
ANNI Was?
HEINZ Daß du aufpassn sollst, wennst du dem zufällig über den Weg laufst.
ANNI Wo ich keine Putzfrau bin.
HEINZ Im Verkauf kann das auch passiern.
ANNI Weil mir auf alle viere arbeitn, so ein Schmarrn.
HEINZ Man kann einer Frau auch unter den Rock greifn, wenns steht.
ANNI So ein Schmarrn. Unsereiner weiß schon, was er sich schuldig is.
HEINZ Man redt ja bloß. Den hams mit dreitausend brutto eingstellt, heißt es.
ANNI Ein Abteilungsleiter is ein Abteilungsleiter.
HEINZ Ebn, das mein ich ja.

5. Szene

Anni und Heinz beim Sonntagsspaziergang. Schönes Wetter.
ANNI Ein gschenkter Tag.
HEINZ Sonntag ebn.
ANNI Ja.

6. Szene

Am Abend im Wohnzimmer. Heinz und Anni sitzen bei einer Flasche Wein und feiern den Hochzeitstag.
HEINZ Es gibt Männer, die vergessn es.
ANNI Du nicht.

HEINZ Nein, weil ich aufpaß.

ANNI Den muß man auch feiern, einen Hochzeitstag, sonst hätt das ja alles gar keinen Sinn.

HEINZ Nein.

ANNI Is eine lange Zeit drei Jahre, wenn man es genau nimmt.

HEINZ Kaum dreht man sich um, is ein Jahr vorbei.

ANNI Das is übertriebn. Aber wenn man glücklich und zufrieden is, dann eilt die Zeit ebn.

HEINZ Bist glücklich?

ANNI Warum denn nicht?

HEINZ Ebn. *Nickt.*

Pause.

Was hättst denn gmacht, wenn ich dich damals nicht gnommen hätt. *Lacht.*

ANNI *lacht ebenfalls.* Mei, einen andern hätt ich auch gfundn.

Pause.

HEINZ Laßt einem keine Freud.

Pause.

ANNI Warum?

HEINZ *lächelt.* Weil man der einzige sein will, was denn sonst.

ANNI Weilst du ned der einzige bist.

Pause.

Bist der einzige, eh.

Pause.

HEINZ Aber wenn ich ned gwesn wär, wär ein anderer gwesn.

ANNI Das is immer so.

Pause.

HEINZ Zufall.

ANNI Zufall is es nicht, aber Bestimmung.

Pause.

HEINZ Illusionen braucht der Mensch.

ANNI Mir ham doch eh so viel Illusionen, daß mir uns nicht beklagen können.

Pause.

ANNI So eine Obstschale hab ich mir nämlich schon lang gwünscht.

HEINZ *nickt.*

ANNI *steht auf, geht in die Küche, kommt mit zwei Äpfeln und einer Zitrone zurück.* Provisorisch. *Legt die Äpfel und die Zitrone gleichmäßig in die Schale.*

HEINZ Grapefruit.

ANNI *nickt, nimmt die Obstschale vom Tisch und stellt sie auf den Schrank.* Die hat noch gefehlt. *Betrachtet sie.*

HEINZ Ja.

Zweiter Akt

1. Szene

In der Küche am Abend. Anni hat nach dem Essen aufgeräumt. Heinz hört Nachrichten.

ANNI Gehn mir ins Wohnzimmer, weil ich dir etwas sagen muß.

HEINZ Warum?

ANNI Wirst es schon sehn.

HEINZ Zerscht den Wetterbericht.

ANNI Wenn ich es nimmer erwartn kann.

HEINZ Wennst es willst. *Er schaltet das Radio aus.*

Sie gehen ins Wohnzimmer.

ANNI Meine Mutter hätt jetz zum Papa gsagt, daß er sich hinsetzn soll, weils ihm was zu sagn hat.

HEINZ Wennst es willst.

ANNI Sitz dich hin Heinz, ich muß dir was Wichtiges mitteiln.

Heinz setzt sich.

HEINZ Feierlich.

ANNI Das is auch notwendig. Aber du darfst nicht beleidigt sein, wenn ich es dir sag.

HEINZ Bestimmt ned.

ANNI Versprich es.

HEINZ Genau, was hast angstellt.

ANNI Dreimal darf man ratn.

HEINZ Wenn mir nix einfallt.

ANNI Eine Überraschung ist das beste. Außerdem wärst nie drauf kommen, weil ich dich auf die falsche Fährte gesetzt hab.

HEINZ Warum?

ANNI Weil du ein Vater wirst, weil ich eine Mutter werd.

Pause.

Du und ich.

Pause.

Mir werdn Eltern, weil ich schwanger bin.

Große Pause.

HEINZ Wo mir immer aufpassn mitnander.

ANNI Is das alles, was du zum sagn hast.

HEINZ Wenn es wahr is.

ANNI Einmal muß es passiert sein, wenns jetz so is.

HEINZ Seit wann?
ANNI Im zweitn Monat bin ich sagt der Doktor.
HEINZ Bist beim Doktor gwesn.
ANNI Mit halbe Wahrheitn tät ich nix behauptn.
Pause.
Ich hab eine Flaschn Sekt kauft, daß mir es feiern. Im Kühlschrank stehts.
HEINZ Wo ich keinen Sekt mag.
ANNI So was passiert nicht alle Tage, drum muß man es feiern.
Pause.
Freust dich?
HEINZ Warum denn nicht.
ANNI Dann holst den Sekt und machst ihn auf.
Heinz tut es, Anni holt Gläser.
Schweigen.
ANNI Noch eine kleine Überraschung hab ich, die hätt ich beinah vergessn. *Sie geht in die Küche, nimmt aus dem Kühlschrank eine Schüssel, trägt sie mit zwei kleinen Tellern ins Wohnzimmer.* Weißt, was ich gemacht hab, zur Feier des Tages? Einen Krappnsalat, das is der Lieblingssalat vom Curd Jürgens.
HEINZ Woher weißt du das?
ANNI Das is mein Geheimnis.

2. Szene

Früher Morgen. In der Küche. Heinz und Anni vor dem Zur-Arbeit-Gehen. Anni steht am Fenster. Draußen schneit es große, wäßrige Flocken.
ANNI Zieh den warmen Pullover an Heinz, weil es schneit.
HEINZ Es schneit, aber kalt is es nicht.
ANNI Wenn es schneit, muß es unter null Grad haben, sonst müßt es regnen.
HEINZ Nein, weil das nur vorübergehend is. Der Flugwind macht die Kälte. Wenn der Schnee ankommt auf der Erdn, dann taut er, wie man überall sehn kann.
ANNI Ja.
HEINZ Im April haltet der Schnee nimmer, das is Gesetz.
ANNI Wenn es aber doch stimmt, daß mir einer neuen Eiszeit entgegengehen.

HEINZ Heuer nimmer.
ANNI Nein.
Pause.
Wenn man in die Flockn schaut, kann man sich nicht konzentriern.
HEINZ Ich schon.
ANNI Weilst nicht richtig neinschaust. Ich schau hinein und verlier die Orientierung.
HEINZ Weilst eine Frau bist.
ANNI Im nächsten Winter eine Mutter. *Lacht.*
HEINZ Ich bin im Mai, *Pause.*
– Geburtstag!
ANNI Glaubst, das vergiß ich, wos schon bald is.
HEINZ In fünf Wochn.
ANNI Ich hab mir schon eine Überraschung ausgedacht. Wirst schaun.
HEINZ Jetz muß gangen sein, sonst kommen mir zu spät.
ANNI Genau.
Sie ziehen sich die Mäntel an, prüfen, ob alles ausgeschaltet ist etc., gehen zur Haustür, gehen.
ANNI Obs heute den ganzn Tag durchschneit?
HEINZ Am Abend weißt es.
ANNI Warum?
HEINZ Wenn viel Schnee is, hat es viel geschneit und sonst nicht.
ANNI Aber ob es durchgeschneit hat, weiß man deswegn nicht.
HEINZ Schaust in der Firma immer aus dem Fenster.
ANNI Da tätns mir aber was verzähln.
HEINZ Weilst neugierig bist.
ANNI Es interessiert mich halt, was passiert auf der Welt. Schnee, Sonne, Regen. Auf dem laufenden muß man sein.
HEINZ Unter der Wochn is das egal.
ANNI Wost du mit dem Auto fahrn mußt.
HEINZ Trotzdem.
ANNI Du bist ebn den ganzn Tag draußn, da merkst du die Selbständigkeit ned, die du hast. Ich schon, weil mir im Verkauf keine ham.
Heinz macht die Tür hinter Anni zu.

3. Szene

Sonntag nachmittag. Heinz schaut Sportberichte an im Fernsehen. Anni strickt.

HEINZ Sodbrennen hab ich.

Pause.

ANNI Nimmst ein Bullrichsalz, dann vergehts.

Pause.

Weilst zuviel trinkst.

HEINZ Das wer ich schon wissen, was ich trink.

Pause.

ANNI Das weißt ebn ned.

Pause.

Aber ein Bullrichsalz hilft. Soll ich es dir bringen?

HEINZ Ja.

Anni steht auf, legt das Strickzeug auf den Tisch, geht in die Küche, holt aus einem Schränkchen das Bullrichsalz und füllt ein Glas Wasser ab, bringt es ins Wohnzimmer.

ANNI Da.

HEINZ *einen Löffel suchend:* Löffel hast kein mitbracht.

ANNI Dann hab ich ihn vergessn. *Sie geht noch einmal in die Küche, bringt ein Kaffeelöffelchen.*

HEINZ *nimmt einen schwachen Löffel Bullrichsalz, trinkt das Wasser.* Untn. *Er setzt sich wieder zum Fernsehen.*

Anni strickt wieder weiter. Heinz schaut ihr zu.

Pause.

Strickst?

ANNI Genau.

Pause.

HEINZ Hast lang nimmer gstrickt, wost mir eine Jackn versprochn hast.

ANNI *lächelt.* Wirst es schon derwartn müssn.

Pause.

HEINZ Das wird aber keine Jackn, wost strickst.

ANNI Was der alles sieht.

Pause.

Genau wird das eine Jackn.

Pause.

HEINZ Klein.

ANNI Und wie! *Lacht.*

Pause.

HEINZ Werd das ein Gwand von ihm?

ANNI *lacht.* Ich probier es. Nach der Babyvorlage. Schau her. *Zeigt ihm den Schnitt.*

HEINZ Nett.

ANNI Und einmal etwas Neues. Deine Jackn kommt schon auch noch. Alles zu seiner Zeit, wo mir das jetz einen Spaß macht.

HEINZ Den Spaß soll man die Leut lassn.

ANNI Ebn. Wos eh in Sommer geht.

HEINZ Noch nicht.

ANNI Aber bald.

HEINZ Ja.

Pause.

ANNI Schau, das is der Rückn. *Zeigt das Gestrickte.*

HEINZ Ganz klein.

ANNI *lacht.* Sehr klein. *Strickt weiter.*

Pause.

HEINZ Ein Kind tät nicht schlimm sein.

ANNI Das sag ich auch. Man muß sich bloß an den Gedankn gewöhnen und alles is in einem andern Licht.

HEINZ Wenn man nicht tiefer bohrt.

Pause.

An unsere Situation muß man denkn.

Pause.

ANNI An was denkst?

HEINZ An unsere Situation muß man denkn.

ANNI Was du immer denkst.

HEINZ Nix.

Pause.

ANNI Wie der Mensch sich verändert.

HEINZ Wer?

ANNI Du.

HEINZ Weil ich mich ned hinausseh.

ANNI Deswegn braucht man sich ned verändern, bloß, weil man sich nicht hinaussieht.

Pause.

HEINZ Raum braucht der Mensch, das is es.

ANNI Warum?

Pause.

HEINZ Wenn ich studiern hätt können, ich wär schon was wordn.

Pause.
Glaubst?

ANNI Warum denn nicht.

HEINZ Das is es.
Pause.

ANNI Dann hättn mir uns aber überhaupts nie kennenglernt, wenn du studiert hättst. *Lacht.* Studentn kenn ich überhaupts keine. Nie.

HEINZ Ich schon.

ANNI Da wärst du gar ned in Betrieb kommen, da wärst du ja – halt ganz woanders.

HEINZ Ein Ausfahrer wär ich nicht.

ANNI Bestimmt ned. Oder höchstens in die Semesterferien.

HEINZ *lacht.* Genau!
Pause.
Wissnschaftler oder so was.
Pause.

ANNI Aber ein anständiger Mensch kann man in jedm Beruf sein.

HEINZ Aber schön is es nicht.

ANNI Warum?

HEINZ Ich möchert etwas habn, was mir ganz allein gehört.

ANNI Was?

HEINZ Etwas Bsonders.
Pause.
Was Außergewöhnliches. Genau.
Pause.

ANNI Eine Insl im Meer? *Lacht.*
Pause.

HEINZ Bestimmt ned. Wenn ich in der Früh in der Firma anfang, den Wagn start und an die Rampn fahr zum Aufladn, dann denk ich mir, da sind jetzt noch dreißig nebn dir. Da müßt etwas sein, was mir ganz allein gehört, was kein anderer hat. Wegn der Erkennung, verstehst.

ANNI *lacht.* Mich.

HEINZ Trotzdem.
Pause.

ANNI Mir sind der gute Durchschnitt, da muß man sich abfindn.
Pause.

Die Großn hams auch ned leicht.
Pause.
Am bestn fahrt man, wenn man zufriedn is, Heinz.
Pause.
Oder nicht?

HEINZ Mir is manchmal, wenn ich am Steuer sitz, oder auch im direktn Verkehr mit die Kundn, der ja persönlich sein muß, wie es heißt, als wär das gar ned ich, als wär das irgendeiner, der keine Bedeutung hat. Ich.
Pause.

ANNI Wenn man so viel nachdenkt wie du, das is auch schon eine Auszeichnung.

HEINZ In der Arbeit is das noch verständlich, weil man nicht mit dem Herzn dabei is.
Pause.
Aber manchmal, wenn wir zwei beinand sind, weil es zu die Intimitäten kommt, is wie in der Firma.

ANNI Wer?

HEINZ Man macht etwas, irgendeiner der zufällig man selber is, sozusagn, und das ham schon Millionen vorher gmacht, ganz genauso.
Pause.
Keine Persönlichkeit dahinter.

ANNI Das sagt man ned.
Pause.
Die Liebe is ein Geheimnis und das laß ich mir von niemand nehmen.

HEINZ Du glaubst ebn, daßd was Bsonders bist, bloß weilst schwanger bist. Das is ja der Irrtum.

ANNI Nein.

HEINZ Wenn es bekannt is.

ANNI In dieser Beziehung bin ich ganz anders, das merkt ein jeder, der Augn im Kopf hat.

4. Szene

Anni und Heinz in den Ehebetten. Mitten in der Nacht. Dunkel.

ANNI Zufrieden muß man sein.

Pause.

Unzufriedenheit is eine Krankheit, heißt es.

HEINZ Müd bin ich, sonst nix.

ANNI Kannst nicht schlafn?

HEINZ Nein.

ANNI Ich auch ned.

Pause.

Dann redn mir.

HEINZ Wenn man müd is.

Pause.

ANNI Daß du das so schlimm nimmst, ein Kind. Andere Leut wärn froh, wenns ein Kind kriegn tätn, die tätn weiß Gott was dafür gebn.

HEINZ Bei andere Leut is alles ganz anders.

ANNI Unbedeutend.

HEINZ Hast du eine Ahnung.

Pause.

So mancher andere, den mir gar ned vermutn, hat mehr Zeit, daß er sich alles genau überlegn kann, und ned erst mittn in der Nacht, weil man aufgwacht is. Wo eim der Schlaf in der Firma dann abgeht. Wo man sie am eigenen Leib nachher bezahlt, die Extratourn.

ANNI So schlimm is es auch ned.

HEINZ Aber lästig.

Pause.

Die Zeit zwischen der Arbeit is zu kurz. Man kommt nicht richtig zu sich die ganze Woch.

ANNI Aber das Wochnende.

HEINZ Das gilt nicht, weil das is unabänderlich.

ANNI Ich kann mich nicht beklagn.

HEINZ Man kommt nicht zu sich, auf keinen grünen Zweig.

ANNI Mittn in der Nacht.

HEINZ Aufstehn müßt man können und –

Pause

– soweit die Füße tragn. *Lächelt, nickt.*

ANNI Wohin?

HEINZ Wohin man will. Paris oder Indien und New York. Die Auswahl ist groß für jemand, der die Welt noch nicht kennt.

ANNI Und mich im Stich lassn, mit dem Kind!

HEINZ Wer redt denn vom Im-Stich-Lassn. Das is doch ganz was anders. Eine Fantasie. Genauso, wie wenn ich in einem Büro arbeitn tät, als Ingenieur, wo man sich in der Früh an den Schreibtisch sitzt und geht aufd Nacht wieder heim. Unverändert.

Große Pause.

ANNI Du bist ganz durcheinander, Heinz.

HEINZ Überhaupts ned. Im Gegenteil. Wenn man heut, noch in dieser Nacht, erfahrn tät, daß man in einem Jahr sterbn müßert, weil man einen Krebs hat, was tät man dann?

ANNI Mir sind keine krebsige Familie, weder die deine noch bei uns daheim, sondern gsund.

HEINZ Eine Idee.

Pause.

Heut wär es schon zu spät. Aber morgn in der Früh gingert ich sofort auf die Bank und tät das ganze Geld abhebn –

ANNI Achthundertdreißig Mark sind drauf.

HEINZ – genau, und dann fahrertn mir nach Meran oder auf die Zugspitz auffi und – und tätn was uns gfreut.

ANNI Nach Wien.

HEINZ Eine Weltreise.

ANNI Das tät aber ned langen, das Geld.

HEINZ Alles verkaufn und Schuldn machn! Lebn!

Pause.

ANNI Das wär schön, die Zugspitz, da warn mir nämlich noch nie drobn.

HEINZ Unter anderm.

ANNI Das macht mich ganz müd, diese Fantasien.

HEINZ Weils angenehm is.

ANNI Ja.

5. Szene

In der Herrentoilette eines Gasthauses. Heinz läßt Wasser. Anni steht an der Eingangstür.

ANNI Wenn mir jetz ned sofort heimgehn, geh ich allein.

HEINZ Eine Frau hat auf dem Männerklo nix zum suchn, weil das verbotn is.

ANNI Weil man sonst nicht mit dir redn kann.

HEINZ Wenn wer kommt. Und meine Frau steht da.

ANNI Da kommt niemand, da paß ich schon auf. – Jetz hast schon zehn Mark verlorn und die Zech steht auch noch aus, wo du die fünfte Maß hast und einen Rausch.

HEINZ Man lebt nur einmal.

ANNI Ein teures Lebn, das kann man sagn! – Du hörst jetz auf.

HEINZ Mitgehangen, mitgefangen.

ANNI Wost besoffn bist. Da ham die Kollegn schon ein Einsehn. Ohne eine ruhige Hand kann man ned kegln.

HEINZ Daß nachher sagn: er is ein Feigling. Man muß auch verliern können.

ANNI Aber ned im Rausch.

HEINZ Das wirst du wissn.

ANNI Genau weiß ich das, da brauch ich dich bloß anschaun, wiest dreinschaust.

HEINZ Einer muß verliern, so is das Spiel.

ANNI Und ausgerechnet du mußt das sein.

HEINZ Was kann der Mann dafür, wenn die Frau kein Schamgefühl hat und ins Männerklo eindringt.

ANNI Daheim hätt ich bleibn solln.

HEINZ Eine Nuttn muß das sein, wo auf ein Männerklo geht. – Da gehn eim die Augn auf.

ANNI Wenn kein anderer Mann da is als der eigene.

HEINZ Gelegenheit macht Diebe!

Dritter Akt

1. Szene

In der Küche. Anni spült ab. Heinz sitzt am Tisch. Abend.

HEINZ Wenn man ein Kind hat, hörn die Schwierigkeiten nimmer auf.

ANNI Wenn ich gwußt hätt, daß du so reagierst, hätt ich dir überhaupt nix gsagt und hätt dich einfach überrascht, wenn es soweit is. –

HEINZ Dann hätts aber ein Unglück gebn, das garantier ich dir!

ANNI Was der Mensch denkt.

HEINZ Man muß sich zum helfn wissn. Wenn ich viel Geld hab, weil ich ein reicher Mann bin, dann kann ich zehn Kinder habn und es fallt ned ins Gwicht.

ANNI Alle können nicht reich sein, das geht nicht.

HEINZ Oder wenn ich jemand bin vor dem unsereiner einen natürlichn Respekt habn muß, dann kann ich leicht ein Vater sein. Manchmal, wenn mir in die Firma fahrn und zu spät dran sind, dann schaut der Tourenleiter bloß und sagt kein Wort. Aber ich komm mir vor wie ein Würschtl. Und wenn ich dann denk, daß ich jetzt ein Vater werdn soll, als Lieferant, *lacht,* mit einem schlechtn Gewissen wegen Zuspätkommens – *schüttelt den Kopf.*

Pause.

ANNI Man muß an das Lebn glaubn, Heinz.

Heinz schaut Anni lang an.

ANNI Ich tu es nicht, Heinz. Brauchst gar ned um den heißn Brei herumredn.

Pause.

Ich spür es, Heinz.

HEINZ Schmarrn.

ANNI Wenn ich mich konzentrier, spür ich es.

HEINZ Keine drei Monat. Das is so groß wie ein Frosch.

ANNI Einen Frosch spürst auch, wennst ihn in der Hand hast.

HEINZ Hast nix zum In-der-Hand-Habn.

Pause.

ANNI *hochdeutsch:* Das ist ein Lebewesen so wie mir.

Pause.

Ich geb nicht nach.

HEINZ Weilst stur bist.

ANNI Dann bin ich ebn stur.

Pause.

HEINZ Zum Vatersein gehört die Reife.

ANNI Ausredn.

HEINZ Keine Ausredn. – Ich will schon ein Kind habn. Jeder will ein Kind habn, das is doch selbstverständlich.

ANNI Ebn.

HEINZ Aber nicht so. Ich will mich hinstelln können vor das Kind und sagn: das is dein Vater, schau, auf den kannst du stolz sein, weil er etwas erreicht hat im Leben. So soll es sein. Der is jemand.

ANNI Das kann man immer noch nachholn.

HEINZ Kann man nicht. Jetz kann ich ohne weiteres einen Kurs machn und das Abitur nachholn.

ANNI Auf einmal.

HEINZ Jeder fangt einmal an. Schau, der Beweis. *Er holt aus seiner Tasche einen Reklameaufruf eines Fernlehrinstitutes, wo man das Gewünschte in Form von Marken auf die Antwortpostkarte klebt.* Was hab ich draufgeklebt, von die ganzn Möglichkeitn? Abitur. *Zeigt es.* Und jetzt wandert es in den Postkastn. Wirst es sehn. Wenn das Kind da ist, sind einem alle Hände gebundn –.

ANNI Was der fantasiert.

HEINZ Weilst du bloß die Sonnenseitn siehst.

ANNI Ich versuch, aus allem das Beste zu machen und das is mein gutes Recht. Das laß ich mir von niemand nehmen. Überall gibt es Kinder, wohin man schaut.

HEINZ Wenn das Kind da is, is es aus mit der Arbeit für dich.

ANNI Da gibts den Mutterschutz.

HEINZ Vierzehn Tag.

ANNI Sechs Wochen. Sechs Wochn vorher und nachher.

HEINZ Das glaub ich nicht.

ANNI Schaust nach, steht alles drin im Lexikon.

HEINZ Wo?

ANNI Unter Mutterschutz.

HEINZ *geht ins Wohnzimmer, nimmt aus dem Regal den Band…* Mutterschutz. *Liest, kommt in die Küche zurück.* Mutterschutz, der arbeitsrechtliche Schutz der werdenden Mütter und

Wöchnerinnen. In der Bundesrepublik Deutschland enthält das Emgesetz vom 24. 1. 1952 ein Beschäftigungsverbot für die Zeit von sechs Wochen vor bis sechs Wochen nach der Niederkunft. In Klammern: Bei stillenden Müttern acht bis zwölf Wochen nach der Niederkunft.

ANNI Genau.

Pause.

HEINZ Und wenn die sechs Wochen vorbei sind? Ein Kind lebt lang.

ANNI Dann schaut man sich nach einer Tageskrippe um.

HEINZ In der Großstadt.

ANNI Wenn man sich anstrengt, findet man was.

HEINZ Oder nicht.

ANNI Du suchst ebn immer das Schlechteste heraus.

HEINZ Weil das eine Illusion is. Weil es viel zuwenig Krippn gibt, das weißt du genauso gut wie ich.

Pause.

Außerdem: was braucht der Mensch ein Kind, wenn er es nach sechs Wochen in die Krippn gebn muß. Ein Kind hat bloß einen Sinn, wenns eine Mutter hat, ein Waisenkind kann ein jeder haben.

ANNI Dann laßt man es eben daheim. Fertig.

HEINZ Dann verdienst du aber nix mehr.

ANNI Na.

HEINZ Ich hab, wenn ich sämtliche Überstundn ausnutz, 900 Mark.

ANNI Mit einem Kind hat man Steuerermäßigung und Kindergeld von der Firma wegen der Belastung.

HEINZ Sagn mir 950, netto! Die Wohnung kostet –

ANNI Schreib es doch auf.

HEINZ Genau. Machn mir eine Bilanz, und fällen einen Urteilsspruch über das Kind. *Holt Bleistift und Zettel.* Gerechtigkeit muß sein. Zuerst die Wohnung: 385 Mark.

ANNI Licht, Gas, Wasser und Heizung – 80 Mark ungefähr. – Schreibn mir siebzig.

HEINZ Wiest es willst, wo es dein Fach is. 135 Mark Autorate, Unterhalt Auto 100 Mark im Monat rund. Das is von mir errechnet.

ANNI Genau.

HEINZ Ratenzahlungen für den Wohnzimmerschrank 63 Mark –

ANNI Den hätts ned braucht.

HEINZ Das hätt man vorher wissen müssen. Farbfernseher 89 Mark fünfzig und meine neue Ziehharmonika 35 Mark 75.

ANNI Zigarettn.

HEINZ Ich 20, du 10. 60 Mark, 90 Mark gesamt. Kleinigkeiten, das mußt du wissen!

ANNI Kegelabend 10 Mark, Kino auch 10 Mark, Radio Fernsehen 8 Mark 50 monatlich, Hör zu 4 Stück im Monat, 3 Mark 60, der Stern, bloß einmal im Monat, 1 Mark 50, Frisör für mich einmal, 12 Mark 30, Buchgemeinde 6 Mark 50, 1 Kiste Bier und eine halbe Limo alle 14 Tage, also doppelt 16 Mark, 32 Mark mit Trinkgeld. – Fertig.

HEINZ Fertig. *Rechnet zusammen, es dauert lange.*

Anni fängt zu weinen an.

HEINZ Weinst. – Weinen tät ich an deiner Stell nicht.

ANNI Weil es soviel is.

HEINZ Zamrechnen. *Rechnet weiter.* 1052 Mark und 65 Pfennig genau.

ANNI Die 624 Mark Sparen sind vergessen wordn.

HEINZ Die lassn mir jetz weg, die falln ned ins Gwicht und machen es noch komplizierter.

ANNI Genau. – Was kann man einsparen?

HEINZ Gehn mir es durch. Wohnung. Nix. Strom, Gas, Wasser, Heizung 70 Mark.

ANNI Nein.

HEINZ Genau. – Das Auto. *Pause.* Wenn man es verkaufen tät. *Pause.*

ANNI Tätst es hergebn?

HEINZ Ganz ungeschoren wird man ned herumkommen, wenn man ihn zurückgibt, weil man mehr Ratn zahln muß, als er wert is, nach Gebrauch.

ANNI Klar.

HEINZ Wo er hervorragend gepflegt is – allerdings ohne Garage – wird man ihm und die Ratn mit 500 Mark draufzahln los sein.

ANNI Wo 800 auf dem Konto sind.

HEINZ Genau. 100 Mark Unterhalt fallt dann auch weg.

ANNI Aber eine Monatskartn für die Straßenbahn brauchst du dann.

HEINZ Schreibn mir 30 Mark extra.

ANNI Ja.
HEINZ Der Wohnzimmerschrank kann ned zurückgegeben werden, gebrauchte Möbel sind wertlos.
ANNI Das hätt man vorher wissn müssen.
HEINZ Wo er schön is, da kann man nix sagen.
ANNI Weiter.
HEINZ Der Fernseher.
ANNI Wenn man den Schwarzweiß noch hätt, könnt man ihn zurückgebn.
HEINZ Wo er in Zahlung gangen is.
ANNI Leider.
HEINZ Kauft is kauft, da gibt es keine Gnade.
ANNI Nein. Und einen Fernseher braucht man schon.
Pause.
Aber wo du das Auto aufgibst, is es jetz an mir. *Lächelt.* Der Fernseher kann zurückgegeben werden.
HEINZ Da werdn mir aber auch draufzahln.
ANNI Wieviel?
HEINZ Das muß erst festgestellt werdn. Streichn mir die Rate und tun so, als tätn mir ned draufzahln.
ANNI Das gilt ned.
HEINZ Behaltn is das geringste Verlustgeschäft. Wie bei der Ziehharmonika.
ANNI Nein, die tät ich dich nie verkaufn lassn, weil das dein Hobby is, die Musik. Das braucht der Mensch.
HEINZ *nickt.* Wo ich mich schon dran gewöhnt hab. – Zigaretten.
ANNI Ich hör auf zum Rauchen, sofort.
HEINZ Ab der Geburt.
ANNI Sofort. Das is keine Kunst, wenn man weiß, was man dafür kriegt. 30 Mark weg.
HEINZ Aufhören kann ich nicht, aber es einschränken. Nicht mehr 20, sondern 15.
Rechnet.
Nochmals 15 Mark weg. Bleibt 45 Mark.
ANNI Genau. Weiter.
HEINZ Kegelabend weg. Kino weg. Rundfunkgebühren, entweder – oder. Gebn mir den Farbfernseher auf? Ersatzlos und mit Verlust?
Große Pause.

ANNI Ja. Da ham mir Fernsehen genug, wenn ein Kind da is, wirst es sehen.

HEINZ Genau. Rate Fernseher weg! 6 Mark Fernsehgebühren weg. 2,50 Mark Radio bleibt! *Pause.* Fernsehzeitung und Illustrierte.

ANNI Weg, weg.

HEINZ Frisör.

ANNI Weg.

HEINZ Meine Frau geht zum Frisör, darauf besteh ich.

ANNI Das kann man selber viel schöner machen.

HEINZ Bitte. Buchgemeinde weg. Bier und Limo.

ANNI Weniger.

HEINZ Jawohl die Hälfte.

ANNI Oder ganz?

Pause.

HEINZ Ganz! Fertig.

ANNI Wieviel bleibt?

HEINZ Ausrechnen.

Rechnet.

Pause.

Eine komplizierte Rechnung! 451 Mark und 40 Pfennig Gewinn.

ANNI Das langt.

HEINZ Abzüge sind da: 102 Mark 65 Pfennig Differenz zu meinem Verdienst –

ANNI Warum?

HEINZ Weil ich bloß 950 Mark verdien und du nix mehr.

ANNI Ja.

HEINZ Insgesamt warn es 1052 Mark und 65 Pfennig. Das geht, weil deine 600 Mark zu mir kommen.

ANNI Ja, ja, ausrechnen.

HEINZ Und neuer Abzug 30 Mark für die Straßenbahnkarten.

Rechnet.

318 Komma 75 Mark bleiben.

Pause.

Viel is das nicht.

ANNI Ja.

HEINZ Für drei Personen.

ANNI Zwei und ein Baby.

HEINZ Babynahrung soll teuer sein, heißt es.

ANNI Stimmt.

HEINZ 318 Mark und 75 Pfennig für drei Personen, Verpflegung und Kleidung.
Rechnet.
3 Mark 54 Pfennig für jeden pro Tag.
Pause.
Viel ist das nicht.

ANNI Nein.

HEINZ Wo man alles abgezogen hat, was eim Freude macht im Leben.
Pause.

ANNI Vielleicht hast du dich verrechnet.

HEINZ Rechnen mir es gemeinsam noch einmal durch. Es soll gerecht zugehn.

ANNI Ja.

2. Szene

Heinz und Anni vor einem Schaufenster mit Kinderwägen.

HEINZ 295 Mark. *Pause.* Ich will nicht sagn müssen: das is dein Vater der ein Ausfahrer is. Milka-Produkte fahrt dein Vater aus.

ANNI Mir ham es gut, Heinz.

HEINZ Aber Freiheit hab ich keine. Wenn ich frei sein tät, dann tät ich ein Kind wolln. So nicht. Wie steht man da vor dem Kind? Wenn man Abteilungsleiter ist oder Inspektor, dann kann das Kind einen Stolz haben und man ist automatisch respektiert.

ANNI Weilst nicht zufrieden bist.

HEINZ Ich hab es mir so denkt: einmal kommt der Tag, da sagt man, jetz hat man alles erreicht, jetz will man auch ein Kind habn, das es schön hat. Aber so.

ANNI Du tust ja grad so, als wenn ein Kind etwas Unmögliches wär, was sich keiner leistn kann.

HEINZ Ich hab mich nicht verrechnet, wiest weißt.

ANNI Ein Kind kostet Geld, das is klar.

HEINZ Und bewiesen.

ANNI Man schaut die Kinderwägen an und weiß es.

HEINZ Ich bin noch ned so weit. Noch will ich kein Kind habn.

Später. So was muß man überlegn. Später is besser. Wenn ich das Abitur hab, redn mir weiter.

ANNI Das kann aber lang dauern.

HEINZ Laß mir Zeit. Ich brauch sie Anni. Treibn mir es jetz ab und probiern es ein andermal. Is besser! Schau, was ein Kinderwagen kostet!

ANNI Wo ich es eh seh!

3. Szene

Auf dem Fußballplatz.

Heinz und Anni.

HEINZ Es gibt eh viel zuviel Menschen auf der Welt.

ANNI Ein Kind is ein Kind.

HEINZ Ein Kind bringt alles durcheinander. Jetz is leicht, wos in alle Zeitungen steht.

ANNI Will aber ned abtreibn.

HEINZ Leise.

ANNI Wer hat angfangt davon?

HEINZ Weils mir keine Ruhe laßt.

ANNI Kein Interesse mehr, der Mensch.

HEINZ Weilst dumm bist.

ANNI Dann bin ich ebn dumm, aber abtreibn laß ich es nicht, das kannst dir aus dem Kopf schlagn.

HEINZ Leise hab ich gsagt.

ANNI Ich hab es leise gsagt.

HEINZ Immer noch zu laut.

ANNI Dann sind es deine Ohren.

Pause.

HEINZ Wo ich sogar einen Doktor hätt.

ANNI Bist krank?

HEINZ Brauchst es bloß sagn. Mit dem Kopf nicken genügt.

ANNI Hast keinen Doktor! Angeber!

HEINZ Soll ich es dir beweisen?

ANNI Das kannst du nicht, weilst du nix Unanständiges tust.

HEINZ Das is meine Sach.

Pause.

ANNI Ein echter Doktor?

HEINZ Ein echter. Mit einer Praxis. 100%ig. Glaubst da tät ich nicht aufpassen, daß das fachmännisch gemacht wird? Da paß ich schon auf, das glaubst.

Große Pause.

Brauchst es bloß zulassen und es passiert. Besser wie der kann man es sich gar ned wünschen. 800 Mark kostets und is vorbei.

Pause.

ANNI Willst kein Vater sein?

HEINZ Doch, aber später. Jetz sieht man sich nicht hinaus.

Pause.

ANNI Ich tät mich schon hinaussehn.

HEINZ Weilst ned bis drei denkst.

ANNI Ich hab ebn ein Herz.

Pause.

HEINZ Glaubst ich nicht?

4. Szene

Heinz und Anni am ganz frühen Morgen in der Wohnung. Anni weint.

HEINZ Jetz beeilst dich, oder glaubst, der Doktor hat sonst nichts zum tun?

ANNI Müssn mir pünktlich sein?

HEINZ Sonst steht man gleich in eim schlechtn Licht.

Pause.

Wirst sehn, wenn es vorbei is, bist selber froh. Jetz weinst, aber wenn es vorbei is, bist selber froh. Alles hat wieder die Ordnung wos braucht. Wie mir es geplant ham.

ANNI Die Bilanz.

HEINZ Genau. Alles is zum zahln und man überschaut es. Ich will dir nix einredn, was ich ned selber glaub, aber ein Kind is ein Faktor, wo kein Mensch überschaut. Da, ich hilf dir in den Mantel.

Pause.

ANNI Weilst feig bist, Heinz.

HEINZ *schweigt.*

ANNI Weilst von einem Kind Angst hast, das dein eigenes is. Weilst es nicht habn willst, wost es nicht einmal gsehn hast. Vielleicht tät es dir gfalln. Das kann man doch ned wissen, im vorhinein.

HEINZ Gehn mir jetz?

Pause.

Redn mir unterwegs weiter. Im Auto. Sonst kommen mir zu spät.

ANNI Ich fahr nicht, weil ich dableib.

Pause.

HEINZ Was man ausgmacht hat, muß man einhaltn.

ANNI Ich hab nix ausgmacht.

HEINZ Aber ich. Mit dem Doktor. Der wartet auf uns!

ANNI Das is mir wurscht.

Pause.

Das Kind bleibt.

HEINZ Mir kriegn aber eine Rechnung, weil mir den ausgmachtn Termin ned einghaltn ham.

ANNI Da kann man keine Rechnung kriegn, weil es verbotn is, eine Abtreibung.

HEINZ Wenn ich mit eim Doktor einen Termin ausmach und ned komm, aus eigenem Verschuldn, dann kriegt man eine Rechnung wegen verlorener Zeit. Das ist amtlich.

ANNI Aber nur wenn es erlaubt is.

HEINZ Was man ausmacht, muß man einhaltn.

ANNI Ich nicht. Weil ich da keinen Wert drauf leg. Nachdem ich alles weiß.

HEINZ Weilst alles besser weißt und dir nix sagn laßt. Das is es.

ANNI Nein, aber Wissn macht stark. *Zieht den Mantel aus.*

5. Szene

Kalte, späte Nacht. Anni schläft. Heinz kommt heim.

ANNI Heinz, was is?

HEINZ Nix. Schlaf.

ANNI Warum machst einen Lärm?

HEINZ Mach keinen Lärm.

ANNI Freilich ich hör es genau.

HEINZ Spät.

ANNI Hast einen Rausch?

HEINZ Nein.

Pause.

ANNI Freilich hast einen Rausch.

Pause.

HEINZ Jetz is passiert.

ANNI Was?

HEINZ Jetz is passiert.

Pause.

ANNI Hats einen Unfall gebn?

HEINZ Nein.

Pause.

Bloß Führerschein hab ich keinen mehr.

ANNI Nein.

HEINZ Weils ihn mir abgenommen ham.

ANNI Ja?

HEINZ Weil ich in eine Kontrolle kommen bin.

ANNI Hams dich blasen lassn?

HEINZ Blasn hams mich lassn. Und dann hams mich aufs Revier verordnet und eine Blutprobe gmacht.

ANNI Und dann?

HEINZ Da gibts noch kein Ergebnis. Die Medizin. Aber die Polizei sagt, daß es keine Chanse gibt, das sehn die schon am Blasen.

ANNI Ein Schlag des Schicksals.

Pause.

HEINZ Jetz is aus.

Pause.

Wenn man keinen Führerschein hat, kann man kein Lieferant sein.

ANNI Zamhaltn muß man dann. Jetz kommst ins Bett zu mir, das is das Wichtigste, wost zitterst, weilst frierst.

Er kriecht weinend zu Anni ins Bett.

6. Szene

Am Sonntagnachmittag. Heinz und Anni im Wohnzimmer. Heinz übt auf seiner Ziehharmonika. Anni liest den »stern«.

HEINZ Daß mich ins Lager versetzen für die drei führerscheinlosen Monat, hätt ich mir ned denkt.

ANNI Weilst du immer alles schwarzsiehst.

Pause.

HEINZ *lächelt.* Das Lager is natürlich kein Vergleich mit der Selbständigkeit auf der Tour. Weniger Geld is es natürlich auch.

ANNI Sein mir froh, daß es jetz passiert is. Jetz passiert es nimmer so schnell –

HEINZ Bestimmt ned. Aber die 400 Mark Geldstrafe sind schon schlimm.

ANNI Da kommen mir a no drüber weg, wo ich noch mitverdien und dann den Mutterschutz krieg.

HEINZ Besser jetz wie später.

ANNI Ja. *Pause.* Hast du das gelesen?

HEINZ Was?

ANNI »Mord aus Verzweiflung«.

HEINZ Nein, das muß ich übersehn habn.

ANNI Soll ich es vorlesn?

HEINZ Wenn es interessant is.

ANNI Interessant nicht, aber voll Spannung. *Liest:* Mord aus Verzweiflung, Fragezeichen. In der Nähe von Linz, Oberösterreich, brachte der einunddreißigjährige Kürschner Franz M. seine Ehefrau um, indem er sie schlafend im Ehebett erschlug. Bei der Polizei sagte der Mann, der sich nach einem Nervenzusammenbruch selbst stellte, den Beamten: Ich hab es getan, weil sie schwanger war und einer Abtreibung nicht zustimmte, obwohl es gegen die Vernunft war. Er fuhr fort: Da sind mir die Nerven durchgegangen. Aber Mörder bin ich keiner, das weiß ich, weil es unabsichtlich war. Der Prozeß beginnt voraussichtlich im Oktober.

HEINZ Aus?

ANNI Ja.

HEINZ Menschn gibts. Wo das Ähnlichkeit mit uns hat. Da können mir mitredn.

ANNI Schmarrn, du bist doch kein Mörder.

HEINZ Das is der Unterschied.

ANNI Ebn.

Pause.

Weißt daß ich ein Los gekauft hab bei der Fernsehlotterie?

HEINZ Weilst eh nix gwinnst!

ANNI Warum denn nicht? Andere gewinnen auch. *Pause.* Spielst mein Lieblingslied.

HEINZ Wennst es willst. Aber ned zu laut, am Sonntagnachmittag.

ANNI Die werdn schon noch schaun, die Nachbarn, wies da zugeht, wenn mir erst das Kind ham.

HEINZ Da muß man sich auch nach der Deckn streckn.

ANNI Nein. Das Kind is eine Ausnahm. Das muß anders werdn wie mir, sonst hätt das ja alles keinen Sinn. Von Anfang an. – Hoffnungsvoll.

HEINZ Soll ich oder soll ich jetz nicht?

Anni lächelt, nickt. Heinz spielt »Wien, Wien, nur du allein«.

Herzliche Grüße aus Grado

(Trilogie Münchner Leben)

Personen

ANNA, um die vierzig, klein, dicklich, versucht immer aus allem das Beste zu machen, in ihrem Dicksein ziemlich hübsch.
KARL, gleichgültig, groß, mit einem Hang zum Männlichen, der ihn manchmal komisch, aber auch sehr liebenswürdig erscheinen läßt.

Das Stück spielt im Sommer 1972 in Grado.

Der Dialekt ist eigentlich der bayrische, aber besser hochdeutsch als ein dümmlich nachgemachter Dialekt.

1. Szene

Hotelzimmer mit Balkon in Grado. Karl und Anna auf dem Balkon, sie schauen weit hinaus, entfernt rauscht das Meer.

KARL Gfallts dir da?

ANNA Ja, schön is es. *Pause.* Warm.

KARL Das kommt vom Meer.

ANNA Ja.

KARL Wennst dich anstrengst und ganz weit hinausschaust, siehst es.

ANNA Hörn tu ich es. *Nickt.* Im Wind!

KARL Sehn kann man es auch, aber schlecht.

ANNA Überall is das Meer, soweit das Auge reicht. *Lacht.* Was denn sonst?

KARL *lächelt.* Ebn. Wo es eine Insel is.

ANNA *unsicher:* Wenn eine Straße zum Festland geht, kann es keine Insel sein, wo man mit dem Auto hinfahrn kann.

KARL Das is die Zivilisation.

ANNA Glaubst?

KARL Freilich, was denn sonst?

ANNA Einmal gehn mir ganz herum um die Insel, gell.

KARL Wennst es willst – Spazierngehn is gsund und kost nix.

ANNA Ebn.

Pause.

ANNA *lacht.* Wenn es nach mir gehn tät, tätn mir überhaupts bloß auf einer Insel wohnen.

KARL Inslvölker.

Sie lachen.

ANNA Genau.

Pause.

KARL Jetz seh ich es ganz genau, das Meer, wo sich die Augn dran gewöhnt ham. Zwischen die Häuser. Da.

ANNA Was der Mensch für eine Unruhe hat.

KARL Wo es im Prospekt steht: »Mit Meeresblick«.

ANNA Schau mich an! Ich sitz da und genieß die Luft: »Wie Champagner«. *Lacht.* Ich mag gar nicht so weit schaun. So schön is es.

KARL Daß man sich erholn kann, das is auch richtig.

ANNA Freilich. *Pause.* Müd bin ich.

KARL Das is die Fahrt. Das sind ebn die Strapazn, die man auf sich nehmen muß, wenn man es genießn will.

ANNA *nickt.* Man sollt nicht mitm Auto fahrn. – Mir hättn fliegn können, aber du hast ja nicht wolln. Obwohl es nicht viel teurer gwesn wär.

KARL Es nächste Mal können mir fliegn, weils wirklich weit is.

ANNA Das is das Weiteste, was mir bisher gfahrn sind.

KARL Grado.

Pause.

ANNA Die Fahrt war auch schön, »quer durch die Alpn«. Bloß anstrengend wars halt. Wenn man fliegt, kann man die Alpn mit eim Blick überschaun, heißt es.

KARL Wo ich gern mitm Auto fahr.

ANNA Aber jetzt sind mir müd.

KARL Ja.

ANNA Gehn mir hinein? Legn mir uns nieder. Machn die Augn zu, und wenn mir morgn aufwachn, dann wissn mir gar nicht, wo mir sind, so schön is es. *Lacht.* Gehn mir hinein. Bist auch müd.

KARL Wenn das Wetter schön wird, dann tät man keinen Wunsch mehr offen brauchn.

ANNA Wenns morgen nicht gleich schön is, kann man immer noch am Strand spaziergehn, die gute Luft einatmen, sich ausruhn und es Meer anschaun.

Pause.

Das wird schon schön, wirst sehn.

KARL Wo der Wetterbericht gut is.

Pause.

Wenn bei uns daheim aufd Nacht solche Wolkn sind wie jetzt, dann is sicher, daß morgn regnet.

ANNA Aber da is das ganz anders. Wirst sehn, morgn is schön, was ich sag.

Pause.

Jetz gehn mir hinein, legn uns nieder und machns Licht aus.

KARL Ja.

Sie tun es. Pause.

ANNA Schön is da.

KARL Dabei is es gar nicht laut. Da heißts doch, daß in Italien immer so laut is. Da is überhaupts nicht laut. Kein Ton is zu hörn.

ANNA Aber in der Früh wirds losgehn, wirst schon sehn, das is immer so, in jedem Hotel.

KARL Da sind mir sowieso schon wach.

ANNA Genau.

Pause.

Wenn man bedenkt, daß mir jetz vierzehn Tag vor sich ham, möcht man fast nicht einschlafn.

KARL Warum?

ANNA Damit die vierzehn Tag noch länger dauern und nicht gleich anbrochn werdn. *Lacht.*

Pause.

KARL Was es Kind jetz macht?

ANNA Was solls denn machn? Schlafn. Mittn in der Nacht. Glaubst, die Oma paßt ned auf? Die schlafn jetz beide.

Pause.

KARL Ich hab gsagt, daß mir ihn mitnehmen solln.

ANNA Der hats bei der Oma auch schön, und mir ham uns einmal ganz allein, für sich. Das is auch was wert.

KARL Möchst mich ganz für dich habn?

ANNA Ja. – Können ihn ja das nägste Jahr mitnehmen, wenn mir wolln.

Pause.

Obwohl ich müd bin, komm ich mir vor wie ein anderer Mensch. Verstehst?

Pause.

Was schaust?

KARL Auf den Balkon.

ANNA Zu die Häuser. Die ham hier einen anderen Baustil wie mir, gell. – Schöne Häuser. Südlich.

KARL Direkt am Meer wär noch besser.

ANNA Das macht doch nix. Da schaut man doch auch hinaus und weiß genau, wo man jetz is. Die zehn Minuten bis zum Strand, die tun eim ganz gut, wenn man die gehn muß.

KARL Ebn.

Pause.

Wenn ich ein Zimmer gnommen hätt direkt am Strand, das is natürlich ideal, aber –

ANNA Man muß schon auf die Preise schaun, sonst kommt man zu nix. Auch der Urlaub is keine Ausnahme.

KARL Ebn. Die Hotels, die direkt am Strand sind, die ham auch nur ein paar Zimmer, die direkt zum Meer hinausgehn, und die, die brauchts ja nicht, weil man sich die nicht leistn kann, und die andern, die schaun auch nicht zum Meer hinaus.

ANNA Bin zufriedn, so wie es is. Jetz hat man sich gefreut drauf, und jetz is man da.
Pause.

KARL Wenns uns da heuer gfallt, dann fahrn mir nägstes Jahr auch wieder her. *Kleine Pause.* Teuer is es nicht.

ANNA Nein.

KARL 810 Mark alles inklusive für uns zwei.

ANNA Wenn mir daheim sind, brauch ich auch 100 Mark in der Woch, und man is daheim und hat nix.
Pause.
Mehr wahrscheinlich.

KARL Teuer is es nicht.

ANNA Nein.
Pause.
Könnt fast eine zweite Hochzeitsreise sein.

KARL *lacht.* Wenn ich nicht müd wär. Die Fahrt macht halt müd.

ANNA So mein ichs nicht.

KARL Warum denn nicht? – Auf der Fahrt hab ich mir gedacht, wenn mir da sind, dann schaun mir uns das Zimmer genau an, legn uns nachm Essn hin –

ANNA Was du für eine Fantasie hast. Wie ein Kind!

KARL Ebn. Aber das wird noch, brauchst es bloß abwarten.
Pause.

ANNA *lacht.* Die Luft, heißt es, macht ganz erotisch, da heruntn.

KARL Ebn.
Pause.
Jetzt schlafn mir. – Wann is Frühstückszeit?

ANNA Zwischn acht und zehn.

KARL Ich wach sowieso um halber siebn auf, wie immer. Das bin ich schon gwohnt.
Pause.

ANNA Mir können ja auch, wenn mir beide so früh aufwachn, aufs Frühstück verzichtn. In der Früh is es am schönsten am Strand. Heißt es. Weils noch nicht heiß is. Und wenig Leut. Wenn die Sonne aufgeht.

KARL Die Sonne geht ned um siebn auf.

ANNA Das macht doch nix.
Pause.
Jetz schlafn mir einmal, und wenn du aufwachst, dann kannst

mich ja auch weckn, oder kannst mich weiterschlafn lassn, bis ich aufwach. Kannst dich aufn Balkon setzn. Gut Nacht.

KARL Gut Nacht.

2. Szene

Am Strand. Anna reibt sich mit Sonnenöl ein. Karl liest »Papillon«.

ANNA Findst du, daß ich schon eine Farb hab?

KARL Rot bist.

ANNA Das is bei mir immer so, zerscht werd ich rot und dann werd ich braun. Wirst schon sehen. Bloß einschmiern muß ich mich richtig. Das is wichtig.

Pause.

Gehn mir ins Wasser?

Pause.

KARL Was?

ANNA Schlafst du?

KARL Wenn ich lesn tu.

ANNA Weilst nicht hörst.

KARL Weil ich les.

ANNA Gehn mir ins Wasser?

KARL Wenn ich les.

ANNA Dann geh ich allein ins Wasser. Das muß man ausnutzn. Wo man nur zehn Schritt macht und is mittn im Meer.

KARL Ja. *Pause, er schaut.* So schlimm is das auch nicht. Man kann im Winter nach Mallorca fliegn, wos auch warm is.

ANNA Das is aber teurer. Kost bestimmt 1500 Mark.

KARL Dann is es zu teuer.

ANNA Ebn.

KARL Wo ich sowieso nur noch vier freie Tag Rest hab. Da tät das heuer nix mehr werdn.

ANNA Du tätst mehr Urlaub brauchn.

KARL Genau. Sagn mir sechs Wochn, das wär richtig, dann könnt man eine Woch verwendn für daheim –

ANNA Die Türn müßtn wieder gestrichn werdn.

KARL Ebn. Für so was und dann hätt man einmal drei Wochn und einmal zwei Wochn. Das wär richtig.

ANNA Vierundzwanzig Tage sind aber auch schon viel. Wennst bedenkst, wiest noch achtzehn ghabt hast.

KARL Das geht automatisch.

ANNA Trotzdem.

Pause.

Gibst du dem Kellner eigentlich ein Trinkgeld, wenn mir fahrn?

KARL Warum?

ANNA Wo mir den Vollpensionsgutschein ham, is das nicht notwendig. Genau.

KARL Das is alles inklusive.

ANNA Genau. Aber ghörn tät es sich schon, glaub ich.

KARL Mir gibt auch niemand ein Trinkgeld.

ANNA Bist auch kein Kellner, sondern ein Angestellter.

KARL Dann geb ich ihm ebn ein Trinkgeld.

ANNA Besser is schon, bevor man sich blamiert, weil die dann sagen, man weiß nicht, was sich ghört.

KARL Ebn.

Pause.

Aber das hätt ich mir nicht denkt, daß man so viel nebenbei ausgibt, wo man Vollpension hat.

ANNA Das is immer so, man hat nur einmal Urlaub.

KARL Trotzdem, soviel is sicher: die ziehn eim das Geld aus der Nasn. Wennst bedenkst, was die Sonnenkrem kost oder die Limonad, das is bei uns billiger.

ANNA Da tät ich jetz nicht dran denkn, wenn ich du wär, das genießn mir jetz und lassen uns von nix störn.

KARL Genau.

ANNA Is eh gleich Zeit zum Mittagessen.

KARL Wo ich überhaupts keinen Hunger hab.

ANNA Aber wenn mir es ausfalln lassn, dann kriegn mir es Geld auch nicht heraus.

KARL Und nachher is man dann doch hungrig.

ANNA Ebn. Aber vorher geh ich noch einmal ins Wasser. Gehst auch mit?

KARL Ich les noch.

ANNA Lesn kannst daheim auch, aber das Meer hast da nicht.

KARL Das stimmt.

ANNA Dann kommst. Man muß es ausnutzn.

3. Szene

In einer Cafeteria. Anna schreibt Karten. Musikbox dudelt.

KARL Überall das Gedudl, wost hinschaust!

ANNA Warum?

KARL Überall das Gedudl. *Schüttelt den Kopf.* Hörst ned?!

ANNA *lacht.* Musik.

KARL Und wie.

Pause.

ANNA Italienische Musik is weltbekannt.

Pause.

KARL De ned.

Pause.

Im Konzert, das laß ich mir eingehn.

ANNA Das is doch kein Vergleich.

KARL Ebn.

ANNA Das is kein Konzert, sondern Unterhaltung.

Pause, sie lauscht.

Mir gfallts.

KARL *hört zu.*

Pause.

ANNA Schreim mir jetz die Kartn, daß was gschicht!

KARL Genau. *Er nimmt aus der Rocktasche einen Umschlag mit mehreren Ansichtskarten und Briefmarken, dazu einen Kugelschreiber.*

ANNA Wieviel hastn kauft?

KARL Fünf. Was glaubst, was die kosten?!

ANNA Wieviel?

KARL *nickt.* 100 Lire. Markn extra.

ANNA 50 Pfennig! Das kostns bei uns auch. Daheim. Und da sind mir am Meer.

KARL 57 Pfennig. – Bei uns kostns 30 Pfennig. Im Schnitt.

ANNA Das macht doch nix.

KARL Es geht ums Prinzip.

Pause.

ANNA Fünf sind zu wenig.

KARL Dann holt man ebn noch welche.

ANNA Oder einteiln.

KARL Genau.

ANNA Der Oma muß geschriebn sein, daß weiß, daß es uns gut geht.

KARL In die Firma.

ANNA Sowieso, daß wissn, wie schön mir es ham.

Pause.

KARL Und dann? *Überlegt.* Ich schreib einmal an die Firma.

Pause.

ANNA *unvermittelt:* Die Hecknstaller natürlich, weils die Blumen gießn in der Wohnung und uns auch immer schreibn ausm Urlaub.

KARL Richtig. *Er schreibt.* Liebe Kolleginnen und Kollegn!

ANNA Warum alle? Die kennst doch gar ned.

KARL Wenns ans schwarze Brett kommt, wo alle vorbeigehn!

ANNA Dann schon!

KARL Ebn. Liebe Kolleginnen und Kollegn! Aus unserem Urlaub in Grado senden wir Euch die allerschönsten Grüße?

ANNA *überlegt.* Nein.

KARL Wie?

ANNA Interessanter.

KARL Diktier.

ANNA Von unserem schönen Urlaubsort Grado grüßen wir Euch, die zu Hause bleiben müssen, aufs herzlichste!

KARL Die müssen ja ned zu Hause bleibn. Alle ham Urlaub. Mir ham bloß keine Betriebsferien sondern einzeln.

ANNA Von unserem schönen Urlaubsort Grado grüßen wir Euch aufs herzlichste!

KARL Genau! *Er schreibt.*

ANNA Der Oma muß geschriebn sein, daß es uns gut geht und wir sich erholen, daß auf den Bub aufpassn soll und mir eh bald wieder daheim sind.

KARL *schreibt immer noch an der ersten Karte.* Der Reih nach.

ANNA Ich denk es bloß durch.

KARL *schreibt die erste Karte fertig.*

ANNA Wieviel ham mir jetz?

KARL Drei. Die Oma, die Firma, die Hecknstaller. *Reicht ihr die erste Karte.* Da, unterschreib!

ANNA *liest:* Liebe Kolleginnen und Kollegen! Von unserem schönen Urlaubsort Grado grüßen wir Euch aufs herzlichste! Richtig! *Sie unterschreibt.*

KARL Die an die Oma schreibst Du.

ANNA Ja. *Sie nimmt die zweite Karte und schreibt.* Lieber Bubi, liebe Oma!

KARL Zerscht die Oma.
ANNA Richtig. Liebe Oma, lieber Bubi! – Und dann?
KARL Wir sind gut angekommen und schon den fünften Tag jetz hier. Wie geht es Dir und dem Bubi? Uns geht es gut. Das Wetter is auch schön. *Überlegt.* Fertig!
ANNA Daß aufpassn soll aufs Kind, schreib ich noch!
KARL Ja.
ANNA *schreibt.* Liebe Oma, lieber Bubi! Wir sind gut angekommen –
KARL Weil nicht viel Verkehr war!
ANNA Das brauchts nicht. – und den fünften Tag jetz schon da.
KARL Ja.
ANNA Das Wetter is sehr schön.
KARL Gott sei Dank.
ANNA Wie geht es Dir und Bubi? Tust immer gut auf ihn aufpassn, Fragezeichen.
KARL Bald sind wir eh wieder daheim.
ANNA Bald kommen wir wieder heim.
KARL Aus.
ANNA *liest noch einmal durch.* Etz ham mir vergessen, daß es uns gut geht.
KARL Schreibst es noch dazu.
ANNA Einfach so, klein.
KARL Ja, weil es wichtig is.
ANNA *schreibt.* Es geht uns sehr gut. Viele Grüße und Bussi!
KARL Richtig!
ANNA Unterschreib.
KARL *tut es.*
ANNA An die Hecknstallers kannst du wieder schreiben.
KARL Genau.
ANNA Das gleiche wie an die Firma, bloß persönlich und vielen Dank für das Blumengießen im voraus.
KARL Aus unserem schönen Urlaubsort Grado die besten Grüße! Vielen Dank im voraus fürs Blumengießen. Familie –
ANNA Ihre Familie, schreibt man.
KARL Genau.
ANNA An wen noch?
KARL *zuckt die Achseln.*
ANNA Zwei sind noch übrig.

KARL Wird uns schon noch wer einfalln mit der Zeit. Verplempern brauchn mir die Kartn nicht, wos sauteuer sind.

ANNA Genau.

4. Szene

Auf einem Dampfer.

ANNA Sind mir zwei eigentlich schon einmal mit einem Dampfer gfahrn?

KARL Freilich, am Starnberger See. Am Starnberger See sind mir gfahrn, daß du dich da nicht mehr erinnerst.

ANNA Aber das is ebn ein anderer Dampfer.

KARL Weißt wie das Schiff gheißn hat, wo mir damals gfahrn sind?

ANNA Wie?

KARL »Seehaupt« hats gheißn.

ANNA Genau, jetz erinner ich mich. Mitm Kind.

Pause.

Aber auf dem Meer bist noch nie mit eim Schiff gfahrn?

KARL Nein.

ANNA Ich auch nicht.

Pause.

Das is die erste Fahrt mit eim Schiff auf dem Meer.

Pause.

Das muß man genießn.

KARL Genau, wos sauteuer war.

ANNA Wieviel?

KARL Umgerechnet 86 Mark.

ANNA Das is viel.

KARL Genau. Da arbeit ich zwei Tag dafür. Länger.

ANNA Jetz denkst nicht an daheim und die Arbeit, und jetz genießn mir das.

Pause.

KARL Das tät dem Bubn auch gfalln, das mitm Schiff fahrn.

ANNA Die Oma macht ein Ausflug mit ihm. Bestimmt.

Pause.

KARL Wennst Hunger hast, können mir hinuntergehn und was essn. Da gibts ein richtiges Buffet.

ANNA Um was dich du alles kümmerst.

Pause.

Kümmert sich um ein.

KARL Wenn ich es gsehn hab.

ANNA Ich hab gar keinen Hunger.

KARL Glaubst, daß dir schlecht wird?

ANNA Nein, aber ich möcht es nicht versäumen. Keine Minutn möcht ich das versäumen. Schau. Was isn das für eine Insel?

KARL Mußt halt nachschaun, is alles angebn, die Route, im Rundfahrtprospekt. Da.

ANNA *schaut nach …*

KARL Findst es nicht?

ANNA Weil ich nicht weiß, wo mir jetz sind.

KARL Laß mich schaun, verstehst ja nix.

ANNA Macht nix. Alles muß man nicht wissn. Sehn muß man es. Eine schöne Insel.

KARL Die is wahrscheinlich gar nicht eingezeichnet. Die taucht auf, und morgn is wieder verschwundn.

ANNA Eine Lagune nennt man das, oder?

KARL Genau.

ANNA Robinson Crusoe. Gell? *Lacht.*

KARL *lacht.*

ANNA Das müssn mir aber daheim erzähln, daß mir auch ein Rundfahrt gmacht ham.

KARL Ja.

Pause.

ANNA Hörst es, wie die Wellen rauschn?

KARL Freilich.

ANNA Schön.

KARL Wos so teuer is.

ANNA Jetz könnten mir auch ein Foto machn? Oder?

KARL Das hätt ich schon gmacht, aber so is die Sonn nicht im Rückn.

ANNA Dann nimmst ebn das Meer als Hintergrund.

KARL Ob man das richtig sieht?

ANNA Freilich. Bilder vom Meer sind die schönsten überhaupt.

KARL Aber gut wird es jedenfalls nicht bei dem Licht. Auf keinen Fall.

ANNA Aber etwas wird man sehn. Erst du, dann ich. Dann ham mir eine Erinnerung an das Schöne, das mir im Leben erlebt ham hier.

KARL Wennst es willst.

5. Szene

Im Hotelzimmer in der Nacht, man hört Katzengeschrei.

ANNA Hörst die Katzn schrein?

KARL Freilich.

ANNA Hams dich auch aufgweckt?

KARL Ja.

ANNA Bei uns hab ich das noch nie ghört.

KARL Da gibts auch überall soviel Katzn. Wost hinschaust, siehst eine Katz. Und bei uns nicht, wos mittn in der Stadt is.

ANNA Manchmal sieht man bei uns auch eine.

KARL Im Nachbarhaus, da gibts eine. Aber das is eine Zimmerkatz, die kommt überhaupts nie hinaus.

ANNA Ebn.

KARL Und da wimmelts von Katzn.

Pause.

ANNA Wie die schrein!

Pause.

Die Laute werden wilder.

ANNA Obs jetzt raufn?

KARL Das is die Liebe.

ANNA Glaubst?

KARL Freilich, was denn sonst?

Pause.

ANNA Komisch.

Pause.

KARL Jetzt könntens aber aufhörn, daß man schlafn kann.

ANNA Störns dich?

KARL Es is ungewohnt.

ANNA Genau.

Große Pause.

Schlafst wieder?

KARL Überhaupt nicht.

Große Pause.

Probiert man es ebn wieder.

ANNA Wenn es geht.

Pause.

Wenn ich an heut vormittag denk und den Markt.

KARL Fangst wieder an?

ANNA Warum denn nicht? Mögn hätt ich die Taschn nämlich schon.

KARL Dann kaufst es dir ebn.

ANNA Jetz is der Markt schon vorbei.

KARL Warum?

ANNA Weil der nur einmal in der Wochn is.

KARL Das glaub ich nicht. Die ham jedn Tag ein Markt, weils jedn Tag Fremde gibt, denen sie das Geld aus der Nasn ziehn können. Halsabschneider, sonst nix.

ANNA Die Taschn krieg ich daheim jednfalls nicht um den Preis.

KARL Weilst nicht richtig umrechnest.

ANNA Freilich, 45 Mark.

KARL 48.

ANNA Dann sind es 48. Um 48 Mark krieg ich die Taschn nicht daheim.

KARL Dann solls bei uns 60 kostn. Aber eine andere Qualität.

ANNA Das Leder is in Italien ausgezeichnet und anerkannt billig. Das is bekannt.

KARL Aber die Verarbeitung.

ANNA Ich hätts jedenfalls mögn, die Taschn.

KARL Dann kaufst es dir ebn. Gehst morgn hin und kaufst sie dir.

ANNA Daß ich ein Andenkn an den Urlaub hab. Wos so schön is.

KARL Ebn, wennst ein Andenkn willst, dann kaufst sie dir.
Pause.
Wenn das nicht alles so teuer wär, dann könntst dir noch mehr kaufn. Aber so.

ANNA Wenn ich die Taschn krieg, bin ich zufriedn, mehr brauch ich nicht. Bloß du brauchst auch noch ein Andenkn.

KARL Ich hab mir Andenkn genug. Fahr lieber noch mit ein bißl Umtauschgeld heim, als wie abbrennt wie ein Zigeuner. Das is mir Andenkn genug.

ANNA Denk halt nicht immer ans Geld. Wennst nicht ans Geld denkst, bist ein ganz anderer.

KARL Weilst es du nicht verdienen mußt.

ANNA Ich tu auch meine Arbeit.

KARL Davon redt ja kein Mensch. Aber verdienen tu es Geld ich, das wirst nicht bestreitn. Wost nicht berufstätig bist.

ANNA Du hast es ja wolln, wie der Bub da war.

KARL Will es auch nicht.

ANNA Dann darfst auch nix sagn.

KARL Aber dann werd ich wenigstens vom Geld redn dürfn, wenn ich es verdien.

ANNA Aber im Urlaub kann man schon einmal ein Aug zudrückn. Bloß weil ich die Taschn gern hätt.

KARL Das hat doch mit der Taschn gar nix zum tun. Da denk ich ebn ans Geld, wenn ich etwas zahln soll. Das is doch ganz natürlich.

ANNA Aber nicht im Urlaub, da herrschen andere Gesetze.

KARL Glaubst. Und wenn mir wieder daheim sind?

ANNA Jetz sind mir da.

KARL *schweigt.*

ANNA Und die Urlaubskasse is noch nicht überschritten.

KARL Noch nicht.

ANNA Ebn!

Pause.

KARL Schlafn mir wieder, sonst sind mir morgn todmüd und ham nix vom Tag.

ANNA Die Katzn ham auch aufghört.

KARL Ebn.

ANNA Wenn ich gwußt hätt, daß die gleich wieder aufhörn, hätt ich zugehört, weil man das daheim nicht hört.

KARL Großstadtmenschn.

ANNA Genau.

6. Szene

Platzkonzert, schöner Abend.

ANNA Hast du da jetz was zahln müssn, oder is das frei?

KARL Da ham mir die Berechtigungsschein vom Hotel.

ANNA Also umsonst.

KARL Genau.

ANNA Und wo dürfn mir sich dann hinsetzn?

KARL Wo mir wolln.

ANNA Aber da is eine Unterteilung, das sieht man.

KARL Auf die vordersten Plätze müssn mir sich ja nicht setzn.

ANNA Sonst schaut das so komisch aus.

KARL Ebn, mir setzn uns in die Mittn.

ANNA Genau.

Tun es.

ANNA Da, die zwei Plätz.

KARL Siehst was?

ANNA Ja.

Pause.

Vorn könnt man die Musiker natürlich genau anschaun.

KARL Wos eine Musik is, muß man nicht alles sehn.

Pause.

Hab nicht gfragt, wo man mit der Kartn sitzn darf. Blamiern tun mir uns nicht, daß uns dann zurückschickn.

ANNA Ebn. Da sitzn mir auch gut.

Pause.

Jetzt fangens an, siehst es?

KARL Geht schon los.

Musik, die »Diebische Elster«.

ANNA Was isn das, was da spieln? Etwas ganz Bekanntes. Schön. Kennst es du?

KARL Wissn tu ich es nicht.

Pause.

ANNA Und wann warn mir das letzte Mal in eim Konzert?

KARL Is ja kein richtiges Konzert, sondern ein Platzkonzert.

ANNA Das macht doch nix.

KARL Weiß nicht, wann mir zuletzt warn, mußt dich selber fragn.

Pause.

ANNA Schön is das, wenn man die Musik so richtig vor sich hat und ned bloß im Radio oder im Fernsehen.

Pause.

KARL Wenn es zum regnen anfangen tät, dann würdns aufhörn und heimgehn, und die, wo für die Kartn zahlt ham, tätn kein Ersatz kriegn.

ANNA Glaubst?

KARL Das hams mir im Hotel gsagt. Das is auf eigenes Risiko.

ANNA Das gibts bei uns nicht.

KARL Wenns bei uns ein Freiluftkonzert gebn, und es regnet, dann hams immer einen Raum, wos ausweichen können, der unterdacht is.

ANNA Aber wo mir einen Sternenhimmel ham und keine Wolkn.

KARL Heut regnets nicht, das is klar.

ANNA Das wär auch schad, weil es wirklich schön is, wies spielen.

KARL Dabei sind das gar keine Berufsmusiker, sondern ein Verein, die kommen am Feierabend zam und spielen und im Sommer beim Platzkonzert.

ANNA Das hätt ich nicht gmerkt.

KARL Aber es is so.

ANNA Mir gfallts, wies spielen.

KARL Weils ebn bekannte Melodien spieln.

ANNA Das is ja das Schöne. Da erinnert man sich, wenn man so zuhört, und dann weiß man gar nicht, an was.

Pause.

Schön is, gell?

KARL Ja.

7. Szene

Im Hotelzimmer, nach der Liebe.

ANNA Da is es ganz anders alles, da heruntn. Findst ned? Da is man viel freier. Schöner is es.

KARL Jetz red halt ned soviel.

ANNA Laß mich halt ein bißl redn, wenns mir so gut gfallt.

Pause.

Warum hast dich denn so anstrengt? Schwitzt ja!

KARL Warum denn nicht.

Pause.

ANNA Kann nicht langsam sein, der Mensch. Drängt dich doch nix. Mir ham doch Zeit, wo mir Urlaub ham. Schön wars. Bist ein ganz anderer.

KARL Wie?

ANNA Ebn so.

KARL Weil ich braun bin.

ANNA Nein. Aber sonst bist kasig.

Lachen.

KARL Im Werk scheint ebn keine Sonne hinein. Das müssns erst noch erfindn, sonnendurchlässige Dächer für die Arbeiter.

ANNA Wenn die Sonn scheint.

KARL Das müßtns auch erfindn, genau.

Pause.

Hast was gspürt?

ANNA Freilich.

KARL Das war aber schon lang nicht mehr, daß du was spürst. Das hab ich schon aufgebn ghabt, zuletzt.

ANNA Schön, wenn ich es sag.

KARL Eh.

ANNA Urlaub is ebn schöner wie sonst. Drum hat man ja ein Urlaub. Sonst brauchert man ja kein Urlaub, wenns sonst genauso schön wär.

Pause.

Schlafst?

KARL Nein.

ANNA Streichelst mich? Wennst magst?

KARL Wennst es willst?

ANNA Das is schön, wennst mich streichelst. Sonst tust das nicht.

KARL Ja.

ANNA Sonst ist überhaupts alles ganz anders.

KARL Kann auch nix dafür. Glaubst, ich tus mit Absicht, wenns nix is.

ANNA Schmarrn. Das is es ebn, das macht die Umgebung, wenn man frei is, weil man Zeit hat.

Pause.

Bist müd?

KARL Wenn ich müd bin, hör ich schon auf zum streicheln, das kannst schon mir überlassn.

ANNA Tu ich eh.

Pause.

Bist ebn nicht müd. Sonst bist schon müd.

KARL Heut hab ich auch nicht den ganzn Tag gearbeitet. Sondern bin in der Sonn glegn. Da is ebn leicht.

ANNA Da bist ebn zärtlich, wennst nicht müd bist und gut aufglegt. Das weiß ich schon, wie das is.

KARL Und nicht einschlaft.

ANNA Ebn.

Pause.

KARL Jetz werd ich aber doch müd, wenn ich schau.

ANNA Wennst so nah da liegst bei mir, dann macht mir das gar nix aus, wennst schlafst. Wenn ich dich hab. Schlaf nur. Ich bleib noch ein bißl wach, dann schlaf ich auch.

Pause.
Jetz ham mir noch fünf Tag, gell?

KARL Mit Reisetag.

ANNA Dann sinds bloß noch vier. Das muß man ausnutzn. Wer weiß, wann es wieder so is.

KARL Ebn, schlaf auch. Gut Nacht.

ANNA Kannst so gut liegn, wenn ich da lieg?

KARL Ja.

ANNA Dann bleib ich so, wenns dir recht is.

KARL Genau.

ANNA Schön is bisher gwesn, gell?

KARL Wenns dir gfalln hat, mir schon.

ANNA Mir auch.

KARL Gut Nacht.

ANNA Gut Nacht.

8. Szene

In der Markuskirche, auf einer Bank sitzend.

ANNA Die Markuskirche is die schönste Kirche der Welt, heißt es.

KARL Müd bin ich.

ANNA Ich auch. Aber schön is es.

KARL Kunst.

ANNA Kunst gibts bei uns daheim auch, aber das is eine Seltnheit.

KARL Ja. Wie spät is es? Ich seh ned, wos dunkel is. *Hält ihr seine Armbanduhr hin.*

ANNA Halb vier.

KARL Dann ham mir noch eine Stund bis zur Abfahrt. Eine halbe Stund vor der Busabfahrt müssn mir dort sein, um der Sicherheit willen. Wenn mir den Bus verpassn, müssn mir mit dem Zug fahrn, wenn einer geht, und die Buskartn sind verfalln. Da tät man schön draufzahln.

ANNA Freilich sind mir rechtzeitig dort. Jetz tun mir nur ein bißl verschnaufn, dann gehn mir wieder.

KARL Ja, kühl is, das is richtig.

ANNA Die Oma hat erzählt, daß vor dem Eingang jemand steht, der aufpaßt, daß die Männer die Hüt heruntertun und die Fraun den Ausschnitt zumachn. Hast jemand gsehn?

KARL Nein.
ANNA Komisch, ich auch nicht.
KARL Wie die Oma in Venedig war, war ebn eine andere Zeit.
ANNA Die Sitten sollen heut genauso streng sein.
KARL Weil du das weißt!
ANNA Is ja gleich!
Pause.
Man hört eine deutsche Führung vorbeigehen.
Mir hätten uns doch einer Führung anschließn solln, so steht man der Schönheit ganz unverständlich gegenüber.
Pause.
Karl?
KARL Müd bin ich!
ANNA Wo mir um sechse aufgstandn sind – denk an daheim, da is das gar nix.
KARL Trotzdem. Wo mir den ganzn Tag herumlaufn.
ANNA Daß ich mit die eigenen Augen die Seufzerbrücke gesehn hab, in meinem Leben, das reut mich nicht.
KARL Die andere war schöner!
ANNA Welche?
KARL Weiß ned.
Pause.
ANNA Die Rialtobrücke?
KARL Kann sein.
Pause.
ANNA Und der Canale Grande.
Pause.
Wo man es so oft gehört hat: Canale Grande!
KARL In der Operette, gell?! *Lacht.*
ANNA *lacht.* Eine Nacht in Venedig, genau!
Pause.
KARL Und nicht glogn, die Operettn?!
ANNA Nein.
Pause.
Wennst wieder weiter willst, sagst es! Den Dogenpalast müssn mir sich nämlich noch anschauen. Unbedingt, das tät ein jeder sagen! Im Prospekt steht er auch unterstrichn drin!
KARL Ich kann nimmer.
ANNA Weil mir sich so lang auf dem Fischmarkt aufghaltn ham.
KARL Weil es interessant war!

ANNA Aber gstunkn hats.
KARL Bauten liegen mir weniger.
ANNA Mir schon. Ich tät gleich um die Welt fahrn wolln und alles anschaun, was als schön bekannt und beliebt is.
Pause.
KARL Weilst du noch nicht soviel gsehn hast von der Welt wie ich. Wo ich ein Mann bin, is es selbstverständlich, daß man sich satt gesehn hat und ruhiger wird. Mit der Zeit. Wo ihr bloß daheim warts die ganze Zeit!
ANNA Drum schaust jetz den Dogenpalast noch an mit mir?! Gell!
KARL Ja.
Pause.
Gleich. Bloß verschnaufn.
ANNA Freilich.
Pause.
Ich bet inzwischen ein bißl! *Tut es.*

9. Szene

Im Hotelzimmer, beim Kofferpacken am Abfahrtstag, alles geht schnell und gehetzt.
KARL So, jetz wenn ich den Koffer noch hab, dann sind mir fertig.
ANNA Die Taschn sind gricht. Liegnbliebn is nix, ich hab nachgeschaut.
KARL In die Nachtkastl?
ANNA Überall.
KARL Tankn müssn mir noch. Tust den Gutschein bereithaltn für das billigere Benzin für die Touristn.
ANNA Den hab ich in der Handtaschn.
KARL Das is ebn doch ein Vorteil, daßd vom Reisebüro da beratn wirst. Ich hätt das nicht gewußt mit dem Gutschein.
ANNA Ich auch nicht. Aber man hätt sich ja erkundign können.
KARL Weil das Benzin nämlich normal sauteuer is. Das müssn mir uns auch merkn fürs nägste Jahr, wenn mir wieder herfahrn.
ANNA Das tät ein Jahr dauern.
Pause.
KARL So jetz hab ichs. Jetz beginnt wieder der Ernst des Lebens.

ANNA Zerscht müssn mir gsund heimkommen.
KARL Gut, daß ich morgn noch ein Tag frei hab.
ANNA Das is immer wichtig zum Erholn und Akklimatisiern.
KARL Genau: daß man nicht mit dem Kopf voraus hineinspringen muß.
Pause.
ANNA Schaun mir noch einmal beim Balkon hinaus?
Tun es.
Schön, gell?
Pause.
KARL Heut tät noch einmal ein herrlicher Tag sein.
ANNA Das is ebn im Urlaub, daß die Zeit so schnell vorbeigeht.
KARL Vierzehn Tag sind ebn bloß vierzehn Tag.
ANNA Aber schön wars schon. Schad is nur, daß jetzt wieder so lang nix is. Weil, jetz tät ich schon ganz gern heimfahrn, das macht nix, aber weils so lang dauert.
KARL Das is ebn es Lebn. Nur wer arbeitet, soll essn.
ANNA Weil du nicht genug arbeitest!
Pause.
Ein paar Tag hättn mir es schon noch aushaltn können. Gell!
KARL Jetz geh schon zu, andere Leut ham überhaupt nie ein Urlaub.
ANNA Aber es gibt auch Leut, die können drei- und viermal im Jahr am Meer Urlaub machn.
KARL Genau.
ANNA Ebn.
KARL Die ham aber auch drei- und viermal soviel Geld wie mir.
ANNA Genau.
KARL Das is ebn der Unterschied.
ANNA Und die arbeitn auch ned mehr wie du, oder?
KARL Bestimmt ned. Aber das is ebn so.
ANNA Warum eigentlich?

Bilanz

(Trilogie Münchner Leben)

Personen

KARL HEUBL
ANNA HEUBL, *seine Frau*

Operette.

Radiomusik: »Die Männer sind alle Verbrecher« etc.

ANNA Berlin.

KARL Genau. Wie mir in Berlin warn, das hat mir gfalln.

Pause.

Das war schön.

ANNA Da war ich aber ned dabei.

KARL Wos von der Firma aus verbilligt war. Ein Ausflug. Für Werksangehörige.

ANNA Und ihre Fraun!

KARL Wo keiner von der Abteilung seine Frau mitgnommen hat, werd ausgerechnet ich sie mitnehmen.

ANNA Ich sag eh nix. Aber Berlin hätt ich schon gern gsehn. Wo ich auch vor dem Krieg nie dort war.

KARL Das is eine Stadt, Berlin!

Pause.

»Das is die Berliner Luft ...«

ANNA Operettn!

Pause.

In eine Operettn tät ich auch gern einmal wieder gehn.

KARL Wo mir eh das Fernsehn ham.

ANNA Trotzdem. Wenn man es so vor sich hat, das is kein Vergleich mitm Fernsehn.

KARL Gehn mir halt einmal in eine Operettn.

ANNA Wann warn mir das letzte Mal in eim Theater?

KARL Lang.

ANNA Genau, das is ganz vergessn wordn.

Pause.

Mir hättn überhaupts viel mehr vom Lebn ghabt, wenn mir es ein bißl leichter gnommen hättn.

Pause.

Hochdeutsch: Die Gleichgültigkeit muß man habn.

KARL Bei der Scheißsparerei, wenns hint und vorn ned reicht. Die wo ein Geld ham, die können leicht gleichgültig sein, mir ned.

ANNA Sparn is normal.

KARL Aber mir ham zuviel sparn müssn. Mir hättn uns viel mehr leistn können, wenn mir mehr Geld ghabt hättn.

ANNA Nur wenn man spart, kann man sich was leistn.

KARL Trotzdem
Pause.
ANNA Weil du nie ein Rausch ghabt hast, oder sowas!
KARL Trotzdem.
Pause.
Nach Berlin hast ja auch nur deswegn ned mitkönnen, weils zu teuer wordn wär, wenn man es genau nimmt.
ANNA Weiß eh.
KARL Ebn.
ANNA Aber deine Kollegn wars auch zu teuer, sonst hättn die die Fraun mitgnommen.
KARL Freilich. Glaubst, die ham mehr?
ANNA Ebn, dann is es doch normal, wenn es den andern auch ned anders geht.
Pause.
Aber in eine Oper wär ich gern einmal gangen. Das tut mir schon leid, daß mir nie in einer Oper warn.
KARL Gehn mir halt in eine Oper, wennst es willst.
ANNA Jetzt is schon zu spät, da muß man jünger sein.
KARL So ein Schmarrn, glaubst in unserm Alter geht man nimmer in die Oper?
ANNA Das schon. Aber nur wenn man es gewöhnt is. Wenn man jetzt anfangen muß erst ... Nein, da tät ich mich nicht traun.
KARL Andere Leut gehn jede Woch in die Oper, glaubst.
ANNA Jede Woch is übertrieben, aber einmal im Monat, das wär es gwesn.
KARL Mir hättn lieber öfter ausgehn solln, auf ein Ball.
Lacht.
ANNA Auf Bälle sind mir aber öfter gwesn.
KARL Aber ich erinner mich ned richtig.
Pause.
Was hat man davon, wenn man was erlebt hat und sich ned erinnert. Dann is das Schönste verlorn.
Pause.
Einmal, da kann ich mich erinnern, aber bloß, weil ich mich so aufgregt hab. Das war, wie ich mit der Bedienung gstrittn hab, weil die uns partout doppelte Schnäps hat berechnen wolln, wo mir nur lauter einfache ghabt ham.
ANNA Wenn man so wie du denkt, Karl, dann is alles nix, was man gmacht hat, das is ganz klar. Wenn einer kein gutn Willn hat,

dann is die schönste Erinnerung nix. Ein Haar in der Suppn kann man immer findn, wenn man sich anstrengt.

KARL Weil ich mich da anstreng, Schmarrn.

ANNA Doch, krampfhaft suchst du was. Das is es.

KARL Krampfhaft bestimmt ned.

Große Pause.

ANNA Man muß sich einredn, daß es schön war, was man erlebt hat, dann glaubt man es auch. Dann is es gleich viel besser.

KARL Wo ich mich nicht zwingen will.

ANNA Das hat mit Zwang nix zum tun, das is bloß der gute Wille.

Pause.

KARL Wenn ich ned krank wär, dann tät ich jetzt spazierngehn, dann tät man überhaupts an nix denkn. Das wär besser.

ANNA Ich glaub es auch, daß dir bloß die Bewegung fehlt.

KARL Da kommt man ins Meditiern.

ANNA Woher hastn du das Wort?

KARL Welches Wort?

ANNA Meditiern.

KARL Das kenn ich schon lang. Das heißt Nachdenkn.

ANNA Das weiß ich auch, aber daß du das Wort kennst, hab ich nicht gwußt.

Besinnung.

KARL Glaubst du, daß was gibt, nach dem Tod?
ANNA Freilich warum denn ned?
Pause.
KARL Weil man des ned wissn kann, weil man es ned gsehn hat. Glaubn heißt nix wissn.
ANNA Wiest bloß auf sowas kommst. – Wenns da nix gebn tät, nachm Lebn, dann hätt doch unser ganzes Lebn kein Sinn.
KARL Ebn, das mein ich auch.
ANNA Warum fragst du denn dann so dumm, wo es klar is.
Pause.
KARL Manchmal, wenn ich ganz ruhig dasitz, is mir ganz friedlich. Da werd ich müd und schlaf ein bißl, und wenn ich aufwach, dann is ein Stünderl vergangen.
ANNA Ich schlaf auch ned durch und wach immer wieder auf.
KARL Ich beklag mich ned, ich schlaf gut, aber ned lang. Eine Stund grad, dann lieg ich wieder ein bißl wach.
Pause.
Jetzt bin ich auch müd.
ANNA Dann schlafst halt ein bißl.
KARL Des werd das Beste sein.
Pause.
Manchmal mag ich gar ned einschlafn, weil ich denk, vielleicht wach ich nimmer auf. Bleib drunt, dann mag ich gar ned hinuntergehn.
Pause.
ANNA Dort wo ein der Herrgott hinstellt, da is richtig.
KARL Ja, man muß sich abfindn. Das nutzt alles nix.
ANNA Ich hab auch manchmal in der Nacht Herzweh! Dann streck ich die linke Hand aus, weils so weh tut, als hätt ich Blei in die Adern. Dann denk ich mir auch, ich komm nimmer heraus, aus dem Bett.
KARL Warum weckst mich denn da ned?
ANNA Warum soll ich dich denn da weckn. Kannst mir auch ned helfn. Das geht schon wieder vorbei. Dann nimm ich ein Mittel und lies eine Viertelstund. Schau, was morgn im Fernsehn gibt und dann schlaf ich wieder.
Pause.
Aber mein Herz is schlecht.

KARL Wost jünger bist wie ich.
ANNA Da siehst es.
Pause.
KARL Ein paar Jahr hätt ich schon noch gern.
Pause.
Fünfe.
Pause.
Fünf, sechs Jahr.
Pause.
Meine Eltern san auch über 70 wordn.
ANNA Dann wirst es du auch.
Pause.
Wenn man sehr alt wird, da gibts einen Punkt, wo man in ein Altersheim muß.
KARL Da tät ich nie hingehn. Vorher bringert ich mich um.
ANNA Wenn ich nimmer wär und du dich allein versorgn müßtest?
KARL Dann tät mir das Madl jedn Tag es Essen bringen müssen. Für was hat man sein Kind.
Pause.
Oder ich kochert mir selber.
ANNA Putzn, Waschn, Aufräumen.
KARL In ein Altersheim gingert ich nicht, lieber bringert ich mich um.
ANNA Wenn man jung is, is leicht das Umbringen, wenn man alt is, is schwer.
KARL Warum?
ANNA Das weiß ich ned, aber es is so.
KARL Ich glaub es auch.
ANNA Je weiter man vom Tod weg is, umso leichter is Sterbn. Einfach. Und je näher man dran is, umso schwerer wirds.
Pause.
KARL Ich bringert mich um. Das Altersheim tät kein Gschäft machn mit mir. Hab es dir eh zeigt in der Zeitung, von dem Altersheim, wos die alten Leut reihenweise umbracht ham.
ANNA Bewiesn is es nicht.
KARL Da brauch ich auch gar kein Beweis, wo es auf der Hand liegt. Mit die altn Leut will jeder nur ein Geschäft machn, wenn er sich schon drum kümmert.
ANNA Das stimmt.

KARL Ich bring den Gedanken nimmer los. Ich denk immer nach und es fallt mir nix Gscheits ein.

ANNA Du denkst ja auch so lang nach, bisd auf was Schlechts kommst. Das is es.

Pause.

KARL Vielleicht hättn mir ein Waisnkind adoptiern solln.

ANNA Was? Wo mir eh ein eignes ham.

KARL Eins dazu.

Pause.

Aus die Entwicklungsländer. Oder aus eim Kinderheim, weil das gleich is. Wos so viele Kinder gibt, die keine Eltern ham oder verhungern.

ANNA Für die Kinder sind mir ned verantwortlich. Für die solln nur die sorgn, dies gmacht ham.

KARL Da können doch die Kinder nix dafür.

ANNA Aber mir auch ned. Mir ham unser Tochter anständig erzogn, das langt. Und wenn der Bub ned gstorbn wär, bevor ich ihn heraußen ghabt hab, hättn mir sowieso zwei ghabt. Das war Schicksal.

Pause.

KARL Ein Kind is aber keine Fortentwicklung. Das is ein Rückschritt. Wenn zwei Leut nur ein Kind ham.

ANNA Da kann man nix machn.

Pause.

KARL Durst hab ich.

ANNA Magst ein Glas Selterwasser?

KARL Ja, wo ich ganz austrocknet bin im Hals.

ANNA Ich bring es dir.

KARL Aber ned zu kalt, sonst hab ich wieder Aufstoßn.

Anna holt das Wasser.

ANNA Da, ich hab gmischt.

KARL Genau richtig. Das is gut so ein Wasser, wenn man durstig is.

Pause.

Früher hätt ich es natürlich ned angrührt. Da hätt ich ein Bier trunkn und fertig. Eiskalt.

ANNA Weilst dir nie was hast sagn lassn, ich hab immer gsagt, daß es ungsund is, das kalte Trinkn.

KARL Aber gschmeckt hats.
Pause.
Jetzt könnt ich mir das nimmer leistn.

ANNA Bestimmt ned.

KARL Alles werd weniger. Aber wenn man sich gar nix mehr erlaubn kann von die Annehmlichkeitn, dann is das Lebn nix mehr wert.

ANNA Wegn eim Glasl Selterwasser, das kein Bier is, weil er keins trinkn darf. Du siehst alles schwarz, das is es.

ANNA Es kommt für jedn einmal der Tag, da werd man ned gfragt, ob man mag oder ned. – Sterbn müssn mir alle.

KARL Aber noch ned gleich.

Pause.

ANNA Na.

KARL Ein paar Jahr muß ich schon noch habn, wo ich erst drei Jahr in der Rente bin und 40 Jahr dafür gearbeitet hab. Da ghört schon eine Gerechtigkeit her.

ANNA Freilich.

KARL Aber wenns Zeit is, is Zeit.

Pause.

Wenn ich dran denk, hab ich Angst.

ANNA Geh. Weil du schon stirbst.

KARL Genau.

ANNA Denkst halt ned dran.

KARL Genau, is eh das beste, man denkt ned dran. Sowas muß man vergessn.

Pause.

Man laßt sich überraschn. Und wenns so weit is, is ebn so weit.

ANNA Ja, nix Gwisses weiß man ned.

KARL Nein.

Pause.

ANNA Mei, wenn ich dran denk, wie ich jung war, was, hab ich alles gmeint, werd passiern, bis ich älter bin!

Pause.

Du mußt bloß ein bißl wartn, hab ich immer gmeint, das kommt schon noch. Das Lebn, das geht erst noch los, das hab ich noch mit 30 denkt.

KARL Nix is kommen.

ANNA *lacht.* Alles is kommen. Für eine Frau is das Wichtigste, daß ein Kind hat und eine gscheite Ehe.

KARL Aber für den Mann der Beruf.

ANNA Freilich, weil er alle ernährn muß. Sonst leidn alle drunter.

Pause.

Da gibts ein chinesisches Sprichwort, das mir da einfallt. »Drei Dinge muß der Mensch tun: ein Haus baun, ein Kind kriegn und ein Baum pflanzn.«

KARL Das is schön, das gfallt mir.

ANNA Ein Haus baut und ein Baum pflanzt, ham mir aber ned.

KARL Das werd ebn bildlich gmeint sein.

ANNA Ja.

Pause.

KARL Aber ein gemütliches Alter, das is auch wichtig.

ANNA Weil mir des ned ham!

KARL Wenn ich stirb.

ANNA Du laßt es dir ja ned ausredn. Ich sag es dir doch immer wieder, daßd ned stirbst. Gar ned dran zu denkn.

Pause.

Das werd der Doktor schon wissn, wann eins stirbt. Dafür is er ja da. Das werd er dir dann schon sagn, wenns so weit is.

Pause.

KARL Was wissn denn die Doktorn.

ANNA Mehr schon wie du.

Pause.

KARL Wenn ich noch einmal jung sein tät, dann machert ich eine Weltreise, das is sicher. Wo man kaum was gsehn hat von der Welt.

Pause.

Die ganze Welt hätt ich gern sehn wolln, wie ich jung war.

ANNA Bist eh im Krieg umeinanderkommen.

KARL Aber gsehn hab ich nix.

ANNA Ach geh.

Große Pause.

KARL Wo alles so sinnlos is.

ANNA Warum!

KARL Wenn ich jetzt sterb, was hab ich dann gmacht. 68 Jahr. Ich könnt keine Stund erzähln von mir, wo interessant is. Überhaupt die letzten 10, 15 Jahr, die sind schnell vergangen. Weil die Eindrücke ned da warn, weil es immer das gleiche war, jeder Tag wie der andere, das is es. Wenn man keine Eindrück hat, dann vergeht die Zeit wie im Flug.

ANNA Ja, weil eim dann langweilig is.

KARL Nur in der Jugend. In der Jugend vergeht die Zeit überhaupt viel langsamer, als wenn man alt is, weil man ebn keine Eindrück mehr hat, wenn man alt is.

Pause.

Geld hätt man habn müssn, dann is schon was anderes. Aber mir ham kein Geld ghabt.

ANNA Man muß sich nach der Deckn streckn.

KARL Wenn ich heut plötzlich ein Geld hätt, ich wüßt schon, was ich tu.

Pause.

Viel.

ANNA Aber die Kinder müßt man auch etwas gebn.

KARL Das scheidet ja jetzt ganz aus. Wenn man sich nur was ausdenkt, was in der Fantasie is, dann hat doch des normale Lebn nichts zum suchn, dabei.

ANNA Mei, wenn man Geld hat, dann stehn eim alle Tore offn, das is klar.

KARL Ebn.

ANNA Aber man muß zufriedn sein. Wenn man denkt, wie schlimm es hätt gehn können. Was einem alles erspart bliebn is. Man braucht bloß an andere denkn!

KARL Du willst es bloß ned zugebn, Anna, weilst du gsund bist. Wennst ned so gsund wärst, tätst auch anders redn, das glaubst.

ANNA Bist ned zufriedn.

KARL Nein, bestimmt ned.

Pause.

Wo man alles bloß, wenn man es überhaupt gsehn hat, von außn gsehn hat. Hinein hams uns nirgends lassn, wo es schön is.

ANNA Wo mir eine so schöne Wohnung ham. Andere hausn in Löcher!

KARL Aber wieder andere ham Häuser! Mehrere.

ANNA Aber andere ham überhaupts keine Wohnung. *Hochdeutsch:* Kein Dach über dem Kopf!

KARL Da können aber mir nix dafür.

Pause.

Wenns nach mir gehen tät, da gäb es keine armen Leut. Ich tät alle was gebn!

Pause.

ANNA Das sagn immer die, die selber nix ham.

KARL Ja. Aber es is so.

Pause.

Ob mir nächstes Jahr wieder nach Tirol fahrn?

ANNA Freilich, bis in Winter hast dich wieder erholt.

KARL Wenn ich ned nachat im Frühjahr stirb. Die meistn Leut sterbn im Frühjahr, das is wissenschaftlich.

ANNA Du laßt dir halt nix ausredn. Was soll man denn noch tun, daßd eim glaubst?

KARL Nix.

Pause.

Weil ich es eh nicht glaub.

Pause.

Einen kleinen Hund hätt ich gern.

ANNA Was?

KARL Einen jungen Hund hätt ich gern.

ANNA Wie kommst denn da drauf?

KARL Einen Schäferhund, verstehst. Ein Welpe. Ganz ein kleiner, weißt wie nett die sind. Und wenn er dann langsam größer werd!

ANNA Ja und mir die ganze Wohnung vollscheißt.

KARL In 14 Tag is der stubnrein, bei richtiger Erziehung.

ANNA Weil mir einen Hund erziehn können, wo mir nie ein ghabt ham!

Auf was für Gedankn der kommt!

KARL Ich red ja bloß.

ANNA Alles verkratzt und zamfrißt.

KARL Aber nett sind sie.

ANNA Mir wärs genug, der Dreck.

Pause.

Ein Dackl vielleicht.

KARL Ein Dackl is auch was Netts.

Pause.

Einmal hättn mir einen kleinen Hund kriegt, weißt es noch?

ANNA Aber kein reinrassign!

KARL Nein, aber nett war er schon.

Pause.

Und warum ham mir den ned gnommen?

ANNA Was der fragt, als obst des ned selber wissn tätst.

KARL Weil mir in Urlaub gfahrn sind, genau.

ANNA Ebn.

Pause.

KARL Ob der noch lebt.

ANNA Des is schon lang her!

KARL Ja, weil die Zeit vergeht.

Pause.

Irgendwas Jungs müßt man habn, was einen braucht.

ANNA Da sind mir zu alt dazu.

KARL Ich ned.

KARL Nein, danebn gangen bin ich nicht.
ANNA Ja?
KARL Nein.
Pause.
Das wär mir gar ned in Sinn kommen.
ANNA Jetzt lügst.
KARL Laß mich halt ein bißl.
Pause.
Dran denkt hab ich schon, das kann schon sein. Aber gwesn is nie was.
Das garantier ich.
ANNA Hast mich nie betrogn?
KARL Nein.
Pause.
Mei, ausdenkt hab ich mir halt manchmal was. Ein Gschichtl. Mit einem Haufn nackerte Weiber oder so. So wie man hört, daß in die Nachtclubs zugeht.
Pause.
Aber das is kein Betrügn, sondern normal.
Große Pause.
ANNA *lacht.* Wennst wieder gsund bist, holst das alles nach.
KARL Ich weiß ned.
ANNA Der Otti hat gsagt, wenn morgn ein schönes Wetter is, solln mir in Gartn kommen.
KARL Wenn ich ned so müd wär.
ANNA Mußt dich halt ein bißl anstrengen. Wenn uns der Schwiegersohn schon einladt, der wo eh seine Nasn so hoch obn hat.
»... wenn schönes Wetter ist«, hat er gsagt.
KARL Es Kleine tät ich gern einmal wiedersehn.
ANNA Ebn, ich auch. Ein Enkel habn, das is schön, gell!
KARL Wenn man sieht, wie es wachst.
ANNA Und gsund is.
KARL Mein Großvater hat immer gsagt, wenn er mich gsehn hat: an die Enkel sieht man, daß man alt werd.
ANNA An die Kinder sieht man, daß man alt werd, heißt das aber.
KARL Mein Großvater hat ebn ned alt werdn wolln, drum hat er gsagt, daß man es an die Enkel sieht.

Pause.

Der muß ja mit 35 oder 40 schon Großvater wordn sein.

Pause.

Ja, sowas.

ANNA Früher is das schneller gangen.

KARL Wo ich 60 bin und es Madl drei is.

ANNA Noch ned.

KARL Aber bald.

ANNA Du bist eigentlich erst mit 66 Großvater wordn.

KARL Ebn.

ANNA Hat sich ebn Zeit lassen, die Kati. Das is vernünftiger, wie mir damals. Meine Mutter hat mit 25 schon vier Kinder ghabt.

KARL Das hat auch sein Gutes.

ANNA Schneller fertig is man halt.

KARL Redst, wost nur ein Kind kriegt hast.

ANNA Zwei

KARL *gutmütig:* Anderthalb.

ANNA Zuerst ein Krieg und dann wieder ein Krieg.

KARL Genau, mir ham kein Glück ghabt mit der Zeit.

ANNA Wo man es sich ned aussuchn kann.

KARL Freilich. Aber manchmal –

ANNA Was?

Pause.

Was hast denn?

Pause.

Eigentlich wars doch ganz schön unser Lebn und man soll sich ned beklagn, oder? Andere ham den erstn Krieg ned überlebt und andere den Zweitn. Das muß man auch bedenkn.

KARL Freilich. – Wer sagt denn da was?

Pause.

Aber manchmal, da hätt ichs gern anders. Ich weiß ned wie. Aber irgendwie schöner, prunkvoller.

ANNA Wie ein König?

KARL Nein.

Pause.

ANNA Da hättst du auch gar ned hinpaßt in ein Schloß.

KARL Nein, das mein ich ja ned. Das sag ich doch.

Pause.

Aber … irgendwie was, wo man sich erinnern kann.

ANNA Weil mir keine Erinnerungen ham. So ein Schmarrn, Karl. heute siehst wieder alles schwarz.

Pause.

Unzufriedenheit is die größte Sünd. Grad, wenn man nimmer jung is.

KARL Wenn man nimmer jung is? – Grad wenn man jung is, is eine Sünd. Weil, da hat man immer noch Möglichkeitn, die können ja noch kommen.

Aber wenn man – alt is, hat man keine Möglichkeitn mehr, dann kann man bloß noch schaun, wie man mit der Rente auskommt und daß man sich mitm Sterbn leicht tut.

Große Pause.

ANNA Heut bist richtig undankbar, Karl!

Pause.

KARL Laß mich halt ein bißl redn.

ANNA Das is Meditiern, Karl, was du machst. Das brauchts ned, weil mir es immer gut ghabt ham und die Rente is mit 557 Mark und 84 Pfennig ein Vorzug gegn die meistn andern. Wo die Miete billig is. Man muß an die andern denkn, wenn man an sich denkt, dann kommt man drauf, wie gut es einem geht, wenn man bescheidn is.

Pause.

Andere gehts ganz anders. Und die beklagn sich nicht.

KARL Was nutzt mich das, wos gesetzlich is. Glaubst, mir ham einen Pfennig mehr, als uns zusteht.

ANNA Warum denn auch?

KARL Ebn, das is sauer verdient mit eim Lebn, so eine Rente.

Pause.

Das is bestimmt kein Meditiern, Anna, das is ein Nachdenkn, wenn man es genau nimmt.

Pause.

Manchmal is mir, als tät da gar ned ich sitzn.

ANNA Wos unser Balkon is.

KARL Da is mir, als tät da irgendeiner sitzn, der halt 40 Jahr Elektriker war bei Siemens. Irgendeiner, da wo ich hingeh und sag: »Grüß Gott«, weil mir uns von der Firma her kennen. Grad so.

Pause.

Betont hochdeutsch: Flüchtig ebn.

Pause.

Aber was der mit mir zum tun habn soll, das weiß ich ned.
Große Pause.

ANNA Karl.
Pause.
Das mußt vertreibn, Karl.
Pause.
Weil mir Durchschnitt sind, Karl. Weil mir unser Lebn lang Durchschnitt warn, Karl.
Pause.

KARL Weil mir uns nie traut ham.

ANNA Traut. Als wenns um das gehn tät.

KARL Genau.

ANNA Da müßt man schon die Möglichkeitn habn, daß man sich traut, das is es. Die heutige Jugend hat jetzt die Möglichkeitn, die kann sich auch traun.

KARL Wer wagt, gewinnt. Und das is ein Sprichwort.

ANNA Was aber nicht stimmt. Wenn einer 20 Meter wo hineinspringen soll, dann kann man doch zu dem ned sagn, er hat sich ned traut, so wie eim andern, der zwei Meter zum Springen ghabt hat und sich traut hat.

KARL Aber ich hätt gern eine Erinnerung.

ANNA Ich hab meine Erinnerungen.

KARL Die hab ich auch. Aber ich brauchert eine Erinnerung, irgendeine Erinnerung an mein Lebn, wenn ich heut sterbn muß.

ANNA Du stirbst ned, das is eine Einbildung, wo ich mit dem Doktor gredt hab.

KARL Wenn es aber ein Krebs is.

ANNA *resolut:* Das is aber kein Krebs, weil ich mit dem Doktor gredt hab.

KARL Ein Krebs is ein Geheimnis, das weiß keiner. Das steht in alle wissenschaftlichn Sachn.

ANNA Du hast jedenfalls keinen Krebs, das is sicher.

KARL Ich sag ja gar ned, daß ich einen hab, wo ich keinen habn will. Ich red von was anderm. Weil alle einmal sterbn müssn.

ANNA Davon redn mir jetzt ned.

KARL Aber ich.
Pause.
Hochdeutsch: Eine schöne Erinnerung! Irgendwas, eine kleine

Gschicht, und wenns nur eine Minutn is, da wo ich mich erinnert und wo ich sag: Aha, ja, das bin ich und das is der andere. Verstehst?

Pause.

Da gibts doch nix. – Ja. – Weißt du ein Augenblick in unserm Lebn, wost sagn könntst, daß des bloß mir erlebt ham, daß des nur mir erlebt ham können, daß des nur mir sein können.

ANNA Wie mir uns kennenglernt ham.

KARL Des war schön.

ANNA Wie mir gheirat ham.

KARL Wos gregnet hat.

ANNA Wie der Bub tot aufd Welt kommen is.

KARL Der Georg. Ein schöner Nam.

ANNA Ja.

KARL Wie man ihn begrabn hat. Ein sehr kleiner Sarg.

ANNA Des war ned schön. – Die Kati.

KARL Des war schön. Aber der Bub is ned vergessn.

ANNA Na.

KARL Wie mir die Wohnung kriegt ham.

ANNA Wo mir sich gfreut ham.

KARL Genau.

ANNA Wie mir immer in Urlaub gfahrn sind.

KARL Tirol.

Pause.

Aber Krankwerdn, das hätts ned braucht.

Aber dann bin ich in die Rente kommen.

Große Pause.

Ich werd schon wieder.

ANNA Freilich.

Große Pause.

KARL Das war alles umsonst.

ANNA Was?

Große Pause.

KARL Wo nix is, hat der Kaiser das Recht verlorn, heißts.

ANNA Soll ich ein Kaffee kochn?

KARL Damit mir aufd Nacht wieder ned schlafn können.

ANNA Dann bleibn mir ebn wach. Wenn man älter is, braucht man eh nimmer so viel schlafn. Die Jungen, die brauchn viel Schlaf.

Pause.

Die Babies, die schlafn 16 bis 18 Stund am Tag oder noch länger.

KARL Kalt is mir.

ANNA Dann bring ich dir eine Deckn. *Tut es.*

Große Pause.

KARL Jetzt werds warm.

Große Pause.

KARL Weißt, manchmal, wenn ich so müd bin, daß ich schlaf, dann denk ich mir, bevor ich richtig eingeschlafn hab, wie das wär, wenn ich jetzt nimmer aufwachn tät.

ANNA Das is ein schöner Tod. Das stimmt.

KARL Ich weiß ned. Das wär auch wieder sowas. Es passiert was und man weiß ned was und man werd ned gfragt.

Pause.

Es werd eim wieder ned gsagt, was passiern soll.

Pause.

In eim Krankenhaus sterbn, wo die Ärzte um einen umeinanderstehn …

ANNA Da is aber alles so fremd dann.

KARL Wennd Nacht kommt, kann man es ned ändern.

ANNA Nein, das is sinnlos. Der Nacht is kein Licht gwachsn. Heißt es.

Pause.

Das is halt schwer. Das is schwer.

Pause.

KARL Wo man soviel falsch gmacht hat.

ANNA Ich auch.

KARL Ich denk an Betrieb. Die ganzn Überstundn, die man immer gmacht hat, die ham uns doch auch nix gnutzt. Deswegn ham mir und hättn mir ned mehr und ned weniger als mir ham.

ANNA Aber brauchn ham mir das Geld schon können.

KARL Wo man das Geld immer brauchn kann, wenn man es hat.

Lacht.

Pause.

Aber ich hätt ja mit der Zeit auch was anfangen können. Ich hätt – *Pause, dann hochdeutsch,* Bücher lesen können. Ebbe und Flut, kennst du das?

ANNA Freilich, wo mir doch am Meer warn.

KARL Weißt du, wo das herkommt, Ebbe und Flut.

ANNA Vom Meer.

KARL Aber von wo?
ANNA Wo sonst?
KARL Nein. Vom Mond.
Pause.
Das hängt mit der Erdanziehung zam, das heißt mit der Mondanziehung und mit der Sonne. Der Mond zieht das Wasser an. Ich weiß ned so genau, aber ich hab es glesn. Zufällig.
Pause.
ANNA Wie heuer die Pelargonien schön blühn. *Pause.* Grad, als wenn sie es wissn tätn, was für ein schöner Juli is. – Ein schöner Sommer is. Den ham mir Jahre nimmer ghabt, ein so ein schöner Sommer.
KARL 63, der Sommer war auch schön.
ANNA Wie mir in Jesolo warn?
KARL Des war 64, 63 warn mir gar ned im Urlaub.
ANNA Und wann warn mir in Spanien?
KARL Später. Ein Jahr, bevor ich ind Rente bin.
ANNA 67.
KARL Genau.
ANNA Kannst dich noch an den Stierkampf erinnern? Grauslich, das werd ich nie vergessn. Die armen Viecher.
KARL Mit hats auch ned gfalln.
ANNA Aber tan hast, als wenns dir unbandig gfalln tät.
KARL Mei, das is halt eine Männersach, ein Stierkampf. Da hab ich mir halt denkt, tust auch mit.
Pause.
ANNA Bist müd?
KARL Ein bißl. Ned so besonders.
Pause.
Wie ich noch ein Bub war, da hab ich einmal ein Bildl gmalt, mit echte Ölfarbn. Künstlerfarbn. Wo ich die herghabt hab, weiß ich nimmer. Komisch, wie kann denn ich zu Ölfarbn kommen sein, in der damalign Zeit.
ANNA Irgendwo wirst sie schon herghabt ham.
KARL Ja. Weil ich das noch ganz genau weiß, daß das Ölfarben warn, die ich da ghabt hab.
Da hab ich ein Bildl gmalt. Ich weiß nimmer, was war. Irgendwas, was mir halt gfalln hat, damals. Was mir imponiert hat, verstehst? Ein Roß und ein Reiter oder sowas.
Pause.

Obs des Bildl noch gibt?

ANNA Wieso?

KARL Die Farbn, die hat mir die Mutter weggnommen, dann, weil ich umeinanderpatzt hab. Aber des Bildl, wo des hinkommen is?

ANNA Des werd man nimmer nachprüfn können.

KARL Nein.

Pause.

Aber da gibts oft Sachn, gell, da weiß man ganz genau, daß man sich da bestimmt nimmer erinnern kann dran, daß man nimmer draufkommt, wie das gwesn is und grad das möcht man wissn.

ANNA Ja, mir is auch einmal sowas passiert. Wie ich Dienstmadl gwesn bin. Da bin ich einmal in der Früh unterwegs gwesn, ich weiß ned, was ich gmacht hab, aber da kommt mir plötzlich, da erinner ich mich noch ganz genau dran, wie ich so dahingeh, ein Reiter entgegn, und bleibt stehn bei mir und sagt: »Na, wohin denn schönes Fräulein?« Ich weiß ned, was ich drauf gsagt hab, irgendein Schmarrn werds halt gwesn sein, weil ein Reiter ja damals was Bsonders war –

KARL – aber heut noch mehr!

ANNA – laß mich halt ausredn, und dann is der natürlich weitergrittn. Und ich hab natürlich überlegt, wer des jetzt gwesn is. Und weißt, wer des war? Der Baron von Wedel. Des hab ich dann erfahrn, daß des nur der gwesn sein kann. *Lacht.* Ob der sich noch an des erinnern könnt, wenn man ihn drauf anredn tät, wie mir uns da begegnen in der Früh.

Spaß.

ANNA Karl!

Pause.

Karl. Wennst jetzt ned bald aufstehst, dann is der Kaffee kalt und aufgwärmt schmeckt er ned. Das weißt.

Pause.

Gib halt eine Antwort, wenn man mit dir red, wie es sich ghört. Karl, sag ja!

Pause.

Sie geht ins andere Zimmer.

Ja wie liegst denn du da, wennst dich abdeckst, dann bist selber schuld, wo der Doktor gsagt hat, die Wärme is es Wichtigste und nicht verkühlen!

Kann sich ned an das haltn, was ihm der Doktor ausdrücklich sagt!

Große Pause.

Leise: Karl!

Pause.

Wenn einen einer anredt, dann gibt man zumindest eine Antwort.

Pause.

Ganz leise: Um Gottes Willn, Karl.

Große Pause.

KARL *lacht.* Jetzt bist aber erschreckt gell!

Pause.

ANNA *schweigt.*

Pause.

KARL Wo es nur ein Spaß hätt sein solln.

Gute Besserung!

(Trilogie Münchner Leben)

Personen

Das Ehepaar KARL und HILDE RUHSAM

Das Stück spielt in einem Krankenhaus. Der schwerkranke Karl Ruhsam wird zur Besuchszeit von seiner Frau besucht.

HILDE Da is das Schachbuch, die Orangen, normale, weils keine Nabler ghabt ham –
KARL Macht nix.
HILDE Und da is eine Kartn vom Toni, der dir gute Besserung wünscht.
KARL Wann kommt er denn einmal, der Bub?
HILDE Wo es ned schlimm is und Köln so weit.
KARL Ebn, da fahrt er mit dem Auto und dann passiert ihm was, und mir sind schuld, weil ich krank bin.
HILDE Wenn müßt er mit dem Zug fahrn, sonst tät ich es ned erlaubn.
KARL Der fahrt immer mit dem Auto.
HILDE Weil er ned auf mich hört.
KARL Lang is, daß man ihn nicht mehr gsehn hat.
HILDE Weilst im Kranknhaus liegst. Sonst is er auch ned öfter kommen.
KARL Ich hab es gleich gsagt. Köln is zu weit, da sieht man ihn nie mehr.
HILDE Wenn die Kinder flügge sind, muß man sie ziehn lassn.
KARL Wenn man sich über einen Besuch freun tät von ihm.
HILDE Wennst länger da bleibn mußt, kommt er bestimmt.
KARL Lang kann es nimmer dauern.
HILDE Ebn.
KARL Wenn nix dazwischn kommt, sagt der Doktor.
HILDE Was soll denn da dazwischn kommen, wost eh im Kranknhaus bist.
KARL Schreibt er sonst nix.
HILDE Gute Besserung wünscht er Dir.
KARL *nimmt die Karte.* Der Kölner Dom, gell.
HILDE Schön, ich hab es auch gsagt.
KARL Is schön, eine Farbfotografie.
HILDE Wo der Himmel so blau is.
KARL Das passns schon ab, die Postkartnfotografn, den blauen Himmel, daß es freundlich ausschaut.
HILDE Daß man es kauft.
KARL Ebn.
Pause.
HILDE Ich tus dir ins Nachtkastl, gell.

KARL Legs obn auffe, dann schau ich es nachher in Ruhe nochmal an.

HILDE Aber das Schachbuch tu ich ins Nachtkastl.

KARL Ja.

HILDE *tut es.* Da hast eine Beschäftigung, wenn dir langweilig is.

KARL Die Meisterpartien interessiern mich. Is es Schach auch im Nachtkastl?

HILDE Alles da.

KARL Dann is gut.

HILDE Hast noch nie gespielt mit jemand?

KARL Noch ned.

HILDE Wos sechs Leut seids, da wird doch einer Schach können, wo du so gern spielst.

KARL Manchmal tu ich es schon heraus und schau herum. Aber es sagt keiner ein Wort, und fragn mag ich ned, das schaut so komisch aus. Da tu ich es wieder ins Kastl.

HILDE Jetz hast ja das Buch.

KARL Ebn.

Pause.

HILDE Die Orangen ham ganz dünne Schaln, is mir gsagt wordn und saftig, obwohl es keine Nabler sind.

KARL Macht nix.

HILDE Die tu ich untn hingebn, daß dir nicht herausfallen und hinunterkugeln.

KARL Da her, das is griffbereit.

HILDE *tut es.* Es Messerle leg ich danebn. Soll ich dir eine schäln jetz?

KARL Nein.

HILDE Für später.

KARL Das mach ich dann selber, dann hat man eine Aufgabe. Und die Zeit vergeht.

HILDE Wost jetz schon vier Wochn herin bist. Im Fluge vergeht die Zeit, wirst es schon sehn.

KARL Immer ned.

HILDE Man muß nur einen gutn Willn habn.

KARL Wenns gar nimmer anders geht.

Pause.

HILDE Ausschaun tust heut besser wies letzte Mal.

KARL Aber abnehmen tu ich immer noch.

HILDE Habts gwogn?

KARL Ja, vierundsechzig Kilo.
HILDE Ich hab neunundfünfzig.
KARL Bist auch eine Frau.
HILDE Im Krieg hab ich fünfundvierzig ghabt.
KARL Jetz is aber kein Krieg. Wenn jetz ein Krieg wär, wär es normal, aber so is es krankhaft.
HILDE Ein bißl abnehmen schadt nix.
KARL Wo ich früher siebzig ghabt hab. Mehr.
HILDE Der Körper schrumpft ebn gsund, oder wie das heißt.
KARL Das denk ich mir auch. Aber jetz muß ich wieder zunehmen, hat der Doktor gsagt, jetz is es genug.
HILDE Tust fest essn?
KARL Wo ich es weiß, zwing ich mich.
HILDE Immer alles aufessn.
KARL Wenn ich mich zwing, dann eß ich eh alles auf, aber manchmal kann ich mich zwingen so viel ich will und bring es nicht alles hinunter.
HILDE Aber mit dem Appetit kommt die Gsundheit wieder.
KARL Mit dem Essn kommt der Appetit.
HILDE So mein ich es. Genau.
KARL Wenn es etwas besonders Gutes gibt –
HILDE Was habts denn heut ghabt?
KARL Linsengericht. Das war ned so gut.
HILDE Hast es ned aufgessn? Linsn sind leicht, die muß man essn.
KARL Habs eh aufgessn. Wenn es etwas ganz Gutes gibt, dann denk ich mir immer, heut hast keine Schwierigkeitn, da wird es gleich druntn sein, und dann bring ich bloß die Hälfte hinunter. Und dann gibts etwas, was mir ned schmeckt und das eß ich auf.
HILDE Weilst die Kost ned gwohnt bist, von daheim.
KARL Warum?
HILDE Ich hab mir heut Leberknödeln gmacht, mit der Suppn und Salat.
KARL Das tät ich jetz mögn.
HILDE Wennst wieder daheim bist, holn mir alles nach.
KARL Ja.
HILDE Jetz, wost ned da bist, koch ich eh nur seltn richtig. *Lacht.* Weiß man gar ned, was man tun soll, in der Küche.
KARL *lacht.* Weil man es ebn merkt, daß ich ned da bin.

HILDE Ja.

KARL Merkt man es, daß ich fehl.

HILDE Ich hab es alle erzählt, daßd im Kranknhaus bist.

KARL *lacht*. Vier Wochn.

HILDE *lacht*. Lang, lang is her.

Pause.

KARL *weint*.

HILDE Jetz tät ich an deiner Stell ned weinen, wo mir es grad so lustig ham.

Pause.

KARL Im Kranknhaus is alles ganz anders.

Pause.

HILDE Karl.

KARL Wenn es so is.

Pause.

HILDE Wennst so weitermachst, tust dich nur verschlechtern.

KARL Weil ich das ned weiß. Der Doktor hat es auch gsagt, daß ich vergnügt sein soll, weil das die Heilung beschleunigt.

HILDE Da hörst es, was ich weiß.

KARL Ich streng mich eh an. Und die meiste Zeit bin ich schon vergnügt, aber wo du da bist –

HILDE Ein jeder Mensch muß doch einmal ins Kranknhaus, das is doch ned so schlimm.

KARL Und wenn es ein Krebs is.

HILDE Wo es so viele Krankheitn gibt, da hast doch du ned ausgerechnet ein Krebs.

KARL Wenn sies eim ned sagn, was man hat, da kommt man auf Dummheitn, das is doch klar.

HILDE Wost es eh weißt, daß es ein Magngeschwür is.

KARL Aber die Sicherheit fehlt. Wenns mir sagn tätn, in sechs Wochn, oder sagn mir, weil ich eh schon vier Wochn da bin, in vier Wochn, könnens wieder heim, weils gsund sind, dann tät ich sagn: ja. Aber das sagns ned.

HILDE Das kommt schon noch, mußt es bloß erwartn können.

KARL Wenns eim nix sagn, das is ein schlechtes Zeichn, das is bekannt.

HILDE Sie ham gsagt, daß es ein Magngeschwür is.

KARL Wenn man ein Magngeschwür hat, muß man besonders wenig essn, das hat mir ein anderer Patient gsagt, weil ich ihn gfragt hab, wie mir gredt ham.

HILDE Wost eh Schonkost hast.
KARL Aber aufessn soll ich.
HILDE Dann is es ein anderes Magngeschwür als wie der Patient weiß.
KARL Was weiß schon ein Patient.
HILDE Genau.
KARL Aber sicher is es ned.
HILDE Daß du immer so pessimistisch bist, da kann ja nix werdn.
KARL Ich bin ned pessimistisch, bloß sterbn mag ich noch ned.
HILDE Wer redt denn vom Sterbn. So ein Schmarrn.
KARL Ausgeschlossn is es ned.
HILDE Das Gemüt muß sich hebn, das is das Wichtigste, wie der Doktor sagt.
Pause.
In der jetzign Etappe.
KARL Ich streng mich eh an, glaubst ich tu das mit Absicht? Das wär mir schon zschad, wenn ich es überleg. Weil ich mich aber ned gut fühl.
HILDE Was du heute kannst besorgen, das verschiebe nicht auf morgen.
Pause.
Aufregn darfst dich aber auch ned. Das is genauso schlecht.
KARL Aufregn tu ich mich ned, weil ich müd bin.
HILDE Magst schlafn, soll ich schon gehn?
KARL Na, jahned.
Pause.
HILDE Redn mir von was Erfreulichm.
KARL Ja.
HILDE Dein Auto steht noch genauso, wiest es du hingstellt hast.
KARL Wo ich einen so guten Platz gfundn hab.
HILDE Genau. Geschützt und gut sichtbar.
KARL Schaust nach, ob es noch steht.
HILDE Immer, wenn ich einkaufn geh.
KARL Is schmutzig?
HILDE Staubig. Jetz wer ich einmal einen Lappen nehmen und es ganz abwischn.
KARL Mit Wasser.
HILDE Ich glaub, daß es das gar ned braucht.

KARL Wennst es aber mit Wasser machst, ja kein Atta hinein. Das zerkratzt den Lack.

HILDE Bloß mit einem Tuch.

KARL Warmes Wasser ohne Zusatz. Das is erlaubt.

HILDE Ich wer es schon sehn.

Pause.

KARL Am besten is es, du laßt es stehn wie es is, dann kannst nix falsch machn. Der Staub macht nix, das schützt bloß. Und wenn ich dann komm, wird es fachmännisch gemacht.

HILDE Wenn man immer vorbeigeht, und es is ned sauber.

KARL Da muß man sich beherrschn.

Pause.

Vergißt mich ned, wennst siehst, wie es Auto herrenlos und staubig herumsteht.

HILDE Wiest es willst.

Pause.

KARL Wenn man wüßt, wie lang ich noch herin bin, könnt man es vorübergehend abmelden.

HILDE Warum?

KARL Weil das dann billiger is.

HILDE Des kommt überhaupts ned in Frage. Das muß es uns schon wert sein, ein paar Mark und man hat den Kontakt zur Umwelt.

KARL Wenn ich da bin.

HILDE Des macht nix, soviel Fantasie hat der Mensch schon. Was denn sonst.

KARL Ein Vorschlag, sonst nix.

HILDE Mir tun es ned.

KARL Will es auch ned. Weil es deprimierend is.

HILDE Ebn, das bringt Unglück.

KARL Ja. *Lacht zufrieden.*

Pause.

HILDE Du hast gar keine Ahnung, welcher Kampf das is. Jezt war der Otto da und hätt es sogar ausleihn wolln. ›Weil der Karl ned da is‹, hat er gsagt.

KARL Das hätt ich dem Otto ned zugetraut.

HILDE Aber ein guter Autofahrer is er.

KARL Als Ausfahrer.

HILDE Er hat ja auch nur gefragt.

KARL Und was hast du gsagt?

HILDE Daß es nicht in Frage kommt. Nur über meine Leiche. *Sie lacht.*

Pause.

KARL Meine.

HILDE Was?

KARL Wenn ich tot bin, dann kann mit dem Auto jeder fahrn, der will. Aber ned solang ich leb. Da bleibt es unberührt stehn, und man hat mit mir zu rechnen.

HILDE Ich hab es eh gsagt. Mit der Familie hätt er nach Tegernsee fahrn wolln.

KARL Warum?

HILDE Ebn so.

KARL Der soll mit dem Zug fahrn, wie andere Leut auch.

HILDE Sinds dann ja auch.

KARL Ein Ausflug?

HILDE Ja. Ein Wochnende und am Montag hat er frei gnommen.

KARL Wo am Tegernsee.

HILDE Finsterwald.

KARL Weil des am Tegernsee is. So ein Schmarrn. Des is mindestens 10 Kilometer weg.

HILDE Aber billig is es.

KARL Und zum Badn an den See?

HILDE Genau.

KARL Da hättns es Auto gut brauchn können.

HILDE Mit die Kinder.

KARL Mein Auto is mein Auto.

HILDE Das sag ich auch.

KARL Die solln sich selber eins kaufn, dann hams eins und brauchn keins ausleihn.

HILDE Mit die drei Kinder.

KARL Dann sollns aufpassn, was in die Welt setzn. Vernunft muß man habn, dann kommt man zu was.

HILDE Sparsamkeit.

KARL Genau.

HILDE Mir hättn auch noch ein Kind habn können.

KARL Warum denn ned, wo mir gsund sind.

HILDE Der Toni hätt auch ein Geschwisterl habn wolln.

KARL Ich hätts auch wolln.

HILDE Aber damals warst dagegn. Hättst etwas gsagt.

KARL Wenn ich es sag: man muß aufpassn, was man in die Welt setzt. Planung.

HILDE Ja.

KARL Ein Kind is genug, wenn man sich eh nix leistn kann.

HILDE Der Toni hat uns mehr kost, wie dem Otto seine drei Kinder miteinander.

KARL Weil er auf die Mittelschul gangen is.

HILDE Und die Kurse.

KARL Das macht der Otto auch.

HILDE Nein.

KARL Habts gredt?

HILDE Der Otto steht auf einem andern Standpunkt. Weil er drei hat.

KARL Ein Mädl.

HILDE Weil das kein Kind is. Die braucht auch eine Ausbildung.

KARL Aber weniger, wenn man es genau nimmt.

HILDE Ein Mädl, das kommt billiger, das is klar.

KARL Ja.

Pause.

Für den Zug gibt es verbilligte Ausflugskartn!

HILDE Ja.

KARL Aber bequem is es ned.

HILDE Mit die Kinder.

KARL Ja.

Pause.

Wie seidsn dadrauf kommen, auf mein Auto? Habts über mich geredet?

HILDE Ja.

KARL Was?

HILDE Wies dir geht, hat der Otto gfragt.

KARL Und was hast gsagt?

HILDE Geht ihm viel besser, hab ich gsagt, eh man schaut, wird er wieder unter uns weilen.

KARL Genau.

HILDE Dann hat er vom Auto angfangt.

KARL Wie?

HILDE Das is doch ned so wichtig. Weil ich es nimmer weiß.

KARL Aber sehr interessant is es.

HILDE Tante Hilda, wird er gsagt habn, wenn der Onkl eh noch im Kranknhaus is, da ham mir uns überlegt, obts ihr uns das Auto über das Wochnende leihts.

KARL Ja.

Pause.

Jetz werdns in der Verwandtschaft sagn, der hat eine Affnliebe zu dem Auto.

HILDE Freilich.

KARL Es muß ja auch noch anderes gebn, auf der Welt.

HILDE Von dem redt doch keiner.

KARL Ebn.

HILDE Warum?

KARL Weil man eine Abwechslung braucht. Und die Kinder tut es gut, wenns ein bißl hinauskommen aus der Stadt.

HILDE Ja.

KARL Ebn.

Pause.

HILDE Jetz kenn ich mich gar nimmer aus.

KARL Weil es ganz einfach is. Von selber brauchst nimmer anfangen, aber wenn er wieder kommt –

HILDE Der kommt bestimmt wieder.

KARL Ebn. Dann sagst, daß du es dem Onkel gesagt hast, wegn dem Auto, und daß der Onkel gesagt hat, wenn er etwas will, muß er selber kommen.

HILDE Einen Besuch?

KARL *lacht.* Genau.

HILDE Wenn er einmal da is, wirst es ihm nimmer abschlagn können.

KARL Gsund werdn will ich, sonst nix.

HILDE Wennst es ihm eh gebn willst, dann kann ich es ihm auch sagen.

KARL Nein, weil der Weg zum Auto über mich führt. Außerdem muß ich ihm was wegn der Kupplung sagn, was du nicht verstehst.

HILDE Und wenn er es zamfahrt?

KARL Dann is es versichert.

HILDE Und wenn er betrunkn is?

KARL Der Otto fahrt nicht, wenn er betrunkn is, wo er den Führerschein für die Arbeit braucht.

HILDE Man kann nie wissn.

KARL Du sagst: Wenn er den Onkl einmal besucht, könnt man drüber redn.

HILDE Dann steht es aber nimmer so geschützt.
KARL Zum Otto hat man ein Vertraun.
HILDE Wo er der Neffe is.
KARL Ebn.
HILDE Für wie lang?
KARL Wenn er am Wochnende wohinfahrn will mit die Kinder. Das is erlaubt. Und am Montag früh muß es wieder vor der Tür stehn, wie ich es hingestellt hab.
HILDE Und wenn der Platz belegt is?
KARL Dann muß er einen gleichwertigen suchn. Das is Ehrensache.
HILDE Ja. Wennst es willst.
Pause.
Dann laß ich ihm aber auch den Lichtschalter im Keller richtn.
KARL Is der immer noch kaputt?
HILDE Wenn ihn keiner richt und du ned greifbar bist.
KARL Der Otto hat das gleich, daß nicht alles verschlampt, weil ich ned da bin.
HILDE Das is eine reine Männersache, es Licht repariern, wie Sicherungen für den Notfall immer bereit habn und austauschn, wenns eine durchhaut.
KARL Genau.
HILDE Ich hätt es dem Otto eh schon das letzte Mal gsagt, wie die Gschicht mit dem Auto war. Aber dann hab ich mir denkt, wenn er das Auto abgschlagn kriegt, kann man ihn ned um eine Gefälligkeit bittn.
KARL Jetz geht es.
HILDE Genau.
Pause.
KARL Und wenn es Auto zu lang steht, dann is auch ned gut. Wegen der Batterie, die ich ausschraubn hätt solln, wenn ich gwußt hätt, daß es so lang dauert.
HILDE Das is Technik, das mußt du wissn.
KARL Der Otto macht das schon, wennes etwas hat.
HILDE Weil er was versteht.
KARL Wie ich.
Pause.
HILDE Jetz gehts dir besser gell!
KARL Warum?

HILDE Ebn so.
KARL Ja.
HILDE Das is ebn die Umgebung, wo einem fehlt, da herin. Da kannst auf kein gscheitn Gedankn kommen.
KARL Ein Radio tät mir fehln.
HILDE Wenn es verbotn sein wird.
KARL Aber Kopfhörer tätn erlaubt sein.
HILDE Hast gfragt?
KARL Ja. Kopfhörer tätn erlaubt sein, hat die Stationsschwester gsagt.
HILDE Und was kostn die?
KARL Ein guter Kopfhörer is eine teure Angelegenheit.
HILDE Wieviel?
KARL Müßt man sich erkundign. Aber mit einem gutn Kopfhörer hört man besser wie mit einer Stereoanlage, heißt es.
HILDE Eine Stereoanlage is ein Besitz, den können mir uns ned leistn.
KARL Ich schätz den Kopfhörer auf fünfzig Mark.
HILDE Das is ned teuer.
KARL Bloß es Radio braucht man extra.
HILDE Ach so.
KARL Sonst kann man nix hörn, ohne Radio.
HILDE Ja.
KARL So verhält sich der Fall.
Pause.
HILDE Soll ich es kaufn?
KARL Manchmal summ ich vor mich hin und dann denk ich mir, jetz tät ich gern eine richtige Musik hörn.
HILDE Unmöglich is es ned.
KARL Wenn man wissn tät, wie lang ich noch herin bleibn muß.
HILDE Ebn. Weil Radio ham mir einen.
KARL Der is zu groß.
HILDE Freilich, das tät ein Kofferradio sein müssn. Aber das könnt man vielleicht noch brauchn können. Aber die Kopfhörer sind natürlich nur für einen Krankn interessant.
KARL Man hört hervorragend.
HILDE Aber bloß den Radio. Daheim möchterst du das ned habn.
KARL Nein.
HILDE Ebn.
KARL Daheim is alles ganz anders.

Pause.
Und wie.

HILDE Ned dran denkn, Karl.

KARL Wenn man epss anderes wissn tät.

HILDE Soll ich was verzähln?

KARL Wenn dir was einfallt.

HILDE Wenn ich hergeh, überleg ich mir immer so viel, was ich dir sagn muß, und wenn ich dich seh, bring ich kein Wort heraus.

KARL Warum?

HILDE Das Wiedersehn.

KARL Genau.

HILDE Wo ich eh andauernd da bin. Aber mehr wie eine halbe Stund, hat der Doktor gsagt, is nicht gut.

KARL Warum?

HILDE Wegen der Anstrengung.

KARL Wenn du da bist, streng ich mich bestimmt ned an. Wennst wieder weg bist, dann beginnt die Anstrengung mit dem Alleinsein.

HILDE Auf den Abend wartn.

KARL Wenn ich keinen Hunger hab.

HILDE Das Abendessen.

KARL Am Abend eß ich es ned immer auf. Eher selten.

HILDE Mehr wie einen guten Willen haben, kann der Mensch ned. Das kann man ned verlangen.

KARL Aber anstrengen muß man sich.

HILDE Daheim wirst schon wieder essen. Die solln dich bloß einmal wieder auslassn! Dann wird man schon sehn! Wiest wieder wirst, weil ich dir was hinstell daheim. Nicht zum Wiedererkennen.

KARL Warum?

HILDE Weil ich besser koch wie die alle da.

KARL Schlecht is das Essn ned.

HILDE Das werd ich schon wissn, wo keine Liebe dahinter is. Ich hab eine Liebe zur Küche, das merkt man gleich.

KARL Wie es sich ghört.

HILDE Und wie. Wo der Mensch daheim is, da is seine Zuhause. Wie bei die Pflanzn. Wennst sie versetzt, in den falschn Bodn, und das kann reiner Humus sein, wenns ned paßt, geht er ein.

KARL Das is kein Vergleich. Reiner Humus is eh schädlich. Das is bekannt.

HILDE Wie im Kranknhaus, ich sag es ja.
KARL Man gewöhnt sich an alles.
HILDE Weil man ned gefragt wird. Wenn es nach mir gangen wär, dann wärst du schon längst in einer Privatklinik, wie andere Leut auch.
KARL Das zahlt keine Kasse.
HILDE Ebn. Wenn man gwußt hätt, daß dir einmal sowas widerfährt, hätt man von Anfang an eine Zusatzversicherung gmacht, die es beinhaltet, Sanatorium, See und so.
KARL Ich brauch kein Sanatorium, die solln mich lieber heim lassn, das is mir Sanatorium genug. Wenn ich ihn frag den Arzt, wann er mich wieder gehn laßt, dann lacht er bloß.
HILDE Warum?
KARL Jetz, sagt er dann, und lacht, werdn mir erst einmal wieder gsund und dann gehn mir auf eine Erholung, sagt er.
HILDE Das auch noch?
KARL Das heißt eigentlich, wenn ich wieder heraußn bin, muß ich noch weg.
HILDE Vielleicht in den Schwarzwald.
KARL Heim wär mir lieber.
HILDE Der Schwarzwald is schön, da kann man nix sagn.
KARL Alles Unbekannte. Seit der Krankheit is das Lebn bloß noch eine Ungewißheit. So ändern sich die Zeitn.
HILDE Das wird alles wieder.
KARL Und das Arbeitn. An Arbeitn, sagt der Doktor, brauchns vorerst gar nimmer zu denken.
HILDE Wie meint er das?
KARL Mußt ihn selber fragen, ich hab ihn nicht gefragt.
HILDE Warum?
KARL Weil er mit der Visite schon wieder weiter war und ich ihn ned aufhaltn hab wolln.
HILDE Das glaub ich nicht. Das is bloß vorübergehend. Daß dich nimmer arbeitn lassn, weils dich erwerbsunfähig schreibn, das glaub ich nicht. Da muß ein Mensch todkrank sein, sonst gibts das ned.
KARL Ich hab es mir auch denkt. Wenns mich nimmer arbeitn lassn, könnens mich gleich einschläfern –
HILDE Karl, jetz mußt dich aber zruckhaltn, man darf den Teufl ned an die Wand maln.
KARL – glaubst, die dürfn einen Patienten einschläfern –

HILDE Das Wort kann ich gar ned hörn.

KARL Weilst empfindlich bist und keinen Spaß verstehst.

HILDE Das is kein Witz, sondern schrecklich.

KARL Wenns mich nimmer arbeitn lassn, könnens mich auf den Friedhof tun, so is es gemeint, dann hab ich keine Freud mehr zum Leben. Wo man sich an die Arbeit gewöhnt hat, weil es das einzig Sichere is im Lebn.

HILDE Weil mir keine Arbeitslosigkeit durchgmacht ham.

KARL Das is vergessn, jetz is die Arbeit sicher und die laß ich mir von niemand nehmen, auch von keim Doktor ned.

HILDE Nein, in die Rente gehst noch nicht. Das wär ja zum Verhungern.

KARL Vierhundert Mark Rente sind es, hab ich ausgerechnet.

HILDE Weniger.

KARL Hast auch gerechnet.

HILDE Is eine Vermutung.

KARL Vierhundert sind es bestimmt.

HILDE Das is so und so zu wenig.

KARL Ja, und Frührentner sein is wie im Altersheim.

HILDE Mein Mann is noch kein Rentner.

KARL Nein, der steht noch seinen Mann, wo er hingehört.

Pause.

HILDE Wie hat er genau gsagt, der Doktor?

KARL An Arbeitn brauch ich vorerst gar nimmer zu denkn.

HILDE Das is aber so zum verstehn, daß dich jetz noch nicht gleich heimlassn, und wennst gesund bist, schickens dich noch auf eine Erholung, und dann kannst erst wieder arbeitn.

KARL Genauso muß es sein und nicht anders. Brauchn mir gar nimmer drüber redn. Bloß die Überstundn, die wird man vielleicht sterbn lassn müssn. Wenn es geht.

HILDE *schweigt.*

KARL Das ham mir am Anfang schon ausgredet, der Doktor und ich, weil er gsagt hat, vor lauter Abrackern und Schuftn Tag und Nacht liegt er jetz da, der Herr Ruhsam, und mir müssn seine Unvernunft wieder kuriern. Da hat er auch glacht.

HILDE Warum der immer lacht.

KARL Wenn ich gsund bin, ein Doktor bin und einen weißen Kittel anhab, kann ich leicht lustig sein und guter Dinge. Da lacht man ganz selbstverständlich, wenn man einen Krankn sieht wie mich.

HILDE Normal is es nicht.

KARL Das is doch gleich. Ich mag ihn, das genügt.

HILDE Man darf sich nicht nach dem Gefühl richtn.

KARL Was du auf einmal hast, gegen das Kranknhaus.

HILDE Man hat so seine Augen offen.

KARL Warum?

HILDE Wenn man so oft da is. Woanders geht es besser zu, das is sicher.

KARL Wo?

HILDE Wo es kleiner is.

KARL Aber da is es teurer.

HILDE Ebn.

KARL Man muß sich nach der Deckn streckn.

HILDE Aber dabei immer die Augn offnhabn.

KARL So schlimm is es ned. Wenn er eh sagt, der Doktor, daß ich mich schonen soll –

HILDE Wegen die Überstundn!

KARL Genau. Er glaubt, das is des Übels Anfang.

HILDE Weil der das wissn muß.

KARL Ich hab es ihm eh gsagt. Glaubns ich reiß mich drum, daß ich Überstundn mach? Das is die Firma, die es verlangt, nicht ich. Wegn dem Geld braucht man sich keine Sorgn machn, wos eim dann soviel abziehn.

HILDE Das is ungerecht, was du jetz sagst. Ohne die Überstundn, da hättn mir so manchen schönen Gegenstand nicht in der Wohnung.

KARL Weil du nicht herinliegst. Ich hab nachgedacht. Der Doktor hat recht, und die Firma is schuld.

HILDE Wegen Überstundn wird kein Mensch krank, so ein Schmarrn.

KARL Aber es begünstigt.

HILDE Dann müßtn alle Leut, die arbeitn, im Kranknhaus liegn, weil jeder Überstunden macht.

KARL Jeder nach seiner Fasson.

Pause.

HILDE Da brauchn mir ja jetz ned drüber redn, wennst erst wieder ganz gsund wirst, dann hast auch wieder einen gsundn Menschnverstand, und der beinhaltet Überstundn, das is doch klar.

KARL Ich bin gscheiter, wirst es sehn.

HILDE Das is ein Rückschritt, und nicht gscheit.
KARL Will die Doktorn nix glaubn.
HILDE Die solln dich gsund machn und sich ned um dein Privatlebn kümmern.
KARL Überstundn sind kein Privatlebn.
HILDE Aber der Genuß davon. Das geht Hand in Hand.
KARL Strengst mich an, Hilde!
HILDE Warum?
Pause.
Dann machst halt keine Überstundn mehr, wenn es dich anstrengt.
KARL Jetz mein ich.
HILDE So eine Krankheit is kein Kinderspiel. Man soll den Menschn nicht belastn, wennst wieder daheim bist, wirst es schon sehn.
KARL Weil das Krankngeld jetz beginnt.
HILDE Hat schon begonnen. Warst vorgestern sechs Wochen krank.
KARL Keine Lohnfortzahlung mehr.
HILDE Nein, von der Kranknkasse Krankngeld. Komisch is das, und man kommt sich vor wie von der Fürsorge unterhalten.
KARL Warum?
HILDE Wenn das Geld nimmer von der Firma kommt.
KARL Kein Absender.
HILDE Genau.
Pause.
KARL Aber eine Entlassung erfolgt nicht.
HILDE Warum denn?
KARL Die kann nicht erfolgen, weil ich krank bin. Kranken darf nicht gekündigt werden.
HILDE Weil du das genau weißt.
KARL Fast.
Pause.
Jetz is mir schlecht. Auf einmal.
HILDE Soll ich den Doktor rufn?
KARL Nein, dann schickt er dich heim. Lieber nicht. Machn mir eine Gesprächspause, das is besser.
HILDE Ja.
Pause.
Das Geld is anstrengend, das is es.

KARL Ich denk nach und es wird mir schwindlich. Dann möcht ich aufstehn und heimgehn. Nein, eine Entlassung, das is unmenschlich und muß verboten sein.

HILDE Gehts dir besser.

KARL Man zwingt sich.

HILDE Denkn mir an den Urlaub.

KARL Ob mir der zusteht, wo ich so lang krank bin?

HILDE Das wär auch unmenschlich.

KARL Immer wenn man nachdenkt über etwas Wichtiges is ein Loch da, und ich fall hinein.

HILDE Fallen im Kopf, das is bekannt.

KARL Ja... wenn ich wieder gsund bin, geh ich in die Gewerkschaft, das is sicher.

HILDE Auf was der für Gedankn kommt. Weißt, was da die Beiträg kostn.

KARL Aber ein Rückgrat is da, das einen auffangt.

HILDE Schmarrn.

KARL Überhaupt nicht, weil ich das schon wissn werd. Glaubst, ich tät nicht Besuche habn, wenn ich in der Gewerkschaft sein tät? *Lacht.* Und wie, das weiß ich aus eigener Erfahrung, da is ein Zusammenhalt. Noch heut ging ich hinein, wenn ich gsund wär.

HILDE Das viele Alleinsein macht dich einsam, das is es. Und ich kann es nicht auffangen, weil man nicht Tag und Nacht da sein kann. Zu Hause reden mir weiter, über alles.

KARL Was ich mir da zurechtleg, das is unumstößlich.

HILDE Das sagt man immer, wenn man verbittert is. Du bist verbittert, weil du es bestimmt nicht verdient hast, daßd auf einmal krank wirst und auf der Nasn liegst. Andere hättn viel mehr verdient, aber denen fehlt nix.

KARL Wem?

HILDE Verbrecher zum Beispiel.

KARL Die sind im Gefängnis.

HILDE Nicht alle.

Pause.

KARL Aber lieber tät ich schon bald im Gefängnis sein, als wie da. Im Gefängnis weiß man immer, wann man ausgelassn wird. Da kann man rechnen.

HILDE Du bist doch kein Verbrecher, Karl.

KARL Nein.

HILDE Im Gefängnis kann man nicht jeden zweiten Tag einen Besuch habn.

KARL Die ham andere Vergnügungen, die brauchn das gar ned.

HILDE Du bist verbittert, wie ich es sag.

KARL Verbittert bin ich nicht, aber nahe dran. Aber meistens vergeht die Zeit nicht von selber, und dann kommt man ins Denken. *Lacht.* Weißt, was ich mir ausdenkt hab? Wenn ich eine Herztransplantation hätt, dann wär ich berühmt.

HILDE Und bald tot.

KARL Das is doch nur eine Fantasie, da gibts doch gar keinen Tod. Dann wär ich berühmt, und die Ärzte wären Tag und Nacht um mich herum, und tätn eim jedn Wunsch von die Augn ablesn.

HILDE Das müssn sie so auch.

KARL Aber ein Unterschied is. Ob man ein berühmter Patient is, oder bloß normal. Wennst es dir vorstellst, dann kommt die Bunte oder die Quick, macht Fotos, und dann geht es hinaus in alle Welt und man hat Freunde. Weil man an der vordersten Front steht, für die Wissenschaft.

HILDE *lächelt.* Ein Held?

KARL Genau. Dann hat man immer Besuch. Heldn sind gesuchte Leut.

HILDE Keine Entlassung oder so.

KARL Im Gegenteil. Da tät der Chef persönlich kommen –

HILDE Den kennst doch gar ned, dein Chef.

KARL Nein, aber da tät ich ihn kennenlernen, ganz bestimmt. Aber da tätn bestimmt noch mehr Leute kommen, da wär der Chef bloß ein ganz kleiner Fisch, dem man zehn Minuten einräumt, weil die Zeit drängt, wegen andern.

HILDE Der Bürgermeister.

KARL Mehr.

HILDE *lacht.* Eine Fantasie hat er.

KARL Das braucht der Mensch zum Lebn, vor allem, wenn er eingesperrt is. Ich hab mir die Zeit vertriebn, vom Lichtausgehn bis zum Einschlafn können, gestern abend.

HILDE Hast nicht gleich einschlafn können.

KARL Ebn nicht, da hat der Kopf es erfundn.

HILDE Schlaf lieber, das is gsünder.

KARL Aber das Ausdenkn war schön. Ein eigenes Zimmer ham die alle mit die fremdn Herzn, das is Voraussetzung.

HILDE Weil es Todeskandidaten sind.

KARL Aber bekannt und beliebt.
HILDE Aber nicht lang.
KARL Was weiß man. Der Blaiberg hat Jahre gelebt.
HILDE Wo dein Herz pumperlgsund is.
KARL Freilich, wenn es eine Idee is. Es müßt ja auch nicht unbedingt das Herz sein, andere Verpflanzungen, wenn sie selten sind, erregen auch Aufsehen.
HILDE Die Herzn aber am meisten.
KARL Alles kann der Mensch nicht habn.
Pause.
Ich tät ja sowieso nicht zustimmen, wenns mir was einpflanzn wolln würdn, da tät ich lieber sterbn.
HILDE Warum redst denn dann?
KARL Weil es lustig is. Ein fremdes Organ könnt ich nicht aushaltn, wo ich nicht einmal ein fremdes Unterhemd anziehn mag, geschweige ein Kranknhausnachthemd.
HILDE Übermorgn bring ich dir wieder frische Wäsch mit.
KARL Alles noch im Überfluß da.
HILDE Da sorgn mir schon dafür.
Pause.
KARL Lesn tät ich gern etwas, wenn es nicht schwimmen tät, wenn ich länger als zehn Minutn lies.
HILDE Etwas Kurzes also.
KARL Ein Roman, der fesselt.
HILDE Zehn Minutn in der Früh, zu Mittag und am Abend, so kommt man auch durch. Soll ich dir was mitbringen?
KARL Aber was Neues.
HILDE Weißt was Bestimmtes, daß ich nicht dumm fragn muß und mir irgendwas aufhängen laß.
KARL Etwas Besonderes soll es sein. Solchenyzin.
HILDE Alexander Solchenyzin heißt das.
KARL Is doch egal.
HILDE Wo der Name so viel sagt.
KARL Ebn.
HILDE Und was hat er geschriebn.
KARL Das wirst schon erfragn können. Gehst in eine Buchhandlung, aber in eine gute, das is notwendig, und dann sagst: ich möchte ein Buch von Alexander Solchenyzin, dann werdns Dir schon was zeign.
HILDE Und wenn die Verkäuferin fragt, welches Buch ich will.

KARL Dann sagst, daß du es nicht genau weißt, wie es heißt, und wenn sie dir dann einen Titel sagt, sagst ja, das muß es sein.

HILDE Genau.

KARL Ich will ja das Bekannteste lesen, was er geschriebn hat, nix nebenbei.

HILDE Klar. Und wennst es gelesn hast, dann les ich es.

KARL Gell, das möchst auch lesen, was vom Solchenyzin.

HILDE Von dem schon.

Pause.

Solln mir dann das mit dem Radio und die Kopfhörer falln lassn?

KARL Ja, das is zu teuer.

HILDE Ebn. Und von einem Buch hat der Mensch mehr.

KARL Wenn ich bloß länger lesn könnt.

HILDE Dann is die Vorfreude umso größer.

KARL Man wird sehn.

Pause.

HILDE Is noch was, das mir vergessn ham?

KARL Warum?

HILDE Weil ich wieder ans Gehn denkn werd müssn.

KARL Noch nicht.

HILDE Der Doktor hat gsagt, eine Stund und ned länger, hat er gsagt.

KARL Es is noch keine Stund.

HILDE Aber lang is nimmer hin.

KARL Keine Dreiviertelstund bist da.

HILDE Du schaust abgespannt aus.

KARL Das is bloß äußerlich.

HILDE Das weiß man nicht.

KARL Man muß nicht alles so genau nehmen.

HILDE Daß ich es nicht vergiß: übermorgn bring ich dir die frische Wäsch und den Solchenyzin. Ham mir noch etwas gesagt?

KARL Mir fallt nix ein. Wegn dem Auto.

HILDE Das wird geregelt.

KARL Er soll mich besuchn.

HILDE Wie du es willst, genau.

KARL Und dem Bubn mußt zurückschreibn, wegn der Karte.

HILDE Das is schon eingeplant, heute abend.

KARL Schöne Grüße von mir, und er soll auch kommen. Bloß langsam fahrn soll er.

HILDE Ja.
Pause.
Jetz bin ich erschöpft, da siehst es.
KARL Ich nicht.
HILDE Du liegst ja auch, und bist ausgeruht.
Pause.
Das is ein gutes Zeichen.
KARL Genau. Ein paar Wochn solln es vielleicht noch sein. Aber dann bin ich wieder der Alte. Wirst es sehn.
HILDE Ja und ich geh jetz wieder.
KARL Is keine Stund.
HILDE Aber mir ham doch alles ausgeredet und übermorgn komm ich wieder.
KARL Bleib noch, es lauft dir nix davon.
HILDE Die Frau Lutz hab ich noch treffn wolln.
KARL Beim Ratschn.
HILDE Einen Kaffee wolln mir zusammen trinken.
KARL Einen Kaffee hätt ich auch gern.
HILDE Das is streng verbotn.
KARL Ja. Hättst sie halt mitgenommen, die Frau Lutz, daß sie mich auch besucht.
HILDE Geh, das Ratschn von uns Weiber hast doch du nie vertragn können.
KARL Man kann einmal ein Auge zudrückn. Du bleibst noch da, bis die Stund vorbei is. Der Mann muß wichtiger sein wie die Frau Lutz.
HILDE Sie is eine gute Freundin und sonst gar nix. Eine Frau braucht eine Freundin. Man muß sich aussprechen können, als Frau. Aber ich bleib, solang du es willst Karl, die Frau Lutz und ich ham erst um fünf ausgmacht.
KARL *lacht.* Stoßzeit!
HILDE Schrecklich.
KARL Mir kommt es sympathisch vor. Verstehst.
HILDE Nein.
KARL Wo was los is, da is dein Mann in Zukunft zum findn, wenn er wieder gsund is.
Pause.
Wird alles nachgeholt.
HILDE Gsund werdn mußt wieder, alles andere is Nebnsache.
KARL Genau.

Pause.

Gibts jetz nix mehr, was mir vergessn ham?

HILDE Ich glaub es nicht.

KARL *lacht.* Gewußt wo.

Pause.

Man muß ja nicht immer redn. Bleibst da sitzn bei mir, bis die Stund vorbei is. Man muß ja nicht immer redn, und wenn einem doch was einfallt, dann kann man es noch sagn. Das is der Vorteil.

Große Pause.

Oder nicht?

HILDE Freilich Karl.

Maria Magdalena

Komödie in drei Akten frei nach Friedrich Hebbel

Personen

PAPA
MAMA
MARIE
KARL
LEO
PETER
HUBER
INSPEKTOR
POLIZEI

Der Untergang des Bürgertums und Einzelhandels, den das Stück zeigt, sollte vom Bühnenbild unterstützt und vorangetrieben werden.

Die Sprache ist größtenteils Umgangssprache mit süddeutschen Sprachpartikeln versetzt. Somit also offen süddeutsch, wobei ich glaube, daß eine zu eindeutige Dialektfärbung die Konturen falsch zieht. Diese Bürger sprechen keinen reinen Dialekt mehr. Vielleicht ist alles deswegen...

Erster Akt

1. Hochzeit

MARIE Ganz modern.
MAMA *lächelt.*
Steht es mir?
MARIE Das tät mir auch passn.
MAMA Mir ghört es.
MARIE Ein bißl kürzer gmacht und es paßt.
»Omas Kleider der letzte Modeschrei«
wie man weiß.
MAMA Wo ich deine Mutter bin.
MARIE Das macht doch nix.
Todschick.
MAMA Das war schon zehnmal in und aus der Mode.
Lächelt.
Alles schon dagewesn!
MARIE Schenkst es mir?
MAMA Das laßt du stehn mein Hochzeitskleid.
Das zieh ich zu meiner Beerdigung an.
MARIE Und bis dorthin leihst es mir!
MAMA Da laßt du die Finger davon.
Das zieh ich in den Sarg an.
Mein letzter Wunsch der muß dir heilig sein.
Daß du mir ja nicht was anderes anziehn laßt,
wenn ich tot bin
und mich nimmer wehrn kann.
MARIE Wenn ich einmal tot bin könnens mich
von mir aus in blue-jeans in Sarg legn.
Das is mir wurscht wie ich ausschau
wo man nicht gesehn werden kann.
MAMA Dir vielleicht, weilst keine Pietät hast.
Mir nicht.
Ich weiß
was ich mir schuldig bin!
Schüttelt den Kopf.
Nicht zu glauben was einem alles wegnehmen wollen.
Die Kinder und neidisch sind.

Pause.
Das Kleid is meine schönste Erinnerung
und die
darf niemand in die Finger kriegen
außer mir.
Räumt das Kleid weg.
Ja. Das könnts mir anziehn,
wenn ich einmal nimmer bin
weil ich hinüber muß in das Reich der Schatten.
Nickt.
Wer weiß,
was einen da erwartet
und wie schnell kann es gehn!

MARIE Sei ned sentimental!

MAMA Sentimental, wenn man vom Tod redt!
Nickt.

MARIE Kindisch.

MAMA Da frag ich dich dann,
wenns einmal soweit is,
obst du das kindisch findst,
das Sterbn.
Wenn wir uns nachher begrüßn im Jenseits!

MARIE *lacht.*

MAMA Einmal zieht man es mir über den steifn Kopf.
Das is so sicher wie das Amen im Gebet.

MARIE Vielleicht.

MAMA Ich seh es vor mir.

MARIE Wennst so weitermachst stirbst an der Einbildung
von dir.

MAMA Wo ich so krank war.

MARIE Die Hälfte Einbildung.

MAMA Das wirst du wissn.
Wo ich 8 Wochn im Kranknhaus war!

MARIE Aber Krebs war es keiner.

MAMA Weils im Herzn kein Krebs gibt.

MARIE Ebn.

MAMA Was verstehst denn du von der Gsundheit,
wo dir nix fehlt.
Tot is tot ob Herz ob Krebs.
Pause.

Man denkt zu wenig an seinen Tod.
Alles wird dunkel und die Lichter gehen aus.
MARIE Wo hastn das glesn?
MAMA Du hast keinen Respekt vorm Tod,
geschweige vor mir.
Nicht einmal die Kinder
sind einem mehr ein Trost
wenn es soweit is.
Pause.
Wo es nix im Lebn gibt
von mir
was der Reue würdig wäre.
Mir sind katholisch und ham getan was mir können.
Was will man mehr?
Mit dem bißl was dein Papa heimgebracht hat,
hat man ein Schuhgeschäft entwickelt.
Pause.
Genau.
Obwohl mir eine vierköpfige Familie sind
und dein Bruder nix taugt
und alle immer satt wollen sein.
Was will man mehr?
Immer für die Armen ein offenes Herz gehabt!
Erst gestern 5 Mark
für die Kriegsgräberfürsorge.
Wo niemand gefallen is von uns im Krieg.
Das soll erst einmal jemand nachmachen.
Dann redn mir weiter.
Caritas,
Müttergenesungswerk,
SOS Kinderdörfer,
Armeemuseum in Münchn!
Brot für die Welt und
Tierschutzverein.
Was du willst.
Mir ham das unsere beigetragen.
Wenn alle soviel gebn hättn wie mir,
es gäbe gar kein Elend auf der Welt.
Da bin ich sicher.
Pause.

Eine Angst die zuvor kommt scheint unvermeidbar.
Vor der letzten Stunde.
Man krümmt sich wie ein Wurm!
Ich weiß es.
Alles nochmal anfangen wollen
und die Augen tief hinunterschlagen
vor dem lieben Gott.
Wenn gar nix mehr was nutzt.
Pause.
Ich hab eine solche Angst vor dem Sterbn,
daß ich es niemand sagn kann.

MARIE Reg dich nicht auf und denk
an dein Herz.

MAMA Ich sitz wieder fest im Sattl.
Ein paar Gedanken muß schon erlaubt sein.
Ich war krank und man lernt sich kennen.
Vielleicht tät ich auch schon tot daliegn,
wenn der liebe Gott sich nicht gedacht hätt:
Mir wolln ihr noch eine Chance gebn.
Sie soll umkehrn
und in sich gehn.

MARIE Glaubst,
der liebe Gott
hat nix anderes zum tun?
Der soll sich lieber um die Kinder
in Indien
kümmern.

MAMA Das kann er ja trotzdem tun.
Zuerst muß er sich um die Katholischen kümmern.
Das wird wohl unser gutes Recht sein,
wo mir so viel für ihm getan ham.

MARIE *lacht.*

MAMA Für die Gedankn deiner Mama hast du kein Herz.
Sei froh daß man was denkt!
Andere Kinder ham ganz andere Eltern.
Pause.
Ich werd noch einen Sprung in die Kirchn tun.
Das hab ich glernt, seit ich krank war.
Am Scheideweg!

MARIE Ich glaub nicht an Gott.

MAMA Du bist jung.
Das is es.

2. Verlorener Sohn

KARL *schön und schön angezogen.*
Grüß Gott die beiden Hübschen.
Hätt ich einen Stich
bei meiner Schwester,
wenn ich nicht der Bruder sein tät?
MARIE Du Sau.
MAMA Wenn ich sowas vor meiner Mutter gsagt hätt.
KARL Meine Mama is meine Mama
und deine Mama
is deine Mama.
MARIE Ein goldenes Armbandl hat der Mensch.
Wo hastn des schon wieder her.
KARL Hast du keins?
MARIE Ich bin eine Frau.
MAMA Ebn.
KARL Schönheit is grenzenlos.
MARIE Und wo hast es her?
KARL Wo hast es her.
Gstohln, was sonst.
MAMA Sowas malt man nicht an die Wand.
KARL Wer Überstundn macht wie ich im Lebn,
der kann sich auch was leistn.
MAMA Zahl die Schuldn, diest überall hast.
KARL Nur wer kein Geld hat, hat auch keine Schuldn.
MAMA Depp.
KARL Genau. Kannst mir was leihn? Bis übermorgen.
MAMA *antwortet nicht.*
KARL Sind zum Herz jetz auch die Ohren gekommen?
MAMA Nix. Keinen Pfennig leih ich dir
Das hab ich mir schon denkt,
wenn der Herr Sohn seine Aufwartung macht,
will er was.
Ich hab nix.
KARL Kein Haushaltsgeld mehr fürs ganze Monat?

Und was wird dann gessn?
MAMA Haushaltsgeld hab ich immer.
KARL Ebn.
MAMA Nein.
KARL Eßts einmal eine Wochn Erdäpfeln und Milch.
Das gibt rote Wangen und einen rundn Hintern.
Und 50 Mark sind locker für mich.
MAMA Keinen Pfennig.
KARL Dann muß ebn ein Bruch sein.
Und wer is schuld
wenn
der eigene Sohn
im Zuchthaus landet?
Du.
Pause.
Leihst mir einen Fuchzger oder ned?
MAMA Nein.
KARL Warum bin ich dann noch da?
Wo ich eh keine Zeit hab.
MAMA Erzähl mir was Schönes.
KARL Es geht mir gut.
MAMA Mir nicht.
Ich hab Sorgen.
KARL Weil du unbefriedigt bist.
Laß dir das von einem erfahrenen Frauenkenner sagen.
Gib mir 50 Mark und du fühlst dich wohl.
MAMA Kein ernstes Wort kann man redn mit dir.
Kommst
regst einen auf
und bist wieder weg.
Da soll man dich noch gern habn.
KARL Ich hab den Firmenwagen unten.
Bin noch im Dienst.
Heute abend is ein kleines Fest
und die Bank hat zu.
Vergessn.
MAMA Was für ein Fest?
KARL Einer hat ein Haus
mitten im Wald.
Ein sogenanntes Jagdhaus

von seinem Vater.
Da wird ein Fest gefeiert
mit Freunden.
Ich bin einer davon.

MARIE Ein Waldfest.

KARL Genau. Klein aber fein.

MAMA Und mit wem gehst du hin?

KARL Allein. Selbst is der Mann.

MAMA Du bist ein Schlingel.

KARL Man muß auf alles vorbereitet sein.

MAMA Und das is mein Sohn.

KARL Leihst sie mir, die 50 Mark.

MAMA Fang nicht wieder an.
Der Papa schimpft mich
wenn ich es dir leih
und am Monatsende hab ich nix
weil du es nicht zurückgibst.
20.

KARL 20 is wie in die Hand gschissn.
50.

MAMA Bis übermorgn, sagst.

KARL Und wie. Ich muß nur auf die Bank.

MAMA Das sagst du immer.
Aber wenn er
eingeladen is auf ein Waldfest,
kann er nicht
mit leeren Händen kommen.
Da.
Gibt ihm einen 50-Mark-Schein.

KARL Ohne dich Mama!
Er gibt ihr einen Kuß.

MAMA Als Dank bleibst jetz zum Essn.
Der Papa freut sich.

KARL Zeit is Geld.
Ich schau morgn vorbei, wenn es geht.

MAMA Komm morgen.
Und erzähl wie es war.
Das hat man schon verdient.

KARL Genau.
Also.

Die Firma dankt.
Wiedersehn!

MAMA Paß auf auf dich
und stell nix an.

KARL Eh ned, wo ich ein Geld hab.
Sonst hätt ich den Opferstock
ausgeraubt.
Verzweiflung!

MAMA Von mir müßt eine Mark drin sein, von gestern.

KARL Na also!
Pfiad enk!
Ab.

MARIE Hau ab.

MAMA Wiedersehn.
Bis morgen.

3. Was sich gehört

MAMA Is das ein Anstand?
Herumrennen.
Zufällig hereinschaun.
Geld ausleihn und wieder verschwindn.
Das hätt ich einmal bei meinen Eltern machn solln!

MARIE Er is selbständig.
Ich geh auch bald.

MAMA Nix wie Sorgn hat man mit euch.
Weil man sich Kinder anschaffn hat müssn!
Den Karl ham mir viel zu gern ghabt
mit seine Lockn.
Lacht.
Er war ein anerkannt schönes Kind.

MARIE Genau.

MAMA Bei seinem Kinderwagn sind die Leut stehngebliebn
ham hineingeschaut und gsagt:
So ein schönes Mäderl!
Bei dir,
wost eh ein Mädl warst,
is es selbstverständlich.

MARIE Der Karl is verwöhnt wordn.

Ich weiß es eh.
Ich nicht.

MAMA So ein Schmarrn.
Zu gut war man zu euch beide.
Das is es.
Der Karl war ein richtiger Guttifresser.
So ein Guttifresser!

MARIE Ich hab lieber Marzipan ghabt.

MAMA Genau.
Und mir ham euch gebn
das war der Fehler.
Man war zu gut.
Es macht mir Sorgen.
Der Karl hat nicht das richtige Verhältnis
zu mir
als seiner Mutter.
Wie ich todkrank war wohlgemerkt,
im Krankenhaus auf Einzelzimmer!
Todeskammerl hams gsagt!
hat er nie geweint
beim Besuch.
Ich hab aufgepaßt.

MARIE Todeskammerl so ein Schmarrn.
Erste Klass und sonst nix.

MAMA Doch.
Das laß ich mir von niemand nehmen.
Alles wird einem mißgönnt in diesem Haus!

MARIE Er hat die Tränen eben unterdrückt als Mann.

MAMA Ausredn.
Mir hätt es eine Freud gemacht.
Die Tränen.
Der Papa hat auch geweint.
Und dein Leo hat mir Blumen gebracht.
Mein Karl nicht.
Wo is der Leo?
Ich hab ihn lang nicht mehr gesehn seit Wochen.

MARIE Weg.
Pause.

MAMA Eine Kleinstadt is eine
Kleinstadt und keine Großstadt.

Pause.
Da muß man aufpassn, daß man ned
Fettnäpfchen tritt!
Pause.
Habts gestrittn?
MARIE Nein.
MAMA Der Leo wär schon recht.
Bloß sein müßert er was, das is es.
Früher war ein Bankangestellter ein angesehener Mensch,
heute muß er mindestens Inspektor sein.
MARIE Wo er die Inspektorenanwärterprüfung macht.
MAMA Wenn sie bestanden is:
gut!
Pause.
Wo du die Tochter von einem Schuhgeschäft bist!
MARIE Schusterei.
MAMA Du laßt dir ebn nix sagn, das is es.
Die Frage is, ob der Leo das Zeug dazu hat,
daß er eine Karriere macht.
Pause.
Technischer Fortschritt is heute die Zukunft!
Ingenieur oder Atomphysiker!
MARIE Da muß man studiern.
MAMA Dann studiert man ebn.
Jetz geh ich in die Kirchn bevor es dunkel is
und Nachtmahlzeit.
Soll ich für dich betn?
MARIE Danke gleichfalls.
MAMA Frechs Luder!
Der Leo geht mir nicht aus dem Kopf.
Bet ich dafür, daß er Inspektor wird!
MARIE Die Schuster gehn auch ein.
MAMA Nicht, wenn man den Sprung ins Schuhgeschäft geschafft hat!
MARIE *schweigt.*
MAMA Doch.
Und du mußt noch weiterkommen.
Ein kleiner Bankangestellter is auf die Dauer sehr wenig!
Auch ein Inspektor is nicht viel,

wenn man bedenkt,
daß es Direktoren gibt.
Mehr noch!
MARIE Alles kann der Mensch nicht erreichn!
MAMA Oberinspektor is schon hoffnungsvoll!
Das war gestern heute und morgen!
Erst die Versorgung dann das Vergnügen,
also der Anstand.
Wiedersehn! *Ab.*

4. Madonna allein

MARIE Wiedersehn und schöne Grüße an den heiligen Geist.
Schaut aus dem Fenster.
Da rennt sie hin.
Dreimal hab ich es schon geträumt
daß sie tot is!
Die Mama.
Komisch wo man nix gegn sie hat sondern liebt?!
Sie holt das Hochzeitskleid hervor.
Das tät mir wirklich passen!
Weg mit die Schleier. Ein tolles Kleid!
Sie schaut sich damit im Spiegel an.
Lieber Gott,
mach daß das Kind ein Abgang wird.
Sei vernünftig lieber Gott,
bitte!
Wenn du eine Macht hast,
dann mach,
daß es weggeht,
bevor man es merkt!
Das is eine Kleinigkeit,
wenn man etwas davon versteht.
Pause.
Mir lebn ja nicht in Münchn!
Wo es selbstverständlich is.
Daß man ein ledigs Kind hat.
Hier in Augsburg herrschn andere Gesetze!
Pause.

Sie zieht das Kleid wieder aus.
Ich sag es dir im Gutn.
Sonst bring ich mich um.
Dann hast es!
Scheiß lieber Gott,
einen Doktor brauch ich.
Oder so was Ähnliches.
Pause.
Mach, daß es ein Abgang is.
Lieber Gott!
Dann glaub ich wieder an dich,
das schwör ich dir.
Aber zuerst mußt zeign was du kannst.
Mit dem blödn Gered von der Mama wird man selber ganz dumm.

5. Prinz Leo

LEO Darf man eintreten.
MARIE Warum denn ned. Servus.
LEO Servus.
MARIE Is das ein Kleid für mich oder ned?
LEO Ein Hochzeitskleid.
MARIE Von der Mama.
LEO Schön.
Pause.
Eine Begrüßung is das wo man suchn muß.
MARIE Nein.
LEO Wennst es willst, dann geht man wieder.
Wünsche nicht gestört zum habn.
MARIE Wie du willst.
LEO Die schaut.
Wie die schaut.
Wennst du immer so ausgeschaut hättst
wie jetz,
hätt ich dich überhaupts nie bemerkt.
MARIE Wen interessiert das?
LEO Wo man dir einen Antrag gemacht hat.
Das is der Dank.

Für die Liebe.
MARIE Du machst alles falsch, das is es.
Weilst kein Gefühl hast.
LEO Aber eine Liebe.
Das muß langen.
MARIE Wenn man nicht anspruchsvoll is.
LEO Ich bin anspruchsvoll,
das muß mir der Feind lassn.
MARIE Meinst.
LEO Ja.
Pause.
MARIE Und weil man nicht gleich mit fliegenden Fahnen
ja schreit,
bist beleidigt.
LEO Ned wahr is.
MARIE Freilich, ich bin doch ned dumm.
LEO Man hat seine Verpflichtungen.
Außerdem war es ein Antrag wie jeder andere.
Kein Grund zur Aufregung.
MARIE Es is eine Frage der Zeit
das Lebn.
Das is wissenschaftlich.
Und das verlang ich.
LEO Auf einmal.
Weil etwas war zwischen meinem Freund und dir.
Dazu war das Konzert
des Symphonieorchesters des Bayrischen Rundfunks
unter Rafael Kubelik
und der anschließende Barbesuch,
der nicht billig war,
nicht da.
Münchenbesuche sind ein Vergnügen.
MARIE Fantasie.
LEO Da muß man schon etwas klarstellen,
wenn es total die Aussicht verstellt.
Ich bin ein Mensch wie jeder andere.
Nichts weiter.
Das muß man bedenken und sich entscheiden.
Die Freiheit liegt mir nicht auf die Dauer.
MARIE Bürgerlich bist.

LEO Das is keine Schande.
Wenn meine Eltern es noch erlebt hättn,
daß es jetz passiern wird,
daß ich mit der Inspektorenanwärterprüfung
in den höheren Dienst übernommen werde!
Sie würden sich zunicken und sagen:
Das is unser Sohn.
Ich hab viel Elend gesehn in meiner Jugend
wie man so sagt.
Dir war mehr vergönnt.
Ich schätze meine Entwicklung sehr hoch ein,
das kann ich jederzeit gestehn.
Und meine sogenannte Verlobte schaut mich an,
und niemanden anderen.
Ich will auch mein kleines Glück,
neben meiner Karriere in die Zukunft.
MARIE Ich kann anschaun, wen ich mag.
Und dann is es nicht bloß dein Freund,
der Peter Hutschinger,
sondern auch ein früherer Bekannter von mir.
LEO Mein Freund is er überhaupt nicht.
MARIE Ebn.
LEO Er ist mir unsympathisch,
weil ich ihn ned mag.
Ich geb es zu und zieh den Freund
zurück.
Das war nur Tarnung.
MARIE Was ein Blinder merkt.
LEO Es war etwas Unsauberes zwischen euch,
das hat man genau erkennen können.
MARIE Schmarrn!
LEO Man hat so seine Gedanken und eh man schaut,
fallt einem alles zusammen, was man aufbaut.
Ein gebranntes Kind scheut das Feuer.
MARIE Eifersucht is auch eine Sucht!
LEO Ausredn, sonst nix.
Der Mensch is nicht frei.
Obwohl es vorkommt. Ich tu nix dazu,
daß ich nicht weiß,
wie ich mich richtig darstellen soll.

Sogar mir selbst gegenüber kann es sein,
daß ich nicht weiß,
wie ich mir entgegentreten soll.
Wenn ich keinen Fleiß um jeden Preis entwickle,
ist die Hypo-Bank keine Zukunft.
Man muß nachgeben und sich zurückstellen.

MARIE Aber ich bin eine Frau.
Was hab ich denn sonst.

LEO Mich.

MARIE *nickt.*

LEO Mir geht es auch nicht anders.
Kaum macht man ein Fenster auf,
weil man glaubt, man sitzt fest im Sattl,
kommt Unerwünschtes.
Ganz rot bist wordn, wie ich dir den Peter
pro forma vorgestellt hab.
Und verändert.
Das is doch erstaunlich.

MARIE Weil er gleich auf mein Wimmerl gschaut hat.

LEO Eine Warze is es und ich
hab auch drauf gschaut,
wie mir uns kennengelernt habn.
Aber da bist nicht rot geworden.

MARIE Dann hab ich zufällig in dem Augenblick,
wo du auf mein Wimmerl gschaut hast,
woanders hingeschaut.
Schicksal.

LEO Die Warze, auch wenn sie sehr klein is,
ist vollkommen unübersehbar.

MARIE Danke.

LEO So war es nicht gemeint.

MARIE Was gehn andere Leut meine Wimmerl an.
Aber wenn jemand hinschaut mein ich,
jetzt wachst sie.

LEO Das ist Unsinn.
Einbildung, sonst nix.

MARIE Ja.
Pause.

LEO Und in diese totale Verwirrung hinein,
macht man einen Antrag.

Das ist doch vernünftig.
MARIE Und man denkt nach.
Wie ich zum Beispiel.
LEO Warum die Umständ?
Du kommst mir nicht aus.
Das ist doch auf der Hand.
MARIE *lacht.*
LEO Is doch anständig, wie ich vorgeh.
MARIE Ich hab mir alles ebn immer anders vorgestellt.
Das is es.
LEO Lange Worte sind doch bei uns geschmacklos.
Ich meine die Gesamtsituation.
Wenn es jetzt auseinandergeht,
is doch der Verlust nur auf deiner Seitn,
ich hab alles gehabt,
was sich ein Mann denkn kann.
MARIE Daß du immer alles in den Dreck ziehen mußt.
LEO Wenn es so ist,
dann versehentlich.
MARIE Ebn, in Wirklichkeit bist du ganz anders.
LEO Aber ein Schutz muß sein vor den Gefühlen,
sonst is man menschlich,
und das is schlecht,
wenn man noch nicht in sicherer Entfernung is.
MARIE Ja.
LEO Mir verstehn uns doch eh ganz gut.
Greift sie an.
Schau, plötzlich geht man zum Wesentlichen über
und es is alles eins.
MARIE Immer die Sexualität muß herhalten,
wenn dir nix mehr einfallt
und sich andere Leut die wahren Genüsse
hingeben.
LEO Welche?
MARIE Glaubst, daß dem Richard Burton nix anderes eingefallen is,
wie er um die Liz Taylor angehalten hat?
LEO Schauspieler!
MARIE Aber einen Stil haben sie,
der über das Gewöhnliche hinausführt.

Das is das Tolle daran.
Glaubst,
wennst du von der Bank kommst
mit die Finger geldschwarz
und langst mir unter den Rock,
daß das eine Frau überzeugen kann?

LEO Ich wasch mir die Händ noch vor dem Verlassen der Bank.
Und an der Kasse bin ich überhaupt nicht,
wie du weißt.

MARIE Bildlich gesprochen.

LEO Bildlich macht man immer alles falsch.

MARIE Weilst keine Fantasie hast.

LEO *greift sie an.*

MARIE Hat nie etwas Vernünftiges im Sinn, dieser Mensch.
Bloß die Liebe.

LEO Wenn meine Worte nicht mehr überzeugen,
greif ich zu den Waffen.
Die Liebe macht vergeßlich,
das is der Vorteil.
Man is ein Arsch, wenn man noch nicht Inspektor is.
Amtmann is noch besser.
Bei dir finde ich meine Selbstachtung wieder.
Pause.
Ich sehe meine Gedanken durch deinen Kopf wandern.
Das beruhigt.
Pause.
Heute mach ich den Antrag bei deinem Papa fix.

MARIE Meine Chansn sind noch ganz ungenutzt.

LEO Du hast mich.
Pause.
Bist in meiner Hand fertig.
Ohne meine Liebe stehst du doch sehr einsam
in der Welt.
Objektiv.

MARIE Wo du hinten und vorn nix bist, wie die Mama sagt.

LEO Man kann bloß einen Fuß vor den andern tun,
wenn man nichts Außergewöhnliches vollbringen will.
Ich bin mit mir zufrieden.
Das muß auch für dich genügen.
Im Herbst die Inspektorenanwärterprüfung

Dann geht alles automatisch.
Ich ende
als Filialstellendirektor.

MARIE Ja. Das is es,
ja.

6. Prüfung

PAPA Der Herr Leo gibt uns die Ehre, Grüß Gott.

LEO Grüß Gott, das nennt man eine Freude.
Ich rede hier mit Ihrer Tochter.

PAPA Ja ja, die Marie, das is ein Sorgenkind.
Machst deinem Vater und dem Herrn Leo
einen Kaffee?

MARIE Genau.
Ab.

PAPA Und wie geht es sonst?

LEO Die Nachfrage dankt.
Im Herbst mache ich die Inspektorenanwärterprüfung.

PAPA Respekt dem Herrn Inspektor.

LEO Anwärter vor der Hand.

PAPA Man muß klein anfangen können.

LEO Ebn.
Ihr Schuhgeschäft hat auch seine Entwicklung
hinter sich.

PAPA Schuster bin ich nicht mehr.
Aber das meiste ist die Fantasie von meiner Frau.
Wie Frauen sind.
Beide lachen.
Ich will mich nicht mit fremden Federn schmücken.
Ich bin Schuster.
Sonst nix.
Ich denk nicht nach.
Da fall ich nicht herein auf den Trick.
Handwerk hat goldenen Boden sonst nix.
Pause.
In der Schuhfabrik kann ich jederzeit im Akkord anfangen.
Salamander nimmt auch Ältere.

LEO Is die Lage so bedrohlich?

PAPA Es is zu klein das Geschäft.
Der Kunde übersieht es.
Kunststück.
Mir kaufn auch beim Hertie ein.
Zündet sich seine Zigarre an.
LEO Alle haben die gleichen Sorgen.
Der Einzelhandel.
Ich weiß es von der Bank.
PAPA Sie haben den Überblick.
Ich aber seh im Frühjahr bloß wie Äste grün werden,
da denk ich: es wird bald blühn wollen,
und wenn es blüht, dann kann es später Früchte tragen.
Das ist die Reihenfolge!
Einfach ist die Natur,
die Wirtschaft nicht.
Ich sehe ein, daß man nichts ändern kann und füge mich.
Techniker müßte man sein.
Das hat Anziehungskraft.
LEO Nicht die Banken vergessen.
PAPA Ja.
Pause.
LEO Man rät seinen Kunden sich frühzeitig zu verändern.
Was klein ist stirbt.
Was groß ist wächst.
Heißt das Gesetz der Stunde.
PAPA Stunde?
LEO Die Zeit hat andere Längen heute.
Denken Sie an die Zinsgeschäfte.
PAPA Ja, ja.
LEO Sie sind nicht mit der Zeit gegangen.
Das rächt sich jetzt.
Die Automatik!
PAPA Nachher kann ein jeder gescheit daherredn!
Da kann man sich nix kaufn dafür.
Diese Jugend mit ihrer Intelligenz gegen das Alter.
LEO Ich wollte Ihnen nicht nahe treten.
Der Rat war sozusagen geschäftlich.
PAPA Was wissn denn Sie von meinem Geschäft?
Gar nix!
Wie bei meinem Herrn Sohn.

Immer wolln die Eier gscheiter sein wie die Henn.
Lächerlich.

LEO Entschuldigen Sie.

PAPA Warum?
Ich red von meinem Herrn Sohn.
Sie kennen ihn?

LEO Vom Weißen Roß. Beim Skat.

PAPA Ja, Skatspieln, das kann er.
Das muß ihm der Neid lassn.
Aber sonst?
Was kann ich lernen von ihm, daß er
Schuldn macht, und hurt und sauft und
Vertreter is?
Danke.
Er is weiter wie sein Vater.
Aber er hat es nicht weiter gebracht.
Nehmen Sie unser Geschäft.
Wie könntn mir dastehn? Gemeinsam?
Ganz anders, das is sicher.
Aber nein.
Vertreter is der Herr und faul.
Das is die Wirklichkeit, Herr Inspektorenanwärter!
Franz Josef Strauß hat recht mit dem,
was er immer sagt!
Er wär mein Mann und mehr
muß man nicht sagen.
Jugend!
Sehen Sie sich um!

LEO Man muß die Augen offen halten!
Genau.
Die Gartenbaufirma Söhnlein und Co. macht Konkurs.
Das ist ein Bankgeheimnis und bloß für Sie bestimmt.

PAPA Und?

LEO Es wird ein Dutzend Gläubiger geben.

PAPA Ihr Vertrauen ehrt mich, aber von mir aus hundert!
Pause.

LEO Hat Söhnlein und Co. ein Darlehen von Ihnen oder nicht?

PAPA Das Bankgeheimnis ist sehr offen, scheint es.

LEO Nur hier. Die Marie und ich
heiraten.

PAPA So.
LEO Ich bitte Sie um die Hand Ihrer Tochter Marie.
PAPA Ich hab bloß eine.
LEO Es ist alles im Sinn der zukünftigen Familie.
Konkurs der Gartenbaufirma Söhnlein und Co.
Sie verstehen.
Es wäre denkbar, denke ich mir,
daß das Geld, daß Sie vor Jahren,
über unsere Bank abgewickelt,
der Firma Söhnlein und Co. geliehen haben,
acht Prozent verzinslich,
das Geld ist, das die Marie als Mitgift erwarten kann.
Unter anderem.
Wenn man mit ihr spricht, ist man unsicher,
und Ihr Geschäft ist von Nöten geplagt.
Ich finde, man sollte keine Zeit verlieren.
Die Konkursmasse ist nicht unerfreulich.
Aber schnell muß man sein.
PAPA So lauft der Has!
Pause.
Mir werdn schon noch was anderes findn für sie.
LEO *schaut.*
PAPA Was schauns mich denn so an?
LEO Ich schau gar nicht.
Aber ich frage, ob es erlaubt is,
dem Herrn Schwiegervater einen Wink zum gebn,
für den andere sich alle zehn Finger abschleckn tätn.
Oder ham Sie keinen Familiensinn?
PAPA Noch gibt es ned einmal eine offizielle Verlobung.
LEO Lassns das nur meine Sorge sein.
Soviel wie.
Kümmern Sie sich lieber um das Geld.
Noch sind die Zahlungen nicht eingestellt!
PAPA Ich laß meine Tochter schon ned
mit einem einzign Hemd auf dem Arsch aus dem Haus gehn.
Allerdings das Geld das Sie meinen,
wird man ihr nicht mitgeben können!
Das is verloren. Leider.
LEO Wie bitte?
PAPA Das is schwer zum erklären.

Eigentlich bin ich das Kind armer Eltern.
Mein Vater is gestorbn, da war ich noch ein kleiner Bub.
Und meine Mutter hat uns mit Heimarbeit durchgebracht.
Ein Schwesterl von mir is auch früh gestorben.
Schon in den Windeln.
Verstehen Sie das?
Pause.
Ebn.
Da bin ich
in die Lehre gekommen.
Und der Lehrherr in der Lehre,
das war ein guter Mensch.
Ohne den hätte ich nie und nimmer
eine abgeschlossene Berufsausbildung
und damit auch kein Schuhgeschäft.
Pause.
Ja, und vor ein paar Jahren hab ich ihn besucht.
Was soll ich viel sagen?
Der alte Mann erzählt mir,
daß er Selbstmord begehn muß,
weil er pleite is.
Da hab ich das Darlehen bei Söhnlein und Co.
zurückverlangt und bekommen –

LEO Daß ich das nicht weiß!?

PAPA Das wird Ihr Bankgeheimnis bleiben.
Söhnlein, wie sie vielleicht wissen,
das ist ein Kriegskamerad der ersten Stunde.
Ein Kamerad ist den andern wert.
Nationalsozialismus und so weiter.
Es war eine schwere Zeit nach dem Krieg
für ihn.
Für mich, zufällig nicht.
Man hilft sich, wo man kann.
Ich konnte.
Als mein alter Lehrherr vor dem Selbstmord stand,
hatte er Verständnis,
das Darlehen kam zurück.
Zehntausend halfen meinem Lehrherrn weiter,
das andere ging ins Geschäft.
Das ist sieben Jahre her.

LEO Was ins Geschäft kam is demnach heute futsch.
Und die zehntausend!
PAPA Was und? Nix und!
Hättn Sie es ihm vielleicht nicht geliehen,
wenn er doch sagt,
daß er sonst Selbstmord begehen muß?
LEO Ohne Familie vielleicht.
PAPA Und mit zehn Kindern auch.
Der war wie ein zweiter Vater von mir.
Und weil er wie ein zweiter Vater war,
hab ich auch keinen Schuldschein verlangen können.
Vor zwei Jahren is er gestorben und mit ihm mein Geld.
Der arme Mann.
LEO Und?
PAPA Der Mensch macht mich verrückt mit seinem »und«.
Er hat eh fast nix mehr gehabt.
Aber immerhin!
Ohne Schuldschein kann man nix beweisn!
Pause.
Die Erbn ham geerbt.
Ich nicht.
LEO Das Geld –
PAPA *schreit:* – is weg!
LEO Mein Geld!
PAPA Was?
LEO Was geben Sie der Marie dann als Mitgift?
PAPA Aber ich bin doch nur ein Schuster.
LEO Mit einem Schuhgeschäft!
PAPA Ein kleines!
Ein unnormal kleines!
LEO Aber über zwanzigtausend deutsche Mark haben Sie gehabt!
PAPA Erbschaft von meiner Frau.
LEO Das is mir doch wurscht.
Und davon haben Sie ein ruiniertes Schuhgeschäft
am Leben erhalten
und den Rest –
ich glaube Ihnen kein Wort.
PAPA Schicksal.
Sie können es ruhig glauben.

Weg is weg!
LEO Warum regt man sich auf.
Genau.
Weg.
Basta.
Pause.
Das ist aber ein Unterschied,
ob man eine Marie mit zwanzigtausend
oder ohne zwanzigtausend heiratet.
Das muß der Mensch wissn.
Bevor er sich zur Liebe entschließt!
Pause.
Das werden Sie bereuen, Herr Schwiegerpapa!
Ich bin nämlich
auch nicht
nichts!
Ich werde Inspektor und hab ein Recht
auf eine gewisse Mitgift.
PAPA Mitgift! Das is doch vorbei!
Vergangenheit!
Heute heiratet man der Liebe wegen.
LEO *schreit:*
Ich nicht.
Ich bin ein normaler Mensch.
PAPA Sie haben kein Herz, das ist es.
Und wollen meine Tochter heiraten!
Wie kann man das zulassen?
LEO Keine Sentimentalitätn bitte.
Pause.
PAPA Was wissn denn Sie von den Zeitn?

7. Luftballon

MAMA *kommt im Hochzeitskleid.*
Gfall ich dir?
Grüß Gott, Herr Leo, gfall ich Ihnen?
LEO Gutn Tag!
PAPA Das Kleid hat sich ghaltn.

MAMA *zu Leo:*
Mein Hochzeitskleid!
LEO Ich weiß, die gute
alte Zeit.
MAMA Ein Traum aus Weiß, nicht wahr?
PAPA Wasch lieber eine Wäsch
und laß die altn Fetzn stehn!
Kein frisches Hemd hab ich mehr.
MAMA Ich bin nicht mehr die Jüngste.
Sei lieber nett zu mir.
Das is mein Todeskleid.
Du wirst es sehn!
PAPA Passns bloß auf, daß die Marie
ned auch einmal so wird!
In die altn Fetzn die gestrign Täg suchn,
dem Herrgott in der Kirchn die Zeit wegstehln
und saudumm daherredn!
Bloß nix arbeitn und wenn sie einen
aus alle Kästn und Schränk anspringt.
MAMA *beginnt zu weinen.*
PAPA Schau daßd in die Kuchl kommst.
Die Marie macht uns einen Kaffee.
MAMA Dann hilf ich ihr.
Bevor sie geht, nimmt sie die Zeitung vom Tisch.
PAPA *reißt sie ihr stumm aus der Hand.*
MAMA *heulend ab.*
Pause.
PAPA Wenn es manchmal da drin steht, in der Zeitung,
daß ein Ehemann hergeht und seine Frau derschlagt!
So grausam es is,
ich versteh es.
LEO *schaut.*
PAPA *setzt sich, liest in der Zeitung.*
LEO *zündet sich eine Zigarette an.*
MARIE *kommt mit dem Geschirr und richtet den Kaffeetisch.*
MAMA *schaut kurz herein, geht wieder.*
MARIE *fertig, geht wieder in die Küche.*
PAPA Alles fallt über meinem Kopf zusammen und ich
kann es nicht aufhaltn.
Pause.

Liest weiter.
Von der Zeitung aufschauend:
Bei uns is ein Einbruch passiert.
Wissn Sie das schon?
LEO Wo?
PAPA Beim Juwelier war ein Einbruch.
Beim Juwelier. Der Juwelier hat eingebrochen.
LEO Ich hab ihn nie leiden können, den Juwelier.
Aber daß er ein Einbrecher is,
das
hätt ich nie
von ihm gedacht.
PAPA In seinem Geschäft.
LEO Ach so.
Das is verständlich.
PAPA »Der unbekannte Täter konnte ungestört arbeiten
und beträchtliche Beute mitgehen lassen.
Bisher fehlt jegliche Spur von ihm.«
Lacht.
Die sind mit allen Wassern gewaschen!
LEO In der Bank hätt einer keine Chansn.
Das Sicherungssystem ist eins a.
PAPA Gestern abend in den Abendstunden.
Es klingelt und scheppert.

8. Schäferstündchen

MARIE *kommt, rennt zur Tür.*
Es klingelt, sitzt ihr auf die Ohrn?
Sie öffnet, es kommen mehrere Beamte und Polizisten.
PAPA *springt auf.*
Herr Oberinspektor Hufnagl?
Was verschafft mir –
sieht die vielen Polizisten.
Ich bin der Schuhgeschäftsinhaber Anton!
Man kennt sich!
OBERINSPEKTOR *gibt ihm einen Bogen Papier.*
Da lesen Sie das durch und machns keine Umständ.
Das is ein Haussuchungsbefehl.
PAPA Wer?

Starrt den Oberinspektor an.
Liest das Schreiben.

OBERINSPEKTOR Mir.
Sieht die Zeitung aufgeschlagen.
Da liegt es ja eh. Aufgeschlagn!
Also is es nix mit der Überraschung.
Pause.
Er is schon verhaftet.
Wie es sich gehört.
Fangen Sie mit der Durchsuchung an.
Rücksicht ist nicht vorteilhaft.
Wo der Herr Sohn von Ihnen die Beute nicht
in seinem Untermietszimmer hat,
is die elterliche Wohnung ein gern benützter
Versteckplatz.
Wenn Sie wissn wo die Beute ist,
weil sie unter einer Decke stecken
darf sie auch freiwillig herausgegeben werden.

PAPA *schreit:*
Herr Oberinspektor!!!

MAMA *kommt im Hochzeitskleid mit dem Kaffee herein.*
Herr im Himmel, was is denn los?

OBERINSPEKTOR Ruhig verhalten und nicht aufregen.
Nichts verrücken,
nichts verstellen.
Alles an seinem Platz lassen!
Stellen Sie sich am besten alle in die Mitte des Zimmers,
dann könnens nix berühren und
sich einem falschen Verdacht aussetzn.
Die Beamten verwandeln das Zimmer in eine Räuberhöhle,
die Familie und Leo in der Mitte.

MAMA *schreit:*
Ich will wissen, was passiert is!
Das is man mir in meiner Stellung als Mutter
des Hauses schuldig!

PAPA Der Karl hat beim Juwelier eingebrochen.
Lies!
Gibt ihr die Zeitung.

MAMA *liest.*
Starrt den Oberinspektor entgeistert an.

Wissn Sie es genau, daß es mein Karl war,
Herr Oberinspektor?

OBERINSPEKTOR Es is soviel wie sicher.
Er is schon verhaftet.
Das Geständnis is bloß eine Frage der Intelligenz.

MAMA Hast du das gehört, Papa?
Unser Kind!
Unser Bubi!
Schreit:
Karli!!!
Mein Bub hat einen Einbruch verbrochen und is
im Gefängnis verfangen.
Lebt der Juwelier noch?

OBERINSPEKTOR Ja.

MAMA Wenigstens einer.
Wo is der Karli?

OBERINSPEKTOR Im Gefängnis wie es sich gehört.

MAMA Im Gefängnis, im Gefängnis.
Und ich!?
Schreit hysterisch:
Das halt ich nicht aus.
Das weiß ich.
Die Schande kann man nicht überleben.
Ausgeschlossn. Mein Sohn, mein Bubi, der Karli.
Sie schaut um sich.
Schreit wie irrsinnig.

PAPA Halts Maul!

MAMA *läßt die Kaffeekanne fallen, die zerbricht.*
Sie fällt um, ist tot.

MARIE Mama, was is denn?

PAPA *schaut.*

OBERINSPEKTOR Machen Sie weiter, meine Herrn,
das is eine Privatangelegenheit.
Zu Anton:
Sie können so tun, als wenn mir gar ned da wären.

Vorhang/Pause

Zweiter Akt

1. Suppenkaspar

PAPA *bereits angesoffen, säuft die Szene durch, ißt.*
MARIE *schaut ihm zu.*
PAPA Die Mama is tot.
Weißt du das.
Iß.
Oder willst mich vergiftn?
MARIE Nein.
PAPA Essn haltet Leib und Seel zam.
Heißt es. Ich hab einen Traum gehabt.
Wennst willst, verzähl ich ihn dir.
Wenn nicht dann nicht.
Ich hab geträumt, daß meine Tochter mich vergiftn will.
Mit E 605.
Es war gut leserlich auf der Dosn.
Gedankn und Träume sind zollfrei.
MARIE Ja.
Schaut ihn an.
PAPA Schau weg von meiner,
mit deim heilige Maria Mutter Gottes Gfriß.
Womit hab ich das verdient?
Herr im Himmel schau hinauf auf mich.
Hab ich dir je ein Leides getan?
Schau meine Tochter an.
Wo is meine Frau, Herr Jesus Christ?
Fort.
Da obn is die Mama und schaut uns zu.
Ich komm mir beobachtet vor.
Schau weg Mama mir denkn an dich und tun dabei
nix Unrechtes.
Schau ins Gfängnis zu deim Sohn, wo er sitzt.
Der Muttermörder seiner Mutter.
Geschorene Haare hat er.
Im Gefängnis darf man keine langen Haare habn.
MARIE *schaut ihn an.*

PAPA Wie sie schaut.
Dein Lebn geht erst los.
Du bist jung und ich?
Ein Witwer mit einem Muttermörder im Gefängnis.
Wenn er wieder in die Freiheit darf dann geht er heim
und bringt seinen Papa um.
Ich darf traurig sein, ich bin ein Mensch
und will als Mensch behandelt sein und nicht
als Phänomen.
Pause.
Wer hat den Sargdeckel zugenagelt von der Mama?
Das Bestattungsinstitut?
MARIE Du.
PAPA Genau.
Das sind mir uns schuldig beim letzten Scheiden.
Deckel drauf. Aus.
Traurig bin ich und häng mich auf.
Was meinst du Herr?
Gib mir ein Zeichn, daß ich dich
besser sehn kann.
Nix.
Es bleibt mir nix erspart.
Da sitz ich und glaub ich bin in einem trauten Heim,
aber es is eine Räuberhöhle.
In dem Bartsch seiner Todeshöhle mit die Kinder von
Leichn.
Lauter Leichn wohin das Auge reicht, und solche
die es werdn müssn. Schrecklich.
Wenn es so weitergeht,
dann werde ich noch egoistisch und weine
keine Träne mehr, und heirat nimmer.
Bleib allein und denk an den Tod.
Für dich heißt es noch:
Heile heile Segen morgen gibt es Regen
übermorgen Schnee und dann tuts nicht mehr weh!
Aber was soll ich sagen?
Es fallt mir gar nix ein.
MARIE Ja.
PAPA Ich bin zu lange Vater, das nutzt ab.
Gewöhnung, sonst nichts.

Und der Erfolg? Mein Sohn,
der mir einmal die Rente aufbessern soll,
ein Ruhekissn im Alter oder wie das heißt,
der sitzt im Knast und wartet auf meine Pfefferpackeln.
Und du hast keine Arbeit.
Das muß jetz anders werdn,
weil es abwärts geht mit uns.
Daß ausgerechnet mir solche Kinder ham?
Andere ham ganz andere Kinder.
Pause.
Spiel mir was auf dem Klavier vor, für was
hab ich es kauft und euch lernen lassn.

MARIE Spiel dir selber was vor.
Glaubst
ich bin die Mama?

PAPA Kein Trost. Gegen die Gedanken.
Was tu ich, wenn der Herr Sohn wiederkommt?
In 10 Jahr seh ich es vor mir:
Vater, da bin ich, sagt er. Ich hör es.
Herr hilf mir.
Das will ich noch erlebn.
Das laß ich mir nicht entgehn.
Laß dir das gesagt sein, Tod!
Da sitz ich und wart. Bis mein Sohn kommt.
Und dann bin ich Richter,
und wenn das erledigt is,
kannst du kommen.
Aber zerscht komm ich und die Reihenfolge.
Merk es dir.

MARIE Geh schlafn!

PAPA Daß ich träum.
Daß du ein Mitglied der Baader-Meinhof-Bande bist
und mit die Bombn umeinanderschmeißt.
Pause.
Im Traum bin ich mitgegangen mit einer
Fronleichnamsprozession. Ich war die Masse.
Alle ham aus die Fenster gschaut.
Keiner hat auf mich geachtet, aber ich hab gewußt,
wenn sie es erfahrn, daß ich es bin,
dann lassns die Prozession Prozession sein,

und nur noch ich werde angeschaut.
Verstehst? Die Schande war es.
Pause.
Vielleicht schreib ich die Geschichte unserer Familie
für eine Zeitung.
Is das nix?
Ich hätt noch mehr geträumt. Der Karl
hat mich besucht im Traum mit einem Revolver.
Er schießt, wie es sich ghört für so ein.
Ich weiß ned auf wen, ich bin aufgewacht.
Ich hab gedacht: so is es, so und nicht anders.
Wenn wieder etwas passiert in unserer Familie,
das is mir gleich, was, dann schneid ich mir
die Kehle durch. Mit einer Rasierklinge.
Alles laß ich mir nicht gefallen, von niemand.
Wer is denn schuld, daß der Karl wordn is, wie es is?
Mir is er ned nach und der Mama auch ned.
Und du bist auch anständig.
Da können die Leut sagn was wolln.
An uns kann es ned liegn, der Erbmasse.
Die Tochter is anständig,
der Sohn die bedauerliche Ausnahme.
Basta.
Die Leut schaun einem nach und wenns einen anredn,
dann bedauern sie mich.
Ich möcht ihnen mit der Faust ins Gesicht haun.
Ich brauch kein Mitleid, es bleibt in der Familie.
Im Gschäft kann man nix sagn. Das geht besser.
Sogar der Pfarrer war da. Er sagt:
Jeder Mensch is bloß für sich selber verantwortlich.
Ich soll an den Adam denken.
Der hat auch so ein Kind ghabt und kann nix dafür.
Was is der Adam gegn mich?
Nix.
Der hat keine Nachbarn ghabt. Das is es.
Was hab ich erlebt. Hunger Krieg und Elend.
Alles war zum Ertragn, sogar der Hitler.
Aber die Schande, die bricht
einem ehrlichen Mann den Hals.
Nix gibt es, was noch is wie früher.

Ich geh dahin und Leut redn mich an und sagn,
Ihr Herr Sohn hat Schuldn bei mir.
Angst hams um ihr Geld. Das versteh ich.
Mir is ganz übel und ich zahl.
90 Mark, 40 Mark, 50 Mark. Wie man es will.
Ein Verbrecher wie er im Buche steht.

MARIE Nix is bewiesn.

PAPA Red mir ned hinein in die Gefühle.

MARIE Weilst immer nur das Schlimmste annimmst, vom Karl.

PAPA Ich bin gerecht, das is offensichtlich,
und muß nicht erst bewiesn werdn.
Nicht jeder kann das Herzipoppi vom Papa sein.
Er verdient im Monat das Doppelte von mir,
wo ich mich abplag in diesem Scheißgeschäft.
Is das richtig? Nein.
Aber das hat ihm nicht genügt,
einbrechn hat er müssn.
Da hab ich noch keine Beweise gehabt, da
war mir mein Herr Sohn verdächtig.
Und was is jetz? Recht hab ich gehabt.

MARIE Und wenn er freigesprochn wird,
weil er unschuldig is?

PAPA Das könnens einem nicht antun.
Pause.
Dann nehmen mir einen Rechtsanwalt, den
besten wo es gibt und Rehabilitierung!
In jeder Zeitung muß es dann stehn.
Ein Buch und im Stern.
Wenn er unschuldig is, könnens was erlebn.

MARIE Red ned. Du wünscht es ihm.

PAPA Ich ihm wünschn? Blöder Trampl.
Vergönnen tu ich es ihm, weil ich es immer schon gsagt hab.
Aber wünschn nicht, ich bin sein Vater.
Das kann ich ihm nie vergessn.

MARIE *schaut ihn an.*

PAPA Jetz geh ich ins Wirtshaus.
In eines, wo mir unbekannt sind.
Was schaustn so?

MARIE Ich wart bloß, bis du draußn bist.

PAPA Genau.
Kinder,
für was braucht der Mensch
Kinder?
Ab.

2. Mon chérie

MARIE *räumt den Tisch ab.*
Das versoffene Schwein versauft alles,
wo eh nix da is.
Bring dich um, alter Depp,
lieber heut wie morgn.
Was du heute kannst besorgn, das veschiebe nicht auf
morgn.
Genau.
Wenn sich kein Doktor findn laßt,
dann muß man in den sauern Apfel beißn mit dem Kind.
Bring dich um, is das beste, was du tun kannst.
Wo es eine Eigntumswohnung is und der Karl ned erbt,
weil er sitzt.
Zwei Zimmer vermietn, und das Geschäft verpachtn.
Man wär aus dem Schneider, das Kind und ich.
Da is leicht Mutter sein wolln, wenn die Aussichtn
rosig sind.
Sie setzt sich ans Klavier und spielt.
Musikalisch ist man erleichtert.
Gern spiel ich, wenn keins zuhört.
Wenn er sich wirklich umbringen tät ...
Aber das sind ja bloß leere Versprechungen.
Sonst nix.
Spielt.

3. Der Coup

HUBER *kommt.*
Hallo?
Wünsche nicht gestört zu haben.

MARIE Der Herr Juwelier Huber?
Grüß Gott.
HUBER Is der Herr Vater nicht da?
Ich hätt eine Wichtigkeit für ihm.
MARIE Grad is er weg.
HUBER Ihr Sohn, Ihr Vater a Bruder is unschuldig.
Mein Sohn war es.
MARIE Was?
HUBER Hab ich auch gsagt.
MARIE Jetz versteh ich gar nix mehr.
HUBER Eben.
Darf man sich setzn weil es der Lauf der Welt is?
MARIE Bitte. Und?
HUBER Ganz einfach, wenn man aufpaßt.
Bei mir wird eingebrochn wie man weiß.
Ich geh zur Polizei und die Polizei sagt:
Werdn mir schon machn!
Und man verhaftet Ihren Herrn Bruder.
Na, ja.
Ich war nicht dabei bei dem Einbruch. Gell.
Ihre arme Frau Mutter!
Ich sag nur: Wenn Sie glauben, daß dieser Mann es war.
MARIE Ja.
HUBER Der Einbruch war am Samstag, wie man weiß.
Am Sonntag abend is mein Sohn zurück nach München.
Dort studiert er: Jura.
Vierzehn Tage später, an einem Dienstag wird er verhaftet.
Er hat bei einem Münchner Juwelier einen wertvollen Ring verkaufen wollen.
Dem kam es verdächtig vor.
Am Mittwoch war ich in München.
Was sag ich: der Ring und anderes, was gefundn wurde: gehört mir.
Aus meinem Geschäft.
Wenn ich gewußt hätt, daß mein Sohn mir
die Sachn zurückgibt, wie er sie
gestohlen hat, ich hätte wegen der Familie
vertuscht, wenns geht!
Dann bin ich aber in seiner Hand.
Und wenn ich von einem nicht abhängig sein will

auf der Welt, dann von meinem Sohn.
Verstehn Sie das?
Na ja, Sie sind noch zu jung.
MARIE Vollkommen.
HUBER Ich könnte mir vorstellen, daß man Ihren Sohn
schon entlassen hat.
MARIE Warum?
HUBER Weil das schnell geht.
MARIE Meinen Bruder?
HUBER Wen sonst? Gibt es noch jemand aus Ihrer Familie,
der sitzt?
MARIE Nein, Sie ham gesagt: Ihren Sohn.
HUBER Ein Versprecher, unbedeutend.
Er wird schon auf dem Weg nach Hause sein.
MARIE Ob der so schnell heim kommt.
HUBER Bitte, das is meine Sache nicht.
Mein Beileid noch für alles an den Herrn Vater.
Ich wasche mich in Unschuld und hätt
es Ihnen gern erspart.
Jetzt,
wo ich zurückdenk ist es sonnenklar.
Wenn mich einer beraubt,
daß ich da nicht sofort an
meinen Sohn denke,
das is direkt unnormal.
Pause.
Seit ich mich erinner streitn mir.
Vor allem um die Gesellschaftsordnung
und das Geld.
Das letztere zählt: Mir is es zuviel,
was ich ihm gebe, und ihm zu wenig.
Lacht.
Außerdem verachtet er mich:
Er sagt ich sei ein Burschoa.
Wissn Sie, was das is ein Burschoa?
Ich hab im Lexikon nachgeschaut.
Das sind die, die in der Französischn Revolution
die französischn König die Köpf
abgeschlagn haben.
War das schlecht?

Und heute sind es die,
die den Kommunismus bekämpfen!
Is das schlecht?

MARIE Nein.

HUBER Eben.
Er is ein Ultralinker wie man sagt, mein Sohn.
Links von Marx und Mao.
Lacht.
Is ja wurscht, solang er studiert hat er Narrnfreiheit.
Bloß ein Einbruch, das is zuviel.
Aber wissn Sie, was das Interessante an der Geschichte is?
Wenn ich auf dem Kegelabend der Einzelhändler
davon erzähl: Man versteht mich.
Das beruhigt, es geht uns alle gleich.
Pause.
Ja, dann geh ich wieder.
Ich bin nicht schuldig und leid tut es mir auch.
Die Polizei greift halt hinein ins volle
Menschenleben, wie man so sagt.
Heute da morgen dort.
Auf Wiedersehn Fräulein Marie!
Und beste Empfehlungen an den Herrn Papa,
und gute Nacht!
Ab.

MARIE Gute Nacht!
Pause.
Jetz ham mir wieder Oberwasser.
Und zwar gewaltig!

4. Schwanengesang

PETER *kommt.*
Jetzt geht es natürlich wie in einem Taubenschlag!
Der Juwelier Huber is mir begegnet,
guten Abend!
Sie wissn es schon.
Ihr Bruder ist unschuldig.

MARIE Ja.

Guten Abend!

PETER Ich wollte der erste sein der die frohe Botschaft bringt.

MARIE Der Juwelier war der erste.
Reden mir von etwas anderem,
ich weiß es schon.

PETER Ja.
Pause.
Wie mir uns das letzte Mal wiedergesehen haben?

MARIE Genau.
Der Leo hat sich beschwert.

PETER Trotzdem.
Pause.
Mir ham uns wieder begegnet und es hat
nicht sollen sein.

MARIE Ja.

PETER Kannst dich überhaupt noch daran erinnern?

MARIE Ja.

PETER Hast mich gleich erkannt?

MARIE Ja.

PETER Ich auch.
Eine Begegnung, die ihresgleichen sucht.

MARIE Ja.

PETER Instinktiv.
Ich sag es auch.
Das war kein erotisches Wiedererkennen allein.
Das war instinktiv,
wie man die Arme um sich gelegt hat.

MARIE Der Leo hat es gsehn.

PETER Aber nix gsagt.
Das könnt mir nicht passiern.

MARIE Der Leo is ein anderer Mensch wie du. Friedlich.

PETER Und meine Liebe kehrt allmählich zu dir
zurück.
Merkst es?

MARIE Ja.

PETER Ich liebe dich wieder.
Pause.

MARIE Der Leo steht im Weg.
Aber.

PETER Ich bin wieder da.

Das muß
Schatten werfen.
Pause.
Da sieht man nix mehr
vom Leo.
MARIE Doch, weil ich schwanger bin von ihm.
PETER So ein Schwein.
Pause.
Ein Kind.
Das is hart.
MARIE Und diesen Brief hat er mir geschrieben.
Das is nämlich die größte Sauerei.
PETER *liest:*
»... als Inspektorenanwärter bei der
Bayrischen Hypotheken- und Wechselbank,
kann ich in keine Familie ehelich hineintreten,
wo einer der Angehörigen seinerseits
ein Verbrecher is ...«
»... Verlobung als beendet zu erachten ...«
»sozusagen ...«
Liest zu Ende.
Das is eine Sau!
MARIE Ein paar Tag nachdem die Mama tot war.
Das muß man sich vorstellen.
PETER Drum war er auch nicht bei der Leichenfeier!
MARIE Genau.
Pause.
PETER Laß abtreibn was sonst.
MARIE Wenn ich kein Doktor weiß.
PETER Ehrensache und der Leo zahlt.
Erste Klasse!
Du fahrst nach England.
Fliegen.
Nach London!
In eine Klinik.
Phänomenal. Ein unvergeßliches Erlebnis.
Und der Herr Leo zahlt.
Ich geh hin zu ihm. Das is er dir schuldig.
Eine Abtreibung mit alle Schikanen.
Und der Erfinder zahlt. Sonst krachts.

MARIE Das gibt Mut.
PETER In welchem Monat bistn?
MARIE Ende sechstes.
PETER Bist deppert?
MARIE Ende sechstes.
PETER Dann brauchst nicht nach England fahrn.
Dann is der Fall gelaufn.
MARIE Aber ich bin noch ganz ohne Bauch wie man sieht.
PETER Das is eben alles unterirdisch und so groß
wie ein Kürbis.
Das macht niemand mehr. Auch ned in England.
Mord nach dem fünften.
Welttatsache!
Pause.
MARIE Scheiße.
PETER Warum kümmerst dich denn jetz erst um das?
MARIE Ich hab Tag und Nacht überlegt.
Pause.
PETER Mit dem Kind mußt dich abfinden.
MARIE Ich glaub auch.
Das scheint sicher wie der Tod.
PETER Genau.
Pause.
Dann wird der Herr eben in den sauern Apfel beißn und
dich heiratn!
Zur Strafe. Bleibts ein Jahr
verheiratet und laßts euch dann scheidn.
Wie anderswo auch. Zeit vergeht.
Das Kind hat seinen Namen,
du dein Auskommen und die Ehre.
Ich die Genugtuung.
Das is das mindeste was man
verlangen kann.
Pause.
MARIE Ich hab gedacht, du bist meine letzte Rettung.
PETER Bin ich auch,
aber langsam.
Erst muß er dich heiraten.
Dann reden mir weiter.
Ich liebe dich.

Das fordert seinen Preis.

MARIE Dieses Scheißkind.

PETER Ein Kind is ein Kind. Arm!

MARIE Derzeit is nix mit uns?

PETER Ich heirat dich.

Pause.

Nach ihm.
Sonst steh ich dumm da,
als der Dumme.
Schauts ihm an, sagn die Leut,
da lauft er dahin mit ihr.
Und das Kind im Kinderwagen,
is die Geburt von einem andern.
Anders hat er sie ned bekommen.

MARIE Ich hab dich nie vergessen.

PETER Das is klar.

Pause.

MARIE Der Leo muß in den sauern Apfel beißn.
Genau.
Er muß mich heiraten. Vorübergehend.
Aber sein muß es.
Die Rechnung macht er nicht ohne den Wirt.

PETER Und der bin ich.

MARIE Jedem das Seine.

PETER Mir sind in Augsburg, genau.

MARIE Eben.

Dritter Akt

1. Haltestelle

LEO Ohne Fleiß kein Preis!
Ich arbeit.
Fernkurse sind die Zukunft.
Pflichterfüllung.
Arbeitet weiter.
Und wenn der Generaldirektor persönlich hereinkommt.
Weiterbildung muß erlaubt sein.
Und wenn sich die Beziehung zum Herrn
Regierungsrat Hapfinger durch seine Tochter
hindurch erweitern laßt,
dann bin ich bald Inspektor.
Eine Bank und ein Finanzamt haben viel gemeinsam.
Wer schätzt nicht die Vorzüge von Verbindungen?
Ach was,
hereinkommen kann wer will.
Ich bin die Zukunft.
MARIE Redst jetzt mir dir selber?
LEO Nebenbei. Grüß Gott Marie.
Sitz dich hin, ein Besuch is immer willkommen.
Pause.
Mein Brief hast bekommen?
Einschreiben und Express!
MARIE Da is er.
Der Karl is unschuldig.
LEO Bitte?
MARIE Es steht auch schon in der Zeitung.
Der Sohn vom Juwelier selber war es.
LEO Ich hab heut noch keine Zeitung gelesn.
MARIE Stadtgespräch is es.
LEO Was gehn mich die Leut an.
Pause.
Man gratuliert dem Karl.
Richt es aus. Bitte.
MARIE Der Brief is jetzt geschissn.
Ich bin da, um über meine Ehe

mit dir zu redn.
Du heiratest mich, wie es sich ghört.
LEO Hast es Kind noch.
MARIE Ende sechstes Monat.
LEO Rechnen kann ich auch.
MARIE Du hast es ja wolln, daß es bleibt.
LEO Die Zeit is vorbei.
Das war einmal.
MARIE Ein Kind kann man ned an- und abbestellen
wie die »Hör zu«.
LEO Es hat sich viel geändert.
Ich hab eine andere.
MARIE Das is mir wurscht,
erst komm ich.
LEO Ihr is es auch wurscht.
MARIE Ein lediges Kind kommt nicht in Frage.
Das kannst du dir aus dem Kopf schlagn,
da ghört nämlich eine Liebe dazu.
Du heiratest mich, und wenn ich dich zwing.
LEO Liebst du mich.
MARIE Was geht das dich an, wen ich liebe.
LEO Zur Ehe gehört eine Liebe.
MARIE Glaubst.
LEO Für mich schon.
Jemanden, den man liebt, für den geht man
durch dick und dünn.
Und stirbt für ihn, wenn es sein muß.
Kannst du dir vorstellen, daß du für mich stirbst?
MARIE Nein.
LEO Ebn.
Die Ehe is heilig, mir jednfalls.
MARIE Mir wickeln ein Geschäft ab.
In einem Jahr kannst dich wieder scheidn lassn.
Auf eigenes Verschulden.
Zwischendurch brauchn mir uns nie zu sehn,
während der Ehe.
Zumindest ich
leg keinen Wert drauf.
Aber das Kind hat seinen Namen,
und alles seine Ordnung wie es sich gehört.

LEO Und du eine Rente auf Lebenszeit.
MARIE Mit die Alimente allein kommst mir nicht weg.
LEO Und wenn ich freiwillig mehr zahl?
MARIE Ehe und sonst nix.
Der Karl is rehabilitiert.
Aber das Eisn is noch heiß.
Vor ein paar Tag war es groß in der Zeitung,
die Verhaftung,
die Entlassung is klein gedruckt.
Wer hat es gelesn?
Die Geschicht mit dem Juwelier seinem Sohn
is jetzt Trumpf. Mir sind passé.
Das is die Wirklichkeit.
Ein ledigs Kind is jetzt unpassend.
Das wirst du zugeben müssen.
Das Geschäft vom Papa geht auch immer schlechter.
LEO Einzelhandel verreckt, ich hab es ihm oft gesagt,
deinem Papa.
Aber ein ledigs Kind is heut kein Beinbruch mehr.
Das überschätzt du.
MARIE Es is kein Unglück, wie früher, bloß ein Blödsinn.
Und das is es mir nicht wert.
Pause.
Daß du umeinanderverzähln kannst:
Die blöde Gans vom Schuhgeschäft Anton,
die Marie hab ich gefickt und sie hat hergehaltn.
Und mich machn lassn.
Jetz hab ich Nachwuchs und zahl einen Blauen dafür
im Monat. Das is es wert.
Und ich renn mit dem depperten Kind
durch die Gegend und laß mich blöd anschaun.
Das machen mir zwei nicht,
daß du der King bist
und ich die blöde Kuh.
Pause.
Mir brauchn uns nur noch zweimal zum sehn
im Leben: bei der Hochzeit und ein Jahr
drauf bei der Scheidung.
Aber darauf besteh ich.
LEO Das is keine Ehe.

Das is der reine Haß.
MARIE Aber der Hutschinger Peter steht hinter mir.
Mit seinem Papa.
LEO Hat meine Beobachtungsgabe doch recht gehabt,
an dem fraglichen Abend in München!
Sau.
MARIE Aber bloß moralisch.
LEO Moralisch im Schwanz.
MARIE Wenn der die Beziehungen von seinem Papa
spielen laßt, dann kannst dich
aufhängen.
Herr Inspektorenanwärter.
LEO Vielleicht.
MARIE Unter Garantie.
Pause.
Mir ham es uns so überlegt ghabt:
Du zahlst die Abtreibung Erste Klasse in London
und die Sache is vergessn.
LEO Genau.
MARIE Ende sechstes Monat is Mord.
Das is Welttatsache, sagt der Peter.
LEO Zu spät, genau.
MARIE Und drum brauchts eine Ehe.
Kurz, aber amtlich.
LEO Eine Bürgerlichkeit is das plötzlich, wost suchn kannst.
MARIE Eine Marie mit zwanzigtausend is was anderes
wie eine Marie ohne zwanzigtausend.
LEO Hat er was gsagt, der alte Depp?
MARIE Das mußt du büßn.
Da geh ich über Leichn.
LEO Weilst kein Hirn hast! Glaubst,
ich will das Geld wegen einer Weltreise?
Blödsinn!
Aber wegn der Ehe is es notwendig.
Was glaubst,
was das kost,
eine Ehe, wenn sie gegründet wird,
so – wie es sich ghört, weil es üblich is!
Tausende – und wo nimm ich die her?
Vom lieben Gott?

Eine Heirat ohne den Grundstock
wirft einen zurück
und sonst gar nix.
MARIE Glaubst du wirklich, daß ich dich noch will?
LEO Nein.
MARIE Ebn.
Aber ich brauch die Ehe,
wegn der Umgebung.
Wiedersehn!
Ab.
LEO Sau. Museumsreif.
Pause.
Die Beziehungen, die der junge Herr Hutschinger hat,
werden sich erschöpfen, wo ich
dem Regierungsrat seine Tochter besitz.
Was is eine Hutfabrik gegen ein Finanzamt?
Lernen mir weiter.
Die Stürme des Lebens sind bloß Zeitvertreib.
Die Fernkurse sind die Zukunft.
Ich bin schon in Ordnung.
Arbeitet weiter.

2. Duell

PETER *kommt.*
Servus Leo!
LEO Servus! Hast du druntn gewartet auf die Marie
wegn dem Bescheid?
PETER Mir tut sie leid.
LEO Und seit wann gehts wieder mitnand?
PETER Sie tut mir leid. Sonst nix.
LEO Wer es glaubt is ein Arschloch und wird selig.
PETER Es geht um das Kind.
Das is von dir.
Unzweideutig. Oder ned.
LEO Was weiß der Mensch.
PETER Also von mir is es nicht. Ehrensache!
LEO Das wär mir nicht entgangen.
PETER Genau. Heiratst sie?

LEO Damit ich ein Lebn lang brenn wie ein Blöder.
PETER Es geht ned bloß ums Geld. Jetz wo die neuen Scheidungsgesetze kommen, stehst dich eh fast gleich.
Ehe oder ledig.
Es is wegen der Öffentlichkeit.
Warum soll sie es sich schwer machen, die Marie?
Und alles auf ihre Schultern nehmen.
Das is doch schlechter Stil, von dir.
LEO Ich heirat sie nicht.
Basta.
Nimm du sie.
PETER Später vielleicht.
LEO Das is eine verlogene Sau.
Bevor du sie heiratst hab ich Zwilling.
PETER So wie es jetzt is, natürlich nicht.
Ich bin von meine Eltern abhängig.
Als Erbe.
Eine Frau mit einem ledign Kind is da Scheiße.
Aber schuldlos geschieden, das erweckt Vertraun.
Pause.
Es is nicht einfach für mich, über das Kind hinwegzukommen mit meiner Sympathie für sie.
Du heiratst sie zuerst.
Und dann nimm ich sie.
LEO Die will dich doch jetzt nur, weilst ein Geld hast.
PETER Welches das meine is.
LEO Mein Schwanz is auch der meine.
Und mein Gsicht.
PETER *starr:*
Das mußt du büßn.
Du bist in der Hypo.
LEO Du im Moment auch.
PETER Dein Chef kennst.
LEO Anzunehmen.
PETER Die Marie sagt,
Inspektorenanwärterprüfung macht der Herr.
LEO Genau.
PETER Mein Papa kennt den Filialleiter Pezold auch.
Besser wie du, vielleicht.
LEO Und?

PETER Und den Herrn Direktor Häufele in München, den kennt mein Papa auch.
LEO Der is im Aufsichtsrat.
PETER Genau. Und hat seine Macht.
LEO Kennst du den Regierungsrat Hapfinger?
PETER Warum?
LEO Und seine Tochter die Fanny?
PETER Nein.
LEO Aber ich.
Und ich kenn ihren Papa intensiv,
und der kennt meinen Filialleiter und Chef intensiv.
PETER Mein Papa macht das schon.
LEO Mein Schwiegerpapa in spe is bei der CSU, wie es sich gehört.
Und den Regierungspräsidenten kennt er.
Zum duzen, kennt er ihn.
PETER Glaubst, mein Papa is bei der SPD?
Der is ein Freund vom Goppel.
LEO Der Regierungspräsident auch.
PETER Heirat die Marie, mein Papa macht dich sonst fertig.
LEO Mein Schwiegervater wird Hapfinger heißen und dafür Sorge tragen, daß mir keine Nachteile erwachsen!
PETER Machen mir ein Metsch.
LEO Genau.
Weil die Sau, die du mit deim Papa bist,
die bin ich schon lang.
Und die Weiber, die bei mir heiß gelaufn sind,
und weggeworfen werden,
die stoßn sich bei dir gewöhnlich.
Und dabei bleibt es.
Schau in den Spiegel, Bubi.
PETER *schluckt.*
Servus!
LEO Servus Bubi!
Schöne Grüße an die Marie.
PETER *ab.*
LEO Kein Geld und keine Treue, die Marie.
Aber kommandiern, das tät ihr passn.
Pause.
Das Lebn is eine Frage der Intelligenz.

Abendkurse sind die Zukunft.
Ich lerne weiter.
Ungestört.

3. Amerika I

KARL Keiner daheim?
Kommt.
Keine Empfänglichkeit für den Heimkehrer.
Eh gut.
In der ganzn Stadt bin ich umeinander.
Es Auto stehn lassn. Ich bin noch nie so gern
zu Fuß gegangen. Aber die Leut schaun. Schweine.
Weils mich kennen.
Aber keiner sagt was.
Vergönnt hättn sie es mir, daß ich es war.
Soviel is sicher.
Aber nein, meine Herrschaftn, das tut mir leid.
Mit Einbruch kann ich nicht dienen.
Ich bin ja kein Student und war es nie.
Ich glaub an meine Existenz, weil sie
mich ernährt und gut.
Trumpf Schokolade.
Pause.
Lauter Konservn, das hätts bei der Mama ned gebn.
Alles eingeteilt, und Wochntag zum Erkennen
auf dem Mittagstisch.
Lacht.
Kinderzeit schöne Zeit.
Montag Kaiserschmarrn oder Spinat und Wammerl.
Dienstag Leber, Niere, jedenfalls Inngreisch.
Mittwoch Leberknödel und Salat.
Oder Krautwickerl.
Selten Apfelstrudel. Leider.
Donnerstag? Scheiße vergessn.
Freitag Fisch oder Dampfnudel mit Vanillesoße.
Samstag Gemüse nach Jahreszeit und Fleisch billig.
Sonntag Schweinernes und Kartoffelknödel.
Wenn möglich Gurkensalat.

Keine Pfannibatzerei. Selber gemacht. Halb roh und halb gekocht.
Ein Genuß und die Zeit is vorbei.
Arme Mama!
Arme Mama.
Scheiße.

4. Amerika II

MARIE *kommt.*
Karli!
KARL Schwesterl!
Sie umarmen sich.
Besser ein Schwesterl wie
gar keine Frau.
MARIE *lächelt.*
Sau. Schön, daßd wieder da bist.
Es is so schlimm.
KARL Das sagst du, und was soll ich sagn?
MARIE Lies. Vom Leo.
KARL *liest den Brief.*
... in eine solche Familie kann er ned hineintretn.
Als ob mir Verbrecher sein tätn.
Die Sau.
Wer is denn auf der Brennsuppn dahergeschwommen?
Er oder mir?
Der Herr Inspektorenanwärter, der Depp.
MARIE Ich war grad mit dem Peter Hutschinger bei ihm.
Er hat ihm gedroht, weil er mich liebt.
Aber der Leo geht mit der Hapfinger Fanny,
der Regierungsrat weißt.
Und jetzt hat er keine Angst das Schwein.
KARL Scheiße, hast das Kind noch?
MARIE Ja.
Pause.
KARL Das wird ein Fest.
Der Sohn unter Einbruchsverdacht
und die Tochter ein ledigs Kind.
Wie bei die Zigeuner.

MARIE Blöd is es.
KARL Ziehn mir nach Münchn.
Augsburg is verbrannte Erde für uns.
Münchn is besser.
MARIE Aber bloß Münchn, Hamburg oder Berlin.
Sonst is es überall das gleiche.
Für die Petra Schürmann is ein ledigs Kind
eine billige Publicity.
Und für mich is es
ein Knopf in der Zukunft.
KARL Wenn er dich liebt, soll dich der Peter heiratn.
MARIE Er sagt, er liebt mich. Er will mich auch
heiratn. Aber nicht direkt.
Pause.
Es ist zum verstehn.
Er will
sagt er nicht
die Mutter von einem
fremdn Kind
heiratn.
Das bringt er
nicht
übers Herz.
Sagt er.
Erst muß der Leo
durch eine Heirat mit mir
gedemütigt werdn.
Sagt er.
Dann nimmt er
mich.
Dann geht
es.
KARL Verständlich.
Wo er ein Mann is
hat er seine
Gefühle.
Was sonst.
MARIE Man müßt ihn erweichn.
Beweisn, daß es mehr is wie
Liebe, worauf er derzeit

zu wenig Wert legt.
Hörigkeit oder so.
KARL Genau.
MARIE Selbstmord.
KARL Ich geh nach München.
MARIE Wost unschuldig bist.
KARL Da kann man sich nix kaufn dafür.
Meine Tour is versaut.
Glaubst,
es gibt noch einen Kundn
der ned weiß, was gwesn is mit mir?
»Was Sie sitzn gar ned?« – »Nein.«
»Ham Sies ned glesn, daß es ein Irrtum war?«
»Ich hab bloß glesn, daß Sie
verhaftet sind.«
»Das andere hättns auch lesn müssn, daß mich wieder
auslassn ham. Wegen der Unschuld.«
»Na ja, es wird klein gedruckt gewesn sein,
ich seh ohne Brille ned.«
Und wenn es geglaubt wird, daß ich unschuldig bin:
Wer einmal im Verdacht war, bleibt verdächtig.
Volksmund!
Ich geh nach Münchn wo mich keiner kennt und fang
neu an. Das is hart aber vernünftig.
MARIE In deim Beruf.
KARL Genau.
Ein Vertreter braucht die Anonymität.
Sonst is er unverkäuflich.

5. Schattenkabinett

PAPA *kommt.*
Da bin ich.
Der Herr Sohn.
Findst auch wieder einmal heim,
nachdem die Schande da war.
KARL Servus, Papa!
PAPA Grüß Gott, ihr zwei.
KARL Gestern hams mich auslassn in München.

Heut bin ich da.
Schneller geht es ned.
PAPA Abend.
Ich müßt dir etwas sagen, was mir
nicht angenehm is, aber
ich habe deine Schuldn bezahlt.
Das muß langen.
KARL Die Firma dankt.
PAPA Das is nahrhafter wie ein schlechtes Gewissn.
Ebn. Und jetz?
KARL Keine Sorgn.
Ich geh nach München.
Bald.
PAPA Es is das beste.
Hier is deine Zeit aus.
KARL Ich weiß es.
Das is ein Empfang, wo man suchn muß.
Wo man direkt aus der Unschuld kommt.
PAPA Seit die Mama tot is,
is es ruhig in dem Haus.
KARL Mein herzliches Beileid im nachhinein.
PAPA Warst schon auf dem Friedhof?
Bestimmt nicht.
KARL Und wie.
PAPA Es is ein Trost daß mir noch ein Plätzchen
ham kriegn können bei die Waldgräber.
Da liegt sie jetz und freut sich.
Mich legts auch dazu.
Der neue Teil vom Friedhof is trostlos.
Sie liegt auf 2 Meter 30.
Absicht.
Auf 1 Meter 80 kann noch wer kommen.
Das bin ich.
KARL Wie du willst.
Versprochen.
PAPA Schad, daßd es nicht sehn hast können.
Die Beerdigung.
Mindestens dreihundert Menschen!
Ein Festzug, sozusagen.
Angestarrt hams uns, deine Schwester und mich!

Nicht zum schildern!
Als wenn ich
der Heinz Rühmann sein tät.
Man kann es sagn, mir warn
die Sensation des Tages.
Das hast du uns angetan.

KARL Ich wasche meine Hände in triefende Unschuld!
Die Polizei is ein einziger Mord!

PAPA Wennst du nicht bekannt sein tätst in der Stadt,
wie ein bunter Hund,
mit deine Schulden etcetera,
wär es nicht gekommen, daß die Polizei
an dich denkt.
Die denken nur an das,
was offensichtlich is.

KARL Pech!

PAPA *sieht den Brief.*
Ein Brief für mich?

MARIE Wiest willst.

PAPA *liest.*
Das is sauber.
Dieses Schwein von Gottes Gnaden.
Davon weiß ich gar nix.

MARIE Und ein Kind krieg ich auch von ihm.

PAPA So!
Mit die verdammtn Saufratzn bleibt einem
nix erspart.
Die Mama hat schon recht gehabt,
die hat den bessern Teil gewählt,
und is gestorbn.
Wenn nur mich der Teufel geholt hätt,
statt ihr.
Pause.
Blöder Trampel.

MARIE Mei.
Pause.

PAPA Ich steh nicht gut für das Kind.
Das sag ich dir, da kannst dich drauf verlassn.
Lieber halt ich mir einen Hund!
Das is ein Kind wo mich nix angeht.

MARIE Das mach ich schon.
PAPA Und mit was, wenn man fragn darf?
Das lebt nicht von der Liebe,
so ein Kind, sondern
vom Geld, wie andere Leut auch,
weil es ein Mensch is.
Brauchst bloß einmal hineingehn in eine
Apothekn und schaun was das kost:
Babykost!
Aletekost fürs Kind, das braucht
es heute,
weil es alle ham,
sonst bleibt es zurück.

6. Bilanz

PETER *kommt.*
Guten Abend miteinander!
Karli grüß dich, alter Spezl!
Also ich hab es gleich gewußt!
Der Karli is unschuldig!
Wie ich.
MARIE Ich hab es auch gewußt.
KARL Zwei, danke.
PAPA Ich hab deine Schuldn zahlt, das langt.
217 Mark.
KARL Verse.
PETER Ich hab mit dem Leo geredt, grade.
Mein Papa wird sein Bestes versuchn.
Aber ich weiß nicht.
Er will die Hapfinger Fanny heiraten.
Wie es ausgeht steht in den Sternen.
Gemein war er, was es nicht gebraucht hätt.
KARL Ein Schwein.
PETER Ja.
Heiratn tut er dich nicht, soviel is vorerst klar.
Pause.
MARIE Und warum heiratest du mich nicht?
PETER Geh, wie kannst denn da fragn?!

MARIE Dann bring ich mich um.
Pause.
Nimm mich mit nach München, Karl!
KARL München is groß.
Da muß ich selber erst auf meine Füß stehn.
Dann kannst nachkommen.
MARIE Papa, wo ich deine Tochter bin.
PAPA Mit mir kann man nicht rechnen.
Ein lediges Kind seh ich nicht,
weil es für mich nicht existiert.
Erziehung!
Wer bin ich denn?
Ich kann nicht heraus aus meiner Haut.
Und Schuster is ein Handwerk,
das unbarmherzig stirbt.
Ich hab eine Annonce in die Zeitung getan,
ich heirat noch einmal.
Es muß sein.
Das Alter ruft und ein unschuldiger Witwer,
das zieht.
Ich denk an mich und überleb.
MARIE Ich bin dir ganz hörig Peter,
wennst mich nimmst,
die Komödie wachst mir über den Kopf.
Ganz unbarmherzig.
PETER Und was sagt mein Papa.
So wie es steht.
MARIE Der Leonhard nimmt mich auch nicht.
PETER Schlechte Aussicht.
Pause.
MARIE Dann –
PAPA – bringst du dich um.
Das is bekannt und fad.
Machn mir einen Skat, die Herrn?
KARL Is das nicht unbarmherzig?
PETER Warum?
Bloß der Leo fehlt und es geschieht ihm recht,
und keiner muß aussetzn.
PAPA Keine Ausredn.
Ich gib.

Tut es, sie fangen an, Skat zu spielen.
MARIE Und ich?
PETER Tust kibitzn.
MARIE *verzweifelt ab.*
Papa, Peter und Karl spielen einige Zeit.
MARIE *kommt zurück.*
Damits es wißts:
Ich hab mich vergiftet.
Pause.
Papa,
Karl,
Peter,
ich habe mich vergiftet!
Pause.
Ich hab mich wirklich vergiftet!
Schreit.
Hilfe!
PAPA Mach kein Theater.
MARIE Hilfe!
Ein Selbstmord,
den ich nicht überleb!
Polizei,
Rettung!
Anrufen sofort einhundertelf
die Feuerwehr!
KARL Einhundertzwölf is Feuerwehr!
MARIE *will etwas sagen, bringt nichts heraus.*
PETER Zerscht mußt tot sein,
dann glauben mir es!
Sie lachen.
Pause.
Hol ein Bier, is gscheiter.
Pause.
MARIE Ja.

Mich selbst
erschüttert
diese Klara
gewaltig
wie sie aus der Welt
herausgedrängt
wird.

Friedrich Hebbel

Ein Mann ein Wörterbuch …

Eine Komödie in drei Akten

Personen

MARTHA, gelernte Metzgerin, ca. 40
OTTO, ungelernter Arbeiter, ca. 40
und
ROLFI, der Schäferhund.

Zum Bühnenbild:
Otto arbeitet an einer Maschine. Martha hat ein Geschäft. Es ist ungünstig für das Stück, im Bühnenbild und in der Regie zwar Marthas Arbeit ausführlich zu zeigen, aber Ottos Arbeit zu unterschlagen.

Ein Mann ein Wörterbuch ... ist die Neufassung von »Männersache«.
Begründung: Was soll die dauernde und keinen Ausweg zeigende Darstellung vom Kampf der Geschlechter, wenn doch die Realität so anders und besser aussieht: Durch dick und dünn halten so viele zusammen und das ein Leben lang und länger oft, und wir anderen können es gar nicht glauben.

Erster Akt

1. Szene

Im Nebenraum. Nach Ladenschluß und Winter. Draußen, im Garten, bellt der Hund.

OTTO Eine Feierlichkeit is das.

MARTHA Wennst bei mir bist, sollst auch was davon habn.
Da reut mich nix.
Das is ein Kaviar
und kost zwei Mark achtzig das Glasl.

OTTO Kaviar! – Schmeckt wie Fisch.

MARTHA Eier von einem Fisch sind das.

OTTO Kleine Eier.

MARTHA Der legt Millionen solche Eier der Fisch.
Mußt Butter drauf tun, dann kommst auf den Geschmack.

OTTO Wie bei die Könige.

MARTHA Das is gar nix.
Im Gschäft kann man nix richtn.
Wennst einmal in meine Wohnung kommst,
wirst schaun was ich hinstell!

OTTO *ißt.* Ein russischer Kaviar is das aber nicht.

MARTHA Nein.

OTTO Ebn.

MARTHA Ein deutscher was denn sonst.
Kleine Pause.
Halt dich halt an die Wurscht, wenn er dir ned schmeckt.

OTTO Schmeckt eh.
Aber der russische is besser.

MARTHA Hast du schon einmal einen richtign russischn gessn?

OTTO Das weiß man.
Kleine Pause.

MARTHA Mir schmeckts.

OTTO Essn is gsund.
Pause.

MARTHA Wennst jetzt du ned da sein tätst,
ich tät ins Kino gehn heute.

OTTO Was spielns?

MARTHA Ben Hur.

OTTO *nickt.* Der Roman.

MARTHA Ein alter Film den ich vor zehn Jahr gsehn hab. Aber unvergeßlich. Hast du ihn auch gsehn?
OTTO Nein.
MARTHA Kennst die Gschicht?
OTTO Wenn ich den Film ned gsehn hab.
MARTHA Ich schon.
OTTO Alles kann der Mensch ned wissn.
MARTHA Soll ichs dir schnell verzähln?
OTTO Ich kauf mir das Buch und lies es durch.
MARTHA *nickt.*
Pause.
MARTHA Wennst nix mehr magst, sagst es, dann räum ich ab.
OTTO Räum ab, genau.
MARTHA Magst nix mehr?
OTTO Morgens wie ein Edelmann,
mittags wie ein Bürgersmann,
und abends wie ein Bettelmann!
– Dann wirst alt!
MARTHA *schaut, nickt.*
Und ich räum ab!
Tut es.
Beim Abräumen. Ich führ jetzt eine neue Sach bei mir ein.
OTTO Was?
MARTHA Dreimal darf der Mensch ratn.
OTTO Mag ned.
MARTHA Weilst es sowieso ned erratst.
OTTO Uninteressant.
MARTHA *lacht, räumt fertig ab, setzt sich wieder.*
Ein Tagebuch.
Holt es aus ihrer Handtasche.
Da.
Kannst lesn, was ich geschriebn hab.
OTTO Was schreibst nachat?
MARTHA Kannst es lesn.
OTTO Ein Roman!
MARTHA Bestimmt ned, wos mir ernst is.
Von dir hab ich gschriebn.
OTTO Was hast von mir gschriebn?
MARTHA Daß du in mein Lebn getretn bist, hab ich gschriebn. Kannst lesn, daß ich es gschriebn hab.

OTTO *liest.*
Genau.
MARTHA Da siehst, was ich für eine bin. Gell!
Kannst alles lesn, was ich gschriebn hab.
Vor dir gibts keine Geheimnisse für mich.
Lacht.
OTTO Ich komm auf alles drauf.
Liest weiter.
MARTHA *schaut ihm zu.*
Man muß das Schöne festhaltn,
das man erlebt im Lebn.
Dann hat man eine Erinnerung,
wenn es sein muß.
Lacht, schaut, wie er liest.
Gfallts dir?
OTTO Ich war ned gut in »Aufsatz«.
MARTHA Ich schon. Weil ich eine Fantasie hab.
OTTO Ich auch.
Aber eine die man ned aufschreibn kann.
Legt das Buch weg.
Was ich mir schon alles ausdenkt hab,
das tätst du mir gar ned glaubn.
Wenn ich es dir verzähl.
MARTHA Was?
OTTO Vielleicht verzähl ich es dir einmal.
Jetz ned.
MARTHA Wiest willst!
Nimmt ihr Tagebuch, holt vom Schrank einen Schreibstift und fängt an zu schreiben.
OTTO *schaut sie an.*
MARTHA Hab es gleich.
OTTO Schreibst em, wennst es willst.
MARTHA Daß es ned vergessn wird.
Sie schreibt natürlich jetzt »für ihn«.
Pause.
OTTO Jeder tut, was ihn gfreut.
Kleine Pause.
Er steht auf und geht zu seiner Aktentasche und entnimmt ihr ein Magazin »frivol«.
MARTHA Was hast?

OTTO Nix, Männersache.
Geht zum Diwan, legt sich hin und schaut das Heft an.
MARTHA *hört sofort auf zu schreiben.*
Lauter nackerte Weiber drin!
Geht zu ihm hin.
OTTO Geht dich nix an, is Männersache.
MARTHA *setzt sich zu ihm.*
OTTO Schreib weiter!
MARTHA Will auch sehn, was da drin is.
Sie schauen die Bilder an.
Die gfallt mir am bestn!
OTTO Durchschnitt. Gibt bessere.
MARTHA Sind das Nuttn, die sich nackat abfotografiern lassn?
OTTO Hast du eine Ahnung, was das sind.
Kleine Pause.
Fotomodells sind das.
Die ham mit Nuttn überhaupts nix zum tun.
Studiern die meistn,
und weils das Studium ned zahln können,
lassn sie sich abfotografiern.
Dann hams wieder ein Geld
und können ein Jahr lebn.
MARTHA Solche sind das.
OTTO Genau, weil ich das weiß.
MARTHA Und was verdienens dann, wenn sie sich so abfotografiern lassn?
OTTO Fünftausend oder mehr.
Kleine Pause.
MARTHA Das tät ich nicht.
Kleine Pause.
Auch ned für fünftausend.
OTTO Dich tät auch gar niemand abfotografiern für fünftausend!
Schaus dir an,
wie die auschaun,
die da drin sind.
MARTHA *blättert.*
Die is auch nicht schön.
OTTO Aber ein Unterschied is.
MARTHA Wenns mich so herrichtn und

eine Perrückn aufsetzn wie der,
erkennst mich nicht wieder.
OTTO Dich tät ich immer erkennen.
Da wett ich.
Kleine Pause.
MARTHA Aber fotografiern tät ich mich
so ned lassn.
Und für zehntausend auch nicht.
Das kannst glaubn.
Außerdem is das ned notwendig,
weil ich
nicht so dasteh wie die,
wo da drin sind.
OTTO Du hast keine Ahnung von nix.
MARTHA Aber eine Fantasie hab ich.
OTTO Weil das was is.
MARTHA Soll ich dir vorlesn, was ich jetz geschriebn hab?
OTTO Angeberei.
MARTHA Wo es nur für dich is.
Tus Heftl weg,
dann lies ich es dir vor.
Pause.
OTTO Eine Liebe is das!
MARTHA Genau.
OTTO *lächelt, tut das Heft weg.*
MARTHA *nimmt es und tut es zurück in Ottos Aktentasche.*
Wo es hingehört!
OTTO *lächelt.*
MARTHA *geht zurück zum Tisch, setzt sich, lacht.*
OTTO Wennst jetz ned liest, schlaf ich ein.
MARTHA *liest:* 1. Februar
Erstmals ist Otto heute zum Essen hier gewesen. Es hat kalte Platte gegeben und Kaviar. Otto hat sich aber gleich beschwert, daß es keinen russischen Kaviar gegeben hat, sondern bloß den normalen.
OTTO Genau.
MARTHA Geht noch weiter: Ich habe gar nicht gewußt, daß er so ein Feinschmecker ist, mein Otto. Wenn ich wieder eine kalte Platte mache, werde ich auch einen russischen Kaviar kaufen, wenn er nicht gar zu teuer ist. Trotzdem hat er viel gegessen und

es hat ihm geschmeckt. Jetzt machen wir uns einen schönen Abend.

OTTO Jede Kleinigkeit wird festgehalten!
Das gefällt ihm.
So ein Schmarrn.

MARTHA Morgn früh schreib ich, was mir noch gemacht ham, heute.
Bloß Andeutungen, aber ich kann es lesn.
Tut das Buch und den Schreiber wieder zurück.

OTTO Jetz kommst, das is besser.

MARTHA Wennst es willst.
Sie beginnt sich auszuziehen.
Ziehst dich nicht aus?

OTTO Ein Mann braucht sich nicht immer ausziehn.
Man hört an der Tür Schaben und Jaulen.
Jetzt will der Hund herein.

MARTHA Darf er aber ned.

OTTO Das hab ich mir denkt,
daß der jetz einer will.
Sau.
Wo is die Leine?

MARTHA Wos hinghört.

OTTO Mistviech! *Er nimmt die Leine und geht nach draußen. Man hört ihn den Hund schlagen, der Hund bellt wütend und jault nicht mehr.*

MARTHA Der Hund is ein Stück von mir,
aber du darfst ihm schlagn,
wennst es willst.
Außerdem hat er eh die ganze Zeit
die Leut anbellt,
und die Nachbarschaft schimpft.
Da hat er es auch verdient.

OTTO *außerhalb:* Mistviech, eine Ruh is!
Der Hund knurrt bösartig.

MARTHA Wo er das lange Draußnsein nicht gewohnt is,
verliert er die Geduld.

OTTO *außerhalb:*
Sau, verschwind!
Der Hund geht zum Angriff über.

MARTHA Anhänglich is er!

OTTO *in Bedrängnis:*
Wirst auf das Herrle losgehn,
du Drecksau!
Paß auf!
Man hört den Hund und Otto in ziemlichem Kampf.
MARTHA Haun laßt er sich ned gern,
da stellt er sich!
Sie lacht vor sich hin.
OTTO Schweinsviech, dreckertes!
Pfui, pfui hab ich gsagt!
Martha! Pfui!
Er geht mich an, Martha, dein Schwein!
MARTHA *läuft zur Tür, reißt sie auf, schreit:*
Pfui, Rolfi!
Pfui und auf den Platz, marsch!
OTTO *kommt inzwischen wieder ins Zimmer.*
MARTHA Und keinen Beller mehr,
sonst kommts Fraule und gibt dir,
dann wirst aber sehn, was dann is!
Der Hund verstummt, Martha kommt auch herein.
OTTO Losgangen is er auf mich und hat mich beißn wolln.
Die Sau!
MARTHA Wenn ihn wer Fremds schlagt, dann stellt er sich.
OTTO Genau.
MARTHA Ein Hund merkt es gleich,
ob sich eins traut
oder Angst hat.
OTTO Ich hab keine Angst.
Aber der Hund is eine Sau.
Geht dir zwischn die Füß.
Ich hab es gsehn.
MARTHA Eifersüchtig is er, das is normal.
OTTO Das is ein Hund, wost suchn mußt.
MARTHA Friern tu ich.
OTTO Dann kommst.
Sie legen sich beide auf den Diwan.
Pause.
MARTHA Was is?
OTTO Der Hund muß weg.
Pause.

2. Szene

Martha im Metzgermantel. Otto raucht auf dem Diwan.

MARTHA *arbeitet im Geschäft.* Eine Kuttlerei is ein Gschäft, das immer geht.

OTTO Fleisch, wost hinschaust.

MARTHA Weißt nicht, was das alles is.

OTTO Uninteressant.

MARTHA Wennst etwas davon verstehn tätst, könntst bei mir arbeitn.
Tät eh eine Hilfe brauchn.

OTTO Meinst, daß ich mich den ganzn Tag da hereinstelln tät und Hundsfutter verkaufn?

MARTHA Ich tät dir einen Lieferwagn anschaffn
und den Einkauf überlassn.
In der Früh ein paar Stundn auf dem Schlachthof,
dann könntst dich in die Sonn legn.
Wennst selber auf dem Markt bist in der Früh,
kannst besser entscheidn,
was du willst und was nicht,
als wennst bloß beliefert wirst wie ich.
Aber verstehn muß man es.
Der Einkauf is es nämlich,
was dich ruinieren kann oder nicht.

OTTO Was zahlst?

MARTHA Mir hättn alles gemeinsam.

OTTO So verdien ich mehr.

MARTHA Wieviel?

OTTO Vierzehnhundert immer.

MARTHA Brutto.

OTTO Netto wird geschrieben!

MARTHA Ich hab mehr.

OTTO Wieviel?

MARTHA Zweitausend im Sommer, im Winter kann ich auf dreitausend kommen.

OTTO Gelogen.

MARTHA Kannst nachschaun in die Bücher vom letztn Jahr.

OTTO Was gehn mich deine Bücher an.

MARTHA Gib dir Einblick.

OTTO Brauchts ned.

MARTHA Außerdem bin ich selbständig und du nicht.
OTTO Brauch keine Selbständigkeit,
kann mir nix kaufn dafür.
MARTHA Weilst es nicht kennst,
sonst tätst anders redn.
OTTO Mir redt keiner was drein
in der Firma.
Sonst tät ich mich rührn,
das kannst glaubn.
Unsere Akkordpartie is die beste,
wos ham.
Sie wissn es.
MARTHA Sag eh nix.
OTTO Dann mußt still sein.
Einmal hab ich die höchste Stückzahl ghabt
im Monat.
Juli wars.
Vor zwei Jahr.
Da hats eine Prämie gebn.
Dreiundvierzig Mark.
MARTHA Bravo.
OTTO Aber nur einmal.
Jetzt komm ich nicht mehr hinauf.
Ich weiß ned warum.
Bei die Bestn bin ich,
aber die Monatsprämie kriegt immer ein anderer.
Pech.
MARTHA Abrackern tät ich mich nicht,
wegn dreiundvierzig Mark.
OTTO Weil du nicht rechnest in deim Ladn!
MARTHA Aber für mich.
OTTO Ich vielleicht nicht?
An der Packmaschin
da wird jeder Handgriff
den man tut registriert
und am Ende abgerechnet.
Voll.
MARTHA Mir is mein Gschäft lieber.
OTTO Unappetitlich.
Daß man mit Hundsfutter

verkaufn allein
überhaupts soviel
verdienen kann,
das ghört verbotn.

MARTHA Verkauf nicht nur Hundsfutter,
sondern alles,
was mit Innerein zu tun hat.
Hab Metzger glernt und
eine Gsellnprüfung gmacht
und den Meister auch, weil
ich das Gschäft übernommen hab.
Mein Vater hat sogar einen Zirkus beliefert.

OTTO Für die Tiger, das imponiert.

MARTHA Aber jetzt wo alle kleinen Zirkus
eingangen sind is nix mehr.
Die großn tätn sich nicht abgebn mit mir,
die denkn in andere Mengen.

OTTO Schnitzel gibts überhaupt keines.

MARTHA Schnitzel is auch keine Innerei.
So ein Unsinn!
Eine Kuttlerei is eine Innereienmetzgerei und sonst nix.
Das muß man wissn und die Kundschaft
weiß es auch.

OTTO Ein vollwertiger Metzger bist du nicht.

MARTHA Nein, weil mir spezialisiert sind.
Das hat schon der Papa gmacht,
weil er die Lücke erkannt hat.
Jederzeit könnt ich,
wenn ich es wollt,
umstelln auf eine normale Metzgerei,
alle Voraussetzungen dazu sind vorhandn.
Aber Metzger gibt es viele,
die Kuttlerei stirbt aus und lebt deshalb gut,
wenns noch da is.
So is das.

OTTO Aber eine Frau, wo Metzger is,
das is sowieso unnatürlich.
Da kannst du sagn was du willst.

MARTHA Wo meine Eltern den Ladn ghabt ham,
und ich das einzige Kind bin,

bin ich hineingewachsn und zwar gut.
Denn ein Metzgermeister is ein schwerer Beruf,
der viel Liebe und Können braucht.
Ich hab alles erreicht, und zwar als Frau.

OTTO Ich bin lieber ein Mann,
sowas is kein Vergleich.

MARTHA Wenn ich ein Mann sein tät,
tät ich mich besser durchsetzn,
das is klar.
Aber so wie es steht, tätn meine Eltern sagn,
daß es solide is.
Der Umsatz steigt beständig an,
die Schuldn die warn beim Umbau
sind fast zurückgezahlt.
Andere Sorgn gibt es nicht.

OTTO Bloß einen Mann
hast keinen gefundn.
Trotz allem.

MARTHA Hat schon Möglichkeiten gegebn,
das kannst glaubn,
wenn man den ganzn Tag ein Publikum hat.
Aber wegschmeißn tu ich mich nicht.

OTTO Und wie bist nachat deine Jungfernschaft loswordn?
Wenn man fragn darf.

MARTHA Das is schon lang her,
da kann ich mich überhaupts nicht mehr erinnern.

OTTO Eh besser, in deinem Alter.

MARTHA Ebn.
Pause.
Wennst du von der Früh bis in den Abend
im Gschäft stehst
was glaubst
wie das beansprucht.
Lacht. Da is Privatlebn klein geschriebn.

OTTO Genau.
Lauter tote Viecher um ein umeinander,
da kannst auf kein gescheitn Gedankn kommen.

MARTHA Über das Gschäft laß ich nix kommen.
Da bin ich stolz drauf.
Und mit Recht.

Eine Frau wo allein is hat es schwer.
Das sagn alle.

OTTO Hast ein Hund.

MARTHA Mir ham schon immer einen Hund ghabt,
soweit ich mich erinner.

OTTO Ein Schutz, so ein Hund.

MARTHA Das auch.

OTTO Der wird einen Haß habn,
der Hund, auf mich.

MARTHA *lacht.*

OTTO Weil jetz ich da bin.

MARTHA Ebn, das is er nicht gwohnt.

OTTO Tät mir am liebstn an die Gurgel gehn, das merk ich.

MARTHA Da werd ich schon aufpassn, daß er dir nix tut.

OTTO Glaubst ich hab eine Angst vor dem Hund?

MARTHA Ein Hund is stärker wie ein Mann, wenn er groß is.

OTTO Fett is er. Sonst nix.

MARTHA Metzgerhund sind alle dick.

OTTO Die Fettn ham sowieso keine Kraft.

MARTHA Aber die machn es mit dem Gwicht.

OTTO Dann tät ich ihm erschießn.

MARTHA Wennst ein Gwehr hättst.

OTTO Genau hab ich eins.

MARTHA Wo?

OTTO Daheim, wos hinghört.

MARTHA Was du alles hast.

OTTO Kleinkaliber, aber mit Durchschlagkraft.

MARTHA Im Schlachthof hams Schußapparat,
da kannst einen Elefantn damit erschießn.

OTTO Brauch kein Elefantn erschießn.

MARTHA Wenn dich einer angreift?

OTTO Das gibts nicht.

MARTHA Wenn einer aus dem Zirkus ausbricht, könnt es sein.

OTTO Hast bloß Viecher im Sinn und sonst nix.

MARTHA Wo es ein Beispiel war,
weil ich eine Fantasie hab.

OTTO Zuviel allein bist du, das is es.
Das hat mit einer Fantasie gar nix zum tun.

MARTHA Dafür hab ich jetzt dich.

3. Szene

Martha und Otto bei der Liebe.

OTTO Wo du mit einem Hund gehst,
gibts keine Liebe bei mir.

MARTHA Das is eine Verleumdung.

OTTO Das sagst du.

MARTHA Das weiß auch nur ich.

OTTO Wie er dir unter den Rock schleckt,
wennst dich umdrehst,
das hat sich gleich beim ersten Mal
eingeprägt in mich.

MARTHA Das tut jeder Hund.

OTTO Das tut er weil er was will.

MARTHA Der will nix, da kannst ganz beruhigt sein.

OTTO Still.

MARTHA Au! Jetzt tut es weh.

OTTO *nachdem es vorüber ist:*
Weil das ein Erguß war.
Aber der letzte, den ich dir beibring.

MARTHA Das kann hinterher jeder sagn.

OTTO Was ich sag, das halt ich.

Pause.

MARTHA Mit dir is kein Auskennen.

OTTO Weilst nix verstehst.

MARTHA Dann erklärst es, wenn ich es nicht versteh.

OTTO Kennst dich nicht aus mit die Männer, das is es.

MARTHA Das lern ich auch noch,
wenn ich Zeit hab.

OTTO Das is nix zum lernen,
das muß angeborn sein.

MARTHA Werd nur heruntergesetzt von dir.

OTTO Weil ich es gut mein.
Sonst tät ich mich nicht anstrengen,
das wirst einsehn.

MARTHA Sag eh nix.
Aber meine Zeit brauch ich
zum Eingewöhnen.
Die mußt mir schon lassn.

OTTO Wo der Hund da is geht das nie.

MARTHA Warum, wenn man fragn darf.
OTTO Weil er dich ablenkt,
was verständlich is.
MARTHA Der lenkt mich bestimmt nicht ab,
weil ich gar nicht weiß warum.
OTTO Mit einem Hund kann ich nicht zusammenleben.
Pause.
Bist stur, wo die Zeit reif is
für ein Geständnis.
Das is alles durchschaut.
Kannst ein Geständnis ablegn.
Das hab ich von Anfang an gwußt.
Glaubst ich bin blind?
Wie der an deiner Seitn herumschleicht
und dich abschleckt,
wo er nix zum suchn hat.
Und wie er mich haßt, der Hund.
MARTHA Weilst eine Angst vor ihm hast.
OTTO Nein!
MARTHA Doch!
OTTO Du glaubst mir nix und unterstellst
mir Gemeinheitn.
Das is alles was du kannst.
MARTHA Ich steh jetzt auf.
OTTO Genau, wo es vorbei is.
MARTHA *steht auf, zieht sich an.*
OTTO Bist durchschaut.
MARTHA Weil du dumm bist.
OTTO Nickn genügt.
MARTHA Gibt nix zum nickn.
Pause.
OTTO Lassn mir das Thema, wo es klar is.
Er dreht sich zur Seite.
MARTHA Tust ein bißl schlafn jetzt?
OTTO Eine halbe Stund, wo ich müd bin.
MARTHA Dann tu ich jetzt
den Gummibaum
umtopfn.
Was ich vorher schon wolln hab.
OTTO Hast eine Hand mit Blumen, das is sicher.

MARTHA *während sie alles für ein Umtopfen herrichtet:*
Weil ich ein Geheimnis hab.
Die Erdn
wo ich verwend hol ich
von der Wiesn
hinter der Kirchn.
Die is besser wie eine kaufte.
OTTO Diebstahl.
MARTHA Wennst auf der Wiesn ganz genau hinschaust,
nachat siehst lauter Löcher drin.
Die sind von mir.
Pause.
Aber das sag ich bloß dir.
OTTO Ein Diebstahl is das.
MARTHA Ein bißl Erdnholn wird schon erlaubt sein.
Kleine Pause.
OTTO Bist unnormal,
weilst allein bist
und nicht schön.
MARTHA Bin ebn nicht so gefragt wie du.
OTTO Weilst nicht schön bist.
Eine Frau soll ebn was gleichschaun,
damit sie auffällt.
Pause.
Sonst is nix.
MARTHA Ich behaupt nicht, daß ich auffall.
OTTO Das tät dir auch keiner glaubn,
wennst du das behauptn tätst.
MARTHA Was findst nachat an mir?
OTTO Mitleid hab ich mit dir.
MARTHA Brauch kein Mitleid.
Kann mir nix kaufn dafür.
OTTO Ein Mitleid is besser wie gar nix.

Zweiter Akt

1. Szene

Martha an der Geschäftstür. Otto kommt mit dem Fahrrad vorbei. Tag.

MARTHA Grüß Gott Otto!
OTTO Hast mich abpaßt. *Steigt vom Fahrrad.*
MARTHA Ich kann vor meinem Gschäft stehn.
Nach Kundn Ausschau haltn.
Wennst du vorbeikommst,
kann ich nix dafür und sag
»Grüß Gott Otto« wie ein anständiger Mensch,
der sich kennt.
OTTO Weil ich nach der Arbeit da vorbei muß.
MARTHA Hättst auch einen andern Weg fahrn können.
OTTO Einen Umweg machn wegn dir.
Das könnt dir passn.
MARTHA Wenn mir uns begegnen
sag ich
»Grüß Gott Otto«
weil mir uns kennen.
OTTO Eine Ruh sollst gebn.
MARTHA Willst nix mehr von mir wissn, gell.
Zwengs dem Hund, dem Rolfi.
OTTO Das tät ich da heraußn noch laut sagn.
MARTHA Wennst nicht hereinkommst
muß ich es heraußn sagn.
Da wär nämlich eine Neuigkeit,
wo dich interessiern tät.
Der Hund is tot.
Jetzt brauchst nicht mehr eifersüchtig sein.
OTTO Wieso is er tot?
MARTHA Weil ich ihn umbracht hab aus Liebe zu dir.
OTTO Das hätts nicht braucht.
MARTHA Das hab ich gern gmacht für dich.
OTTO Du hast eine Vorstellung von der Liebe.
MARTHA Die geht mir über alles.
Der Hund is jednfalls hin.

Auf dem Schuttplatz liegt er,
kannst ihm anschaun.
OTTO Wie hast ihm umbracht?
MARTHA Mit einem Messer.
Das ich ihm hineingestoßn hab.
OTTO Hats ihm weh tan?
MARTHA Überhaupts nicht.
Umgfalln is er und hat nicht mehr gejault.
OTTO Das hätts nicht braucht.
MARTHA Für meine Liebe kämpfe ich.
OTTO Das hätts nicht braucht,
wo ich jetzt eine andere hab.
MARTHA Wo?
OTTO Geht dich nix an.
Privatsache.
MARTHA Wo der Hund wegn dir tot is
kannst mich nicht stehn lassn.
OTTO Ich hab nicht gsagt, daßd ihn umbringen sollst. –
Sowas liegt mir nicht.
MARTHA Genau hast es gsagt.
OTTO Brauchst nicht alles wörtlich nehmen.
MARTHA Wenn der Hund weg is,
hab ich mir denkt,
dann trennt uns nix mehr.
OTTO Eine Vorstellung von der Liebe hast du
wo an Fantasie grenzt.
MARTHA Mußt zu mir haltn.
Hast es versprochn.
OTTO Nix hab ich versprochn.
Is sogar ein Scheidungsgrund ein Hund.
MARTHA Tote soll man ruhn lassn.
Brauch dich.
OTTO Wer mit einem Hund gangen is,
hat kein Anrecht auf einen Menschen.
MARTHA Bin mit keinem Hund gangen.
OTTO Aber in Gedanken.
MARTHA In Gedankn, so ein Schmarrn.
OTTO Kein Schmarrn.
MARTHA Häng an dir.
Pause.

OTTO Dann komm ich morgn,
wenn der Hund tot is.
MARTHA Jetz is Feierabend.
OTTO Morgn.

2. Szene

In der Wohnung von Martha, gemütlich und Abend.
MARTHA In einer gutn Woch is der Fasching vorbei
und man hat nix ghabt davon.
OTTO Brauch keinen Fasching.
MARTHA Man muß alles kennenlernen,
sonst kann man ned mitredn.
OTTO Und was ham die Eintrittskartn kost?
MARTHA Das is mein Geheimnis,
weilst eingeladn bist.
OTTO *liest:*
Tropenball.
Des is bestimmt ned billig.
MARTHA Macht nix.
OTTO Eine Ballnacht kann ein Vermögen kostn,
heißt es.
MARTHA Werdn mir sehn.
Lad dich ein.
OTTO Wenn schon, dann zahl ich.
Das is Männersache.
MARTHA Wennst willst.
OTTO Ich zahl, sonst geh ich nicht.
MARTHA Ein Kavalier.
Pause.
OTTO Eine Überraschung nach der anderen
mit der Frau.
MARTHA Man muß die Feste feiern wie sie fallen.
OTTO Wo der Hund tot is.
Kein Herz hast du.
MARTHA Doch, weil ich ein Hirn hab.
OTTO Is er nicht tot der Hund?
MARTHA Eine Annoncn hab ich in die Zeitung getan.
Suche gute Stelle für Hund.

Lacht.
Aber weg is weg.
OTTO Ein Geständnis is das.
MARTHA Hast deinen Willen ghabt.
OTTO Is eh besser.
Leichn bringen Unglück.
MARTHA Ebn.
Und jetzt hat er einen gutn Platz und lebt.
OTTO Und was zahlst dafür?
MARTHA Das is mein Geheimnis.
OTTO Ein Vermögn.
MARTHA Mein Geld.
OTTO Genau.
MARTHA *hat sich während des Gesprächs zu verkleiden begonnen.*
OTTO Ein Kostüm?
MARTHA Freilich.
Sonst macht es keinen Spaß.
OTTO Maskiert geh ich nicht, weil mir das nicht steht.
MARTHA Probiern geht über studiern.
Schau mich an.
OTTO Was gibt des?
MARTHA Raten.
OTTO Noch is wenig zum sehn.
MARTHA Laß mir halt Zeit.
Sie richtet sich mit großem Vergnügen weiter her.
OTTO *schaut ihr gerne zu.*
MARTHA Jetzt muß man es erkennen.
OTTO *nickt, weiß es aber nicht.*
MARTHA Als Blumenverkäuferin wird gegangen,
das sieht man doch auf den ersten Blick.
Sie ergänzt sehr folgerichtig ihr Kostüm. Es ist mit sehr viel Liebe und Fantasie entworfen und nicht billig erstellt. Zum Schluß hängt sie sich noch einen großen Blumenkorb um.
Siehst?!
Elysa Doolittle
My fair Lady!
OTTO *schnell:* Und ich?
MARTHA Den Professor Higgins,
was denn sonst?

OTTO Raffiniert!
MARTHA Da hab ich lang nachgedacht
bis es mir eingfalln is.
Da, brauchst es bloß anziehn.
Es is alles hergerichtet für dich
von mir.
OTTO Raffiniert,
wo ich
überhaupts noch nie
maskiert gangen bin.
Das hätt ich mir jetzt nicht denkt,
daß du das durchsetzt.
MARTHA Was du gegn Maschkara hast,
das tät ich gern wissn.
OTTO *zieht sich bedächtig und genußvoll sein schönes Gewand, vermutlich einen Frack etc. an.*
Wenn ich noch nie auf einem Ball gwesn bin.
MARTHA Ich schon.
Als Kind, aber das macht nix.
Halt dich an mich,
dann passiert dir nix.
OTTO Glaubst ich hab eine Angst!
Er zieht sich fertig an.
MARTHA Gell, es paßt!
OTTO *lächelt, nickt.* Ja.
MARTHA *schaut sich ihren Otto an.*
Schön sind mir!

3. Szene

Martha und Otto auf dem Diwan im Geschäft. Rolfi jault.
OTTO Da jault ein Hund.
MARTHA Hör nix.
OTTO Da jault ein Hund.
MARTHA Hörst Gespenster.
OTTO Da jault ein Hund, das is sicher.
MARTHA Halt dir die Ohrn zu, dann jault nix.
OTTO Da jault ein Hund.

MARTHA Das is der Geist vom Rolfi, der dich erschreckn will.
OTTO Ein Viech hat keinen Geist.
MARTHA Wennst ihm jauln hörst
muß er einen habn,
weil er weg is!
Hast Angst?
OTTO Bei mir gibts keine Angst. *Steht auf und geht zur Kühlkammer. Er öffnet den Riegel und macht die Tür auf. Rolfi kommt wedelnd heraus.* Armes Viech. Einsperrn da drin!
Bist eine Sau.
Was glaubst wie der gfrorn hat.
Rolfi genießt das Mitleid sichtlich.
In Kühlschrank sperrn,
so eine Gemeinheit!
Sau, bist ein Sadist!
MARTHA Besser friern wie tot, hab ich mir denkt.
Er hat aber nicht verstandn um was es geht.
Blöder Kerl!
OTTO Alles gelogen!
Wohin das Auge reicht.
Keine Annoncn hast aufgebn!!!
MARTHA Freilich hab ich eine aufgebn,
kannst nachschaun in der Zeitung.
Wies drin steht.
Zweimal hab ich sie aufgebn sogar.
OTTO Und warum is der Hund dann im Kühlschrank?
Wo er nix zum suchn hat?
MARTHA Weil sich keins gemeldet hat,
das ihn hat nehmen wolln.
OTTO Keine Tierliebe mehr auf der Welt.
MARTHA Niemand, der sich gerührt hätt.
Da hab ich ihm in Pension gebn beim Tierschutzverein
für vierzehn Tag.
Und jetz is er wieder da.
OTTO Hab dir gesagt: Entweder der Hund oder ich.
MARTHA Wenn ich es nicht übers Herz bracht hab.
OTTO Aber in den Kühlschrank hast ihm tun können.
Ein Viecherschinder bist.
Was glaubst, wie kalt es da is.
MARTHA Habs wegn dir tan.

OTTO Mitm Schußapparat aufm Schlachthof sollns ihm erschießn,
hab ich gsagt.
Weil er ausgespielt hat und eine Strafe sein muß.
MARTHA Kann dir nix recht machn.
OTTO Weilst alles falsch machst!
MARTHA Aber nicht mit Absicht,
weil ich dich nicht verliern will.
OTTO Das is wurscht.
Wo der Hund zwischn uns is,
gibts keine echte Liebe.
Bloß äußerlich.
MARTHA Spinnen tust, das is es.
OTTO Weilst eine Sau bist, und das hat man dauernd vor Augen.
MARTHA Wer ohne Schuld is,
der werfe den ersten Stein auf meiner.
Sagt der Herr.
OTTO Sagt er nicht.
MARTHA Genau sagt er das.
OTTO Katholisch bist, aber sonst eine Sau.
MARTHA Jetzt muß ich mich auch noch beleidign lassn,
bloß weil ich es nicht übers Herz bracht hab,
das hat man von der Gutheit.
OTTO Brauchst es bloß zugebn und alles is vorbei.
MARTHA Was denn?
Glaubst vielleicht, weilst du
schmutzige Gedankn hast wie eine Sau,
muß ich eine sein?
Und weilst spinnst,
muß ein armer Hund,
der keine Heimat hat, leidn? –
Dann laßt man ihm ebn einschläfern,
wennst es nicht anders willst!
OTTO Armer Hund!
Wo er mich beißn hat wolln!
Das weiß ich genau.
MARTHA Weil er dich nicht kennt hat!
Beißt er dich jetzt vielleicht,
wo er vor deine Füß liegt und dich abschleckt?

OTTO Jetz nimmer.
MARTHA Ebn.
Wennst keine Ruh gibst,
dann nimmst ihn mit, den Rolfi
und machst mit ihm, was du willst!
OTTO Das tät dir passn!
Anzeign sollt man dich,
zwengs Tierschinderei!
MARTHA Und alles zwengs dem Scheißhund!
OTTO Um den Hund geht es überhaupts nicht mehr.
Der steht nämlich in der Zukunft
unter meinem persönlichn Schutz.
MARTHA Genau!

4. Szene

Otto auf dem Diwan. Martha. Rolfi bellt im Garten wie immer.

OTTO Hast noch ein Bier?
MARTHA In der Wohnung is eins.
Ein ganzes Tragl hab ich kommen lassn
für dich.
OTTO Jetz will ich es.
MARTHA Wennst schon alle drei austrunkn hast is nix mehr da.
OTTO Zwei! Kannst nicht zähln?
MARTHA Dann muß noch eins in der Einkaufstasch sein,
weil ich drei gholt hab.
OTTO *schaut nach und nimmt das dritte heraus.* Stimmt.
MARTHA Gehst mit, wenn ich fertig bin?
OTTO Jedn Abend geh ich nicht mit.
MARTHA Weilst zu einer andern willst.
OTTO Und?
MARTHA Hast nix zu einer andern zgehn.
OTTO Wo ich mich deiner erbarmt hab,
kannst eine Ruh gebn und Stille haltn.
MARTHA Hast die Weichn gestellt für mich.
Hast gsagt.
OTTO Ich brauch meine Freiheit.

Da geh ich über Leichn
Pause.
Bist unersättlich.
MARTHA Dann bin ich ebn unersättlich.
OTTO So eine Geilheit
wie die deine
is auch nicht
normal.
MARTHA Wo ich dich liebe,
wird das schon erlaubt sein.
OTTO Heut nicht.
Alles zu seiner Zeit.
Mußt froh sein, daßd eine Liebe ghabt hast.
Das ham nicht alle.
MARTHA Bin nicht undankbar.
Aber eine Achtung mußt kriegn von mir.
Dann is alles anders das weiß ich schon.
Beweise zähln für die Liebe.
Pause.
Gib dir alles,
was ich hab.
OTTO Weil das was is.
MARTHA Is nicht alles billig, was du verlangst.
OTTO Soll ich gehn?
Jederzeit sagt der Mann adieu.
Brauchst es bloß sagn.
MARTHA Ich stell bloß fest.
OTTO Wer hat ihn bezahlt den Tropenball?
MARTHA Hab mich gefreut
und danke gsagt.
OTTO Fünfundsiebzig Mark.
MARTHA Ja.
Pause.
OTTO So eine Diskussion hat unsereiner
überhaupts nicht notwendig.
Pause.
Da kann man drauf verzichtn,
wenn die Frau so kommt.
MARTHA Komm nicht so.
Liebe dich.

OTTO Weil du was verstehst von der Liebe.
MARTHA Bin eine Geschäftsfrau,
wo man nicht einfach
herumschmeißn kann.
Meine Selbständigkeit is auch was wert.
OTTO Sollst aufhörn mit der Scheißselbständigkeit.
Glaubst, das weiß ich nicht
inzwischen,
daß die Dame eine wohlhabende Person is
und ich ein Arsch?
MARTHA Das hab ich nie gsagt.
OTTO Aber denkt.
MARTHA Verzeih mir und eine neue Liebe beginnt.
OTTO Nein.
Pause.
MARTHA Gehst mit heim, wenn ich fertig bin?
OTTO Bist stur.
MARTHA Hab ein Kalbsfilet kauft.
Das wird schlecht,
wenns nicht gessn wird.
OTTO Hast einen Kühlschrank zum Aufhebn.
MARTHA Kalbsfilet haltet sich auch im Kühlschrank nicht lang.
Pause.
OTTO Entweder da und jetz oder gar nicht.
Mitgehn tu ich nicht, weil ich was vorhab.
MARTHA Hast nix zum vorhabn.
Wo man dir alles tut.
OTTO Weilst einen Vogel hast.
Entweder da oder gar ned.
MARTHA Dann ebn da, wennst es dir schon ned ausredn laßt.
OTTO Was ich sag halt ich.
Es nägste Mal kann sein,
hab ich wieder mehr Zeit.
Pause.
Was is jetz?
MARTHA Gleich.
Sie will sich ausziehen.
OTTO Bloß die Unterhosn weil das langt.
MARTHA *hält inne, schaut an sich hinunter, schaut zu Otto, lange Pause.*

OTTO Was is?
MARTHA *läßt den Rock wieder fallen, rasch:*
Brauchts nicht heute.
Hab es mir überlegt.
Kannst gehn, daß du nicht zu spät kommst.
OTTO Nimmst eine Rücksicht!
Vornehm.
MARTHA Und du bist gemein!
OTTO Auf Wiedersehn!
Ab.
MARTHA *allein.* Recht hat sie ghabt die Martha.

Dritter Akt

1. Szene

In Marthas Wohnung. Otto liegt in der Badewanne, Martha in der Küche beim Kochen.

OTTO Legst mir eine frische Unterwäsch herein. Griffbereit!

MARTHA *hört nicht.* Was?

OTTO Eine frische Unterwäsch sollst mir hereinlegn oder sitzt auf die Ohrn.

MARTHA Gleich!

Sie macht in der Küche einige Handgriffe, dann kommt sie in das Schlafzimmer und holt aus dem Schrank Unterwäsche von Otto, bringt sie ihm ins Bad.

Da. Ich legs auf die Heizung,
dann wirds warm bisd heraußn bist.

OTTO Genau.

MARTHA Soll ich dir den Buckl waschn?

OTTO Brauchts ned.

MARTHA Wenn man epps hat,
weiß man es ned zum schätzn.
Das is bekannt.
Da hast ein Bad und eine Wohnung
und jemand, der dir den Buckl wascht –
und was hast bei dir daheim?

OTTO Bin ebn beweglich,
als Mann.

MARTHA Weilst bloß eine Schlafstell hast.

OTTO Ebn.

MARTHA Nicht einmal ein Zimmer.

OTTO Was tu ich mit eim Zimmer?
Einmal hab ich sogar eine Wohnung
mir nehmen wollen.
Beinah.
Aber dann hab ichs doch ned gnommen.
Hinausgeschmissenes Geld.

MARTHA So ein Schmarrn.
Eine Wohnung braucht ein jeder Mensch.

OTTO Ich ned.

MARTHA Aber in meim Bad sitzn magst schon.
OTTO Kann herausgehn.
MARTHA Zerscht tust dich waschn!
Dreckbär.
OTTO *lacht.*
Gfall ich dir?
MARTHA Depp.
OTTO Früher hab ich eine Figur ghabt.
Des hättst sehn solln.
Weil ich Sport gmacht hab.
MARTHA Tät dir heut auch nix schadn.
OTTO Kein Speck, wohin das Auge reicht.
MARTHA Und da? *Am Bauch.*
OTTO Muskeln!
MARTHA *lacht.*
OTTO Lang her!
MARTHA *tut es.*
Fett.
OTTO Die Oberschicht, verstehst ja nix.
MARTHA Soll ich dir jetz den Buckl waschn?
OTTO *lächelt.* Nackte Tatsachn bewundern.
MARTHA Weil ich da scharf drauf bin!
OTTO Scharf wie Schifferscheiße!
MARTHA *wäscht ihm den Rücken.*
OTTO Bei die Chinesn oder Japaner
gibt es Badehäuser.
Das geht einem Mann durch und durch,
wenn er da gebadet wird.
Weil die ein Feingefühl ham
die Geishas!
MARTHA Bin keine Geisha.
OTTO Nein.
MARTHA Der Buckl muß sauber sein,
das is das Wichtigste!
So!
Ist fertig.
Jetz brauchst nimmer lang,
weils Essn schon so weit is!
OTTO Frisches Handtuch is keines zu sehn.
MARTHA Das hab ich vergessn!

Sie geht wieder ins Schlafzimmer und kommt mit 2 Frottees zurück.

Da. – Ich deck den Tisch.

OTTO Was gibts?

MARTHA Laß dich überraschn.

2. Szene

Otto und Martha in Marthas Schlafzimmer. Und Nacht.

OTTO Ich tät den Ladn vermietn und mir ein schönes Lebn machn.

MARTHA Davon kann man ned lebn.

OTTO Dann tät ich mir irgendwo eine Halbtagsstell suchn.
Wenn ich an deiner Stell wär.

MARTHA Mein Gschäft aufgebn
und mich irgendwo anders ausnutzn lassn!
Da müssert ich ja blöd sein.

OTTO Wie die redt!
Pause.
Frauliche Eignschaftn fehln dir vollkommen.

MARTHA Bloß weil ich ein Hirn hab.

OTTO Aber keinen weiblichn Charme.

MARTHA Lieber ein Hirn wie einen weiblichn Charme.

OTTO Und wie steht ein Mann da,
der sagn muß:
Die Frau, wo mein Herz is,
is selbständiger Metzger
und verdient mehr wie ich.

MARTHA Sei doch froh.
Pause.

OTTO Nebn dir fühl ich mich
überhaupts nicht wohl.
Und die Arbeitskollegn hab ich es auch erzählt,
und die gebn mir recht.
Wennst wenigstens schön sein tätst!

MARTHA Wenn ich schön sein tät,
tät ich bestimmt
nicht so selbständig sein
wie ich bin.

OTTO Aber begehrt.
MARTHA Schmarrn! Du hast Minderwertigkeitskomplexe.
Das is es.
OTTO Zu Minderwertigkeitskomplexe
hätt ich überhaupts
keine Zeit.
MARTHA Ich hab es dir angebotn.
Kommst zu mir.
Ich gib dir tausend auf die Hand,
und wenn es so weitergeht,
gib ich dir vierzehnhundert auf die Hand.
OTTO Verschlechtern werd ich mich.
MARTHA Das is bloß,
weil eine Frau als Chef,
das paßt dir nicht.
OTTO Das is auch unnormal.
Das sagn alle.
MARTHA Danach kann sich unsereins ned richtn.
Außerdem hab ich eine Liebe zu meim Beruf.
Das is es.
OTTO Das is auch unnormal.
MARTHA Wennst bei mir arbeitn tätst,
tätst bald anders redn.
OTTO Nie.
Ein Mann ein Wort.
Ganz schnell:
Einmal in der Nacht
hab ich mir ausdenkt wie ich dalieg
mit ganz offene Augn irgendwo
und tot bin.
Schau und man sieht nix,
weil die Dunkelheit herrscht
soweit das Auge reicht.
MARTHA Ja.
OTTO Hab ich mir ausdenkt.
Was ich mir alles ausdenk,
das geht auf keine Kuhhaut!
MARTHA *schweigt.*
OTTO Warum redst ned?
MARTHA Jetz hab ich es auch denkt

wie du sagst und werd ganz müd!
OTTO Schlafst?
MARTHA Nein.

3. Szene

Nebenraum. Otto und Martha. Tag.
MARTHA Am hellichten Tag.
Wenn das wer sieht.
OTTO Sieht keiner.
MARTHA Aber ich trau mich ned.
OTTO Weilst feig bist.
MARTHA Und wenn eine Kundschaft kommt,
muß ich hinaus und man merkt es.
OTTO Da richt man sich blitzschnell her.
Ein geübter Handgriff und alle Spurn
sind verwischt.
MARTHA Das geht nicht, weil ich das nicht kann.
OTTO Dann merkt man es ebn.
Weil da was dabei is!
Da sieht man, daß ein Mann
im Haus is, den die Frau liebt
ohne Rücksicht auf Verluste.
MARTHA Willst, daß es die Kundschaft spitz kriegt
und mich meidet wie ein buntn Hund!
Wo das Viertl eh so katholisch is,
daß keine Gnade herrscht.
OTTO Was braucht eine Frau einen Mann,
wenns eh mit ihrm Gschäft verheirat is.
MARTHA Ich tu genug für dich.
OTTO Hinunter mußt ebn noch
und merkn
daßd keine Ausnahm bist!
MARTHA Warum?
OTTO Demut habn.
Das fehlt dir ganz.
MARTHA Schmarrn!
OTTO Gehst her und machst einen Zungenriß!
MARTHA Was is das?

OTTO Weiberarbeit und ein Genuß für den Mann.
Brauchst dich nicht ausziehn,
brauchst dich nicht erregn,
keiner merkt was, bloß ich.
MARTHA Was?
OTTO Blast mir ein, oder kennst das ned?
MARTHA Das hab ich noch nie gmacht.
OTTO Probiern geht über studiern.
Jeder fangt einmal an.
MARTHA *Pause.*
Sollst dein Willn habn,
um die Zeit kommt eh niemand.
OTTO Genau.
Machst mir das Hosntürl auf,
holst ihm heraus und – Gefühl.
Wennst mich nämlich beißt,
hau ich dir eine herunter.
MARTHA Bestimmt ned.
Steht unschlüssig da.
OTTO Kniest dich am bestn
zwischn meine Füß
wenn ich
so dasitz.
MARTHA *kniet sich zwischen ihn, wie er gesagt hat, wartet aber, schaut zu Otto auf, der auch wartet.*
Pause.
OTTO Keine falsche Müdigkeit vorschützn!
MARTHA Jetz hätt ich das wirklich vergessn!
OTTO Was?
MARTHA Jetz hätt ich es wirklich vergessn,
daß ich die Packl für die Frau Oberwalder herricht,
die wo um drei kommt und alles
vorfindn muß wie bestellt.
OTTO Zeit genug!
MARTHA Nein, das geht mir jetz nimmer aus dem Kopf, wos eine alte Kundschaft is und treu.
Da kann ich mich überhaupts ned konzentriern für dich.
Weil die Packl richt ich ja sonst immer schon in der Früh her.
Und jetz is Mittag.
Sie geht ab in den Laden.

OTTO *allein, schaut, Pause, dann leise:*
Ausredn!

4. Szene

Martha wäscht Geschirr ab. Otto liest Zeitung.

MARTHA Man muß zamhaltn, Otto, sonst kommt man zu nix auf der Welt!

Otto liest, schweigt.

MARTHA Hörst ned?

OTTO Bei der Zeitung will man seine Ruh.

MARTHA Immer grad was du willst.

Pause.

MARTHA Glaubst mir nix.

Pause.

Arbeitst bloß gegn mich.
Und warum?

OTTO Ich tu was ich will.

MARTHA Wohnst und ißt bei mir.

OTTO Mein Schlafplatz is nicht aufgegebn.

MARTHA Aber du bist immer da.

OTTO Kann gehn, wennst es willst.

MARTHA Will es nicht.

OTTO Großzügig.

MARTHA Die Liebe hat viele Seitn,
die unentbehrlich sind
für eine Frau.
Das weiß ich jetzt.
Aber aufpassn muß man,
sonst schwimmt man hinunter
eh man sich verschaut.

OTTO Weil ich der Mann bin.

MARTHA Das is kein Fehler.

OTTO Lies jetz.

Lange, lange Pause.

MARTHA *wäscht ab.*
Hast schon gelesn,
was ich zletzt geschriebn hab im Tagebuch?

OTTO Uninteressant.

MARTHA Ein Gedicht.

Pause.
Das erste Gedicht,
das ich gschriebn hab, seit ich mich erinner.
Pause.
Soll ich es dir vorlesn?
OTTO Brauchts nicht.
MARTHA Ich lies es dir aber gern vor.
OTTO Wo ich die Zeitung hab.
MARTHA In der Zeitung steht nix drin von dir.
Aber mein Gedicht is von dir.
OTTO Willst bloß angebn,
das durchschaut man,
weil ich nicht gut war
in »Aufsatz«.
MARTHA Du hast dich nicht verändert,
seit mir uns kennen.
Pause.
Ein bißl,
aber das langt nicht.
Da braucht man einen gutn Willn.
Pause.
Soll ich es dir vorlesn?
Wo ich mit der Küch fertig bin.
Pause.
Gehn mir ins Wohnzimmer hinüber,
weil es gemütlicher is.
Tun es.
Holt das Tagebuch, schlägt es auf.
OTTO Zerscht war es im Ladn.
MARTHA Das wandert immer mit mir mit.
Das hast du bloß noch nicht gmerkt.
OTTO Uninteressant.
MARTHA Ich lies.
Otto nickt.
MARTHA Titel hab ich noch keinen, das kommt noch.
Liest:
Welche Nacht hat dein Schattn mir gebracht?
Da steh ich und streck mich, aber wie klein bin ich gegen dich!
2. Strophe:

Alle Blumen haben ihre Blüte
und die Tiere des Waldes das Herz.
Und was haben wir von uns?
Es fällt mir rein gar nichts ein.
3. Strophe:
Deine Magd in Freud und Leid will ich schon sein.
Aber nicht nur, denn mein Tagwerk verwelkt ja,
wenn ich dir immer zu Gefallen weinen muß.
Letzte Strophe:
Steh mir bei wenn ich müde bin am Abend,
weil der Tag dann hinkt und bricht,
und wo ich Saat vergraben hab tritt nicht hin,
paß auf.
Aus.

OTTO Der Schluß is unverständlich.

MARTHA Dichtung ebn.

OTTO Trotzdem.

MARTHA Soll ich es noch einmal sagn?

OTTO Einmal genügt.

5. Szene

Martha unter der Höhensonne. Otto dabei.

MARTHA Wirst sehn, was das ausmacht, eine Bräune.

OTTO Und ich werd in der Zwischnzeit blind.

MARTHA Schaust ned hin, dann wirst ned blind.

Pause.

OTTO Jetz wost nix siehst,
weilst die Augn zu hast,
könnt es sein, daß ich mich wegschleich
auf Nimmerwiedersehn.

MARTHA Das is das Risiko.

Pause.

OTTO Is aus mit der Liebe von uns?

MARTHA Nein.

Pause.

Aber du hast eine Eignschaft
daß du alles kaputt machst,
was ich aufbau für uns.

Das weiß ich jetz.
OTTO Aber nicht mit Absicht.
MARTHA Aber tun tust es.
OTTO Keiner kann heraus aus seiner Haut.
Pause.
Die Benutzung der Höhensonne ohne Brille is verbotn.
MARTHA Aber dann bin ich nicht braun in die Augn,
sondern weiß mit Ränder.
Und das is häßlich.
Pause.
OTTO So greift es die Augn an.
MARTHA Willst es habn,
daß ich die Brilln aufsetz?
OTTO Ja, weil ich es nicht sehn kann.
MARTHA Wenn ich aber dann greislich bin,
weil ich Ränder hab,
darfst nicht schimpfn.
OTTO Nein, weil die Augn vorgehn.
Große Pause.
Martha tastet nach der Brille, die neben ihr liegt, setzt sie auf.
Pause.
MARTHA Kannst mich sehn?
OTTO Schlecht, weil ich nicht ins Licht schau.
Pause.

Die Wahl fürs Leben

Personen

VATER
MUTTER
KARLI

VATER Eine Feierlichkeit is des, wo nix los is.

Pause.

Wie ich meinen Fünfzigsten ghabt hab, der wo bloß einmal is im Lebn, hast weniger hergricht.

MUTTER Schmarrn.

VATER Weil der Bua das Wichtigste is. Das kennt man.

MUTTER Ein Papa, der auf sein Kind eifersüchtig is, der soll sich schämen und sonst nix.

VATER Bloß weil man den Unterschied feststellt, brauchts keine Eifersucht.

Pause.

MUTTER Wenn der Karli heimkommt, dann soll er sagen können: Den Tag vergeß ich nicht, das is der Abschluß meiner Kindheit, die ich dem Papa und mir zum verdankn hab. Als Erinnerung für das Lebn, sonst nix.

VATER Und was kost der Kaviar, wos ned braucht hätt?

MUTTER Zwei Mark achtzig es Glasl, wos ein Sonderangebot war. Und eine Prise Kaviar is von besonderem Reiz für die kalte Platte, heißt es.

VATER Des is mir ned bekannt. Bei meim Fünfzigsten hats auch kein Kaviar gem.

MUTTER Da hats ebn was anderes gem. Misch dich ned in meine Angelegenheiten. Mir is es das wert und du bist still.

Pause.

Etz is er achtundzwanzig und Inschineur. Da soll er sehn, daß man an ihn denkt.

VATER So selten is es auch ned.

MUTTER Aber ein Erfolg. Wenn er auch kein dipl insch is, das is doch gleich, wo mir wissen, wie schwer es war. Ein graduierter Inschineur, das is auch ned jeder, sondern die seltensten. Und wo er heute in den Beruf hineingetreten is, soll er es nie vergessn. Dafür sorg ich.

VATER Viel Geld, das kann man sagn.

MUTTER Aber unser Stolz.

VATER Trotzdem.

MUTTER Sei still und freu dich, wenn er hereinkommt. Mach es mir nach.

Pause.

VATER Und wenns ihn gar ned gnommen habn?!

MUTTER Warum sollns ihn denn ned gnommen habn, unsern Bubn?

VATER Die Auswahl ist streng in der Industrie.

MUTTER Da könnens so streng sein wies wolln, den Karli hams gnommen.

VATER Vielleicht.

MUTTER Das steht fest. Der alte Depp laßt kein gutes Haar an seim Kind.

VATER Doch, aber der Kaviar is übertriebn.

MUTTER Jetz hör ich ihm, weil er kommt.

KARLI *kommt.* Grüß Euch Gott! – Ja, was hat denn die Mama da wieder angstellt!?

VATER Griaß di!

MUTTER Grüß Gott, Karli!

KARLI Was hast denn du alles auftischt?

VATER Geld ausgebn, wie ich es sag!

MUTTER Der Papa liegt mir schon den ganzn Abend in die Ohrn! Gut, daßd da bist, daß ich es nimmer anhörn muß. Ich hab halt eine kleine Feierlichkeit vorbereitet, daß mir den Tag ned vergessn!

KARLI *lacht.*

MUTTER Man muß die Feste feiern wie sie falln. Sonst hat man gar nix vom Lebn. Setzts Euch hin und laßt ses Euch schmecken! Ich hol den Wein.

VATER Ich trink ein Bier wie immer.

KARLI Ich auch, Mama, weil ich durstig bin!

MUTTER Kein Stilgefühl, die Manderleut! – Wies wollts. Ich bring ein Bier und den Wein kann man immer noch trinkn. Wein auf Bier, das rat ich dir, Bier auf Wein, das laß sein!
Ab.

VATER Na, wie is gwesn?

KARLI Was glaubst?

VATER Was sie dir gebotn ham als Anfangsgehalt?

KARLI Gnommen hams mich.

VATER Wost mein Sohn bist.

KARLI Der Papa... Zwei fünf!
Pause.

VATER Das is gut. – Das hätt ich ned denkt. – Dann is der Kaviar auch richtig. *Er lacht.*

MUTTER *kommt zurück.*
Hast ihm schon gfragt?

VATER Gnommen hams ihm, dein Sohn und zweitausendfünfhundert geboten.

MUTTER Das is viel.

VATER Ja.

MUTTER Da is das Bier und gutn Appetit!

VATER Eß ma.

MUTTER Zweitausendfünfhundert?! Das is mehr, als wie du jemals in deim Lebn verdient hast.

VATER Rechnen kann ich auch. Es is viel.
Pause.
Prost, Karli, auf dein Posten und die Firma!

KARLI Prost!

MUTTER Ich auch! Prost!
Sie trinken.

VATER Hast schon einen Anstellungsvertrag?

KARLI Übermorgen wird es fix gmacht. Um zehne bin ich bestellt. Wenn ich will, kann ich schon am fünfzehnten anfangen. Je früher, desto lieber, hat man gesagt.

MUTTER Da siegstes!

VATER Fang am fünfzehnten an, genau! Das sind zwölfhundertfünfzig Mark.

MUTTER Habn oder ned habn. Genau.

KARLI Ja.

MUTTER Trinken mir darauf, daß alles perfekt is! Aber mit dem Wein täts feierlicher sein!

VATER Zum Essn ein Bier, was denn sonst?!

MUTTER Dann verschiebn mir es auf später!

KARLI Guten Appetit!

VATER Ja!

MUTTER Laßtses euch schmeckn.
Sie essen.

VATER Das is eine Firma, die einen Klang hat, der Krauss-Maffei. Kannst ein Stolz ham. Den kennt ein jedes Kind.

KARLI Ja.

Die Lokomotivenfabrik Krauss-Maffei
ist heute Europas erfolgreichstes
Panzerunternehmen.
1970 betrug der Anteil des Waffengeschäfts
am Gesamtumsatz von Krauss-Maffei über
50 Prozent.
Krauss-Maffei gehört dem Herrn Flick.

VATER Überstunden und Weihnachtsgeld gehn extra?
KARLI Überstunden sind nicht üblich in solchen Positionen.
MUTTER Das is schlecht.
KARLI Aber dreizehn Gehälter gibt es.
VATER Ein Inschineur, der hat keine Überstunden, das wird schon üblich sein.
MUTTER Ebn und ein dreizehntes Monatsgehalt hast du ned.
VATER Aber Überstunden.
MUTTER Laß den Karli, der macht es schon richtig.
KARLI Bestimmt.
VATER Ein dreizehntes Monatsgehalt is eh besser, wie die Scheißüberstundn. Gut hast es gmacht. Dein Vater weiß, wie schwer es is. Und du weißt, wie schwer es war, daß man dich was Gscheits hat lernen lassn. Etz is der Lohn da.
MUTTER Hab ich doch recht ghabt, daß mir es feiern.
VATER Ja, prost! Auf dei Zukunft, Karli!
KARLI Prost!
MUTTER Stoßn mir halt mit Bier an, is ja gleich. Prost!
Sie stoßen an, trinken.
So, und jetz tuts fest essn!
VATER Ein Schnaps tät gut sein.
MUTTER Trinkts lieber einen Wein, weil das gsünder is.
VATER *zu Karli:* Willst einen Schnaps?
Lacht.
KARLI Wennst es willst.
VATER Genau. Ich trink einen Schnaps und mir stossn an, weilst mittrinkst.
Geht zum Schrank, holt Schnaps etc.

MUTTER An mich denkt keiner.
VATER Wost keinen Schnaps vertragst.
MUTTER Aber dabeisein will ich.
VATER Dann machst den Wein auf, heut is schon wurscht.
MUTTER Ebn, zuschaun is nix.
Sie geht wieder in die Küche, Vater schenkt ein etc.
VATER Prost, Karli!
KARLI Tun mir auf die Mama wartn!
VATER Wennst es willst.
MUTTER *ruft:* Tuts fei auf mich wartn!
Kommt zurück.
VATER Habts schon gredt, was du für Aufgabn hast?
KARLI Ja.
VATER Was hams denn vor mit dir?
KARLI In die Entwicklung werde ich kommen.
VATER Ein Geheimauftrag?
KARLI *lächelt.* Noch nicht. Aber mit der Zeit...
VATER Richtig! Prost!
MUTTER Prost, tuts anstossen!
KARLI Prost! Auf dich, Karli!
Sie trinken.
MUTTER Was muaßt wirklich arbeitn, etza nachat?
KARLI Ich werde in eine Abteilung kommen, die sich mit Kugellagern beschäftigt!
VATER Kugllager?!
Pause.
MUTTER Warum?
KARLI Ihr laßt einen ja ned ausreden. Ich komm in eine Abteilung, die neuartige Kugellager für militärische Raupenfahrzeuge entwickelt.
Pause.
So ist das! Prost!
Pause.
VATER Panzer?
KARLI Auch.
Pause.
MUTTER Panzer is ned schlecht?!
VATER Überhaupts ned, sondern sehr interessant! Bravo Karli!
KARLI Keine einfache Abteilung, sagen sie. Aber man läßt mir Zeit. Langsam soll ich mich hineinarbeiten und so weiter.

VATER Laß dir nur Zeit. Genau. Und wennst alles weißt, dann zeigst es ihnen.
MUTTER Und in zehn Jahren baust einen Panzer – ganz allein!
KARLI *lächelt.* Das ist alles eingeteilt, so ein Panzer. In lauter ganz kleine Stücke. Das dient der Sicherheit!
VATER Wennst dich bewährst, dann kriegt man eine Sicherheit zu dir, das is in jeder Firma. Vertrauen, verstehst!
KARLI Freilich.
Pause.
VATER Aber Kugellager?! Wos die schon gibt.
KARLI Es gibt nichts in der Technik, das man nicht noch besser machen könnte.
VATER Verbesserte also.
KARLI Ja. Für extreme Belastungen.
VATER Wo die Panzer Tonnen wiegen.
KARLI Ja.

Kampfpanzer Leopard, der Schlager in
Krauss-Maffeis Waffenschmiede, kostet
pro Stück etwa 1,2 Millionen.
Sie persönlich können allerdings keinen kaufen.
Auch wenn Sie die Scheine bar hinlegen.
Spaniens Diktator Franco hat sich 200
gekauft.

VATER Pionier im Dienst der Technik! Genau das is richtig für mein Sohn, weil ich das auch immer wolln hätt. Prost!
Er trinkt.
Und was du dann ganz genau machst, das is ein Geheimnis, oder?
KARLI Ja.
VATER Für alle?
KARLI Ja.
VATER Das wird auch gut sein.
MUTTER Auch für deine Eltern?
KARLI Ja.

VATER Das is doch selbstredend! – Das hätt ich auch einmal wolln, seit ich mich erinnert. Was niemand wissn derf?!!

KARLI Zuerst werd ich sowieso nur Berechnungen machen können, die jeder versteht, der sich auf dem Gebiet auskennt. Die einzelnen Ergebnisse haben nur dann einen Wert, wenn man die Zusammenhänge kennt. Sonst nützt das alles nichts.

VATER Und du weißt nicht mehr?

KARLI Am Anfang noch nicht.

VATER Wegen der Sicherheit. Das imponiert. Weil dran bist nämlich schon ganz nah am Geheimnis! Wirst es sehn, zerscht werdns dich beobachtn ein paar Monat und dann werdns sagen: Er genießt unser Vertrauen. Für besondere Aufgaben hats früher gheißn.

KARLI Ja. Wird es heißen.

Im I. Weltkrieg zerstörte Krupps Mörser
»Dicke Berta« die belgische Festung Lüttich.
Kaiser Wilhelm dekorierte dafür den alten
Krupp mit dem
Eisernen Kreuz.
Im II. Weltkrieg zerstörte Krupps 80 cm
Eisenbahngeschütz »Dora« die sowjetische
Festung Sewastopol. Hitler sprach dem mittleren
Krupp
»höchste Anerkennung für unvergleichliche Leistung« aus.
Nach seiner Haftentlassung 1951 als Kriegsverbrecher schwor er, nie wieder Waffen zu
produzieren.
Seit 1968 baut die Firma Krupp wieder Waffen: für das Heer, für die Luftwaffe, für die Marine.

VATER Kannst stolz sein, Karli! Die Firma is richtig. Da is deine Zukunft! Der Forschung gehört die Welt, weil man die Technik braucht.

KARLI Ja.

MUTTER In zwanzig Jahren gibts eine große Militärparade und du stehst dabei und sagst: Diese Panzer sind mein Werk!

KARLI Schon an einem Jeep arbeiten Dutzende von Technikern. An einem Panzer arbeiten Hunderte.

VATER Aber du bist einer von ihnen. Und wennst dich anstrengst, wirst einer von den maßgeblichen! Wer kann das schon von sich behaupten?

MUTTER Der Papa hat recht. Man muß sich abhebn, von der Masse, die einen umgibt. Dann macht es Spaß das Lebn. Mir ham immer bloß zur Masse ghört. Aber etzt kommst du und es geht weiter.

VATER Panzer baun is nicht das Schlechteste! Prost!

KARLI Kugellager.

VATER Das is in dem Fall ganz das gleiche.

KARLI Ja.

VATER Ohne Kugellager könnens ned laufn, die Panzer.

MUTTER Rollen sagt man!

VATER Richtig!

KARLI Ja.

Kleine Pause.

Kugellager für Fahrräder tät ich lieber machen.

VATER So ein Schmarrn.

MUTTER Wo die Fahrräder immer weniger werdn. Die sterbn aus, wirst es sehn.

VATER Panzer brauchens immer, ganz gleich, was kommt.

MUTTER Freilich. Das ham mir doch erlebt.

KARLI Ich bin mir noch nicht sicher.

VATER Aber ich bin mir sicher. I hab ned 20 Jahr ein Geld in dich hineingsteckt, damitst dann ein Radlmechaniker wirst.

Kleine Pause.

So ein Kaas!

KARLI Es müßten doch keine Fahrräder sein. Autos, Omnibusse oder Traktoren.

VATER Die Wehrtechnik is immer voraus, das is ein alter Schnee. Später kommt es dann der Zivilisation zugute.

KARLI Noch bessere Kugellager.

VATER Eben. Alles, was der Wehrmacht dient, kriegt letztlich einmal der kleine Mann zu spüren. Das is bekannt!

KARLI *leise:* Im Krieg.

VATER *laut:* Kommt ihm zugute.

KARLI Bei seinem Tod.

VATER *wütend:* Was dein Sohn daherredt! – Wennst so einen Schmarrn redst, dann brauchst den Vertrag gar ned erst unterschreim! Einen Waschlappen können die ned brauchen in der Rüstung! Dann kannst gleich als Radlmechaniker anfangen, Herr Inschineur! Dann is aber aus mit uns, weil wennst du überhaupts keine Dankbarkeit kennst, kann ich auch anders!

MUTTER Jetz regst dich ned auf!

VATER Wenn er so saudumm daherredt, dein Sohn!

MUTTER *wie aus der Zeitung vorgelesen:* Er will sich eben nicht mitschuldig machen, der Karli, das versteh ich schon. Wo die Friedensbewegung heute so stark is, wie nie zuvor.

VATER Man muß ebn ein ganzer Mann sein, wenn man gegen den Strom schwimmen will.

MUTTER Die Jugend is heute anders.

VATER Mitschuldig, weil er Kugellager baut!? So ein Blödsinn.

MUTTER Er is erst jung und du bist abgehärtet! Das ist der Unterschied! Und ein Panzer braucht Lager, sonst kann er ned rollen!

VATER Und dein Herr Sohn braucht ein Geld, sonst kann er ned lebn! Weil von mir lebt er jetzt lang genug!

MUTTER Schrei ned, das nutzt nix!

VATER Weils wahr is! Alles hat man drangesetzt, daß er was wird und dann kommt er einem so!

Pause.

KARLI Papa, es gäbe noch ein Dutzend andere Angebote für mich. Das ist doch kein Problem, heute.

VATER Krauss-Maffei is eine Weltfirma. – Aus!

KARLI *laut, beherrscht zurück:* Und das ist mir persönlich egal. – Aus! Wie sie mich heute durch die Hallen geführt haben –

MUTTER Hams dich? Das is aber sehr höflich!

KARLI Das is üblich. Wie sie mich heute durch die Hallen geführt haben, das war ja alles recht imponierend, aber …

Seit 1965 rollen durchschnittlich jeden Monat
40 Panzer vom Typ Leopard aus den Werkshallen
von Krauss-Maffei in München Allach.
Unsere Bundeswehr besitzt derzeit ca. 1900 Stück.

VATER Aber?

KARLI *sehr ruhig:* Papa, ich hab gesagt, ich schau mir Krauss-Maffei an. Und ich war dort. Weil ihr das gewollt habt. Und jetzt können wir darüber reden. Reden. Wenn du aber nicht redest, nicht hörst und bloß schreist, dann geh ich auf mein Zimmer.

MUTTER Wo ich so einen schönen Aufschnitt gerichtet hab. Zur Feier des Tages.

KARLI Ich hab die Platte nicht bestellt.

VATER Und auch nicht bezahlt! Sondern ich! – *Leiser:* Da hörst es, was man sich alles sagn lassn muß, von deim Sohn!

MUTTER Is deiner auch!

VATER Da merk ich nix davon!

MUTTER Mir ham zu ihm gsagt: Geh zu Krauss-Maffei, wenns dich nehmen. Und er hat gsagt: Ich weiß es ned! Und jetz is er hin und jetz redn mir drüber!

VATER Aber ned in diesem Ton.

MUTTER Weil er was halt auf seine Eltern, redt er mit ihnen. Andere ham ganz andere Kinder, da tätst schaun. Die redn gar nimmer mit ihre Eltern.

VATER Leg keinen Wert darauf, daß der Herr Sohn das Wort an mich richtet.

Pause.

Ich trink lieber einen, das is besser.

Tut es.

MUTTER Weil du den Karli ned verstehst.

VATER Ich versteh mir genug. Er bekommt einen Posten, der prima bezahlt is und um den sich andere grissn hättn, weil er auf seinem Gebiet führend is und anerkannt in der Entwicklung steht. Und das is für einen Inschineur wichtig. Und daß es ein Rüstungsbetrieb is, das hat er auch gwußt, dein Herr Sohn.

KARLI Drum hab ich auch gesagt: Ich schau ihn mir an, weil Anschauen kostet nichts. Und jetzt hab ich es mir angeschaut –

VATER Und jetz magst nimmer, gell! Hast vielleicht einen Toten gsehn, in die Werkshallen? Einen Versuchstoten, dens mit deine Panzer grad derschossn ham?!

MUTTER Jetz wirst blau, jetz mußt zum Trinkn aufhörn.

VATER Das weiß ich schon selber, was ich trink!

MUTTER Laß mich reden!

VATER Wo ich eh still bin.

MUTTER Schau, Karli, wennst es du ned machst, dann macht es ein anderer.

VATER Jawoll! Hinter dir stehn zehn andere, die sich alle zehn Finger abschleckn nach der Stell.

MUTTER Ebn und du kannst gar nix aufhalten. Was du nicht tust, dafür findet sich immer ein anderer. Das is das Leben. Und das wissn »die obn«. Bloß hat dann der den Vorteil und du das Nachschaun, das is der einzige Unterschied.

KARLI Is das nicht genug?

VATER Die sind ned auf dich angwiesn. Gott sei Dank! Die können jederzeit jemand andern nehmen und das tuns auch, wennst dich lang besinnst! – Aber das is halt die Undankbarkeit von die jungen Herrn! Wenns was erreicht ham, weil die Eltern eine Ausnahm warn! Merk dir das eine: Geld is nur in der Rüstung, alles andere will sauer verdient sein!

KARLI Ja.

Pause.

VATER Mir brauchn gar ned lang redn. Die Mama sagt es: Wennst es du ned machst, dann nehmens ein andern und die Kugellager entstehen genauso.

MUTTER Das mein ich, muß man bedenken!

KARLI Freilich, das muß man bedenken. Und wenn man es bedenkt, dann kommt man auf den Unterschied: Sie werden trotzdem gemacht, aber ich – hab sie nicht gemacht.

VATER Leider.

MUTTER Wo man sich soviel Müh gebn hat mit dir, ein Lebn lang. Da hat er nämlich schon recht, der Papa. Mir tätn ja nix sagn, wennst Versuchspilot tätst werdn solln, wo alle Tag einer abstürzt!

VATER Da tätn mir die erstn sein, die sagn: Da is uns unser Kind zu schad dafür. Aber Kugellager baun is doch ned gefährlich, Unsinn!

KARLI Und wenns mich einmal hineinsetzn, in die Panzer mit den neuen Kugellagern?!

VATER Da bist du längst in der Reserve, bis da soweit is.

MUTTER So schnell gibts kein Krieg, das stimmt.

KARLI Und wenns meine Kinder sind?

MUTTER Man muß Opfer bringen.

Kleine Pause.

KARLI Wenn man gezwungen wird! – Aber wenn man wählen kann?

VATER Hast nix zum wähln, sondern sollst das tun, was dich ernährt! So wird gredt!

MUTTER Wennst dich weigerst und es kommt ein Krieg, dann sitzn deine Kinder genauso drin, als wennst du es konstruiert hättst. Bloß verdient hast dann nix dran.

VATER Kindisch is das.

KARLI Wenn ich es nicht mach, macht es ein anderer. Das is klar. Wo ich eh nur Auswertungen mach, am Anfang zumindest. Aber wo hör ich damit auf?

MUTTER Mit was?

KARLI Mit dem: was ich nicht tu, tut ein anderer. – In einem Konzentrationslager?

MUTTER Warum?

KARLI Wenn ich die Juden nicht vergas, dann vergast sie ein anderer und wird befördert. Also vergas ich sie. Weil den Juden kann es gleich sein, wer sie vergast und ich krieg meine Beförderung.

Große Pause.

VATER Was?

MUTTER Was hat denn das damit zu tun?

VATER Nix. Bsoffn is er, dein Sohn.

KARLI Freilich Papa, weil man ja nüchtern kein anständiger Mensch sein kann.

Pause.

MUTTER So können mir deinen Sohn ned überzeugn. Weil du trinkst ja!

Pause.

Hör auf jetz, ich kenn dich!

VATER Ja, ja.

KARLI So wirklich nicht. Denn je mehr wir miteinander reden, um so sicherer weiß ich, daß es sehr notwendig ist, daß ich es nicht mache. Man kann nicht argumentieren: Was ich nicht übernehm, erledigt ein anderer, also ich, wenn es sich lohnt. Man muß sagen –

VATER – ich bin ein Weltverbesserer, der zwar nix verbessert, aber sich selber schadet.

MUTTER Jetz sei du einmal still und laß mich redn. Was is denn, wenn plötzlich der Russ kommt und uns alle überfallt?

VATER Dann nutzn uns de Scheißpanzer aa nix.

MUTTER Mir setzn den Fall und du bist still!

KARLI Aber Mama, das is doch genau das gleiche wie vorher: Ob es in der Sowjet-Union, oder in China oder in Amerika Menschen gibt, die Panzer bauen, ist das für mich kein Grund, auch welche zu bauen. Ich glaub, daß Menschen, die Rüstung und Waffen herstellen für den Krieg, sich früher oder später schuldig machen. Mit den Kugellagern, die wir herstellen und an denen ich mitarbeite, kann ein Panzer schneller vorwärtskommen und länger ohne Verschleißerscheinung rollen. Jetzt laß diesen Panzer nur ein Kind überrollen, nur einen Rekruten, vielleicht nur in einem Manöver einen Fuß abfahren... Nein, ich mag das alles nicht verantworten, ich glaub, man muß ohne Gewalt auskommen, ohne Gewalt Streitfälle regeln. Ich brauch gar nicht daran denken, daß die Kugellager helfen, daß der Panzer schneller einer flüchtenden Einheit nachfahren kann, daß er sich im Gelände lautloser und behender an eine Grenze, einen Wall oder eine Siedlung herantasten kann, um dann zu schießen. Nein! Ich bin gegen den Krieg, gegen die Gewalt, auf welcher Seite und warum auch immer, also muß ich persönlich auch danach handeln. Wer Rüstung macht, macht Krieg. Ich nicht.

VATER Ein Pazifist is dein Sohn, oder wie die heißn. Nix Gscheits is das jedenfalls ned. Mir hättn uns des nie leisten können! Da hätt ich meine Eltern einmal so kommen sollen! *Er lacht.* Da hätt ich eine gfangt und aus!

MUTTER Mir gfallts, wie er es gsagt hat, weil ich auch lieber hätt, wenns keinen Krieg gebn tät! *Laut:* Wenns nach mir gangen wär, dann hätt es bestimmt keine Weltkrieg gem, den erstn ned und den zweitn schon gleich gar ned, weil ich da ausm erstn glernt hätt.

KARLI Und warum hast du nichts dafür getan, daß es keinen Krieg gibt?

VATER *laut:* Weil uns keiner gfragt hat! Weils gsagt ham: Du machst die und die Arbeit und dann kriegst soviel, daß du grad lebn kannst! Und wenn er das Maul aufmacht, dann raus mit ihm! Ob in der Familie, ob in der Lehr, in der Firma oder beim Kommiß! Gehorchn hat die Parole gheißn in meim Lebn!

MUTTER Das kann der Karli ned verstehn, das war eine andere Zeit.

VATER Und wie!

KARLI Aber jetzt kann ich – und ich bin doch nicht irgendwer – ich bin doch euer Sohn, jetzt kann ich entscheiden, nach meinem Gewissen, nach meinem Herzen, nach meiner Sympathie! Das ist doch ein großer Fortschritt, und den muß man doch ausnützn!

VATER Keiner hat was dagegn, daßd deine SPD gwählt hast. Brauchst keine Wahlredn führn, weil so blöd sind deine Eltern ned!

MUTTER Daß er nachdenkt, der Karli, und sich was traut, das is schon richtig! Bloß zu weit sollt es halt ned gehn, die Intelligenz, daß nix mehr dabei rauskommt!

VATER Wo ich es sag: die Politik is das eine, und das Geld is das andere. In der Politik, wenns nix kost, kann man leicht angebn und sich was traun. Aber privat sollt man eine Einsicht habn und dem Vorteil nix in Weg legn. Und der Krauss-Maffei is eine Firma, wie es eine zweite ned so schnell gibt. Das is bekannt, wo mir es schon gwußt ham, seit ich mich erinnert.

MUTTER Er findet auch was anderes, der Karli, da bin ich sicher!

VATER Freilich findt er was anderes, aber bis er eine Firma findt, die nix mit der Rüstung zum tun hat, da kann er lang suchn. Alle hams die Finger drin, weils Geld da am meisten lauft, die Herrn!

MUTTER Mehr wie einen gutn Willn habn, kann er ned!

KARLI Im entscheidenden Moment kann man auch Schaufeln und Hammer für den Krieg verwenden. Das ist keine Alternative! Es ist ein großer Unterschied, ob ich Panzer herstelle oder Autos, Maschinengewehre oder elektrische Kocher, auch wenn man beides für einen Krieg brauchen kann.

VATER Kocher san im Krieg besonders wichtig, das stimmt!

MUTTER Der Karli hat eine Zivilcurasche, das merkt man und das is ned das Schlechteste! Mir ham nie eine ghabt, wennst dich erinnerst! Leider, wennst nachdenkst.

VATER Zivilcurasche, so ein Schmarrn! Was nutzt dich denn die, wennst damit allein da stehst. Die können sich die leistn, die auf nix angwiesn sind, aber mir ned.

MUTTER Er hat recht der Papa. Was meinst, was uns die Nachbarn verzähln? Überall hab ich es gsagt: Der Karli wird Entwicklungsinschineur bei Krauss Maffei.

KARLI Du hast eben etwas erzählt, Mutti, was noch nicht sicher gewesen is.

MUTTER Also jetz lügst. Es is bloß die Frage gwesn, obs dich nehmen, gell und sonst nix, und daß dich nehmen, da hab ich nie einen Zweifel ghabt, weil mir wissn, was in unserm Kind steckt. Also hab ich es auch verzähln können.

KARLI Ich mach dir keinen Vorwurf Mutti. Aber wegen ein paar Nachbarn kann ich nicht einfach etwas tun, was ich nicht verantwortn mag. Schau, es ist doch so: Wenn ich nicht wissen tät, daß ich eine Arbeit übernehm, von der ich sicher bin, daß sie unmoralisch is –

VATER So ein Schmarrn: Unmoralisch. Eine unmoralische Arbeit gibts überhaupt nicht. Wer eine Arbeit macht, der braucht keine Moral. Unmoralisch is, wennst ein Haufn Geld einsteckst und nix arbeitst. So is das.

KARLI So kann man eben nicht reden, wenn man überhaupt nicht ausreden kann.

VATER Red nur, mir ham nix dagegn.

MUTTER Mir wolln dich überzeugn, weil mir es gut mit dir meinen. Da muß man schon ein Auge zumachn.

VATER Richtig.

Pause.

KARLI Wenn ich es nicht wissn tät, daß die Arbeit, die ich machen soll, eine Arbeit ist, die

Pause.

... im Zwielicht steht –

VATER *lacht dazwischen.*

KARLI – dann wär es nicht so schlimm –

MUTTER Was ich ned weiß, macht mich ned heiß!

KARLI So ungefähr. Niemand wird dem Vati einen Vorwurf machen, weil er im zweiten Weltkrieg war und für einen Hitler gekämpft hat. Weil er nicht gewußt hat, was das für einer ist. Aber wenn er es gewußt hätt?!

VATER Mir ham den Hitler sehr bald durchschaut, das kann die Mama bestätigen.

MUTTER Und wenns ned den Krieg gegn die Russ angfangt hättn, dann hättn mir ihm eh gwonnen, den Krieg.

VATER Leicht.

KARLI Und hättn jetz ein Großdeutsches Reich, mit hundert Konzentrationslagern, Ordensburgen für den Führungsnachwuchs eines gesamteuropäischen Faschismus von Spanien bis Polen. Und ich tät in irgendeinem Lager stecken, weil ich mich mit den Nazis nie einverstanden erklärt hätt.

VATER Da redt er von einer Zeit, dein Sohn, die er ned erlebt hat. Du wärst schon einverstandn gwesn, das garantier ich dir, wennst es erlebt hättst. Du hättst genauso »Heil Hitler« gschrien, wie alle andern.

KARLI Nie!

VATER Dann hättns dich ebn abgholt und aus.

KARLI Und für dieses »abgeholt und aus« bist du vier Jahre an der Front gewesen.

VATER Ich bin an der Front gewesn, weil ich halt ein deutscher Soldat war. Das hat doch mit dem Hitler gar nix zum tun.

MUTTER Dein Papa hat damals öfter aufgmuckt, als du dir träumen laßt. Einmal ham sogar meine Eltern gsagt: Paß auf auf ihm, sonst nimmt das ein schlimmes Ende! So hat er dahergredt.

KARLI Dann versteh ich es überhaupt nicht.

VATER Weilst die Kirchn ned im Dorf laßt. Mir, deine Mutter und ich, ham nie was gegn Judn ghabt. Wegn uns, hättns die ruhig in Ruh lassn können. Ganz am Anfang, wies noch fast keiner gwußt hat, bin ich sogar einmal in Dachau gwesn, die Mama kann es bestätign.

MUTTER Und wie! Da is er heimkommen und gleich hab ich gsagt: Ernst, was is denn, wie schaust denn du aus? Nix hat er gsagt und erst in der Nacht hat er mir zum erzähln angfangen. Ich glaub, mir ham die ganze Nacht kein Auge zugmacht, gell Ernst?!

VATER Zum Tapezieren ham mir hinmüssn. Vorher war einer von der Partei da und hat mit uns gredt. Daß mir uns um den Kopf bringen, hat er gsagt, wenn mir sagn, was mir sehn, weil das ein Staatsgeheimnis is. Die Verwaltungsräume ham mir tapeziert. Die Tapeten seh ich noch vor mir: Rotbraun mit Goldmuster. Sehr schön! Manchmal ham mir aus dem Fenster gschaut und druntn Häftlinge gsehn …

Pause.

MUTTER Schrecklich, er hat es mir alles erzählt.

VATER Obwohl es verboten war. Nein. Was mich betrifft: Ich hab nicht für den Hitler gekämpft als Soldat, sondern für Deutschland. Das is der Unterschied wods ihr ned verstehts, ihr Jugend!

MUTTER Da kannst du ihm keinen Vorwurf draus machen, weil er die Zeit nicht erlebt hat, der Karli!

KARLI Ich red jetzt auch gar nicht von damals.

VATER Sondern von Krauss Maffei. Und mir sagen dir: Nimm ihn an den Posten, weil er eine Karriere is für dich. Und wost eh bloß Kugellager machst, kann dir eh kein Mensch was nachsagen. Was geht es dich an, wenns die Kugellager für hernehmen?

MUTTER Du machst ja keine Munition oder Bombn.

Jede dritte Steuermark
geht – offen oder verdeckt –
in die Rüstungsindustrie.
Alle großen Konzerne produzieren
– direkt oder indirekt – für
den Krieg.
Wo arbeiten Sie?

VATER Hättn mir uns keine Mühn gem mit seiner Erziehung und ihm Bäcker lernen lassn, dann tät er sagn: Ihr habts mich nix lernen lassn! Jetz hat man ihm was lernen lassn und er will nix arbeitn.

KARLI Wer sagt denn, daß ich nicht arbeiten will? Nicht in der Rüstung, aber sonst überall.

VATER Die Rüstung is aber überall. Die Firma will ich erst noch sehn, wo kein Geld verdient an der Rüstung.

MUTTER Wo es bekannt is.

VATER Ebn.

KARLI Dann geh ich ebn zu BMW.

VATER Ja, und da baust Autos, und wenn ein Krieg anfangt, dann werdn die Autos einzogn – für den Krieg. Da mußt schon elektrische Eisenbahnen baun, dann kannst ein reines Gewissen haben.

MUTTER Du kommst vom Hundertsten ins Tausendste, Ernst!

VATER Weil dein Sohn kein Einsehn hat.
Pause.
Das merkt man sofort.

KARLI Es ist ein Unterschied, ob man Kugellager für Panzer entwickelt, oder Personenwagen, oder Krane, oder Heizungen.

VATER Krane brauchts im Krieg besonders notwendig und Heizungen gibt es in die Kasernen auch. Damits nicht friern, die Rekrutn.

KARLI Der Papa laßt sich halt nix sagen.

VATER Mir ham das Lebn hinter uns, das is der Unterschied.

MUTTER Noch ned.

VATER Bildlich gesprochen.

MUTTER Mit dem Tod darf man nicht spielen. Mir ham beide noch zwanzig Jahr zum lebn, mindestens.

VATER Dann ebn ned.

MUTTER Man darf den Teufel ned an die Wand maln. Das rächt sich.

KARLI Aber Panzer baun, weil das nicht heißt: Den Teufel an die Wand maln.

Etwa 500 Millionen Mark
wurden für die Entwicklung des Kampfpanzers 70
ausgegeben. Porsche, Krauss-Maffei,
Luther und AEG konstruierten daran. Nach sechs Jahren
wurde die Arbeit eingestellt.
Der Kampfpanzer 70 war, wurde festgestellt, kampfuntauglich.

VATER Daß er so hartnäckig is, dein Sohn, das hätt ich nie gedacht.

Pause.

Den feinen Herrn spieln.

Pause.

Wenn deine Eltern ein Lebn lang den feinen Herrn gspielt hättn, dann hättst jetz keine Probleme, Herr Inschineur. Dann hättn mir dich nach der Volksschul halt was verdienen lassn. Dann tätst jetz ein ungelernter Arbeiter sein. Aus.

KARLI Aber grad weil meine Ausbildung euch soviel gekostet hat, müssen wir doch darüber redn, was ich damit tu.

VATER Die hat schon mehr als wie gekostet, deine Ausbildung, das warn Opfer. Ich möcht ned nachrechnen, wieviel Überstunden ich gmacht hab, damit man dem Herrn Sohn das Scheißinternat hat zahln können. Aber mir ham uns ebn gsagt: In der Umgebung da wird es nix. Der kommt weg auf eine Schul, wie andere Kinder auch, die was werdn solln im Leben. Die Mama hätt nie als Putzfrau arbeitn müssn, wenns ned wegn dir gwesn wär.

MUTTER Das war dem Papa gar ned recht, die Putzerei.

VATER Bei die fremdn Leut. Wos in die Wohnung gehört, die eigene Frau.

MUTTER Du könntst uns schon auch einmal ein Gfalln tun, Karli, da hat der Papa schon recht. Wo mir uns so drauf gefreut ham, daß du jetz so einen Pfundsposten hast. Wenn ich jetz rumerzähln muß, daß du den Postn ned angenommen hast, wegen der Verantwortung, dann werdns zu mir sagn: Da schau her! – und hinter unserm Rücken heißts dann: Von wegn Verantwortung, gnommen hams ihn nicht, das is es! Ich kenn die Leut!

KARLI Das kann uns doch egal sein, was die Leute sagen.

MUTTER Dir vielleicht, aber uns nicht. Das sind nämlich die Nachbarn, mit dene man ein Lebn zamlebt. Was die von uns redn, das is mir sehr wichtig. Mir redn ja auch über sie.

KARLI Wegn den Nachbarn nehm ich den Posten trotzdem nicht an.

MUTTER Du sollst es nicht wegen die Nachbarn tun, sondern wegn dir selber und weilst deine Eltern ein Freud schuldig bist.

KARLI Das kann keine Freud sein für anständige Eltern, wenn sie wissen: Unser Sohn baut Panzer!

MUTTER Wie meinst jetz des mit die »anständign Eltern«.

KARLI Wie ich es sag.

MUTTER Das ham mir nicht verdient als deine Eltern.

VATER Wie mir für dich gsorgt ham fünfundzwanzig Jahr, das is ein Vierteljahrhundert, da warn mir dir immer anständig genug. Der Mohr hat seine Schuldigkeit getan, der Mohr kann gehen.

KARLI So mein ich es ned.

MUTTER Aber gsagt hast es, ich hab es auch gehört.

VATER Freilich hat ers gsagt.

MUTTER Man sagt viel, wenn man im Redn is.

Pause.

Das is ned so schlimm.

VATER Der weiß ja gar ned, was des heißt: anständig. Du hast dir in deim Leben noch keine fünf Mark selber verdient. Verdien dir was, dann kannst von anständig redn.
MUTTER Immer kommst mit dem Geld, das du ihm vorwirfst, das is auch ned richtig.
VATER Weil dein Sohn es immer vergißt.

Der Vietnamkrieg hat die Amerikaner 500
Milliarden Mark gekostet. Mit diesem Geld hätten sie
jeder süd- und nordvietnamesischen Familie
ein sehr hübsches
Häuschen bauen können. Jeder...

VATER Mir ham nie eine übrige Mark ghabt, drum wissn mir auch, was es wert is.
MUTTER Der Karli hat halt so viele menschliche Bedürfnisse, die er nicht vergessen kann. Ich kenn das! – Mir warn auch einmal jung und ham die Welt verändern wolln. Und dann ham mir gesehn, daß man sich bloß die Finger verbrennt und ham es sein lassn. Das bleibt dir auch nicht erspart.
VATER I brauch bloß daran denkn, wie gern ich ein Lehrer hätt werdn wolln. I hab die beste Schrift ghabt in der Schul und Aufsätz geschriebn! *Er lacht.* Mei, und dann bin ich Tapezierer wordn! Und das hab ich erst durchdrückn müssn daheim, weil meine Eltern wolln hättn, daß ich gar keine Lehr mach, sondern arbeit! Das war schon eine Leistung.
MUTTER Da siehst es. Der Papa kann kein Verständnis habn für deine menschlichn Züge, das is doch klar.
VATER Kinder wo ihre Eltern verstehn sind selten. Laß es gut sein.
Große Pause.
KARLI Weil die Welt nicht stehenbleibt.
Große Pause.
VATER Stehn bleibn ned, aber bloß drehn.
Große Pause.
MUTTER Müd bin ich, weils spät is.

VATER Ja.

MUTTER Drum geh ich auch ins Bett, weils ned zampassn: jung und alt.

VATER Genau.

KARLI Und was soll ich tun?

Pause.

MUTTER Mir sind alt.

VATER Noch ned, hast es selber gsagt.

MUTTER Wenn mir aber denkn anfangen, dann sind mir unzeitgemäß. Das muß man zugebn.

KARLI Das stimmt nicht.

MUTTER Ja, ja. Aber wenn es stimmt, daß man heut mehr Freiheit hat, als wie mir ghabt ham, dann soll man sie auch ausnutzn. Weißt es, Papa, mir denkn halt bloß, daß er gut unterbracht is, der Bub. Aber daß er eine Auswahl hat, der Bub, wie mir nicht, das muß man auch bedenkn. Und eine Freud an der Arbeit, is auch unerläßlich. Das weißt selber.

VATER Arbeitn is keine Freud, drum heißt es Arbeit.

MUTTER Wenn es dem Karli keine Freud macht, Kugellager für die Panzer vom Krieg zum baun, dann is schlecht. Das wirst einsehn.

VATER Wo man ihm soviel hat lernen lassn, hat er Möglichkeitn. Wenn ich eine Wahl ghabt hätt, hätt ich damals auch ned die Verwaltung vom Dachauer KZ tapeziert, sondern etwas Schönes. Das is klar.

MUTTER Das weiß ich von dir.

VATER Aber Wahl hab ich keine ghabt.

MUTTER Das weiß ich auch.

VATER Wos glogn is. Weil ich auch sagn hätt können, ich mach das ned, und mir hättns ihn ned heruntergrissn, mein Kopf.

MUTTER Damals noch ned.

VATER Früh anfangen muß man, da geht es.

MUTTER Später sieht man klarer, als wenn man dran is. Das is eine alte Weisheit.

VATER Ebn.

MUTTER Du hast eine Wochn in Dachau gearbeitet, weißt es noch?

VATER Warum denn ned, wo ich es nie vergeß!

MUTTER Ebn. Und beim erstn Mal, da wie mir die ganze Nacht gredt ham. Weißt es auch noch, da hätt es sein können, daß du dich am nächstn Tag einfach krank stellst. Und nicht mehr hingehst.

VATER Wo ich nie krank gmacht hab. Weil es eine Ehre is.

MUTTER Aber können hätt man es.

VATER Freilich.

MUTTER Ebn.

VATER Dann hättns einen anderen aus der Firma hingschickt und der hätts gmacht, was ich zum machn ghabt hab.

MUTTER Und wenn der sich auch krank gstellt hätt?

VATER Des gibts ned.

MUTTER Wenns das aber doch gebn tät, und bloß angfangt werdn tät müssn damit.

VATER Dann hättns keine neuen Tapetn ghabt, in Dachau, damals und hättn in die alte Wänd, die häßlich warn, das weiß ich noch, sein müssen. Was hätt das geändert, an Dachau?

MUTTER Daß ihnen die Arbeit keine Freud gmacht hätt. Weil eine unfreundliche Umgebung is störend.

VATER Das stimmt.

MUTTER Ja.

Pause.

Er is ja auch gar kein Fremder, der Karli, sondern unser Bub. Er tät nicht tapeziern, gell!

VATER Sagt er.

KARLI Ich glaub, ich tät es nicht.

MUTTER Man darf ihn ned unterschätzn, den gutn Willn. Sonst kann nix werdn.

VATER Willst mir einen Vorwurf machn?

MUTTER Nein.

VATER Wo ich es hör.

MUTTER Dann hörst falsch.

VATER Alle sind feig, wenns drauf ankommt.

MUTTER Aber der Karli ned.

VATER Sagt er.

MUTTER Helfn muß man, wenn einer den Mut hat, daß er sich was traut.

VATER Und wenns danebn geht?

MUTTER Das weiß man vorher ned.

VATER Und wenn man es wissn tät?

MUTTER Dann müßt man das nächste Mal noch schlauer sein. Wer schlau is, lebt lang!

Pause.

VATER Damals hab ich mir ebn gsagt: Wenn ich ned tapezier, dann tapeziert ein anderer. Dann kann es gleich ich machn.

MUTTER Und das war falsch, Papa, gell!

VATER Bin ein Durchschnittsmensch und hab keine Führungsqualitäten, wie es heute heißt.

MUTTER Der Karli hat sie.

VATER Warum?

MUTTER Wenn mir es ihm ned glaubn, kann er sie ned habn.

VATER Glaubst.

MUTTER Die Eltern sind der Grundstein aller Kinder, hab ich glesn.

VATER Das is klar.

MUTTER Ebn.

Pause.

VATER Freud soll eine Arbeit schon machn. Das kann ich beurteiln, bestimmt.

Pause.

Wenn du keine Lust dazu hast, dann brauchst du von mir aus keine Panzer baun. – Zwingen tu ich dich nicht.

MUTTER Ich auch ned. Ein Mensch, der was kann, kommt immer unter.

VATER Mir ham jetzt eine angespannte Arbeitslage. Das is bekannt. Damals ham mir keine ghabt, wie ich in Dachau war. Da hättns sofort hundert andere gfundn, die meine Arbeit gmacht hättn, wenn ich nein gsagt hätt. Aber wenn du jetzt nein sagst, dann kann es sein, daß das lange dauert, bis ein anderen findn.

Pause.

Oder ned?

KARLI Kann sein.

MUTTER Tu es, Karli. Laß sie sitzn. Was is ein Bub, der eine Freud an seiner Arbeit hat, gegn einen, der Panzer macht?

KARLI Dann ruf ich morgen an und sag, daß mir keinen Vertrag schickn brauchn, weil ich doch ned komm.

MUTTER Ja. So schlimm is es gar ned.

MUTTER Warum?

VATER Laß einen ausredn, wenn man dran is. Er kann in Ruhe suchn, gell Karli, weil auf einen Monat kommt es ned an, obst noch bei uns bist, oder ned. Ja. Er soll sich eine Arbeit suchn, die ihm Spaß macht.

MUTTER Das darfst du nämlich nie vergessn: Mir als deine Eltern wollen bloß das Beste für dich. Das is doch klar. Weil irren menschlich is.

VATER Und mir können sagn: Selber sind mir schon feig gwesn, wie alle: Aber unsere Kinder, die sind anders. Und weils unsere Kinder sind, hat alles seinen Sinn.

MUTTER Und die Nachbarn?

VATER Denen sagst: Unser Sohn macht keine Panzer, weil er auch keinen Krieg will und denken kann. Und das ham mir ihm glernt. Und mir gebn ihm deshalb recht. Einer muß anfangen. Das ham mir eigentlich auch immer gsagt. Der Karli tut es und hat unsere volle Unterstützung! Und wenns dann dumm schaun oder blöd fragn, dann sagst: Leckts uns am Arsch, blöds Gsindel!

KARLI Nein!

MUTTER Doch, da hat der Papa recht!

Münchner Kindl

Eine Ballade aus Bayern

Die Ballade ist so konzipiert, daß sie sich sowohl für die szenische als auch für die gelesene Aufführung eignet. Je nach Möglichkeit wird man die Vorgänge mehr oder weniger gut andeuten, bzw. wirklich eine Rentnerin, einen Gastarbeiter etc. auftreten lassen.

Professionelle Bühnen können an das »Münchner Kindl« wie an ein Dokumentarspiel herangehen, musikalische Unterstützung wäre in jedem Fall wünschenswert.

Wir erzählen, was gewöhnlich ist,
auch wenn es unfaßbar scheint,
denn viele Pfähle ankern noch immer
im Fleisch der Menschen,
die alles schaffen und so wenig fordern.
Aber schwerlich stellt schnell und furchtlos
der Kleingehaltene über Jahrtausende
sich auf gegen die Kleinhalter.
Weniges ist noch immer so Vieler Los.
Und Wenige sind noch immer
so Vieler einziges, schmerzliches Schicksal.
Das muß anders werden.
In allen Bereichen ist vieles zu tun,
in manchen ist alles was nie hätte sein sollen
seit Menschen denken, wie einst.
Von einem der Pfähle wollen wir berichten.

Frage:

Wann hätte, wenn überhaupt ausmalbar,
das Folgende sein können,
und wer führt hier das Wort?

Über sein Leben hinaus
ist keiner mehr mächtig.
Könnten aber die verzweifelt Gestorbenen
etwa abschaffen ihre Stummheit
und zu den vielen sprechen,
die zurückbleiben,
indem sie sich einschleichen
heimlich und in der Nacht
in Rundfunkhäuser und Fernsehanstalten
und allen berichten,
was sie verzweifelt gemacht hat
und wer –
über eine einzige Nacht
wären viele, die in Sicherheit sich wiegen
in Todesgefahr und mit Recht.

Abschiedsbrief: (An eine Wohnungs-Baugesellschaft, die mehr als 1000 Wohnungen besitzt!)

Sehr geehrte Herren!

Drei Briefe habe ich Ihnen schon geschrieben, aber als Antwort habe ich nur ein einziges Mal ein vorgedrucktes Schreiben erhalten, wo Sie mir mitteilen, daß ich nicht der Einzige bin, dem gekündigt worden ist und daß man keine Ausnahme machen kann. Auf diesen Brief hier brauchen Sie mir auf alle Fälle keine Antwort mehr geben, weil wenn Sie ihn erhalten mit der Post, dann bin ich nämlich schon tot und ist überflüssige Zeitvergeudung.

Seit 25 Jahren wohne ich in der Wohnung und weil mir vor zwei Jahren meine Frau gestorben ist und sonst niemanden habe, hänge ich an der Wohnung aus Erinnerung. Das habe ich Ihnen aber schon geschrieben. Auch habe ich Sie gebeten, einmal herzukommen und das Haus besichtigen zu wollen, damit Sie sehen können und sich überzeugen, daß eine Renovierung ganz unnötig ist, weil nämlich alle Mieter sehr ordentlich sind und immer alles in Schuß gehalten haben im Haus.

Inzwischen habe ich auch erfahren, daß ich derzeit keine andere Wohnung erwarten kann, wo ich bezahlen kann. Jetzt habe ich mir ein möbliertes Zimmer genommen. Das habe ich heute besichtigt und bin ganz erschrocken, weil es nicht schön ist. Gleich wie ich es gesehen habe, habe ich mir gedacht: Das glaube ich nicht, daß ich da einmal wohne. Und jetzt, wo ich wieder daheim bin, sehe ich mich überhaupts nicht mehr hinaus und bleibt mir nur noch, daß ich mich umbringe. Das ist bloß Ihre Schuld und sollen Sie wissen, weil eine Wohnung braucht der Mensch und wo man nimmer jung ist und allein, ist eine Wohnung überhaupt das Allerwichtigste was gibt auf der Welt...

Als die Wohnungsbaugesellschaft den Brief bekam, lebte der Absender noch und wartete, überzeugt davon, daß diese letzte verzweifelte Lüge ihre Wirkung täte. Er irrte sich. Der Brief wurde gelesen und zu den Akten gelegt, nachdem die Gesellschaft vorher beschlossen hatte, auf Mieterproteste generell nicht mehr einzugehen.

Die Sache verlief für die Herren auch günstig: Der Briefschreiber erhängte sich nämlich erst zwei Monate später und zwar in dem Untermietszimmer.

In den Zeitungen konnte man lesen, daß der Mann seit dem Tode seiner Frau an schweren Depressionen gelitten habe...

Daß der Mensch wohnt ist notwendig.
Notwendiges, Unverzichtbares also
verkaufen zu lassen wie Luxus
von Einzelnen für alle feilgeboten
ist untragbar und muß abgeschafft werden.
Wer da zu mir kommt und sagt:
Mein ist, wo du hintrittst,
mein ist, was du verspeist,
mein ist, was du trinkst,
mein ist, was dich kleidet,
mein ist, wo dein Kopf zur Nacht ruht,
der ist mein Feind und muß nicht weiter reden.
Könnte ihm doch morgen schon
Neues einfallen und er mir vorhalten:
Mein ist, was du atmest,
denn meine Wälder machen,
daß deine Lungen Luft haben
und mein ist der Himmel über dir,
denn die Dünste meiner Seen
und die Nebel meiner Flüsse
werden hoch oben die Wolken,
die du über dir stehen siehst,
und frei wähnst.
Und der Regen,
ohne den nichts denkbar ist,
ist also auch mein.

Das Wort mein zeigt,
wo die Armut der Vielen ihren
furchtbaren Weg nahm.

Die Wohnung ist die Lebensvoraussetzung jedes Menschen. Die Wohnung ist Grundlage und Mittelpunkt des Familienlebens. Deshalb ist sie ein besonders zu schützendes Gut, das der erstrangigen Fürsorge des Staates bedarf. Unter Beachtung verfassungsrechtlicher Vorschriften wie der Unverletzlichkeit der Würde des Menschen (Artikel 1), des Rechtes auf freie Entfaltung der Persönlichkeit (Artikel 2), und des besonderen Schutzes einer gesunden Entwicklung der Familie (Artikel 6) muß das Wohnungswesen und muß die Mietpreisgestaltung zu einer sozialen Aufgabe werden, die jede Spekulation, jeden Wucher, jede Willkür und Ausbeutung mit dem Gut Wohnung ausschließt.

Wer, frage ich,
der guten Willens ist
Schlechtes besser zu machen,
kann gegen diese Forderung sich stemmen?
Und wer, frage ich,
hat die Stirn,
aufzustehen gegen die Verfassung,
die da sagt:

Die Wohnung ist unverletzlich. Artikel 13/1
Eigentum verpflichtet. Sein Gebrauch soll zugleich dem Wohle der Allgemeinheit dienen. Artikel 14/2
Grund und Boden, Naturschätze und Produktionsmittel können zum Zwecke der Vergesellschaftung durch ein Gesetz, das Art und Ausmaß der Entschädigung regelt, in Gemeineigentum oder in andere Formen der Gemeinwirtschaft übergeführt werden. Artikel 15
Nachlesbar in: Grundgesetz für die Bundesrepublik Deutschland

Ich, Baron von Finck,
geboren 1898,
nenne viel mein eigen
und bin in großer Sorge.

Um Bayerns Landeshauptstadt München,
die groß und stolz die Isar teilt,
nenn ich mein eigen etwa
20 Millionen Quadratmeter Land,
bebaubar und sehr wohnlich dann.
Man sagt
2 Milliarden sei's wert.
Und spricht so über mich:
Herr von Finck,
wenn er am Morgen wach wird,
ist reicher dann um 1 Million,
als er am Abend vorher war.
Denn was um Bayerns Herz
ich kann mein eigen nennen,
nimmt zu im Jahr an Wert
um rund 400 Millionen.
Im Lande selbst besitz
ich Güter,
die da heißen:
Unterbiberg,
Möschenfeld,
Neubiberg,
Ödenstockach,
Solalinden,
Keferlohe,
Wolfersberg,
Epolding.
Dazu nenn ich mein eigen,
flächige Jagdgebiete in den Bergen
und die Vereinsalpe zu Mittenwald.
Auch von dem Uferland,
das Barmsee,
Kochelsee
und Osterseen begrenzt,
nenne das meiste ich mein eigen.
In München selbst,
so in der Innenstadt,
hab eine Vielzahl Häuser ich
und bin
Alleinbesitzer vom Bankhaus Merck, Finck und Co.

und bin mit meinen beiden Söhnen
Inhaber vom Bankhaus Waldshausen und Co. zu
Düsseldorf
sowie der Deutschen Spar- und Kreditbank AG zu
München.
Beteiligt bin ich an
den Deutschen Lloyd Versicherungen,
der Löwenbräu AG,
der Würzburger Hofbräu AG,
der Brauerei Schremp AG in Karlsruhe,
der Gesellschaft für Markt- und Kühlhallen in Hamburg,
der Isarwerke GmbH,
der Isar Amperwerke AG,
der Hochtief AG in Essen,
der Edelstahlwerke Witten AG,
der Stahlwerke Südwestfalen AG,
und der Allianz Versicherungs AG.
Was ich an Grund mein eigen nenn,
sagt man, sei drei Milliarden Demark wert,
die Aktien hätten Kurswert
eine gute Milliarde.
Häuser und Kleineres käm noch dazu.
Da eine Milliarde 1000 Millionen sind,
und ich sie mehrfach habe,
nennt man mich reich.

Ich heiße Ludwig Wagner,
geboren 1939,
hab eine Frau und einen Sohn
und bin in großer Sorge.
Mein eigen ist:
Ein Ford Taunus 12 m, Baujahr 1968,
ein Saba-Fernsehapparat, schwarz-weiß,
eine Waschmaschine, vollautomatisch von der AEG,
ein Elektroherd von Siemens,
und Siemens Kühlschrank,
ein Fotoapparat und ein Radio.
Alles sehr gut erhalten, weil gepflegt.
Mein Sohn, der Ludwig heißt wie ich,
besitzt,

weil er noch klein ist
und wir ihn sehr lieben,
Spielsachen.
Darunter eine Märklin-Eisenbahn,
elektrisch mit Gleitspur,
die jedes Jahr zu Weihnachten erweitert wird.
Derzeitiger Wert: mindestens 500 Mark.
Wir besitzen eine Schlafzimmergarnitur,
die meine Frau mit in die Ehe gebracht hat
und wir besitzen eine Wohnzimmergarnitur
von Kaufhaus Karstadt,
die 1966 Demark 899,– gekostet hat.
Ein neuer Wohnzimmerschrank
wurde vor zwei Monaten angeschafft.
Er hat – weil er sehr schön sein sollte –
1126 Mark und 98 Pfennig gekostet.
Allerdings, weil wir auf Raten zahlen,
was leichter geht,
gehört er uns erst in 10 Monaten.
Meine Frau hat einen Pelzmantel,
auf den sie sehr stolz ist,
Persianerklaue aber mit Nerzkragen,
und ich drei gute Anzüge.
Ein Schach mit handgeschnitzten Figuren,
der große Brockhaus
und eine Tischkegelbahn, genannt Romba,
gehören zusagen mir allein.
Übliche Gebrauchsgegenstände
und Kleineres käm noch dazu.
Ich verdiene 1067 Mark und 43 Pfennig monatlich
und netto, meine Frau,
die halbtags arbeitet 350 bis 380 Mark cirka,
je nach Monat und Arbeit.
Von dem, was wir zahlen müssen,
weil wir es nicht besitzen,
wäre als 1. die Wohnung zu nennen:
486 Mark ohne Garage und Heizung
für eine Zwei-Einhalb-Zimmer-Küche-Bad-Wohnung
mit kleinem Balkon nach Südosten,
im Westen Münchens.

Bischof Dr. Graber sagte in seiner Predigt während der Totenmesse für den verstorbenen Chef des Hauses Thurn und Taxis, Fürst Franz Josef, im Jahre 1971 folgendes: »Tradition ist auch eine Haltung, eine christliche Haltung, so wie es Paulus seinem Schüler Timotheus anempfiehlt: ›Behüte das anvertraute kostbare Gut!‹ und dies hat der verstorbene Fürst getan …
… und so hat der Fürst unserer Zeit im wahrsten Sinne des Wortes gedient durch den Ausbau und die Modernisierung seines Besitzes. Er hat uns allen damit ein Beispiel gegeben, wie echte Tradition Zukunft baut. Und dafür danken wir ihm!«

Ich, der regierende Fürst,
Erbprinz Johannes Baptista de Jesus
Maria Louis Miguel Friedrich
Bonifazius Lamoral von Thurn und Taxis
nenn in der Bundesrepublik Deutschland
340 Millionen Quadratmeter Grund und Boden
mein eigen.
In Kanada sinds 50 Millionen
und in Brasilien 500 Millionen.
Abgerundet wird's
durch 18 Schlösser,
wobei erwähnenswert besonders
unser Schloß St. Emmeran,
der Stammsitz unsres stolzen Hauses,
zu Regensburg der schönen Stadt,
das 500 Zimmer hat.
Dann nenn ich noch mein eigen
die Fürstliche Brauerei derer von Thurn und Taxis,
sowie 5 weitere Brauereien.
Beteiligt bin ich an der
Bayrischen Handelsbank AG,
der Bayrischen Vereinsbank
und als eignes Bankhaus haben wir
die Thurn und Taxisbank zu München.
In Pforzheim sind wir engagiert
in der Schmuck-, Uhren- und Metallindustrie
und Kleineres käm noch dazu.
Es heißt, die Thurn und Taxis
seien unendlich reich.

Iche Gastarbeita turkesch, komme Arbeid Deitschelant. Komme mid Frau und zwei Kinda, ise bessa. Drei Jahre Deitschelant etz. Viele Arbeid, viele spare Bank, für wenne gehe zuruk Turkei. Wolle gehe bald, wenne geht. Arbeite Bau, Philip Holtzmann Minchen, Frau arbeite Kaufhof. Habe netto Woch 200 Mark, wenn mache viele Arbeit Ibastund komme 250 Mark. Frau in Kaufhof, habe Monat 620 Mark netto. Wohne Haus mid andare, habe ein Zimmer und Kamma, koche mid andare in große Kich. Zahle Miete 420 Mark, weile is pro Kopf 105 Mark, Strom extra, Wassa extra, Gas extra, Kohleofe heize extra wene kald. Kinda in deitsche Schul seid eine Jahr, aba nix lerne, weil in deitsch schlechd. Besitze mir noch nix, weil alles spare. Habe mir auf Bank 3225 Mark und 38 Pfennig etze.

Ich, Fürst Georg von Waldburg zu Zeil
und Trauchberg gelt
– so wills der Volksmund –
als »Kaiser vom Allgäu«.
Dort nenn ich mein eigen
100 Millionen Quadratmeter Land
nebst Sonstigem.
Erwähnenswert sei noch,
daß ich das Holz aus meinen Wäldern
in meinen Sägewerken schneid,
in meinen Papierfabriken verarbeit
und dann an meine Allgäuer Zeitungsverlags GmbH
verkaufen kann.
Unter dem Firmennamen Eisenfuchs
mit einigen Filialen überall
treib ich noch
Haushalt- und Eisenwaren Handel
und dann verdien ich noch
mit meinen Heilstätten und Parks.
Für zirka 1500 in Erholung Verschickte
der Landesversicherungsanstalten
hab ich dort Platz.
Kleineres käm noch dazu.
So heißt es auch von mir,
ich sei sehr reich.

Ich heiße Klara Oberhoff und bin Rentnerin. Meine Rente beträgt 247 Mark und 56 Pfennig im Monat. 53 Jahre habe ich bei Arbeit verbracht, weil ich schon mit zwölf Jahre in Arbeit gegangen bin, was üblich war bei uns und schon seit neun Jahren in der Rente bin, weil ich jetzt 74 bin. Wie ich aus der Landwirtschaft heraus bin, weil ich eine Magd gewesen bin und dann keine Schlafstelle mehr gehabt hab, weil eine andere Magd, was jetzt landwirtschaftliche Angestellte heißt, gekommen ist, da bin ich in ein möbliertes Zimmer gekommen, wo ich heute noch wohne. In Landshut. Schöne Stadt. Das Zimmer kostet 95 Mark im Monat, im Winter 6 Mark Zuschlag Heizung. Einmal Woche Stiege putzen. »Was«, haben die Vermieter gesagt, »so wenig Rente bei soviel Arbeit, aber da kann man keine Rücksicht darauf nehmen.« Bei 53 Jahre Arbeit gibt es eine andre Rente, aber nur, wenn man was verdient hat. Ich wo so lang bloß für Schlafen und Essen und Taschengeld gearbeitet hab, und nicht geklebt worden ist, war ganz schlecht. Besitz is bis auf Gewand zum Anziehn nicht viel, aber eine Brosche aus Granatsplitter und ein altes Dirndl, wo mir nimmer paßt aber schön is, is da. Wecker is da und ein Kocher, wo mir gehört und Spielkarten und teure Tabletten und »Doppelherzwein«, wo die Krankenkasse ned zahlt aber gsund is, wie der Doktor sagt und ein großer Koffer, wo alles drin Platz hat, was mir gehört.

Wie ich weg bin von der Stell nach Landshut, weil alt, war es ganz allein um mich herum. Nix is gwesn, kein Vieh, kein Stall, bloß Straßn und Lärm und Menschen, die wo keins kennt. Da bin ich ins Tierheim, schlau wie ich bin und ein Hund ist kauft wordn! Futterspende 38 Mark hat er kost und Halskettl und Steuer und viel Fressen. Eine Mischung, Stiegengländer, aber ein guter Hund, kein Zweifel. »Eine alte Frau und der Wasti sind kein Unglück«, hab ich immer zu die Nachbarn gsagt, weil mir beliebt warn und glacht.

Acht Jahr bei mir. Ein Hund lebt lang, wenn eins aufpaßt. Vor drei Monat da hat ihn das Fraule einschläfern lassn beim Tierarzt, obwohl er es ned gmerkt hat, eine Spritzn und kein Schmerz, bloß tot, was das Schlimme is.

Der Hausbesitzer, den man nicht kennt, hat eine Verordnung erlassen, daß kein Hund mehr sein darf in seine Häuser. »Mir ned, der Hausbesitzer sagt es – und wer kann sich wehren, Frau Oberhoff?« ham die Leut gsagt, wo ich bin.

Das war mein liebster Besitz, weil Einsamkeit schwer is.

Wir Wittelsbacher
Prinz Max Emanuel
Prinz Leopold
Sohn des geliebten
und verunglückten
Constantin
und Friedrich Freiherr von Teuchert
sind bekannt dem Volk.
Verloren zwar als Könige
den Thron im Jahre 1918,
was nicht verwunden werden kann,
nennen trotzdem noch unser eigen
Schlösser in reicher Zahl
und über deren Wert und Inventar
man rätseln muß.
Wir nennen weiter unser eigen
100 Millionen Quadratmeter
Länder, Felder, Wälder, Baugrundstücke
und eine Brauerei,
das Wildbad Kreuth,
ein stattlich Aktienpaket der Bayrischen Vereinsbank
und einiges Auslandsvermögen,
wies dem Haus gebührt.
Der Wittelsbacher Ausgleichsfond sei nicht vergessen
und Kleineres käm noch dazu.
Könige sind wir einst gewesen,
das ist vorbei,
doch Gott sei Dank noch reich.

Da 's noch so viele wären,
die darzustellen Tage bräuchte,
genau so kurz und nur mit Namen
und auch den Namen des Besitzes nur,
den sie ihr eigen nennen,
daß alle ihr nach Hause gingt,
um Luft zu schöpfen und
ob dessen was ihr hörtet
die Augen Euch zu reiben,
weil was nicht sein kann
hier bewiesen wird als: ist –

erlaubt, daß ich noch schnell
ein halbes Dutzend selber vorstell,
die hier in Bayern – was kein Ausnahm ist –
viel haben oder praktisch alles
und das oft seit dem Mittelalter
und noch gefestigt durch das 3. Reich
bis heute fortgerettet und vermehrt,
und kein Verlust und keine Schmerzen sind
weit und breit.

Hans Veit Graf zu Toerring-Jettenbach
Herr über 5 Schlösser
und 2 Brauereien
dazu 60 Millionen Quadratmeter
Länder, Felder, Wälder, Baugrundstücke
und umfangreichem Aktienbesitz
etwa:
die Uher-Werke im Alleinbesitz
nebst Kleinerem.
Poschinger von Frauenau,
Barone mit insgesamt
120 Millionen Quadratmeter
Länder, Felder, Wälder, Baugrundstücke,
nebst vielem Kleinerem.
Die Fürsten Fugger
mit 120 Millionen Quadratmeter
Länder, Felder, Wälder, Baugrundstücke,
mit Sägewerk,
dem Fugger Möbelwerk,
dazu noch Schlösser von sehr großem
oder unschätzbarem Wert,
zahlreichen Industriebeteiligungen,
der Brauerei Fürst Fugger-Babenhausen,
einer Privatbank
nebst Kleinerem.
Baron von und zu Guttenberg
verstorben
hinterließ 100 Millionen Quadratmeter

Länder, Felder, Wälder, Baugrundstücke,
700 tausend Weinstöcke bei Deidesheim,
Schlösser und Hotels,
dazu den Kurort Bad Neustadt
nebst Kleinerem.
Fürstenhaus Löwenstein-Wertheim,
das etwa 120 Millionen Quadratmeter
Länder, Felder, Wälder, Baugrundstücke
sein eigen nennt,
dazu die Aktienmehrheit der
Anton Steinecker Maschinenfabrik zu Freising
und knapp ein Viertel der Aktien der
Held und Franke Bau AG
nebst Kleinerem.
Fürst Karl Friedrich zu Oettingen-Wallerstein,
der etwa 100 Millionen Quadratmeter
Länder, Felder, Wälder, Baugrundstücke
sein eigen nennt und
Großaktionär der Bayrischen Vereinsbank ist
nebst Kleinerem.

Zwischenfrage:

Wie wird man denn so reich, daß es der Kopf nicht fassen kann?

Drei Beispiele für Viele:

Die von Thurn und Taxis,
haben sich ihren Grundstein legen können
für das Milliardengut,
das sie derzeit ihr eigen nennen,
durch das Post- und Beförderungsmonopol
das sie dreihundert Jahre innehatten.
Sie waren dadurch besser informiert als alle
und wurden reich, was dann ganz einfach ist.
Auch das Geschlecht der Waldburg-Zeil verdankt,
was heute es sein eigen nennt

im großen Ganzen der Vergangenheit,
die blutig ihm gewesen.
»Bauernjörg« nannt man den Truchseß Georg von Waldburg,
weil er im Jahre 1525 die Söldnerhaufen
des Schwäbischen Bundes angeführt
und siegreich war gegen den Aufstand,
den bis aufs Mark gequälte Bauern lieferten.
Rund hunderttausend ließ er niedermetzeln
und das ist schon der Grundstein des Geschlechts
an heutigem Reichtum, Ansehn, Ehre.
Der Herr von Finck ist auch –
doch liegts nicht ganz so weit zurück –
zu viel von dem, was er heut hat,
in andrer Zeit gekommen.
Der NSDAP trat er im März
des Jahres 33 bei und wurde noch im selben Jahr
Mitglied des Generalrates der Wirtschaft
und kam auch ins Präsidium
der Akademie für deutsches Recht.
Für Hitlers Haus der Deutschen Kunst
hat er gesammelt und für die
Hermann Göring Geburtstagsspenden.
Zum Dank dafür, heißt es,
hat er jüdische Bankhäuser
dann arisieren dürfen:
die J. Dreyfus und Co. Berlin
und dann das mächtige Wiener Haus
S. M. v. Rothschild.
Wir schreiben heute eine andre Zeit,
doch für die großen Herrn
haben sich die Zeiten
nicht geändert.
1970 übernahm
die Bayrische Vereinsbank
die Bayrische Staatsbank.
CSU-Ministerpräsident
Herr Alfons Goppel
kam in den Aufsichtsrat
und Rudolf Eberhard

einst bayrischer Finanzminister
der CSU wurde sogar der
stellvertretende Vorstandsvorsitzende.
Im Beirat sitzt – auch von der CSU –
Herr Otto Freiherr von Feury,
Präsident auch des Bayr. Bauernverbands
und außerdem treffen wir wieder:
Friedrich Freiherr v. Teuchert
Carl Friedrich Fürst zu Oettingen Wallerstein
Johannes Erbprinz von Thurn und Taxis.
Die Bank selber tut was sie kann.
Sie hat Beteiligungen an:
Bayr. Wohnungsbaugesellschaft für Handel und
Industrie, München
HAWA Grundstücksverwaltungsgesellschaft, München
Salvatorplatz-Grundstücksgesellschaft, München
Tivoli Handels- und Grundstücks Aktiengesellschaft,
München
Bayr. Immobilien Leasing GmbH, München
Fränkische Wohnungsbaugesellschaft, Nürnberg
Internationales Immobilien Institut, München
Bayr. Landessiedlung, München
Gemeinnützige Wohnungsbaugesellschaft der Stadt
Röthenbach
Süddeutsche Bodenkreditbank, München
Bayr. Bauvereinsbank, München
Münchner Hypothekenbank.
Fünf große Brauereien gehören
auch dazu.
Von denen wiederum ist zu bemerken,
was sie besitzen.
Etwa die Hacker-Brauerei 130 tausend Quadratmeter
Grundbesitz im Münchner Stadtgebiet
und 224 tausend Quadratmeter draußen.
Etwa die Pschorr-Brauerei 85 tausend Quadratmeter
Grundbesitz im Münchner Stadtgebiet
und 108 tausend Quadratmeter draußen.
So sind, da kann kein Zweifel sein
Der Adel
die Finanzen

und die CSU
ein gleichschenkliges Dreieck,
in dessen Schößen sitzt:
Die Macht,
die Ausbeutung
und der Profit.

Und was unfaßlich scheint
in unsrer Zeit
die Wirklichkeit beweist:
es ist.
Und auch der runden Zahlen
glattes Spiel verschleiert,
was man sagen will.
Stell dir zum Beispiel vor:
2800 Millionen Quadratmeter
Länder, Felder, Wälder, Baugrundstücke
und mehr als 100 Schlösser
gehören
nur 26 Adelsfamilien.
Und dann:
Ein fettes Drittel der gesamten Wirtschaftsfläche
und über drei Viertel der Forstfläche
gehören in der Bundesrepublik
sage und schreibe 0,01 Prozent der Bevölkerung.
Aber 90 Prozent der Bevölkerung
haben weder Länder, Felder, Wälder, Baugrundstücke
noch, und sei's das kleinste Stück, einen Garten.
Die Hälfte der Bevölkerung hat keinen Balkon
und eine Million hat keine Wohnung
und sei sie noch so klein.
Was tun?

Die CSU geht vom unabänderlichen und christlichen Bekenntnis zum Eigentum im Ganzen, so auch bei Grund und Boden aus. Sie schlägt deshalb eine Ergänzung des bestehenden Bodenrechts dergestalt vor, daß in Hinkunft die Gewinne aus veräußerten Grundstücken maßvoll besteuert werden sollen. Nicht veräußerte Grundstücke werden nicht versteuert. Das ist nicht unklug ausgedacht für die Großgrundbesitzer und Konzerne, denn die meisten von ihnen haben schon seit Jahren keinen Quadratzentimeter Grund mehr verkauft. Im Gegenteil: Sie kaufen, wo sie können, neues Land dazu, von denen, die verkaufen müssen: den Kleingrundbesitzern. Die CSU weiß, wem sie zu dienen hat.

Der FDP ist grundsätzlich, was ist, nicht unrecht und nicht recht. Sie will durch steuerliche Korrekturen die allerschlimmsten Auswüchse in Zukunft verhindern. Wo diese allerschlimmsten Auswüchse beginnen, weiß man noch nicht. Man wird sich aber bald erkundigen und dann von sich hören lassen!

Die Kernpunkte der SPD-Bodenreform lauten: Bodenwertzuwachssteuer und Planungswertausgleich. Bodenwertzuwachssteuer heißt: Grund und Boden, der mit der Zeit mehr wert wird, wird an diesem »mehr« besteuert. Planungswertausgleich heißt: Wiesen und Äcker, die durch Bebauungsvorhaben der Gemeinden über Nacht viel mehr wert geworden sind, ohne daß die Besitzer auch nur einen Finger hätten krumm machen müssen, werden an diesem »viel mehr« besteuert. Das klingt nicht schlecht, aber: An den Eigentumsverhältnissen ändert sich gar nichts. Alle, die wir Euch vorgestellt haben, behalten alles, was wir aufgezählt haben. Sie sollen dafür nur Steuern zahlen. Diese werden sie aber wie immer abwälzen. Sie werden sie auf die Bodenpreise draufschlagen, von dort werden sie auf die Baupreise durchschlagen, von dort werden sie auf die Mieten durchschlagen und den Mieter erschlagen. Ändern tut sich für die Obern nichts.
Die DKP hat ein Programm ausgearbeitet und darin heißt es: Wir fordern: Das Wohnungswesen wird zur sozialen Gemeinschaftsaufgabe erklärt. Wie der Bau von Straßen, Schulen und Krankenhäusern, so ist auch der Bau von Wohnungen eine soziale Aufgabe von Bund, Ländern und Gemeinden.
Befreit den sozialen Wohnungsbau von allen Steuern, Abgaben und Erschließungskosten. Grundstücke müssen für den sozialen Wohnungsbau zu niedrigsten Preisen zur Verfügung gestellt werden. Lebenkönnen geht vor Eigentum. Von der öffentlichen Hand in Sanierungs- und Entwicklungsgebieten erworbene Grundstücke dürfen nicht wieder veräußert, sondern müssen für soziale Zwecke verwendet werden. Der Neubau von Wohnungen muß

unter dem Prinzip der Gemeinnützigkeit erfolgen. Die Mietpreisgestaltung unterliegt allein der öffentlichen Kontrolle.
Der Wohnbesitz von Banken, Versicherungsgesellschaften, Industrie- und Handelskonzernen, der Wohnungsbaugesellschaften in privater Hand und der großen Hauseigentümer ist in genossenschaftliches Eigentum der Mieter oder in andere gemeinnützige Formen zu überführen. Grund und Boden, der zum Wohle der Allgemeinheit für die sozialen Aufgaben des Wohnungsbaus und andere Gemeinschaftsaufgaben benötigt wird, ist in öffentliches Eigentum zu überführen. Da Boden nicht vermehrbar ist und jeder von ihm abhängt, der auf dieser Welt lebt, muß der monopolartige Bodenbesitz in Gemeineigentum aller überführt werden und für die Belange der Allgemeinheit nutzbar gemacht werden.

KIND Was heißt das, Papa, daß mir ausziehn müssen?
VATER Sag ihr, was das heißt.
MUTTER Sags ihr selber, is deine Tochter auch.
Pause.
Tuts essn!
Pause.
Ausziehn heißt –
Zäsur.
Ausziehn.
VATER Genau.
KIND Warum?
VATER Weil das so ist.
MUTTER Richtig. *Zum Kind:* Frag ned so dumm, wos nix nutzt.
Pause, sie essen.
VATER Ausziehn heißt, daß man wo weg muß, wo man daheim is.
KIND Und warum bleibn mir dann nicht?
MUTTER Weil mir müssen.
Pause.
Wenn es eine Eigentumswohnung sein tät, *sie lacht,* dann tät man hingehn und sagn: Sie, das is ein Irrtum, weil es eine Eigntumswohnung is, wo uns gehört!
VATER Genau.

MUTTER Aber Eigntumswohnung is es halt keine.
VATER Nein.
MUTTER Und deswegn muß man ausziehn, wenn der, dem wo die Wohnung gehört, hergeht und sagt: Sie müssen ausziehn, weil ich es will und andere Pläne hab.
KIND Und wem ghört die Wohnung?
MUTTER Die andern. Die sind eine große Firma, und die habn so viele Wohnungen, daß du gar nicht so weit zähln kannst, so viele Wohnungen ham die.
KIND Warum?
MUTTER Weil sie sie gebaut ham. Oder kauft.
KIND Und warum kaufn mir dann nicht auch eine Wohnung?
MUTTER Was glaubst, was das kostet, so eine Wohnung?
VATER Zweihunderttausend Mark – zwei Zimmer, Küche, Bad und Abstellkammerl! *Er lacht.* Da tät es nimmer langen für deine Puppn!
KIND Aber meine Puppnküch, die gehört mir, gell!
VATER Wost es zu Weihnachten kriegt hast.
MUTTER Gschenkter, gschenkter nimmer gebn!
KIND Dann ziehn mir alle in die Puppnküch, weils mir ghört und mir Euch drin wohnen lassn, die Puppn und ich! *Sie nickt.*
MUTTER Tu jetz essn, wos schon kalt wird!
Pause.
VATER *leise:* Eine Schand is, wie man umspringt mit uns – und man kann sich nicht wehrn!

DOCH MAN KANN SICH WEHREN UND MAN MUSS.

VATER Wie denn?
MUTTER *nimmt das Kind auf den Schoß, die Familie schaut zu...*

1969 hat der Münchner Stadtrat beschlossen:
Profit vor Bürgerschutz!

Im Münchner
Viertel Lehel
gleich an der Isar

und bekannt,
mit großen alten Häusern
in deren Bauch
die dunkeln
warmen
Altbauwohnungen
sich strecken
die riechen nach der Zeit
und gut gebohnert
ewig halten
haben in nur 2 Jahren
fünfzehntausend
Mieter die Wohnungen
verloren.
Raus hieß es und sonst nichts.
Die Stadt
hat kurzerhand
dies Wohngebiet
erklärt zum Kerngebiet,
was heißt:
Nun kommt ihr Bestien all
die fett im Kapitalismus wohnen
wie Maden in des Bauern Winterspeck,
nun kommt ihr Wucherer, ihr Banken und ihr
Adligen,
ihr riesengroßen Hausbesitzer
und Aktienhalter und Konzernsgewaltigen,
frei ist die Bahn
zum Fraße vorgeworfen wird euch
ohn daß euch Reu befallen müßte
ein ganzes Viertel, eine kleine Stadt!
Die Kinder sollen raus,
die den Verkehr in diesem Viertel kennen,
und deshalb seltner überfahren werden;
die Spielplätz, die die Stadt verweigert
mit sehr viel Mut und viel Geduld
sich selber habn entdeckt,
seis jetzt ein Schlupfloch
seis ein leerer Keller,
ein teppichgroßes Plätzchen grün,

auch ein Hofeinfahrt,
die nicht befahren wird.
Die Großen sollen raus,
die sich gewöhnt ham aneinander,
die ihre Fehler kennen,
die miteinander Karten spielen.
Die Frauen habn sich angefreundet,
man schaut auf anderer Kinder,
man hilft sich, wenn man krank,
und hält zusammen bei Gefahr von außen,
und streitet auch, natürlich.
Und alte Menschen müssen raus,
die schon im Schlafe wissen,
wieviel Stufen sie wo gehen müssen,
wie hoch im Schritt die einzelne
und wo es rutschig ist und
wo im Winter welcher Weg gestreut.
Und auch die Tiere müssen raus,
die man sich hält,
und die ihr Plätzchen kennen.
Wer kann allein sich wehren,
wenn Herr von Finck und andere
mit ihren tausend Armen
dir in die Wohnung greifen
und deine Zimmer räumen
und deine Kinder und die Frau und dich dazu?
Denn keine dieser vielen Hände
siehst du wirklich,
weil freundlich und ganz sachlich
sind die Briefe die du kriegst
und ganz verständig bloß ganz ungerührt
die Herren die auszuführen haben
was die ganz oben ausgebrütet gegen dich.
Und doch: Es sind die langen Arme dieser Herrn
die wir heut vorgestellt und anderer
die euch noch unbekannt,
die dir an deine Gurgel fassen
und zudrücken und rausschmeißen
und kaufen und verkaufen
und kündigen und bauen

und vermieten und verpachten
und niederreißen und verbieten
und fördern und gestatten
wies ihnen grade paßt und dem Profit,
und über menschlich Leben gehen
als seis der Speichel räudiger Hunde bloß.
Und Ihr? Wehrt Euch!

Der DKP-Vorsitzende im Münchner Lehel sagte auf der 1. Kundgebung: Wir haben aufgerufen zu dieser Informationsversammlung, weil sonst keiner – weder die Parteien im Stadtrat noch die Stadtverwaltung – die Bevölkerung in unserem Viertel informieren würde: Über unsere eigene Zukunft – um die geht es nämlich!

Wir wissen es aus eigener Erfahrung nur zu gut: Die, die 30 Jahre unsere Nachbarn waren, auf einmal sind sie weg. Ausgezogen. Kurz danach wird das Haus abgerissen, ein neues aufgebaut und plötzlich hat man als Nachbarn eine Bank oder Versicherung. Das alles, liebe Mitbürger, passiert nicht zufällig, sondern nach einem genauen Plan. Wir haben uns diesen Plan besorgt, nämlich den Flächenplan der Stadt München und wir haben gesehen, daß unser Viertel, das Lehel, dort als sogenanntes Kerngebiet ausgewiesen ist, d.h. es soll überwiegend gewerblich genutzt werden und die Wohnbevölkerung, also wir, sollen raus. Wir sind von Haus zu Haus gegangen und haben mit den Bewohnern geredet: Fast keiner wußte, was ihm blühen wird. Jetzt wissen es alle! Entweder fangen wir sofort an, uns zu wehren, oder wir verlieren alle die Wohnung. Wir brauchen eine Veränderungssperre, d.h. wir müssen die Stadt München zwingen anzuordnen, daß ab sofort in unserem Viertel nichts mehr an den gegenwärtigen Verhältnissen geändert werden darf, also wir wohnen bleiben können. Deshalb schlagen wir vor, eine Bürgerinitiative zu gründen, in der alle Mieter unseres Viertels mitarbeiten können. Wenn wir zusammen stehen, dann müssen die oben über kurz oder lang auf uns hören!!!

VATER Hast des ghört Frau? Da machn mir mit!
MUTTER Und wie, mir machn mit!
KIND Ich auch und die Puppn!

Macht alle mit
und lernt aus Fehlern!
Wie oft etwa
warst du und du schon neidisch
auf deines Nachbarn neuen Fernsehapparat,
sein Auto,
seine Bräune im Gesicht?
Auf deiner Nachbarin Geschirr,
auf ihre neue, modische Frisur,
und daß sie vielleicht hochdeutsch kann?

Den Nachbarn laß nur ihre Freude,
sie stehn mit dir am gleichen Block,
und schuften ganz wie du für die,
die wir euch heute vorgestellt
und andere,
die noch unbekannt euch sind.
Auf alles das,
was die besitzen,
wann warst du da denn neidisch drauf?
Sie sind die Halter jener Ketten,
die dich und alle Nachbarn schmerzen,
sie treiben Pfähle in der Bürger Fleisch,
wie lange noch?
Man hört im Lehel sagen:
es würden täglich mehr
Unds stimmt!

Einen kann man leicht belügen,
tausend muß man schwer betrügen,
zehntausend strafen Lügen!

500 waren es 1970,
die nein und kämpfen sagten.
3000 waren es 1971
die einen Sternmarsch unternahmen,

von außen in die Innenstadt
und nein und kämpfen sagten.
5000 waren es 1972
die anmarschiert von überall
und nein und kämpfen sagten.

Wie viele werden es morgen sein?
Wehrt Euch!

Schwarzer Sonntag

Szenenentwurf

In einem oberbayrischen, malerischen Bauerndorf gehen die Bewohner in die Kirche, in teils sonntäglicher Tracht. Die Glocken läuten. Dahinter das Tal.

I

Bei der Wildwasserverbauung. Die herrliche Umgebung mit den hohen Bergen und das großartige weite Tal. Ein steil herunterfallender Wildbach, der sichtlich sein Bett verlassen hat und sich ein neues Bett durch den Wald und über einen Weg bahnen will.

Vier Männer sind damit beschäftigt, den Bach zurück in sein Bett zu drängen. Dazu versuchen sie, die Ausbruchsstelle mit großen, abgeästeten Baumstämmen, die mit Eisenhacken aneinandergekettet werden, abzudichten. Der ohrenbetäubende Lärm, den die Wassermengen verursachen, verhindert, daß man etwas verstehen kann. Die Männer verständigen sich deshalb auch weitgehend mit Zeichen. Als Werkzeuge dienen den Männern neben Hämmern, Eisenklauen, einer Seilwinde (die unbenützt im Wald abgestellt ist), Eisenketten, vor allem Holzpickel, mit denen man die Baumstämme gemeinschaftlich bewegen kann. Größere technische Hilfsmittel gibt es (wegen der Transportschwierigkeiten) nicht! Die Männer legen einen großen Baumstamm zur Weiterführung des Dammes richtig an und versteifen ihn. Je zwei an den beiden Enden des Baumes. Die Arbeit geht reibungslos vor sich. Die Männer am Kopf des Baumes wenden sich bereits ab und gehen zum Lagerplatz beim Wald. Der eine Mann am Unterende des Baumes schließt sich den anderen an, während der letzte beim Verlassen seinen Hut verliert, der ins Wasser fällt. Er schlägt den Pickel in den Baumstamm, der zuletzt befestigt worden ist; benützt ihn als Spitze, kann den auf dem Wasser tanzenden Hut nicht erreichen. Schließlich gleitet er aus und stürzt selbst ins Wasser. Er kann sich an anderen, erst lose angefügten Stämmen halten, stemmt sich an, bringt damit einen ziemlich kleinen Stamm in Bewegung, wird von diesem überrollt. Jetzt bemerkt er die Gefahr, beginnt zu schreien, strengt sich an, damit verschlimmert er aber seine Lage. Mehrere Stämme lösen sich, rollen und schwimmen über ihn hin, reißen ihn mit, er verliert den Halt. Trotzdem kommt er jetzt in die Nähe seines Hutes, instinktiv faßt er danach, erreicht ihn und wird im selben Augenblick von einem großen Stamme in den Kopf getroffen. Reglos treibt es ihn neben einigen Stämmen abwärts …

2

Die drei anderen Männer stehen am Lagerplatz, trinken jeder aus seiner Flasche Bier. Huber und Wurzer rauchen. Sie wischen sich den Schweiß ab, beschauen sich die Hände, nehmen die Hüte ab, fahren sich durchs Haar. Huber setzt sich hin.

HUBER Zwei Worte – ein Bier!
Er lacht und trinkt.
Hab ich recht?

WURZER Genau. Zwei Worte – ein Bier. *Trinkt ebenfalls.*
Wo isn der Stadel?

HUBER Der werd uns doch nix wegarbeitn?

SCHULZ Dem is der Huat ins Wasser gfalln!
Sie lachen. Lange Pause, sie trinken, rasten.
Weil ich es gsehn hab.

HUBER Schmarrn, des dauert doch koa Stund!

WURZER Genau. Des dauert doch koa Stund. Der scheißt und hat einen harten Schiß!
Die Männer lachen.
Ein guter Mensch wird selten fett! *Er lacht alleine.*
Huber und Schulz schauen sich an.

HUBER *schreit:* Stadel!

SCHULZ Depp! Moanst, der hört des!

HUBER Genau.
Pause, sie stehen unschlüssig da.
Ich schaug nach. Scheißdreck, ned amal in da Pause host dei Ruah!
Er geht weg.
Ruft: Stadel!!! Wo bistn, alter Depp!

3

Huber kommt an die Baustelle zurück. Er sieht, daß es Bäume weggeschwemmt hat. Sofort rennt er flußabwärts. Es dauert lange. An einer Auffangstelle haben sich die abgetriebenen Bäume gesperrt und zu einem Knäuel verfangen. Etwas abseits liegt Stadel im Wasser. In der Rechten hat er krampfhaft den Hut. Huber läuft auf ihn zu. Stoppt kurz vor ihm.

HUBER *ganz normal, schnell:* Stadel, spinnst du? Was hastn?

Er begreift.

Schreit: Hilfe! Gehts her da sog i, ihr bledn Hund, ihr Gschissna!

Er packt den toten Stadel und reißt ihn aus dem Wasser heraus. Man sieht bergaufwärts die beiden anderen Männer stehen und dann auf die Unfallstelle zulaufen.

Huber versucht verzweifelt, den an den Füßen eingeklemmten Stadel ganz herauszuziehen.

Gemeinsam und mit bloßen Händen gelingt es den Männern unter unmenschlichen Anstrengungen, den Knäuel aufzulösen, die Stämme abtreiben zu lassen und Stadel loszubekommen und ans Ufer zu zerren. Atemlos und naß stehen sie neben dem Toten.

HUBER *atemlos:* Wi-Wi-Wiederbelebungsversuche müssn sein!

WURZER Wer koan an des?

SCHULZ I!

HUBER Nachat schaug ned so blöd!

SCHULZ *nickt, beißt die Lippen zusammen.* Genau. Laßts mich hin!

Er nickt. Kniet nieder und macht primitive Wiederbelebungsversuche, indem er Stadels Arme in der bekannten Weise auf und nieder bewegt. Das dauert lange.

HUBER Des is für die Katz.

SCHULZ Genau.

HUBER Den Rettungskuß oder wia des hoaßt!

SCHULZ Den kann i aa!

Er macht den Rettungskuß.

HUBER D'Nasn muaßt erm zuhaltn!

SCHULZ Mach du, wennst scho redst!

Er macht trotzdem weiter. Er tut es ziemlich lange, die andern schauen gespannt zu. Völlig erschöpft hört Schulz schließlich auf.

Ein Schmarrn is des, weil er hin is.

WURZER Man derf ned aufhörn.

SCHULZ Blödsinn. Wer hatn einen Spiagl?

Huber und Wurzer verneinen, nachdem sie gesucht haben.

I bin ja ein Depp, weil i selba einen hab!

Zieht ihn heraus und macht den Spiegeltest.

Wenn der si ned beschlagn tut, is nix mehr. Das is nämlich wissnschaftlich!

HUBER Glaubst, des wissn mir ned?

WURZER Genau, genau.

Schulz schaut den Spiegel an, nachdem er ihn Stadel vor den Mund gehalten hat.

SCHULZ Nikse.

Die andern schauen ihn sich einzeln an, indem Schulz ihn herumgibt. Es entsteht eine ganz große Pause. Wurzer gibt den Spiegel Schulz zurück, der ihn wieder einsteckt. Nochmalige Pause.

WURZER *zu Schulz:* Wisch dir den Mund ab, zwengs dem Leichngift!

Schulz tut es.

Wieder entsteht eine große Pause.

SCHULZ Jetz muaß oana die Polezei holn, damit mir mit der Sach nix zum tun ham.

Pause.

WURZER Weiterarbeitn tun mir jetz nimmer?

SCHULZ Na, Depp.

WURZER Nachat gingert ich lieber heim, wennts mich ned brauchts. Wenn man mich braucht, ihr wißts ja, wo ich wohn.

Pause.

SCHULZ I steig einmal ab und hol die Polizei, daß alles seine Ordnung kriegt und ihr warts.

HUBER *schnell:* Und was sagn mir der Polizei?

SCHULZ Mei.

HUBER Was?

WURZER Wo Sonntag is, is es schlecht. Morgn tät es besser sein, wegn der Feiertagarbeit, was verbotn is.

HUBER Genau. Weil uns die Wildwasserverbauung im Gemeindeamt ned gnua zahlt, machn mir seit drei Jahr Schwarzarbeit, wenns geht, sagen mir der Polizei! *Lacht sarkastisch.*

WURZER Demoi hat uns da Geschwendtnerbauer angstift!

Es entsteht eine Pause, sie starren alle den toten Stadel an.

WURZER Jetz kommt alles auf, ich hab es immer gsagt.

SCHULZ Genau.

HUBER Dir kann es doch wurscht sein, als junger Kerl. Du kriegst leicht was anderes, aber unsereiner, wenn kündigt wird, schaut anders drein.

Wurzer zündet sich eine Zigarette an. Die andern schauen ihn an. Schließlich zündet sich Huber auch eine an.

HUBER Gstorbn is gstorbn.

Pause.

Genau. *Sie rauchen vor sich hin.*

WURZER Des bricht uns alle das Gnack.

SCHULZ Weg müssert er.

Pause.

Wo er daliegt und uns verrat, weil er tot is. *Pause.* Wenn die Schwarzarbeit ned so viel Geld bringen tät, ich hätts nie gmacht!

HUBER Freile, weil mir als Schwarzpartie halb soviel kostn, als wennas da Gemeinde meldt und mir von da Gemeinde hergschickt werdn.

SCHULZ Ja, aber hoamgeh und liegnlassn kenna mir erm auch ned.

HUBER Na. Zu seiner Frau gangert i, weil ich sie kenn.

WURZER I kenns aa, und die Kinder!

HUBER Dann gehst du, i dräng mi ned vor.

SCHULZ Raffts Euch drum. Die ham ned amal eine Rente in Zukunft.

HUBER Warum? Tot is tot.

SCHULZ Überhaupt nicht. Wenn es kein Arbeitsunfall, sondern ein Schwarzarbeitsunfall is, zahlt die Versicherung nicht. Keinen Pfennig.

HUBER Des wirst du wissn!

SCHULZ Wo er noch jung war.

WURZER Des sogi aa.

HUBER Arbeit is Arbeit.

SCHULZ Schmarrn. Der Tod muß im Dienst sein, sonst is er ungültig.

WURZER Amtlich muß er sein, das sag ich auch. Sonst is er bei der Versicherung ungültig. Und die Hinterbliebenen ham kein Sterbegeld und die Rente is auch bloß unvollkommen, wenn sie is. Das is bekannt.

HUBER Des woaßt du sicher?

WURZER Ja.

SCHULZ Ich auch. Das is wissnschaftlich.

WURZER Der Tod wie er is, wird nie anerkannt!

SCHULZ Amtlich is er ned brauchbar. Genau.

HUBER *schaut den Toten an.* Wenn des so is, muaß ers werdn. Basta!

WURZER Was?

HUBER Wenn i jetz da liegn dad, und tot waar statt seiner, und wenn i noch ein Gedankn denkn kannt, dann dad i jetz an mei Weib und meim Buam denga, und dad nachdenga, ob de, de jetz um mi rumstengan des gleiche dadn denga.

WURZER Sei froh daßd as ned bist!

HUBER Jeda von uns hätts sei kenna, Depp! Und ein jeda von uns dad des gleiche wolln von dene, de no lebn. Jeda dad wolln, wenns erm scho dawischt hod, daß die Familie ein Versicherungsgeld und eine Rentn hod, oda ned?

SCHULZ I hob koa Familie!

Die andern schaun ihn an.

Aber vorstelln könnt ich es mir, daß ich eine hab. Und dann...!

Er schaut die andern an.

Keine Polezei nachat – heit – am Sonntag.

HUBER Keine. Nein. Mir hebn erm auf bis morgn, und da stirbt er no amoi, auf da Gemeindebaustell, amtlich anerkannt.

WURZER Wia?

HUBER Mir tragn erm auffe zu die andern Sachn, deckn erm zua und arbeitn weiter, als wenn nix gwen waar. Aufd Nacht trogn man abe, stelln ihm überd Nacht wo ein –

WURZER Wo?

HUBER *schreit:* Im Kofferraum von meim Auto zum Beispiel. – Fantasie muaß man hobn! Morgn in da Frua fahr man aufd Gemeindebaustell, und bevor um neune da Ingenieur zwengs da Kontrolle kummt, schmeiß man ins Wasser, reißn an provisorischn Damm auf und fertig!

Lange Pause.

WURZER Dann tät es amtlich sein und ein Tod, der von der Versicherung anerkannt wird.

SCHULZ Und wenns uns derwischn sperrns uns ein wegen Mordverdacht. Nachat sagns, mir ham erm umbracht!

HUBER Trottel!

WURZER Ein Betrug is es auf alle Fälle. Und der Doktor hat auch eine Beweiskraft. Das is wissenschaftlich feststellbar, wann der Tod eingetreten is.

HUBER Wenn mir die ganze Ufersicherung wegreißn, dann is der, wenn er untn ankommt in hundert Fetzn verteilt, da laßt si goar nix mehr feststelln. Und vom Gemeindearzt scho gar ned, des glaubst.

WURZER Des is ein alter Depp, des stimmt.

HUBER Probiern geht über studiern!

SCHULZ Aber ein Betrug is es auf jedn Fall!

HUBER Und mir, wern mir vielleicht ned betrogn? Warum derf denn ein Arbeiter koa Schwarzarbeit macha? Daß er si in da Freizeit ausruht, damit er in da Firma nachat wieder Höchstleistung abgibt. Wia de Rindviecher, de möglichst viu fressn und si ned bewegn solln sonst! San mir Schlachtviech?

WURZER Weilst bei da Gewerkschaft bist, redst aso!

HUBER Des hod doch mid da Gwerkschaft an Scheißdregg ztoa, weil oam des da gsunde Mendschnvastand sagt! Warum derfa mir denn koa Schwarzarbeit macha? Wegn unsana Gsundheit? Daß i ned lach! Zerscht wegn dem Betriebskapital in Form von Mensch, des da Firma ghört und nachat, weil mir ja mit unsana Schwarzarbeit die Firmen was wegnehma könntn an Aufträg!

SCHULZ Und wei man koane Steian zoin, de Baraber, damits de obern Zehntausend no mehr schenga kenna, wenn nur mir heruntn schwitzn. Recht hod er, da Huaba! So wie mir tagtäglich bschissn werdn, so bscheißn mir jetz einmal die andern.

HUBER Und ned amal für uns, Wurzer, sondern für eine Frau mit zwo unmündige Kinder! De ohne da Sach nix zum Fressn ham!

WURZER Wissn miassat ma, daß guat geht!

HUBER Einigkeit macht stark, wenn mir zamhaltn, na gehts guat!

SCHULZ Ja.

WURZER Hoaßn duads aso!

SCHULZ Also?

WURZER I mach mid, aber schwörn tun mir es uns, daß man es durchsteht, auf Biegn oder Brechn, heit is Sonntag, und eine Sicherheit braucht der Mensch!

HUBER Genau! Des is ein christliches Werk, wertses scho sehn. Wer gehtn aufd Nacht zu seiner Frau und klärts auf, daß kein Gschrei macht, wenn er ned hoamkommt aufd Nacht?

WURZER I, wiri gsagt hab.

Pause, sie schauen den Toten an.

SCHULZ Wo mir uns einig san. Packn mir ihn, je schneller die Sach geht, um so besser!

Sie tragen den toten Stadel aufwärts. Stadels Hut schaukelt im Gras an der Wassernarbe.

4

Aus der Dorfkirche kommen die sonntäglich gekleideten Gläubigen. Sie gehen nach Hause. Kirchenglocken läuten. Auf dem Berg arbeiten die Männer, am Abstellplatz, eingewickelt, ein großes Bündel. Es liegt wie Baugerät, unauffällig bei den anderen Sachen...

Verfassungsfeinde

Einakter

Die Personen

VATER guter Fünfziger, dürr, aber kräftig
MUTTER nicht viel jünger, rund und gut
INGE hübsch und einfach, recht zierlich
HELMUT eher dicklich und verlegen, aber nett

Das Stück spielt in München im Jahr 1973.
Bühnenbild: eine geräumige Altbauwohnungsküche.
Dialekt ist der bayrische.

Beim Abendessen.

VATER Wer nicht hören will, muß fühlen!

Kleine Pause, er schaut, nickt.

Ja. – Jetzt hast es, jetzt is es soweit!

Pause.

Schaut Mutter an. Für was, wenn man fragen darf, hat man sie dann überhaupt studiern lassen? – Was nicht leicht war. *Kleine Pause.* Bestimmt nicht. Ich bin mein Lebn lang nämlich ein anständiger Mensch gwesn und hab mich um nichts gekümmert. Nach dem Motto: »Politik und Polizei, leckts mich am Arsch alle zwei!« – So is das gwesn.

Pause.

INGE *weicht dem Blick des Vaters aus.*

VATER Mir hat er gleich nicht gfallen, wenn ich jetz zurückdenk. Von Anfang an nicht. *Trinkt sein Bier, kleine Pause.* Und jetzt zieht er sie da mit hinein.

INGE *leise, unsicher:* Noch is ja nix entschieden!

VATER »Noch is nix entschieden!« Mir langts! Ein An-hö-rungs-ver-fahren! Mit sowas ham mir noch nie etwas zum tun ghabt, gell Mama!

MUTTER *schaut auf.* Nein.

VATER *nickt.* Da hörst es, was die Mama sagt. *Kleine Pause, energisch:* Aber da brauchn mir jetzt gar nicht lang um den heißn Brei herumredn. Der Sach wird ein End gmacht und aus.

INGE Wie denn?

VATER Ja wie?! – Da tät ich noch recht dumm fragn. Was hams denn gsagt zu dir? Sie empfehlen dir – durch die Blume – daßd dir einen andern suchst. Das wird nicht zuviel verlangt sein. Eine goldene Brücke bauns dir, weilst ihnen gfallen hast und sie es gut mit dir meinen.

INGE Papa! *Schaut hilfesuchend ihre Mutter an.*

MUTTER Sorgn hat man schon mit euch Kinder.

VATER Da hörst es. – Es gibt doch so viele anständige Burschn, aber nein, ausgerechnet so ein muß sie erwischn.

INGE Hör auf, Papa!

VATER In meiner Küche red ich was ich will.

Pause.

MUTTER Noch is ja nix entschieden.

VATER Noch is nix entschieden! – In Regensburg entlassens jetzt sogar einen Lokomotivführer, weil er einer von denen is! Die wollen mit die Kommunisten nichts zu tun haben. *Kleine Pause.* Ich auch nicht. Und wenn man es vorher gwußt hätt, daßd auch einmal zu dem Haufen gehörst, hätt ich bestimmt kein Geld in dich gesteckt und studieren lassen.

MUTTER Was redt denn der für einen Schmarrn zam? Was hat denn die Inge mit die Kommunisten zu tun, bloß weils den Helmut liebt?

VATER Mitgehangen, mitgefangen!

MUTTER Schmarrn!

VATER Wenns ihr nahelegn, daß sie sich einen andern sucht. Die werdns schon wissen, dafür sinds ja da, daß sie es wissen.

INGE Du redst, wost nix weißt.

VATER Ich weiß mir genug. – Was machst denn jetzt, wenns dich nicht anstellen weilst ein Verfassungsfeind bist? – Ha? Weilst keine Anstellung als Referendar kriegst. Was tust denn dann mit Geografie und Geschichte? Wos sowieso schon arbeitslose Lehrer gibt. Die ham zuviel, der Staat, da legn die auf dich bestimmt keinen gesteigerten Wert.

MUTTER Wie is denn das überhaupt zugangen mit dem Ver-hör von dir?

INGE Die ham eh schon alles gwußt, was für sie interessant war.

VATER Was alles, was gibts denn da alles zu wissn?

INGE Mei, wo ich ebn dabei war, die Veranstaltungen, ein paar Demonstrationen, unsern Umgang, vor allem im Zusammenhang mitm Helmut, und was ich unterschriebn hab.

VATER Was hast denn du zum unterschreibn?

INGE 1972 hab ich bei der Münchner Stadtratswahl unterschriebn, daß Kommunisten ins Rathaus kommen.

VATER Davon weiß ich ja gar nix. Was hast du sowas zum unterschreibn, wost keine Ahnung hast von nix. *Er schnauft.* Die Saufratzn! Wir brauchn keine Kommunisten, und im Rathaus erst recht ned.

MUTTER Sie hat es ebn unterschriebn. Jetzt laß sie doch einmal ausredn und sei still! *Schaut Vater grantig an.*

INGE Vorgeworfen hams mir dann auch noch, daß ich mit dem Helmut in der DDR war, daß ich auf seine Parteiveranstaltungen manchmal dabei war, daß ich bei die Demonstrationen gegen das Hochschulrahmengesetz, gegen den Paragraphen 218, gegen die USA in Vietnam und so weiter dabei war.

VATER Was hast denn du zum demonstriern, lern lieber, und überlaß die Politik denen, die was davon verstehn, weils dafür bezahlt werdn.

INGE *schaut Vater an.*

Pause.

INGE Mei Mutti, des war so gemein, was die alles gfragt ham.

MUTTER Was denn?

INGE Nach allem ham die gfragt, zwischen dem Helmut und mir, was niemand etwas angeht.

MUTTER So?

INGE Ich hab mich richtig gschämt. Wie lang mir schon zusammen gehn, ob er mein »richtiger« Freund is, ob mir Zukunftspläne ham oder ob das nur vorübergehend is – ein Pfarrer is nix dagegn. Und vorkommen is man sich wie ein Verbrecher.

VATER Übertreibn, das kannst. Die müssen es ebn wissen wegen der Sicherheit, das is doch klar.

MUTTER *laut:* Was geht denn das die an, wen meine Tochter gern hat und was hat denn das damit zu tun, ob sie dafür geeignet is, daß Kinder erzieht oder nicht?

INGE Das war halt eine richtige Inquisition.

VATER Was weißt denn du von der Inquisition.

INGE Aber ob ich aus der Kirche austreten will, hams mich schon gfragt und ob ich noch an Gott glaub. Und welche Zeitungen ich les, und ob ich schon »so weit infiltriert bin von meim Freund«, daß ich die DDR für das bessere Deutschland halt.

MUTTER Und was hast da gsagt?

INGE Daß ich das nicht weiß, weil ich erst einmal drübn war.

VATER *schlau:* Das war eine Fangfrage.

MUTTER Was ham denn die meiner Tochter Fangfragen zum stellen? Und jetzt?

Pause.

INGE Vorerst muß man abwarten. In sechs Wochen sagns, kommt die Entscheidung, und dann kann ich entweder anfangen oder nicht.

MUTTER Vorerst kannst nicht anfangen wie die andern?

INGE Nein.

VATER Das is sauber. Das ham mir nicht verdient. *Nimmt einen kräftigen Schluck Bier und trommelt mit den Fingern abwartend auf den Tisch.* Und wie stellst es dir jetzt vor?

INGE Was weiß denn ich? Abwarten.

VATER Abwarten! – Fertige Tatsachen muß man da schaffen, so is das und wenn es wieder so ein Verhör gibt, weils im Zweifel sind über dich, oder wenns dich ablehnen, dann gehst du von dir aus hin und sagst: Ich hab mir das zu Herzen gnommen und darum verkehr ich nicht mehr mit meinem ehemaligen Freund. Wirst es sehn, dann hams eine Freud und nehmen dich. Glaub deinem Vater.

MUTTER Das hams ihr ja eh vorgschlagn, oder?

INGE Fangst du jetzt auch noch an, wie der Papa?

MUTTER Ich fang nicht an wie der Papa, ich will nur genau wissn, wie es gwesn is.

VATER Die haltet doch immer zu dir.

INGE Sie ham mich gfragt, ob der Helmut und ich heiraten wollen. Und ich hab gsagt, wahrscheinlich schon, wenn der Helmut mit seim Studium fertig is. Da hams gsagt, daß ich mir das gründlich überlegn sollt, weil die Ehe mit einem Kommunisten die Zweifel an meiner Verfassungstreue erheblich verstärken tät.

VATER Was heißt des?

MUTTER Das heißt, daß es weniger schlimm wär, wenns nebenbei auf den Strich gehn tät, als wenns den Helmut heiratet. – Ich hab mir genug gehört. *Steht auf, beginnt den Tisch abzuräumen.*

Zu Inge: Iß noch was.

INGE *schüttelt den Kopf.*

VATER *zündet sich eine Zigarette an.*

INGE *nimmt auch eine Zigarette aus Vaters Packung.*

Pause.

VATER Ich hab es mir gleich gedacht, das da was ned stimmt. Weil er mir immer schon verdächtig war, der Helmut.

MUTTER *beim Abwaschen.* Was hast denn du plötzlich gegn den Helmut? Vorgestern hast noch Karten gspielt mit ihm!

VATER Aber ich hab immer aufpaßt, ob er bescheißt. *Lächelt, nickt.*

MUTTER Und hat er jemals beschissen?

VATER Weil ich ihm nicht draufkommen bin.

INGE Papa!

VATER Ich laß mir nicht hineinreden in meine Gefühle. Die Kommunisten verstelln sich und wenns genug sind, dann schlagens los und dann is es zu spät und das weiß der Staat und weil er das nicht will, drum is er auf der Hut. Recht hat er. Und ein Beamter unterliegt besondere Gesetze, das war schon immer so.

MUTTER Was redt denn der für einen Schmarrn zam! Wie viele alte Nazis ham mir denn noch im Staatsdienst, wenns nicht grad pensioniert worden sind, die ham diese besonderen Gesetze alle erfüllt, oder? *Kleine Pause, schnauft, wartet auf eine Reaktion von ihrem Mann, die aber nicht kommt.* Ja merkst denn du alter Depp nicht, um was es da geht? Denen geht es doch gar nicht um das, was unsere Inge denkt oder tut, denen genügt es ja heut schon wieder, daß sie den Helmut gern hat.

VATER Der wo ein Kommunist is!

MUTTER Deswegn is er noch kein schlechter Mensch, im Gegenteil!

VATER Wenn er wenigstens bloß ein Sozi sein tät. Die Sozis sind keine Gefahr, das is bekannt seit immer.

Pause.

Die kommen auch nie an die Macht bei uns, die Kommunisten. Aussichtslos. Das war damals anders mit die, die wo zu die Nazis gangen sind, die ham gwußt, sie kommen dran, so war das.

MUTTER Den Helmut kann man doch nicht mit diesen Haderlumpen von damals vergleichen. Da brauch ich doch bloß in unserer Familie an den Onkel Oskar denken, der gleich hingrennt is zu die Nazis. Und warum? Weil er der einzige in der Familie war, der es zu gar nix gebracht ghabt hat, weil er arbeitsscheu und ein Angeber war, der wo mit dreißig noch die Eltern das Zigarettengeld aus der Geldtaschn gstohlen hat.

VATER Die Nazis waren auch überzeugt.

MUTTER *wütend:* Aber von was? – Der Helmut hat in dieser Wohnung noch nie einen Satz gsagt, den ich ned jederzeit unterschreibn hätt können, noch nie eine Silbe gsagt, wo ich mir denkt hätt: Oha, so schaut des aus bei dem.

Pause.

Ein Mensch wird doch ned bloß deswegen schlecht, weil man ihn verdächtigt!

VATER Wenn er aber ned unbegründet is, der Verdacht?

MUTTER Aber du kennst den Helmut doch. Hast denn du überhaupt kein Vertraun zu deim eigenen Urteil? Da kommt jemand daher, zeigt auf ein und schreit: Das is ein schlechter Mensch! – und kennt den gar nicht und geht weiter. Aber du kennst ihn und weißt, daß es nicht stimmt. Und was tust? Du stellst dich sofort auch hin und schreist: Das is ein schlechter Mensch, anstatt daßd dem andern nachschreist: Das weiß ich besser, du Lügner.

VATER Das is ned jemand, das is ein staatliches Gremium. Der Staat wirds schon wissn.

MUTTER »Der Staat wirds schon wissen!« – das weißt du doch selber am besten, was der Staat schon alles gwußt hat, seit mir auf der Welt sind?! Was hat denn der Staat vor 45 alles gwußt? Und was is dann rauskommen bei dem, was er alles gwußt hat? Ein Weltkrieg, Millionen unschuldige Menschen, dies umbracht ham! Gell, da hats der Staat auch gwußt! Und das sind vielleicht sogar noch dieselben, die das damals auch so genau gwußt ham und die jetzt wissn, daß der Helmut kein anständiger Mensch is. Wie alt warns denn, die Herrschaften, die dich an-gehört ham?

INGE Mei, so alt wie ihr ungefähr.

MUTTER Hörst es! *Kleine Pause.* Da tät mich zuerst einmal interessieren, wo diese Herrschaften damals warn. *Kleine Pause.* In Dachau bestimmt nicht! Da warn Judn, weils Judn warn, Bibelforscher, weils friedlich warn, und Sozialdemokraten und Kommunisten, weils Widerstand geleistet ham. War des schlecht?

VATER *störrisch:* Ein paar Pfarrer warn auch in Dachau, das weiß ich.

MUTTER Freilich, weils unter denen auch ein paar anständige Leut gebn hat! – Aber ich möcht die, die heut unser Inge ausgehorcht ham, fragn, wo sie in der fraglichen Zeit warn. In Dachau bestimmt nicht.

Pause.

Schaut ihren Mann an. Ich laß mir von denen nicht mein Kind schlecht machen. Und ich laß mir von denen nicht einen anständigen jungen Mann zum Verbrecher stempeln, bloß weil er eine andere Vorstellung hat von der Welt. Diese ganzen alten Nazis, die noch überall sitzen, die sollen sich erst einmal selber aus dem Staatsdienst entfernen, dann reden mir über junge Menschen weiter. *Kleine Pause.* Was is denn, wenns ihn heirat den Helmut und ein Kind kriegt? Muß das dann in der Mitten auseinandergrissen werden, weil die eine Hälfte ein ordentlicher Staatsbürger is und die andere ein Verfassungsfeind?

VATER Ein Kommunist soll mein Enkel jedenfalls einmal nicht werdn, sonst is er nicht mein Enkel.

MUTTER Ich glaub nicht, daß der dich fragn wird, was er werdn soll. – Hoffentlich ein anständiger Mensch, so oder so.

VATER Aber sie hat unterschriebn für die Kommunisten, oder ned?

INGE Das hab ich ja gsagt, 72 bei der Stadtratswahl. Wo die SPD sowieso die Mehrheit hat, hätt es denen gar nicht gschadet, wenns ein paar Kommunisten ghabt hätten, die ihnen auf die Finger schaun.

VATER Und sonst? Bei der Bundestagswahl, was hat das Fräulein Tochter da unterschriebn?

INGE Da hab ich nix unterschriebn und SPD gwählt. Wie die Mama auch.

VATER Ich nicht.

MUTTER Das wissn mir.

VATER Und was hat der Helmut gsagt?

INGE Mir sind uns nicht immer einig. *Schaut den Vater fest und ehrlich an.*

VATER *schnauft, nickt, schaut weg.*

Pause.

Ich laß die Mama ja auch die SPD wähln.

MUTTER Da tät ich dich auch nicht fragn.

VATER Ebn.

Pause.

INGE *lacht.*

VATER *ist beleidigt.*

MUTTER *liebenswürdig:* Du wirst ein so ein alter Esl sein, gell! *Lacht.*

Man hört die Wohnungstürklingel.

MUTTER Ich glaub, jetzt kannst es ihm gleich selber alles sagn, dem Helmut.

INGE *geht zur Tür, begrüßt Helmut.*

VATER Jetzt ham mir genug gredt von dem Thema, ich leg auf eine weitere Erörterung keinen Wert.

MUTTER *lacht, nickt.* Weilst ein Feigling bist.

Helmut und Inge kommen herein.

HELMUT Griaß euch!

MUTTER Servus Helmut!

VATER *sagt ostentativ nichts.*

HELMUT *recht freundlich:* Guten Abend, Herr Ansprenger.

VATER *kurz:* Servus.

Pause.

HELMUT *schaut sich um, schaut Inge an, stutzt.*

VATER *zu Inge:* Weiß er es schon?

INGE Freilich, mir ham uns doch gleich danach troffen.

VATER *nickt.* So, und du traust dich du noch lachend da herein kommen und »guten Abend« sagen?

HELMUT Warum denn ned, was soll ich denn sonst sagn. Des war mir gleich klar, daß das beschissn ausgeht. Logisch.

VATER Logisch, so so.

INGE Der Papa gibt nämlich dir die Schuld.

HELMUT Was? Da kann doch ich nix dafür! *Schaut, schüttelt den Kopf.* Also ihr seids vielleicht gut, des Berufsverbot stammt doch ned von mir.

VATER Das hat auch gar nix mit dir zu tun, aber meine Tochter stürzt du ins Verderbn. Das is es. Und meine Tochter geht mir vor, das bin ich mir als Vater schuldig.

Pause.

Er fixiert Helmut. Weißt, was die gsagt ham? Sie empfehln ihr, daß sie sich von dir trennt, hams gsagt. *Nickt.* Ja für was glaubst denn du, daß mir sie ham studiern lassn? Du bist sonst doch so gscheit, daßd es Gras wachsn hörst. Weißt es doch genau, wieviel Arbeiterkinder bei uns studiern.

HELMUT Freilich, keine zehn Prozent.

VATER Jawohl, keine zehn Prozent. Aber unser Tochter is dabei bei die zehn Prozent. Und warum studiern die andern ned? Weil sie so blöd sind?

HELMUT Nein, das is doch klar.

VATER Ebn, aber die Eltern ham meistens kein Geld und wenns eins habn, dann kams keine Lust, es in die Ausbildung von ihre Kinder zu stecken. Ich hab diese Lust aber schon ghabt! Weil ich mir gsagt hab, die soll es einmal besser habn. Was glaubst denn, was das Studium kost hat? Tausende. Und jetzt soll alles für die Katz sein? Und warum? Wegn deiner Scheißpolitik! Jetzt is arbeitslos, bevors überhaupt angfangt hat, jetzt kanns als Servierin in ein Kaffeehaus gehn mit Geografie und Geschichte. Dafür hab ich kein Geld in das Kind gsteckt.

Pause.

Und weil das so is, hab ich mir erlaubt meiner Tochter vorzuschlagen, daß sie die Beziehungen zu dir lockert. Das wird mein gutes Recht sein, wo man so viel für sie getan hat. Mach du deine Politik. Bitte! Aber zieh uns nicht mit hinein. Mir sind nämlich zufrieden mit diesem Land, weil mir gern darin lebn. Mir brauchn keine Weltverbesserer, die dafür sorgn, daß meine Tochter arbeitslos wird.

Pause.

HELMUT *schnauft, schaut Inge an, ruhig:* Des glaubst doch selber nicht, wasd jetzt gsagt hast. Da muß man doch vernünftig drüber redn. Wer is es denn –

VATER Gar nix brauchn mir da mehr drüber redn, weil mir ausgredt ham. Was mich interessiert, is, daß meine Tochter eine Lehrerin wird und sonst gar nix.

HELMUT Ja, wenn des so is – *Will gehen.*

MUTTER *laut:* Du bleibst jetzt da. – Und dir will ich einmal etwas sagn: Ja hast denn du dein letztes bißl Anstand verlorn. Und mit sowas is man dreißig Jahr verheiratet! Stellt die Dinge auf den Kopf, daß es höher nimmer geht.

VATER *ebenfalls laut:* Er is schuld!

MUTTER Das Gesetz is schuld und die es gmacht ham, nicht er.

VATER Des is mir gleich.

MUTTER Das is dir gleich, weil du kein Mensch bist, sondern höchstens ein dressierter Aff, der bloß von zwölf Uhr bis Mittag denken kann. Sitz dich hin, Helmut, an diesen Tisch! Die Wohnung ghört nämlich nicht ihm allein. Und die Ausbildung von der Inge hat auch nicht nur er finanziert, die hab ich ganz schön mitfinanziert. So gut es mir möglich war. Auch wenn es nicht immer schön war, eine Putzfrau zu sein.

VATER Was du schon verdient hast.

MUTTER Ja, gar so viel war es nicht, das stimmt. Ich bin bloß zehn Jahr sechs Tag in der Woch fünf Stund zum Putzn gangen und die andern fünf Stund vom Tag hab ich deine verschissenen Unterhosn gwaschn und mit 300 Mark den Haushalt gschmissn. Schau dich einmal an, wiest ausschaust. Gut. Und warum? Weilst mich hast! Du Depp! *Kleine Pause.* Aber der war nicht immer so, das kann ich euch sagn. Da hats auch eine andere Zeit gebn, sonst hätt ich ihn nicht geheiratet.

Pause.

Dieses Gesetz is schuld und nicht der Helmut, wenn die Inge keine Lehrerin wird. Und das weißt du auch, aber du bist ein Feigling.

Pause.

So Helmut, und jetzt setz dich endlich hin, wie immer, oder soll ich dir eine Einladung schicken. Und dann mach ich dir das Essn warm, ich hab dir was aufghobn, wie immer!
Schaut Vater an.

HELMUT *bleibt stehen.*

MUTTER *geht zu Helmut, drückt ihn förmlich auf den Stuhl, geht ostentativ zum Herd, nimmt laut einige Töpfe und stellt sie auf die Wärmeplatte.*
Großes Schweigen.
Leiser: Der Helmut is ein anständiger Mensch, das ham mir nachgeprüft – du auch, wennst dich erinnerst – und wenn ein unanständiges Gesetz ihn jetzt schlecht macht, dann hat das in dieser Wohnung keine Geltung. So tun mir redn. Und wenn der Helmut nach dem, wie jetzt Recht gesprochen wird, ein Verfassungsfeind is, dann is er mir trotzdem noch beim Arsch lieber wie die Verfassung beim Gsicht. Ihn kenn ich nämlich!

HELMUT Die Verfassung wär ned schlecht.

MUTTER Aber die wo sie auslegen, oder wie kommt sowas sonst zustande. Die sagen sich: Das is unsere Verfassung, mit der machen wir, was wir wollen. Oder ist das vielleicht gerecht, was sich hier abspielt? Für mich jedenfalls nicht.

HELMUT *schaut, lächelt, will etwas sagen.*

MUTTER *fällt Helmut ins Wort:* Und dir will ich auch etwas sagen: Ihr müßts noch viel lernen! Vor allem, daß ihr euch verteidigts. Ned bloß einfach gehn, das überzeugt niemanden. Und die beleidigte Madonna spielen. Ihr redts doch so viel von der Arbeiterklasse, gell! – Da sitzt, *zeigt auf Vater,* deine Arbeiterklasse, und da heißts dableiben und kämpfn, aber ned gehn. Glaubst der kommt dir nach.

HELMUT Wenn er mich hinausschmeißt –

MUTTER Dann gehst bei der einen Tür hinaus und bei der andern wieder herein!

HELMUT Ich war ebn überrascht, grad bei euch!

MUTTER Da wirst noch auf viele Überraschungen gfaßt sein müssn in deim Lebn, und immer hast nicht mich, die dir hilft!
Pause.
Stellt Helmut das Essen hin. So und jetzt iß einmal, daßd was wirst!
Große Pause.

VATER *freundlicher, wenn auch gespielt grantig:* Iß, sonst wirds kalt, davon ham mir auch nix.

Große Pause.

INGE Was du heut alles gsagt hast, Papa, das verzeih ich dir nie!

MUTTER Laß jetzt den Papa in Ruh, der meints nicht so, das weißt du genau.

Pause.

VATER Ich mein es bloß gut mit dir, das kann ich jederzeit beschwörn.

MUTTER Das is aber schwer zum merkn! – Soll sie vielleicht ein Duckmäuser werdn, ein Jedermann in der Masse, der schon »jawohl« schreit, bevor man ihn fragt, der sich vorschreibn laßt, wen er gern haben darf und wen nicht, wer anständig is und wer nicht.

Pause.

Willst sie zu sowas machn? Da wär es schon besser – *schaut, erschrickt, nimmt Inges Kopf in die Arme, küßt sie* – um Gottes willen, was man denkt, obwohl man es nicht meint. Bist mein geliebtes Kind! – Aber mit dem Narrn wird man selber ganz deppert! *Schnauft, kleine Pause.* Wenn es ein so ein ungerechtes Gesetz gibt, dann darf man sein Kind nicht so beeinflußn, daß es sich damit abfindt und an sich so lang herumschneidert, bis es durch die Maschn von so eim schrecklichn Gesetz durchschlupfn kann, sondern dann muß man alles daran setzn, daß sie gegn so ein *sagt es bewußt* Nazigesetz kämpft. *Nickt sich selber Mut zu. Lange Pause, dann beginnt sie zu weinen.*

INGE Mamale, was hast denn?

MUTTER Nix.

INGE Warum tust denn dann weinen?

Pause.

MUTTER *leise, kindlich:* Weilst jetzt doch keine Lehrerin wirst, und ich hab mich so gfreut, daß ich es alle sagn kann, daß mir es gschafft ham!

Große Pause.

INGE Mir schaffen es schon noch, Mamale!

MUTTER *nickt, aber man weiß nicht, ob sie es glaubt ...*

Copyrightangaben

Zeittafel

1946 Geboren am 25. 2. in München. Einziges Kind der vier Monate später heiratenden Eltern Maria (38) und Franz Kroetz (48). Umzug nach Simbach am Inn.

1950 Umzug nach München.

1953 Grundschule. Familie bezieht Eigenheim in Obermenzing bei München.

1956 Wirtschaftsoberrealschule. Berufswunsch der Eltern: Steuerberater.

1961 Schulabbruch. Tod des Vaters. Aushilfsarbeiten am Bau. Aufnahmeprüfung einer privaten Schauspielschule bestanden. In Abendkursen Mittlere Reife.

1963 Aufnahme in das 3. Semester (Schauspiel, Regie) des Max-Reinhardt-Seminars Wien. Nach 4. Semester Ausschluß aus der Schauspielklasse (»wegen mangelnder Technik«).

1964 Zurück in München, ergebnislose Engagementsuche, privater Schauspielunterricht, Gelegenheitsarbeiten u.a. als Bananenschneider im Großmarkt. Schreibanfänge. Austritt aus der katholischen Kirche.

1965 Schauspielprüfung der Bühnengenossenschaft bestanden. Erstes Engagement am Büchner-Theater München. Freundschaft mit dem Maler Jürgen von Hündeberg.

1966 Engagements an den Westfälischen Kammerspielen Paderborn und am Münchner Laientheater Corona. Schreibt u.a. das Stück *Die Nacht der weißen Segel*, die erste Fassung von *Das Nest*, Drehbuchentwürfe. Arbeitet als Krankenpfleger, Lagermeister, Gärtner usw.

1967 Prosaversuche, darunter der Collagenroman *Tiroler Elegien*. Erfolglose Kontakte zu Bühnenverlagen.

1968 Uraufführung zweier Bühnenbearbeitungen am Büchner-Theater München: *Julius Caesar* nach Shakespeare (Regie: F. X. K.), *Oblomow* nach Gontscharow. Spielt in Rainer Werner Faßbinders Produktion *Zum Beispiel Ingolstadt* (nach Marieluise Fleißer), erste Beschäftigung mit den kritisch-realistischen Volksstücken dieser Autorin. Schreibt *Der Soldat* und *Wildwechsel*.

1969 Engagements u.a. bei der Ludwig-Thoma-Bühne Rottach-Egern, schreibt und inszeniert für dieses Bauerntheater den Schwank *Hilfe, ich werde geheiratet*. Abbruch zweier Prosaprojekte (*Opus II* bzw. *III*).

1970 Dramatikerstipendium des Suhrkamp-Verlags (6000,– DM auf ein Jahr). Martin Walser (kommissarischer Cheflektor), Harald Mueller und Heinar Kipphardt (Chefdramaturg Münchner Kammerspiele) bereiten Buch- und Bühnenstart vor.

1971 Am 3. April Uraufführung der beiden Einakter *Heimarbeit* und

Hartnäckig, von Tumulten begleitet, im Werkraumtheater der Münchner Kammerspiele. Die beiden Stücke erscheinen zusammen mit *Männersache* als erste Buchveröffentlichung. Weitere Uraufführungen: *Wildwechsel, Michis Blut* (in Eigenregie). Ludwig-Thoma-Medaille der Stadt München.

1972 Eintritt in die Deutsche Kommunistische Partei (DKP). Endgültiger Durchbruch als Bühnenautor mit der Uraufführung von *Stallerhof* im Malersaal des Deutschen Schauspielhauses Hamburg. Neue Stücke: *Globales Interesse* (Auftragsarbeit zur Olympiade in München), *Dolomitenstadt Lienz, Maria Magdalena* (nach Hebbel). Hörspiele *(Bilanz, Gute Besserung)* und Fernsehfilme *(Herzliche Grüße aus Grado, Der Mensch Adam Deigl und die Obrigkeit)*. Mit *Oberösterreich*, einem Stück über eine junge Arbeiterfamilie, gelingt der bislang größte Bühnenerfolg. Literaturstipendium des Westberliner Kunstpreises.

1973 Teilnahme am »Weltkongreß der Friedenskräfte« in Moskau. Schreibt *Münchner Kindl*, eine dramatische Ballade, für das »Tribunal gegen Mietwucher und Bodenspekulation« der DKP. Erste DDR-Premiere (*Oberösterreich* in Rostock). Westberliner Kritikerpreis.

1974 Verfilmt sein Fernsehspiel *Weitere Aussichten* mit Therese Giehse. Schreibt *Das Nest*. Kauf eines Bauernhofes in Kirchberg bei Altenmarkt. Hannoverscher Dramatikerpreis (zusammen mit Thomas Bernhard und Botho Strauß).

1975 Gründung eines eigenen Bühnenvertriebs (Franz Xaver Kroetz Dramatik). Inszeniert *Lieber Fritz* in geänderter Fassung als Uraufführung am Staatstheater Darmstadt. Wilhelmine-Lübke-Preis für das Fernsehspiel *Weitere Aussichten*.

1976 *Agnes Bernauer*, sehr frei nach Hebbel, entsteht. DKP-Kandidat zur Bundestagswahl. Arbeit an Reportageband *Chiemgauer Geschichten* über bayerisches Bauernleben. Mülheimer Dramatikerpreis für *Das Nest*.

1977 Schreibt das Arbeiterstück *Mensch Meier*. Spielt nach acht Jahren Pause wieder als Darsteller im Fernsehfilm *Zeit zum Aufstehn* (nach dem Roman von August Kühn). Uraufführung *Agnes Bernauer* in Leipzig.

1978 Mehrere Bühnen bringen *Mensch Meier* zur Erstaufführung. *Der stramme Max* entsteht. Spielt die Hauptrolle in der Fernsehfassung von *Das Nest*.

1979 Neuer Band mit Stücken erscheint bei Suhrkamp. Inszeniert *Heimat* fürs Fernsehen.

1980 Austritt aus der DKP. Uraufführung *Der stramme Max* bei den Ruhrfestspielen. Fertigstellung des Romans *Der Mondscheinknecht* (1. Teil).

1981 Uraufführung von *Nicht Fisch nicht Fleisch* gleichzeitig am Düsseldorfer Schauspielhaus und an der Schaubühne Berlin (Regie Peter Stein). Regie und Hauptrolle bei der Fernsehverfilmung von *Mensch Meier. Der Mondscheinknecht* erscheint. Reisen nach Israel und Indien (Kalkutta), wo Kroetz sich Aufführungen seiner Stücke in Hebräisch und Bengali anschaut.

1982 Reisen nach Spanien und Marokko. Marokko beeinflußt ihn besonders für *Der Mondscheinknecht Fortsetzung*. Intensive Arbeit an diesem Text. Nebenbei umfangreiche Tagebuchaufzeichnungen. Lange Reisen nach Jugoslawien, Griechenland und die Türkei.

1983 Dreieinhalb Monate als Schauspieler unterwegs mit einer Tourneeproduktion von *Nicht Fisch nicht Fleisch*, inszeniert das gleiche Stück für die Münchner Kammerspiele. Schreibt an einem Einakterabend *Furcht und Hoffnung der BRD*. Weitere Reise nach Indien. Intensive Tagebuchtätigkeit. *Der Mondscheinknecht Fortsetzung* erscheint.

1984 Intensive Tagebuchtätigkeit. Schreibt weiter an *Furcht und Hoffnung der BRD*. Übernimmt im Sommer die Hauptrolle in *Kir Royal* von Helmut Dietl. Schreibt die 1. Fassung von *Bauern sterben*. Uraufführung von *Furcht und Hoffnung der BRD* gleichzeitig in Düsseldorf und Bochum. Reisen nach Kuba und Nicaragua.

1985 Erhält den Ernst Hoferichter Preis der Stadt München zuerkannt. Neuerliche Reise nach Indien (Kalkutta). Hochdeutsche Fassung von *Bauern sterben* und 2. Fassung entstehen. Schreibt *Der Weihnachtstod*. Inszeniert *Bauern sterben* an den *Münchner Kammerspielen*. Fortsetzung der Dreharbeiten von *Kir Royal*. Reist als Ehrengast zu den Weltfestspielen der Jugend und Studenten nach Moskau. Schreibt das *Nicaragua Tagebuch*. Beginnt mit der Bearbeitung von Tollers *Hinkemann*. Reisen nach Spanien und Portugal.

1986 Fertigstellung von *Der Nusser* (nach Tollers Hinkemann). Inszeniert das Stück am Residenztheater in München. Reisen nach Ägypten und Israel. *Nicaragua Tagebuch* erscheint. Inszeniert sein Stück *Weihnachtstod* am Werkraum der Münchner Kammerspiele. Inszeniert am gleichen Theater erstmals ein fremdes Stück: *Bericht für eine Akademie* von Franz Kafka. Reise nach Kanada. Schreibt *Zeitweh*. Kroetz wird einem breiteren Publikum als Schauspieler bekannt. Aufsehenerregendes Gespräch in der ARD-Reihe *Deutsche* mit Günter Gaus.

1987 Inszeniert am Residenztheater in München Felix Mitterers *Stigma*. Schreibt die Komödie *Der Dichter als Schwein*.

1988 Uraufführung von *Zeitweh* bei den Baden-Württembergischen Kleintheatertagen in Singen. Spielt die Hauptrolle in dem zweiteiligen Fernsehfilm *Der Leibwächter*. Schreibt eine Neufassung von

Lieber Fritz. Eine vierbändige Ausgabe seiner Stücke wird beim Suhrkamp Verlag vorbereitet. Beginnt die Inszenierung seines Stückes *Oblomow* am Prinzregententheater in München.

1989 Premiere *Oblomow* am 5. März. Schreibt Gedichte und ein neues Stück *Bauerntheater*.

Michael Töteberg
Bibliographie Franz Xaver Kroetz

o. Bibliographien

Evalouise Panzner: *Franz Xaver Kroetz und seine Rezeption.* Stuttgart (Klett) 1976. Bibliographie: S. 67–81.

Hugh Rorrison: *Theatre Checklist No. 10: Franz Xaver Kroetz.* In: TF-Theatrefacts, Vol. III (1976), No. 2, S. 2–16.

Michael Töteberg/Uli Voskamp: *Bibliographie Franz Xaver Kroetz.* In: Heinz Ludwig Arnold (Hg.): *Kritisches Lexikon zur deutschsprachigen Gegenwartsliteratur.* München (edition text + kritik) 1978 ff. (Wird laufend ergänzt).

Volker Panzer: *Auswahlbibliographie zu Franz Xaver Kroetz.* In: Text + Kritik Heft 57: *Franz Xaver Kroetz.* Januar 1978, S. 57–64.

Michael Töteberg: *Bibliographie Franz Xaver Kroetz.* In: Otto Riewoldt (Hg.): *Franz Xaver Kroetz.* Frankfurt/Main (Suhrkamp) 1985 (= suhrkamp taschenbuch 2034).

1. Primärliteratur

1.1. Selbständige Publikationen

Heimarbeit. Hartnäckig. Männersache. Drei Stücke. Frankfurt/Main (Suhrkamp) 1971 (= edition suhrkamp 473).

Stallerhof. Geisterbahn. Lieber Fritz. Wunschkonzert. Vier Stücke. Frankfurt/Main (Suhrkamp) 1972 (= edition suhrkamp 586).

Wildwechsel. Wollerau, Wien und München (Lentz) 1973.

Oberösterreich. Dolomitenstadt Lienz. Maria Magdalena. Münchner Kindl. Frankfurt/Main (Suhrkamp) 1974 (= edition suhrkamp 707).

Gesammelte Stücke. Frankfurt/Main (Suhrkamp) 1975 (= suhrkamp taschenbuch 259).

Stücke. Hg. von Wolfgang Schuch. Mit einem Vorwort des Autors und einem Nachwort von Jochen Ziller. Berlin, DDR (Henschelverlag) 1975 (= Dialog).

Reise ins Glück. Wunschkonzert. Weitere Aussichten… Wien und München (Sessler) 1975 (= Der Souffleurkasten).

Weitere Aussichten… Ein Lesebuch. Texte für Filme, Hörspiele, Stücke, DDR-Report, Aufsätze, Interviews. Hg. von Thomas Thieringer unter Mitarbeit von Wolfgang Schuch und Jochen Ziller. Köln (Kiepenheuer

& Witsch) 1976. Taschenbuchausgabe: *Ein Lesebuch*. Reinbek (Rowohlt) 1982 (=rororo 4902).

Weitere Aussichten... Neue Texte. Hg. von Wolfgang Schuch und Jochen Ziller unter Mitarbeit von Thomas Thieringer. Berlin, DDR (Henschelverlag) 1976.

Chiemgauer Gschichten. Bayrische Menschen erzählen... Köln (Kiepenheuer & Witsch) 1977. Taschenbuchausgabe: Reinbek (Rowohlt) 1981 (=rororo 4789).

Mensch Meier. Der stramme Max. Wer durchs Laub geht... Drei neue Stücke. Frankfurt/Main (Suhrkamp) 1979 (=edition suhrkamp 753).

Stücke. Hg. und mit einem Nachwort von Jochen Ziller. Berlin, DDR (Henschelverlag) 1981.

Der Mondscheinknecht. Roman. Frankfurt/Main (Suhrkamp) 1981. Taschenbuchausgabe: Frankfurt/M. (Suhrkamp) 1984 (=suhrkamp taschenbuch 1039).

Nicht Fisch nicht Fleisch. Verfassungsfeinde. Jumbo-Track. Drei Stücke. Frankfurt/Main (Suhrkamp) 1981 (=edition suhrkamp NF 94).

Der Mondscheinknecht. Fortsetzung. Roman. Frankfurt/Main (Suhrkamp) 1983. Taschenbuchausgabe: Frankfurt/Main (Suhrkamp) 1986 (=suhrkamp taschenbuch 1241).

Frühe Stücke/Frühe Prosa. Frankfurt/Main (Suhrkamp) 1983 (=edition suhrkamp NF 172).

Mensch Meier und andere Stücke. Hg. von Monika Sperr. Lizenzausgabe für Bertelsmann Club, Europäische Bildungsgemeinschaft, Deutsche Buch-Gemeinschaft u. a. Gütersloh usw. 1984.

Frucht und Hoffnung der BRD. Das Stück, das Material, das Tagebuch. Frankfurt/Main (Suhrkamp) 1984 (=edition suhrkamp NF 291).

Nicaragua Tagebuch. Roman. Hamburg (Konkret) 1986.

Nicht Fisch nicht Fleisch. Furcht und Hoffnung der BRD. Bauern sterben. Hg. und mit einem Nachwort von Jochen Ziller. Berlin, DDR (Henschelverlag) 1986 (=Dialog).

Bauern sterben. Frankfurt/Main (Suhrkamp) 1987 (=edition suhrkamp NF 388).

1.2. Dramatische Texte

Vorbemerkung: Theaterstücke, Hör- und Fernsehspiele werden nicht separat rubriziert, um Doppelnennungen zu vermeiden. Zur Begründung sei Kroetz zitiert: »Ich gehöre zu den wenigen Autoren – was die Texte angeht –, die ziemlich mediengebunden sind. Die Unterscheidung von Hörspiel und Theatertext – diese Kategorien passen bei mir nicht mehr« (Münchner Merkur, 22. 9. 1982). Nach Entstehungsjahr und Drucknachweis wird die Realisation in den verschiedenen Medien chronologisch aufgeführt, um die Genealogie der Texte deutlich werden zu lassen. Verweise auf die unter 1.1. aufgeführten Sammelpublikationen beschränken sich auf die Nennung von Kurztitel und Verlagsort.

1.2.1. *Als Zeus zum letzten Mal kam oder: Die Nacht der weißen Segel*
Entstanden 1966.
In: *Frühe Prosa/Frühe Stücke.* Frankfurt/Main 1983.

1.2.2. *Julius Caesar*
Nach Shakespeare.
Entstanden 1967/68. Gesamtmanuskript verschollen.
Theater Uraufführung: Büchner-Theater, München, 17. 3. 1968. Darsteller: Franz Xaver Kroetz, Klaus Fischer, Rudolf Waldemar Brem, Horst Tiessler, Rolf Mueller, Jochen Pinkert. Regie: Franz Xaver Kroetz.

1.2.3. *Oblomow (Erste Fassung)*
Bühnenbearbeitung des Romans von Iwan Gontscharow.
Entstanden 1968.
Theater Uraufführung: Büchner-Theater, München, 18. 6. 1968. Regie: Alexej Sagerer.

1.2.4. *In memoriam Günter Oppermann*
Ein deutsches Kammerspiel.
Entstanden 1968.
In: *Frühe Prosa/Frühe Stücke.* Frankfurt/Main 1983.

1.2.5. *Hilfe, ich werde geheiratet!*
Ein Bauernschwank.
Entstanden 1968.
In: *Weitere Aussichten*… Köln/Berlin, DDR 1976.
Theater Uraufführung: Ludwig-Thoma-Bühne, Rottach/Egern, 1969.

1.2.6. *Wildwechsel*
Entstanden 1968.
In: *Wildwechsel.* Wollerau, Wien und München 1973.
In: *Gesammelte Stücke.* Frankfurt/Main 1975.
In: *Stücke.* Berlin, DDR 1981.
In: *Mensch Meier.* Gütersloh usw. 1984.
Theater Uraufführung: Städtische Bühnen, Dortmund, 3. 6. 1971. Darsteller: Til Hagen, Barbara Freier, Jürgen Dessau, Karin Mittelhäuser u. a. Regie: Manfred Neu.
Film Produktion: Intertel/Sender Freies Berlin. Erstsendung: 9. 1. 1973 (ARD). Darsteller: Eva Mattes, Harry Baer, Jörg von Liebenfels, Ruth Drexel u. a. Regie: Rainer Werner Fassbinder.

1.2.7. Der Soldat

Schauspiel in 17 Szenen.
Entstanden 1969.
In: *Frühe Prosa/Frühe Stücke.* Frankfurt/Main 1983.
Theater Uraufführung: Theatergruppe des Kreisjugendrings München, 23. 5. 1987. Regie: Anne Ziegler-Weispfennig.

1.2.8. Heimarbeit

Stück in zwanzig Bildern.
Entstanden 1969.
In: *Spectaculum.* Bd. 15.
In: *Heimarbeit* etc. Frankfurt/Main 1971.
In: *Gesammelte Stücke.* Frankfurt/Main 1975.
In: *Stücke.* Berlin, DDR 1981.
In: *Mensch Meier.* Gütersloh usw. 1984.
Theater Uraufführung: Münchner Kammerspiele, Werkraumtheater, 3. 4. 1971. Darsteller: Ruth Drexel, Walter Schmidinger. Regie: Horst Siede.

1.2.9. Michis Blut

Ein Requiem auf bayrisch.
Entstanden 1970.
In: *Theater heute.* 1971. Heft 7.
In: Karlheinz Braun/Peter Iden (Hg.): *Neues deutsches Theater.* Zürich (Diogenes) 1971 (= detebe 18).
In: *Gesammelte Stücke.* Frankfurt/Main 1975.
Theater Uraufführung: pro T, München, für die experimenta 4, Frankfurt/Main, 14. 5. 1971. Darsteller: Nikolai Nothof, Jona Adam. Regie: Franz Xaver Kroetz.

1.2.10. Hartnäckig

Zwanzig dramatische Szenen.
Entstanden 1970. Vorfassung *Der Soldat* (1968), siehe auch dort.
In: *Heimarbeit* etc. Frankfurt/Main 1971.
In: *Gesammelte Stücke.* Frankfurt/Main 1975.
In: *Stücke.* Berlin, DDR 1981.
Theater Uraufführung: Münchner Kammerspiele, Werkraumtheater, 3. 4. 1971. Darsteller: Monica Bleibtreu, Hans Brenner, Gustl Bayrhammer, Hans Stadtmüller, Barbara Gallauner. Regie: Horst Siede.

1.2.11. Männersache

Stück in acht Bildern.
Entstanden 1970, Neufassung 1973. Später überarbeitet zu *Ein Mann ein Wörterbuch* (1973) und *Wer durchs Laub geht...* (1976); siehe auch dort.

In: *Heimarbeit* etc. Frankfurt/Main 1971.
Neufassung in: Ebd., Frankfurt/Main ²1973.
In: *Gesammelte Stücke*. Frankfurt/Main 1975.
Theater Uraufführung: Landestheater Darmstadt, Theater im Schloß, 15. 1. 1972. Darsteller: Ruth Drexel, Hans Brenner. Regie: Rolf Stahl.

1.2.12. *Stallerhof*
Ein Stück in drei Akten.
Entstanden 1971.
In: *Theater heute*. 1971. Jahressonderheft.
In: *Spectaculum*. Bd. 21.
In: *Stallerhof* etc. Frankfurt/Main 1972.
In: *Gesammelte Stücke*. Frankfurt/Main 1975.
In: *Stücke*. Berlin, DDR 1975.
In: *Stücke*. Berlin, DDR 1981.
In: *Mensch Meier*. Gütersloh usw. 1984.
Theater Uraufführung: Deutsches Schauspielhaus Hamburg, Malersaal, 24. 6. 1972. Darsteller: Eva Mattes, Bruno Dallansky, Karl Obermayr, Enzi Fuchs. Regie: Ulrich Heising.
Oper Oper von Gerd Kühr nach dem Theaterstück von F. X. Kroetz. Uraufführung: Hessisches Staatstheater Wiesbaden bei der Biennale, München, 29. 5. 1988. Dirigent: Ulf Schirmer. Ausstattung: Johannes Leiacker. Inszenierung: Jaroslav Chundela.

1.2.13. *Geisterbahn*
Stück in drei Akten.
Entstanden 1971.
In: *Spectaculum*. Bd. 21.
In: *Stallerhof* etc. Frankfurt/Main 1972.
In: *Gesammelte Stücke*. Frankfurt/Main 1975.
In: *Stücke*. Berlin, DDR 1981.
Theater Uraufführung: Ateliertheater am Naschmarkt, Wien, 27. 10. 1975. Darsteller: Gabriela Schmoll, Peter Janisch, Peter Josch, Hedwig Hellwig. Regie: Peter Janisch.

1.2.14. *Lieber Fritz*
Stück in siebzehn Bildern.
Entstanden 1971.
In: *Stallerhof* etc. Frankfurt/Main 1972.
In: *Spectaculum*. Bd. 25/II.
In: *Gesammelte Stücke*. Frankfurt/Main 1975.
In: *Stücke*. Berlin, DDR 1981.
Theater Uraufführung: Landestheater Darmstadt, 5. 9. 1975. Darstel-

ler: Ruth Drexel, Hans Brenner, Werner Asam, Elfi Garden. Regie: Franz Xaver Kroetz.

1.2.15. *Wunschkonzert*
Ein Theaterstück.
Entstanden 1971.
In: *Stallerhof* etc. Frankfurt/Main 1972.
In: *Gesammelte Stücke*. Frankfurt/Main 1975.
In: *Reise ins Glück* etc. Wien und München 1975.
In: *Stücke*. Berlin, DDR 1975.
In: *Stücke*. Berlin, DDR 1981.
In: *Mensch Meier*. Gütersloh usw. 1984.
Theater Uraufführung: Württembergisches Staatstheater, Kammertheater, 7. 3. 1973. Darsteller: Elke Twiesselmann. Regie: Istvan Bödy.
Schallplatte Franz Xaver Kroetz liest »Wunschkonzert«. Stuttgart 1975 (= Intercord 26 554-6 H).

1.2.16. *Herzliche Grüße aus Grado*
Ursprünglicher Titel: *Inklusive*
Entstanden 1971.
In: *Weitere Aussichten*... Köln/Berlin, DDR 1976 *(Inklusive)*.
Hörspiel Produktion: Südwestfunk, Erstsendung: 24. 2. 1972. Sprecher: Ruth Drexel, Hans Brenner. Regie: Franz Xaver Kroetz *(Inklusive)*.
Zweitproduktion: Rundfunk der DDR. Erstsendung: 26. 10. 1974. Regie: Horst Liepach.
Fernsehen Produktion: Hessischer Rundfunk. Erstsendung: 12. 6. 1973 (ARD). Darsteller: Ruth Drexel, Hans Brenner. Regie: Franz Xaver Kroetz.
Theater Uraufführung: Düsseldorfer Schauspielhaus, Kleines Haus, 19. 9. 1976. Darsteller: Ruth Drexel, Hans Brenner. Regie: Rolf Stahl.

1.2.17. *Dolomitenstadt Lienz*
Posse mit Gesang.
Entstanden 1972.
In: *Oberösterreich* etc. Frankfurt/Main 1974.
In: *Gesammelte Stücke*. Frankfurt/Main 1975.
In: *Stücke*. Berlin, DDR 1981.
Theater Uraufführung: Schauspielhaus Bochum, Kammerspiele, 28. 9. 1972. Darsteller: Franz Gary, Ernst Konarek, Karl Friedrich. Regie: Wolf Münzer.

1.2.18. Globales Interesse
Eine satirische Komödie.
Entstanden 1972.
Nicht publiziert. Bühnenmansukript Frankfurt/Main (Suhrkamp) 1972.
Hörspiel Produktion: Süddeutscher Rundfunk. Erstsendung: 20. 8. 1972. Sprecher Gustl Bayrhammer, Fritz Strassner, Hans Stadtmüller. Regie: Franz Xaver Kroetz.
Theater Uraufführung: Bayerisches Staatsschauspiel, Studio-Theater, 25. 8. 1972. Darsteller: Gustl Bayrhammer, Hans-J. Diedrich, Hans Baur. Regie: Walter Schmidinger.

1.2.19. Der Mensch Adam Deigl und die Obrigkeit
Nach dem Roman von Josef Martin Bauer.
Entstanden 1972.
Nicht publiziert.
Fernsehen Produktion: Bayerischer Rundfunk. Erstsendung: 6. 7. 1974 (BR III), 24. 9. 1974 (ARD). Darsteller: Willy Harlander, Enzi Fuchs, Evi Berghofer, Thomas Burger, Gustl Bayrhammer, Maria Singer u. a. Regie: Rainer Wolffhardt.

1.2.20. Oberösterreich
Ein Stück in drei Akten.
Entstanden 1972.
In: *Spectaculum*. Bd. 18.
In: *Theater heute*. 1973. Heft 2.
In: *Oberösterreich* etc. Frankfurt/Main 1974.
In: *Gesammelte Stücke*. Frankfurt/Main 1975.
In: *Stücke*. Berlin, DDR 1975.
In: *Stücke*. Berlin, DDR 1981.
In: *Mensch Meier*. Gütersloh usw. 1984.
Theater Uraufführung: Städtische Bühnen Heidelberg, Zimmertheater, 11. 10. 1972. Darsteller: Maria Pichler, Sascha Scholl. Regie: Dieter Braun.
Fernsehen Produktion: ZDF. Erstsendung: 8. 8. 1973. (Aufzeichnung der Uraufführung.)
Zweitproduktion: Fernsehen der DDR. Erstsendung: 27. 5. 1976. Darsteller: Waltraud Kutschera, Hermann Schmidt. Regie: Peter Groeger.
Hörspiel Coproduktion: Bayerischer Rundfunk/Saarländischer Rundfunk. Erstsendung: 28. 9. 1973 (BR). Sprecher: Ruth Drexel, Walter Schmidinger. Regie: Ulrich Heising.
Zweitproduktion: Rundfunk der DDR. Erstsendung: 18. 10. 1975. Regie: Peter Groeger.

1.2.21. *Bilanz*

Entstanden 1972.
In: *Stücke*. Berlin, DDR 1975.
In: *Weitere Aussichten*... Köln/Berlin, DDR 1976.
Hörspiel Coproduktion: Norddeutscher Rundfunk/Westdeutscher Rundfunk. Erstsendung: 12. 11. 1972 (NDR). Sprecher: Therese Giehse, Hans Stadtmüller. Regie: Fritz Schröder-Jahn.
Zweitproduktion: Österreichischer Rundfunk, Wien. Erstsendung: 1977. Regie: Edwin Zbonek.
Theater Uraufführung: Torturmtheater, Sommerhausen am Main, 15. 4. 1980: Darsteller: Monika Pasky, Rudolf Waldemar Brem. Regie: Veit Relin.

1.2.22. *Gute Besserung*

Entstanden 1972.
In: *Stücke*. Berlin, DDR. 1975.
In: *Weitere Aussichten*... Köln/Berlin, DDR 1976.
Hörspiel Produktion: Süddeutscher Rundfunk. Erstsendung: 5. 11. 1972. Sprecher: Axel Bauer, Ruth Drexel. Regie: Franz Xaver Kroetz.
Theater Uraufführung: theater k, München, 29. 9. 1982. Regie: Wolfgang Anraths.

1.2.23. *Maria Magdalena*

Komödie in drei Akten frei nach Friedrich Hebbel.
Entstanden 1972.
In: *Theater heute*. 1973. Heft 6.
In: *Oberösterreich* etc. Frankfurt/Main 1974.
In: *Gesammelte Stücke*. Frankfurt/Main 1975.
In: Werner Liersch (Hg.): *Stücke aus der BRD*. Berlin, DDR (Volk und Welt) 1976.
In: *Stücke*. Berlin, DDR 1981.
Theater Uraufführung: Städtische Bühnen Heidelberg, 6. 5. 1973. Darsteller: Maria Pichler, Sascha Scholl, Willy Schultes, Annemarie Wendl, Georg Trenkwitz, Jürg Löw, Uli Eichenberger. Regie: Dieter Braun.
Fernsehen Produktion: Hessischer Rundfunk. Erstsendung: 14. 5. 1974 (ARD). Darsteller: Emanuel Schmied, Ruth Drexel, Gisela Schneeberger, Harry Baer, Hans Brenner, Karl Renar, Walter Sedlmayr, Axel Bauer. Regie: Franz Xaver Kroetz.
Hörspiel Coproduktion: Südwestfunk/Bayerischer Rundfunk. Erstsendung: 14. 9. 1980 (SWF). Sprecher: Ossi Eckmüller, Rosemarie Fendel, Lisa Fitz, Maximilian Villinger, Jörg Hube u. a. Regie: Franz Xaver Kroetz.
Hörspiel-Cassette Stuttgart (KLett) 1987 (= Cotta's Hörbühne).

1.2.24. *Ein Mann ein Wörterbuch*
Eine Komödie in drei Akten.
Neufassung von *Männersache*.
Entstanden 1973.
In: *Stücke*. Berlin, DDR 1975.
Theater Uraufführung: Ateliertheater am Naschmarkt, Wien, Februar 1977.

1.2.25. *Die Wahl fürs Leben*
Entstanden 1973.
In: *Weitere Aussichten...* Köln/Berlin, DDR 1976.
Hörspiel Produktion: Westdeutscher Rundfunk. Erstsendung: 5. 9. 1973. Sprecher: Therese Giehse, Hans Stadtmüller, Jochen Striebeck. Regie: Franz Xaver Kroetz.
Theater Uraufführung: Theater rechts der Isar, 5. 10. 1980. Darsteller: Franziska Stömmer, Gerhard Acktun, Egon Biscan. Regie: Hartmut Baum.

1.2.26. *Münchner Kindl*
Eine Ballade aus Bayern.
Entstanden 1973.
In: *Oberösterreich* etc. Frankfurt/Main 1974.
In: *Gesammelte Stücke*. Frankfurt/Main 1975.
In: *Stücke*. Berlin, DDR 1975.
Theater Uraufführung: theater k im Schwabinger Bräu, München, 21. 7. 1973 (anläßlich des »Tribunals gegen Mietwucher und Bodenspekulation« der DKP). Regie: Kollektiv.

1.2.27. *Muttertag*
Entstanden 1973.
Nicht publiziert.
Fernsehen Produktion: ZDF. Erstsendung: 9. 1. 1975. Darsteller: Inge Meysel u.a. Regie: Rainer Wolffhardt (= Episode zu: *Mütter. Sieben Geschichten mit Inge Meysel*)

1.2.28. *Verfassungsfeinde*
Einakter.
Ursprünglicher Titel: *Mitgift*.
Entstanden 1973.
In: *Theater der Zeit*. 1976. Heft 12.
In: *Nicht Fisch nicht Fleisch* etc. Frankfurt/Main 1981.
Fernsehen Produktion: ZDF. Erstsendung: 17. 12. 1976. Darsteller: Inge Meysel u.a. Regie: Ludwig Cremer (*Mitgift* = Episode zu: *Inge Meysel... in allen Lebenslagen*).

Theater Uraufführung: Staatstheater Dresden, 9. 5. 1977. Darsteller: Traute Richter, Wilhelm Burmeier, Vera Irrgang, Bodo Wolf. Regie: Wilfried Weschke.
Hörspiel Produktion: Rundfunk der DDR. Erstsendung: 29. 10. 1977. Regie: Peter Groeger.

1.2.29. Sterntaler
Stück in vier Akten.
Mitarbeiter und Musik: Peter Zwetkoff.
Entstanden 1974.
In: *Theater heute.* 1974. Jahressonderheft (Arbeitsfassung).
In: *Stücke.* Berlin, DDR 1975.
In: *Weitere Aussichten...* Köln/Berlin, DDR 1976.
In: *Stücke.* Berlin, DDR 1981.
Theater Uraufführung: Staatstheater Braunschweig, 13. 1. 1977. Darsteller: Ingeborg Riehl, Fritz Truppe, Fried Gärtner u. a. Regie: Kai Braak.

1.2.30. Weitere Aussichten...
Ein Stück für Therese Giehse.
Entstanden 1974.
In: *Reise ins Glück* etc. Wien und München 1975.
In: *Weitere Aussichten...* Köln/Berlin, DDR 1976.
In: *Stücke.* Berlin, DDR 1981.
In: *Mensch Meier.* Gütersloh usw. 1984.
Fernsehen Produktion: Hessischer Rundfunk. Erstsendung: 18. 1. 1975 (BR III), 18. 2. 1975 (ARD). Darsteller: Therese Giehse. Regie: Franz Xaver Kroetz und Helmut Walbert.
Theater Uraufführung: Städtische Theater Karl-Marx-Stadt, Juni 1975. Darsteller: Anny Stöger. Regie: Piet Drescher.
Schallplatte Hamburg 1977 (= Deutsche Grammophon Literatur 25 700 12). Sprecher: Therese Giehse. Regie: Franz Xaver Kroetz und Helmut Walbert, Einrichtung für die Schallplatte: Franz Xaver Kroetz.

1.2.31. Das Nest
Volksstück in drei Akten.
Entstanden 1974.
In: *Theater der Zeit.* 1975. Heft 1.
In: *Theater heute.* 1975. Heft 5.
In: *Weitere Aussichten...* Köln/Berlin, DDR 1976.
In: *Stücke.* Berlin, DDR 1981.
In: *Mensch Meier.* Gütersloh usw. 1984.
Theater Uraufführung: Modernes Theater, München, 25. 8. 1975. Darsteller: Ilse Neubauer, Jörg Hube. Regie: Jörg Pfafferodt.

Hörspiel Coproduktion: Bayerischer Rundfunk/RIAS Berlin. Erstsendung: 12. 4. 1976 (BR). Sprecher: Gisela Schneeberger, Jörg Hube, Regie: Thomas Thieringer.
Zweitproduktion: Rundfunk der DDR. Erstsendung: 10. 8. 1976. Regie: Peter Groeger.
Fernsehen Produktion: Fernsehen der DDR. Erstsendung: 30. 9. 1976. Darsteller: Lena Rothstein, Hermann Schmidt. Regie: Peter Groeger.
Zweitproduktion: ZDF. Erstsendung: 10. 9. 1979. Darsteller: Lisa Fitz, Franz Xaver Kroetz. Regie: Gedeon Kovács.

1.2.32. *Reise ins Glück*
Ein Text.
Entstanden 1975.
In: *Reise ins Glück* etc. Wien und München 1975.
In: *Sinn und Form*. 1976. Heft 1.
In: *Weitere Aussichen*... Köln/Berlin, DDR 1976.
In: *Stücke*. Berlin, DDR 1981.
In: *Mensch Meier*. Gütersloh usw. 1984.
Hörspiel Coproduktion: Westdeutscher Rundfunk/Süddeutscher Rundfunk. Erstsendung: 7. 10. 1975 (WDR). Sprecher: Claudia Golling. Regie: Franz Xaver Kroetz.
Zweitproduktion: Rundfunk der DDR. Erstsendung: 13. 11. 1976. Regie: Peter Groeger.
Theater Uraufführung: Theater am Neumarkt, Zürich. 15. 10. 1976. Darsteller: Renate Steiger. Regie: Rüdiger List.

1.2.33. *Heimat*
Ein Stück in zwei Akten.
Entstanden 1975.
In: *Neue Deutsche Literatur*. 1976. Heft 8.
In: *Weitere Aussichten*... Köln/Berlin, DDR 1976.
Fernsehen Produktion: Hessischer Rundfunk. Erstsendung: 23. 1. 1980 (ARD). Darsteller: Willy Harlander, Lisa Fitz, Irmgard Marie Reininger, Matthias Hell. Regie: Franz Xaver Kroetz.
Theater Uraufführung: Freiburger Theater, 27. 11. 1987. Darsteller: Heiner Stadelmann, Anke Zillich, Carla Schulz, Ueli Schweizer u. a. Regie: Carsten Bodinus.

1.2.34. *Agnes Bernauer*
Ein bürgerliches Schauspiel in fünf Akten.
Mitarbeit: Hans Dieter Schwarze.
Entstanden 1976.
Neufassung: »Agnes B.« (in Arbeit).
In: *Weitere Aussichten*... Köln/Berlin, DDR 1976.

In: *Stücke*. Berlin, DDR 1981.
Theater Uraufführung: Leipziger Theater, 8. 5. 1977. Darsteller: Friederike Raschke, Uwe Zerbe, Werner Godemann, Günter Grabbert, Helga Göring u. a. Regie: Karl Kayser.

1.2.35. *Wer durchs Laub geht...*
Ein Stück für zwei Personen.
Neufassung von *Männersache*.
Entstanden 1976.
In: *Mensch Meier* etc. Frankfurt/Main 1979.
In: *Stücke*. Berlin, DDR 1981.
Hörspiel Produktion: Hessischer Rundfunk. Erstsendung: 19. 6. 1978. Sprecher: Veronika Fitz, Josef Bierbichler. Regie: Horst H. Vollmer.
Theater Uraufführung: Marburger Schauspiel, Podiumbühne, 29. 1. 1981. Darsteller: Eva Maria Bayerwaltes, Otto Edelmann. Regie: Heta Mantscheff.

1.2.36. *Jumbo-Track*
Ein Libretto.
Mitarbeit: Floh de Cologne.
Entstanden 1976.
In: *Nicht Fisch nicht Fleisch* etc. Frankfurt/Main 1981.
Theater Uraufführung: Landestheater Tübingen, 24. 4. 1983 (anläßlich der Baden-Württembergischen Theatertage, Esslingen). Darsteller: Ralf Rufus Beck, Sabine Bundschu, Andrej Michalsen, Martin Schleker, Renate Heuser, Heinz Kloss, Volker Niederfahrenhorst, Harald Gieche, Gerhard Piske. Regie: Gunter Möllmann.

1.2.37. *Mensch Meier*
Volksstück in drei Akten.
Entstanden 1977.
In: *Theater heute*. 1978. Jahressonderheft.
In: *Spectaculum*. Band 30.
In: *Mensch Meier* etc. Frankfurt/Main 1979.
In: *Stücke*. Berlin, DDR 1981.
In: *Mensch Meier*. Gütersloh usw. 1984.
Theater Uraufführung in Brasilien. Gemeinsame deutschsprachige Erstaufführung am 23. 9. 1978:
Schauspielhaus Düsseldorf. Darsteller: Ruth Drexel, Hans Brenner, Markus Völlenklee. Regie: Rolf Stahl.
Landestheater Tübingen. Darsteller: Renate Franken, Detlev Greisner, Karl Ghirardelli. Regie: Peter Kock.
Pfalztheater Kaiserslautern. Darsteller: Lieselotte Prinz, Wolfgang Miksch, Gerhard Piske. Regie: Jean-Paul Anderhub.

Städtische Bühnen Dortmund. Darsteller: Friederike Weber, Claus-Dieter Clausnitzer, Hans Klaus. Regie: Andreas Weissert.
Fernsehen Produktion: Hessischer Rundfunk. Erstsendung: 28. 3. 1982. Darsteller: Veronika Fitz, Franz Xaver Kroetz, Max Krückl. Regie: Franz Xaver Kroetz.
Zweitproduktion: Schweizer Fernsehen. Erstsendung: 29. 1. 1981. Darsteller: Mathias Gnädinger, Hilde Ziegler, Christof Vorster. Dialektfassung und Regie: Hans Peter Riklin.

1.2.38. Der stramme Max
Volksstück in vier Akten.
Entstanden 1978.
In: *Mensch Meier* etc. Frankfurt/Main 1979.
In: *Stücke*, Berlin, DDR 1981.
Theater Uraufführung: Bühnen der Stadt Essen, 22. 5. 1980 (anläßlich der Ruhrfestspiele Recklinghausen). Darsteller: Katja Bechtolf, Franz Böhm, Bernadette Heinen. Regie: Wolf Seesemann.

1.2. 39. Nicht Fisch nicht Fleisch
Stück in drei Akten.
Entstanden 1980.
Neufassung (Münchner Fassung) 1983.
In: *Nicht Fisch nicht Fleisch* etc. Frankfurt/Main 1981.
In: *Spectaculum.* Band 39.
In: *Mensch Meier.* Gütersloh usw. 1984.
In: Rudolf Rach (Hg.), *Theater heute.* Frankfurt/Main (Suhrkamp) 1985 (= suhrkamp taschenbuch 1190).
In: *Nicht Fisch nicht Fleisch* etc. Berlin, DDR 1986.
Theater Uraufführung: Düsseldorfer Schauspielhaus, 31. 5. 1981. Darsteller: Gabriele Köstler, Wolfgang Reinbacher, Bigi Fischer, Wolfgang Kraßnitzer. Regie: Volker Hesse.
Hörspiel Coproduktion: Sender Freies Berlin/Saarländischer Rundfunk/Westdeutscher Rundfunk. Erstsendung: 20. 4. 1982 (SFB). Sprecher: Lisa Fitz, Gundi Ellert, Franz Xaver Kroetz, Walter Schmidinger. Regie: Franz Xaver Kroetz.
Zweitproduktion: Rundfunk der DDR. Erstsendung: 24. 2. 1983. Regie: Peter Groeger.

1.2.40. Furcht und Hoffnung der BRD
Szenen aus dem deutschen Alltag des Jahres 1983.
Mitarbeit: Alexandra Weinert-Purucker.
Erste Pläne 1975, beendet 1983.
In: *Furcht und Hoffnung der BRD.* Frankfurt/Main 1984.
In: *Nicht Fisch nicht Fleisch* etc. Berlin, DDR 1986.

Theater Uraufführung am Schauspielhaus Bochum und am Düsseldorfer Schauspielhaus, 27. 1. 1984.
Schauspielhaus Bochum. Darsteller: Bernd Birkhahn, Claudia Burckhardt, Henriette Cejpek, Evelyn Faber, Urs Hefti, Rolf Idler, Helmut Kraemer, Otto Kukla, Gerd Kunath, Gottfried Lackmann, Lisi Mangold, Karl Menrad, Ulrich Pleitgen, Barbara Ploch, Rosalinde Renn, Anneliese Römer, Branko Samarovski, Tana Schanzara, Thomas Schendel, Wolfgang Schwalm, Julia von Sell, Volker Spahr, Lore Stefanek, Gert Voss, Eleonore Zetzsche. Regie: Horst Siede.
Düsseldorfer Schauspielhaus. Darsteller: Maria Alex, Manuela Alphons, Stella Avni, Dietlinde Hillebrecht, Jenny Lattermann, Marita Marschall, Tanja von Oertzen, Hildburg Schmidt, Susanne Schweiger, Dietrich Adam, Wolfgang Arps, Bernt Hahn, Wolfgang Haubner, Thomas Hodina, Arthur Mentz, Bert Oberdorfer, Michael Prelle, Hans Schulze, Walter Spiske, Andreas Weißert. Regie: Peter Palitzsch.
Fernsehen Produktion: Westdeutscher Rundfunk. Erstsendung: 6. 6. 1984 (WDR III). (Live-Übertragung der Bochumer Inszenierung aus Paderborn.)

1.2.41. Der Weihnachtstod
Ein bayerisches Requiem.
Entstanden 1984.
In: *Düsseldorfer Debatte*. 1984. Heft 4.
Theater Uraufführung: Münchner Kammerspiele, Werkraum, 18. 12. 1986. Darsteller: Franz Boehm, Enzi Fuchs, Erdal Merdan, Sevgi Özdamar. Regie: Franz Xaver Kroetz.

1. 2. 42. Bauern sterben
Dramatisches Fragment.
Erste Fassung Juni 1984, zweite Fassung Juni 1985.
Hochdeutsche Fassung 1985. Mitarbeit Alexandra Weinert-Purucker.
In: *Nicht Fisch nicht Fleisch* etc. Berlin, DDR 1986.
In: *Bauern sterben*. Frankfurt/Main 1987.
Theater Uraufführung: Münchner Kammerspiele, 9. 6. 1985. Darsteller: Monika Baumgartner, Jörg Hube, Martin Flörchinger, Marianne Lindner, Volker Prechtel, Arnulf Schumacher. Regie: Franz Xaver Kroetz.

1.2.43. Der Nusser
Stück in zwei Akten nach Ernst Tollers *Hinkemann*.
Entstanden 1985.
In: *Theater heute*. 1986. Heft 5.
In: Rudolf Rach (Hg.), *Theater*. Frankfurt/Main (Suhrkamp) 1986 (= suhrkamp taschenbuch 1298).

Theater Residenztheater München, 15. 3. 1986. Darsteller: Josef Bierbichler, Monika Baumgartner, Peter Brombacher, Gundi Ellert, Kurt Raab, Peter Luppa u. a. Regie: Franz Xaver Kroetz.

1.2.44. Zeitweh
Stück in einem Akt.
Entstanden 1986.
Theater Theater »Die Färbe«, Singen/Hohentwiel, 13. 4. 1988. Darsteller: Robert Spitz. Regie: Peter Simon.

1.2.45. Der Dichter als Schwein
Eine Komödie.
Entstanden 1986/88.

1.2.46. Oblomow
oder Der Freund der Leidenschaften (Zweite Fassung)
Ein Stück nach Motiven aus dem Roman von Iwan A. Gontscharow.
Entstanden 1989.
Theater Prinzregententheater, München, 5. 3. 1989. Darsteller: Wolfgang Reinbacher, Olvia Grigolli, Heini Göbel, Gerd Anthoff, Herbert Rhom u. a. Regie: Franz Xaver Kroetz.

1.3. Prosa

Tiroler Elegien.
Ein Roman.
Entstanden 1967.
In: *Frühe Prosa/Frühe Stücke.* Frankfurt/Main 1983.

Koreanischer Frühling.
Eine Erzählung. Entstanden 1969.
In: *Frühe Prosa/Frühe Stücke.* Frankfurt/Main 1983.

Der Mondscheinknecht. Roman bzw. *Fortsetzung* Roman. Frankfurt/Main 1981 bzw. 1983.

Tagebuch 28. 8. 82–4. 9. 83.
In: *Furcht und Hoffnung der BRD.* Frankfurt/Main 1984.

Nicaragua Tagebuch. Hamburg 1986.

Bei Texten, deren Erstdruck in schwer zugänglichen Quellen (Programmhefte etc.) erfolgte, wird nach Möglichkeit auf weitere Abdrucke hingewiesen. Leserbriefe wurden nicht berücksichtigt. Die mit * gekennzeichneten Titel sind in dem von Otto Riewoldt herausgegebenen Materialienband ganz oder in Auszügen veröffentlicht, die mit [WA] gekennzeichneten Titel enthält das Lesebuch *Weitere Aussichten...* (Köln/Berlin, DDR 1976).

* *Die Sprache meiner Figuren.* In: Programmheft der Münchner Kammerspiele zu *Heimarbeit/Hartnäckig,* April 1971. Wiederabdruck unter dem Titel *Vorbemerkung zu »Heimarbeit«* in: *Spectaculum.* Bd. 15. Frankfurt/Main (Suhrkamp) 1971. S. 323 f.

Kritik statt Spaß. In: Fernsehen und Film. 1971. Heft 7. S. 16. Wiederabdruck: Frankfurter Rundschau, 21. 8. 1971. (Zu: Volkstheater im Fernsehen).

Liegt die Dummheit auf der Hand? In: Süddeutsche Zeitung, 20./21. 11. 1971. (Zu: *Pioniere in Ingolstadt* von Marieluise Fleißer). [WA]

(Beitrag zu einer Umfrage anläßlich des 70. Geburtstags Marieluise Fleißers). In: Donau Kurier, Ingolstadt, 23. 11. 1971. Wiederabdruck in: Günther Rühle (Hg.): *Materialien zum Leben und Schreiben der Marieluise Fleißer.* Frankfurt/Main (edition suhrkamp 594) 1973. S. 405.

Horváth von heute für heute. In. Theater heute. 1971. Heft 12. S. 13 f. [WA]

Wozu Theologie, wenn Menschen hungern? In: konkret, 30. 12. 1971. (Zu: *Martin Luther & Thomas Münzer* von Dieter Forte).

Braucht das Volk ein Theater? In: konkret, 9. 3. 1972. Wiederabdruck in: Karlheinz Braun/Klaus Völker (Hg.): *Spielplatz 1.* Berlin (Wagenbach Quartheft 60/61) 1972. S. 13–16. Überarbeitete Fassung: *Soll der Kumpel Abonnent werden?* [WA]

Ästhetik raus – Politik rein! In: konkret, 18. 5. 1972. (Zu: *Die Hebamme* von Rolf Hochhuth.)

Schafft das Theater ab! In: konkret, 15. 6. 1972. Wiederabdruck unter dem Titel *Subventionssauerei* in: Neues Forum (Wien). 1973. Heft 2. S. 58 f.

Bücherdeckel – Sargdeckel? Über den Versuch, sozialistischen Realismus in westdeutsche Volksromane zu packen. In: Deutsche Volkszeitung, 15. 6. 1972. [WA]

(Beitrag zu einer Umfrage, Ankündigung eines Romans mit dem Arbeitstitel: *Wie neidisch sind die Besitzlosen?*) In: Deutsche Volkszeitung, 22. 6. 1972.

* *Form ist der Teller, von dem man ißt.* In: Programmheft des Deutschen Schauspielhauses Hamburg zu *Stallerhof,* Juni 1972. Wiederabdruck in: *Spectaculum.* Bd. 21. Frankfurt/Main (Suhrkamp) 1974, S. 290–292.

Landshut beschämt München. In: Theater heute. 1972. Heft 7. S. 10.

(Beitrag zu: *Für die Einheit des VS – Gegen die Spalterfraktion.*) In: kürbiskern. 1972. Heft 3. S. 436f.

Wie unterernährt sind westdeutsche Stückeschreiber? In: kürbiskern. 1972. Heft 4. S. 660–665. [WA]

Meine »Männersache«. In: Zeitschrift der Städtischen Bühnen Frankfurt/Main. Heft 3. Dezember 1972. [WA]

Der Wille zur Sprache des Theaters. In: Programmheft des Schillertheaters Berlin zu *Wildwechsel.* Dezember 1972.

Der Lohn macht die Musik. In: s. Msk. Süddeutsche Zeitung, 9. 1. 1973. (Zu: Volkstheater im Fernsehen.)

* *Kroetz an das ZDF. Offener Brief zur Absetzung von »Oberösterreich«.* In: Deutsche Volkszeitung, 3. 5. 1973. Wiederabdruck: Unsere Zeit, 4. 5. 1973.

Dank für Lesersolidarität. In: Unsere Zeit, 3. 7. 1973.

Solschenizyn und Sacharows Sorgen sind mir zweitrangig. Offener Brief vom 8. 9. 1973. In: Frankfurter Rundschau, 13. 9. 1973. Unter dem Titel *»Vor diesen Karren lasse ich mich nicht spannen«* in: Deutsche Volkszeitung, 20. 9. 1973. [WA]

»Brüder sind Brüder«. (Auszüge aus einer Rede vor der Delegiertenkonferenz der DKP in Bayern). In: Deutsche Vokszeitung, 18. 10. 1973. Wiederveröffentlichung unter dem Titel *Koalition Strauß-Sacharow?* [WA]

Offener Brief vom 27. 12. 1973. [WA]

Giehses Klarheit ist Zurückhaltung. In: Therese Giehse: *»Ich hab nichts zum Sagen«. Gespräche mit Monika Sperr.* München, Gütersloh, Wien (C. Bertelsmann) 1973, S. 156. [WA]

Laßt doch den Tetzlaff sterben. In: rote blätter. 1974. Heft 6/7.

* (Beiträge zu.) *Arbeitstagung der DKP zu Fragen der Literatur.* München (Damnitz) 1974. S. 67, 80f., 130, 172.

»Ich hab genug von meinen Deigls«. In: Der Spiegel, 4. 11. 1974. (Zu: *Rosenmontag* von Karl Otto Mühl.)

Helden. In: Unsere Zeit, 9. 11. 1974.

(Beitrag zu der Umfrage:) *Schriftsteller und Politik.* In: Deutsche Volkszeitung, 14. 11. 1974.

Die schickt dir einen Blitz. In: Theater heute. 1975. Heft 5. S. 39. (Nachruf auf Therese Giehse.) [WA]

Was kann man verbrennen? In: die tat, Frankfurt/Main, 10. 5. 1975.

Über »Die Maßnahme« von Bertolt Brecht. In: kürbiskern. 1975. Heft 4. S. 99–110. [WA]

»Mein Heimatfilm war das nicht«. In: Der Spiegel, 29. 3. 1976. (Zu: Hans W. Geissendörfers Anzengruber-Verfilmung *Sternsteinhof.*)

(Beiträge vom Bonner Parteitag der DKP.) In: kürbiskern. 1976. Heft 3. S. 163–166.

Notwendiger Nachtrag zu »Sonntagskinder«. In: Unsere Zeit, 14. 10. 1976. (Zu: *Sonntagskinder* von Gerlind Reinshagen.)

Leichtfertig. In: Deutsche Volkszeitung, 18. 11. 1976. (Zu: Theaterstücke von Fitzgerald Kusz.)

Brecht – Kommunist und Dichter. Festvortrag anläßlich Bertolt Brechts 20. Todestag am 14. 8. 1976. In: Theater der Zeit. 1976. Heft 12. S. 58–61. Ebenfalls in: kürbiskern. 1977. Heft 1. S. 91–100.

Mehr Mut haben, über Grenzen hinweg zu denken. In: Deutsche Volkszeitung, 5. 10. 1978. (Zu: Positive Utopie im Fernsehspiel.)

Kühn und Kroetz. In: Das Fernsehspiel im ZDF. Heft 22 (Sept.–Nov. 1978). S. 44. (Zur Verfilmung von August Kühns Roman *Zeit zum Aufstehn*, in der Kroetz die Hauptrolle spielte.)

Eine außerordentlich regionalisierte Erscheinung. In: Frankfurter Rundschau, 21. 11. 1978. (Offener Brief, betr. Verbot einer Lesung in der Universität München.)

(Briefwechsel zwischen Nikolaus Lobkowicz und Franz Xaver Kroetz). In: Deutsche Volkszeitung, 7. 12. 1978. (Zu: ebd., Antwortbrief des Universitäts-Präsidenten und Replik.)

Paradiesvögel und urschleimtauchende Scharlatane. In: rote blätter. 1978. Heft 12. (Polemik gegen »Neue Innerlichkeit«.)

* *Sozialismus aus Liebe zum Vernünftigen*. In Fritz J. Raddatz (Hg.): *Warum ich Marxist bin*. München (Kindler) 1978, S. 34–56.

* *Den eigenen Text spielen*. In: Das Fernsehspiel im ZDF. Heft 23 (Dez. 1978–Febr. 1979). S. 40. (Zur Verfilmung von *Das Nest*.)

Die Richtung des Zuges wird nicht verändert. Was will die realistische Literatur der BRD. In: Der Sonntag, Berlin, DDR. 8. 4. 1979.

Die Taten von morgen werden heute geschrieben. Vortrag vor der Arbeitsgemeinschaft sozialistischer und demokratischer Verleger und Buchhändler. In: Deutsche Volkszeitung, 31. 5. 1979.

Über die Arbeit des Schauspielers vor der Kamera. In: ARD-Fernsehspiel. Jan.–März 1980. S. 123–125.

Die Partei aus dem Telefonbuch. In: Fritz Noll/Rutger Booß (Hg.): *Geschichte in Geschichten*. Dortmund (Weltkreis) 1980. S. 273–281.

* (Erklärung zum Parteiaustritt). In: Frankfurter Rundschau, 7. 5. 1980; Frankfurter Allgemeine Zeitung, 8. 5. 1980.

Engagierte Literatur. In: Wespennest. Wien. 1980. Heft 40. S. 91–96.

* (Beitrag zu der Umfrage:) *Was heißt hier konservativ?* In: Die Zeit, 16. 10. 1981.

(Beitrag zu der Umfrage:) *Unfähig zum Frieden?* In: kürbiskern. 1981. Heft 2. S. 20 f.

* (Beitrag zu der Umfrage:) *Die Wende zum Ende?* in: Die Zeit, 24. 9. 1982. (Zum Bruch der sozial-liberalen Koalition.)

Erinnern, immer wieder erinnern. In: die tat, Frankfurt/Main, 28. 1. 1983. (Zum 50. Jahrestag der nationalsozialistischen Machtergreifung.)

Eine schwierige Traumrolle in einem großen Stück. In: ARD-Fernsehspiel.

April–Juni 1983. S. 53. (Zu Jörg Grasers Verfilmung von Ludwig Thomas *Magdalena*.)
Eingefallen – hingeschrieben. In: *Der Verleger und seine Autoren*. Frankfurt/Main (Suhrkamp) 1984. S. 111–114.
Monika Sperr. In: Deutsche Volkszeitung/die tat, 30. 11. 1984. (Nachruf.)
Gute Nachrichten aus der Hölle. In: konkret. 1986. Heft 1. S. 70–71. (Zu: *Goethe in D* von Manfred Vosz.)
Mein Olympia-Tagebuch. In: Die Welt, 15. 9.–3. 10. 1988.
(Über den Mord in Eslohe). In: Die Bunte. 1988. H. 48. S. 18, 172.

1.5. Gedichte

* *München, 12. September 1973*. In: Deutsche Volkszeitung, 4. 10. 1973. Wiederabdruck in: Arbeitskreis Progressive Kunst (Hg.): *Chile lebt*. Oberhausen (Asso) 1973. S. 9–12.
Es lebe Luis Corvalan. In: Deutsche Volkszeitung, 15. 11. 1973.
Nein. In: Deutsche Volskzeitung, 8. 9. 1983. Wiederabdruck in: die tat, Frankfurt/Main, 9. 9. 1983; kürbiskern. 1983. Heft 4. Unp.
Welche Farbe hat der Tod? In: Programmbuch Nr. 53 des Schauspielhauses Bochum, Spielzeit 1983/84. S. 114–116.
Letzte Warnung an die Uneinsichtigen. In: Unsere Zeit, 23. 11. 1984. Wiederabdruck in: Deutsche Volkszeitung/die tat, 21. 12. 1984; kürbiskern. 1985. Heft 3. Unp.
Gedichte. In: Otto Riewoldt (Hg.), *Franz Xaver Kroetz*. Frankfurt/Main 1985. S. 97–99, 153–161.
Tagebuchgedicht II. In: kürbiskern. 1985. Heft 3. S. 59–60.
Tagebuchgedichte. In: *Nicaragua Tagebuch*. Hamburg 1986.

2. *Interviews (Auswahl)*

André Müller, *Ein Gewehr unter dem Schreibtisch*. In: Abendzeitung, München, 27. 11. 1970. Wiederabdruck, mit einem weiteren Interview von 1973 in: Ders.: *Entblößungen*. München (Goldmann Taschenbuch 3887) 1979. S. 270–283.
Manfred Lütgenhorst, *Katholisch bist', aber sonst eine Sau*. In: Stern, 3. 10. 1971.
Dietmar N. Schmidt, *Kein Apostel Paulus und kein Schreiber für die Ewigkeit*. In: Die Deutsche Bühne. 1972. Heft 3. S. 32.
Jörg Högemann. *Es kommt darauf an zu kämpfen*. In: Unsere Zeit, 2. 6. 1972.
Dietmar N. Schmidt, *Die Parterre-Clowns der Gesellschaft*. In: Stuttgarter Nachrichten, 9. 6. 1972.
Hannes Macher, *Was alles zur Gewalt führt*. In: Die Zeit, 23. 6. 1972.

Thomas Thieringer, *Nur Uraufführungen – das ist ein klarer Boykott.* In: Frankfurter Rundschau, 29. 8. 1972.
Wolf Radu, *Von der Enteignung der Sprache.* In: Deutsche Volskzeitung, 28. 9. 1972.
Thomas Thieringer, *Zwischen Angst und Narrenfreiheit.* In: Vorwärts, 5. 10. 1972.
Andreas Zollner, *Für mich war es selbstverständlich.* In: Deutsche Volkszeitung, 16. 11. 1972. (Wahlempfehlung für die DKP)
Thomas Thieringer, *Über Leute schreiben, die ich sehr gut kenne.* In: Südwest-Presse, 10. 1. 1973.
Ich säße lieber in Bonn im Bundestag. In: Theater heute. 1973. Heft 2. S. 48 f. Wiederabdruck in: *Weitere Aussichten*... Köln/Berlin, DDR 1976.
Sibylle Maus, *Wenn sie wenigstens tot wäre.* In: Stuttgarter Nachrichten, 7. 3. 1973. (Zu: *Wunschkonzert.*)
* Ernst Antoni, *Verschwiegene Historie.* In: Nürnberger Nachrichten, 25. 4. 1973; Wiederabdruck in: Stuttgarter Zeitung, 27. 4. 1973. (Zu: *KPD lebt.*)
Elvira Högemann-Ledwohn, Friedrich Hitzer, *Die Lust am Lebendigen.* In: kürbiskern. 1973. Heft 2. S. 324–335. Wiederabdruck in: *Weitere Aussichten*... Köln/Berlin, DDR 1976. (Interview mit Kroetz und Helmut Walbert.)
Manfred Bosch, *Wenn das Theater Machtverhältnisse zeigt, ohne Menschen zu zeigen, ist es für mich uninteressant.* In: die horen. 1973. Heft 92. S. 75–79.
Thomas Thieringer, *Der Autor und der Politker: ein und derselbe.* In: Frankfurter Rundschau, 21. 7. 1973.
* Thomas Thieringer, *Ich gestatte mir eine Entwicklung.* In: Süddeutsche Zeitung. 14. 5. 1974.
Friedrich Hitzer, *Das Mädchen erlebte mit seinem Opa Solidarität.* In: Unsere Zeit, 25. 10. 1974. (Ankündigung einer Erzählung, stofflich verwandt mit *Heimat.*)
Jochen Ziller, *Lebenserfahrungen, die meinen Weg bestimmen.* In: Neues Deutschland, 26. 10. 1974.
Susanne Jährig, *Meinen bayerischen Menschen ein Stückchen gerecht werden.* In: Süddeutsche Zeitung, 31. 10. 1974.
Lutz Volke, *Die Schwierigkeiten des einfachen Mannes.* In: Sonntag, 30. 3. 1975. Wiederabdruck in: *Weitere Aussichten*... Köln/Berlin, DDR 1976.
* Gerd Jäger, *Ich entscheide selber, was ich mache.* In: Theater heute. 1975. Heft 5. S. 42. Wiederabdruck in: *Weitere Aussichten*... Köln/Berlin, DDR 1976.
Thomas Thieringer, *Wieder spielerischer schreiben, naiver*... In: Süddeutsche Zeitung, 12. 6. 1975.
Oskar Neumann. *Der Realismus ist keine Modewelle.* In: Unsere Zeit,

17. 7. 1975. Wiederabdruck in: *Weitere Aussichten...* Köln/Berlin, DDR 1976.

Monika Sperr, *...diese kümmerliche Millionenpartei SPD.* In: das da. 1975. Heft 11. S. 12–14.

...als Kommunist immer auch Revolutionär sein. In: rote blätter. 1976. Heft 7/8. S. 56–57.

* Ursula Reinhold, *Interview mit Franz Xaver Kroetz.* In: Weimarer Beiträge. 1976, Heft 5. S. 46–59. Wiederabdruck, ergänzt um eine *Nachfrage,* in: Dies.: *Tendenzen und Autoren.* Berlin, DDR (Dietz) 1982. S. 342–355, 375–378.

E. A. Rauter, Elvira Högemann-Ledwohn, Oskar Neumann, Klaus Konjetzky, *Literatur im Gespräch.* In: kürbiskern. 1977. Heft 2. S. 117–124. (Auseinandersetzung mit Rauters Polemik *50 Jahre Kroetz sind genug.*)

Peter Reichel, *Interview mit Franz Xaver Kroetz.* In: Theater der Zeit. 1977. Heft 8, S. 10–11.

Carna Zacharias, *Liebe und Politik in Bayern.* In: Abendzeitung, München, 21. 9. 1977. (Zu: *Chiemgauer Gschichten.*)

Friedhelm Mönter, Dietrich Treber, *Schreibtisch und Ensemble.* In: Deutsche Volkszeitung, 14. 9. 1978.

Thomas Thieringer, *Gut gemeint ist das Gegenteil von Kunst.* In: Süddeutsche Zeitung, 23./24. 9. 1978.

* Willi Bär, *Ich bin ein zutiefst hiesiger Kommunist.* In: die tat, Frankfurt/Main, 20. 10. 1978.

Olaf Leitner, *Privat-TV als Totschläger.* In: tip. 1979. Heft 25/26. S. 30–31.

Friedhelm Mönter, Dietrich Treber, *Schon wenn ich da bin, ist das ein Stachel.* In: die tat, Frankfurt/Main, 7. 9. 1979.

Carna Zacharias, *Die Erotik ist zerbrochen.* In: Abendzeitung, München, 22./23. 12. 1979. (Ankündigung, keine Stücke mehr zu schreiben.)

Heinz Ludwig Arnold, *Der lebende Mensch ist der Mittelpunkt.* In: Ders.: *Als Schriftsteller leben.* Reinbek (Rowohlt, das neue buch 118) 1979. S. 35–64.

* Manfred Beetz, *Ich schreibe nicht über Dinge, die ich verachte. Ich bin für mich sehr interessant.* In: Theater heute. 1980. Heft 7. S. 18–19.

Donna L. Hoffmeister, *Ich kann nur schreiben von dem, was ich sehe, nicht von dem, was ich sehen möchte.* In: Modern Language Studies. 1980/81. Heft 1, S. 38–48.

Ulrike Prokop, *Ich meine, wenn, dann phantastischer Realismus...* In: Programmheft des Schauspiels Frankfurt zu *Nicht Fisch nicht Fleisch.* Januar 1982. S. 3–22.

Achim Barth, *Ich schreibe für die Familien – und habe vom VS die Nase voll.* In: Münchner Merkur, 22. 9. 1982.

Max-Thomas Mehr, *Zuerst amol san mar narrisch.* In: taz, 17. 1. 1983. (Zum Austritt aus dem VS.)

Otto Riewoldt, *Ich habe mich verändert.* In: Westermanns Monatshefte. 1983. Heft 4. S. 143.
Helmut Haller, *Einstieg in den Ausstieg oder Ausstieg in den Einstieg?* In: rote blätter. 1983. Heft 9. S. 55–57.
Monika Sperr, *Jeder zehrt von seinen Utopien.* In: Nürnberger Nachrichten, 24./25. 9. 1983.
Gitta Honegger, *Thinking in public.* In: Theater, Yale. 1984. Heft 3. S. 24–31.
Gerd-Johannes Schwennsen, *Die Herrschaften wollen uns nicht mehr.* In: medium. 1984. Heft 2. S. 28–33.
Thomas Thieringer: *Gehetzter moderner Mensch.* In: Süddeutsche Zeitung, 7. 6. 1985.
Peter von Becker, Michael Merschmeier, *Ich habe immer nur von mir geschrieben. Dem Volk hab' ich nie aufs Maul geschaut. Das Volk hat mich nie wirklich interessiert.* In: Theater heute. 1985. Jahrbuch. S. 72–87. Wiederabdruck in: Antje Ellermann (Red.), *Franz Xaver Kroetz: Bauern sterben.* Reinbek (Rowohlt) 1985 (= Programmbücher des Deutschen Schauspielhauses Hamburg). S. 144–171.
Thomas Thieringer, *Ich bin ein christlicher Autor.* In: Die Deutsche Bühne. 1985. Heft 8. S. 13–15.
Anette Rupprecht u. a., *Einfach irre, alles Theater.* In: taz, 14. 12. 1985.
Anke Roeder, *Eigentlich bin ich ein christlicher Autor.* In: Süddeutsche Zeitung, 23. 12. 1985.
Michael Kunitzsch, *Sich vollkommen wahnsinnig, irrtümlich, hoffnungslos den Erfahrungen aussetzen.* In: konkret. 1986. Heft 3. S. 70–73.
Angelika von Hartig, *Franz Xaver Kroetz. Welch ein Drama.* In: Cosmopolitan. 1986. Heft 7. S. 28–33.
André Müller, *Playboy-Interview: Franz Xaver Kroetz.* In: Playboy. 1986. Heft 9. S. 35–47.
Wolfgang Ruf, *Franz Xaver Kroetz, Verleger, im Gespräch.* In: Die Deutsche Bühne. 1986. Heft 11. S. 52–54.
Anke Roeder, *Der Luxus der vollkommenen Identität: Franz Xaver Kroetz als Autor, Schauspieler und Regisseur.* In: Forum Modernes Theater. 1987. Heft 1. S. 55–62.
Thomas Thieringer, *Ganz groß aufziehen.* In: die Deutsche Bühne. 1987. H. 9. S. 16–19. Wiederabdruck in: Süddeutsche Zeitung, 5. 10. 1987.
Lothar Schmidt-Mühlisch, Horst Stein: *Franz Xaver Kroetz: Der liebe Gott ist noch viel rücksichtsloser.* In: Die Welt, 5. und 7. 10. 1987.
Michael Kerstan: *Zeitgenössische Literatur und Musik. »Stallerhof« als Beispiel.* In: Hans Werner Henze (Hg.): *Neues Musik Theater.* München (Hanser) 1988. S. 73–76.

3. Sekundärliteratur

Vorbemerkung: Die Sekundärliteratur ist unterteilt in vier Rubriken:

1. Allgemeine Darstellungen, Interpretationen und Aufsätze; alphabetisch geordnet nach Verfassernamen;
2. Aufführungskritiken zu einzelnen Werken, geordnet entsprechend der Werkchronologie der dramatischen Texte; um den Rezeptionsprozeß deutlich werden zu lassen, sind die Kritiker zu einem Werk chronologisch aufgelistet;
3. Rezensionen zu den Buchausgaben und zur Prosa;
4. Meldungen, Berichte und Kommentare zu den von Kroetz und seinem Werk provozierten öffentlichen Auseinandersetzungen.

   Mit * gekennzeichnete Beiträge sind ganz oder in Teilen in dem von Otto Riewoldt herausgegebenen Materialienband abgedruckt.

3.1. Allgemeine Darstellungen, Interpretationen, Aufsätze

Heinz Ludwig Arnold/Michael Töteberg: *Franz Xaver Kroetz.* In: Heinz Ludwig Arnold (Hg.): *Kritisches Lexikon zur deutschsprachigen Gegenwartsliteratur.* München (edition text + kritik) 1978 ff. (Loseblattsammlung).

Flavia Arzeni: *Il lessico dell'afasia nei drammi di Franz Xaver Kroetz.* In: Bilbioteca Teatrale. 1979. Heft 23/24. S. 87–116.

Jan Berg: *Friedrich Hebbel: »Maria Magdalena« und die Bearbeitung von Franz Xaver Kroetz.* In: Ders. u. a.: *Von Lessing bis Kroetz.* Kronberg/Ts. (Scriptor) 1975. S. 43–67.

Jean-Louis Besson: *F. X. Kroetz: une résurgence du naturalisme?* In: travail théâtral. 1975. Heft 18/19. S. 156–160.

Anne Betten: Sprachrealismus im deutschen Drama der siebziger Jahre. Heidelberg (Winter) 1985 (= Monographien zur Sprachwissenschaft). (Darin S. 218–290: *Die Dramensprache von Franz Xaver Kroetz.*)

Richard W. Blevins: *Franz Xaver Kroetz: The Emergence of a Political Playwright.* New York, Bern, Frankfurt/M. (Peter Lang) 1983.

Elizabeth Boa: *Kroetz' »Nicht Fisch nicht Fleisch«: a good red herring?* In: German Life & Letters. 1984/85. Heft 4. S. 313–322.

Torsten Bügner: *Annäherungen an die Wirklichkeit. Gattung und Autoren des neuen Volksstücks.* Frankfurt/Main usw. (Lang) 1986 (= Europäische Hochschulschriften 881).

Harald Burger/Peter von Matt: *Dramatischer Dialog und restringiertes Sprechen. Franz Xaver Kroetz in linguistischer und literaturwissenschaftlicher Sicht.* In: Zeitschrift für Germanistische Linguistik. 1974. Heft 2. S. 269–298. Gekürzt unter dem Titel *Die Sprache der Unterschicht, authentisch oder fiktiv* in: Neue Zürcher Zeitung. 20. 1. 1974.

Denis Calandra: *New German Dramatists.* London, Basingstoke (Macmillan) 1983. S 29–52, 91–116.

Rolf-Peter Carl: *Franz Xaver Kroetz.* In: Dietrich Weber (Hg.): *Deutsche Literatur der Gegenwart in Einzeldarstellungen.* Bd. 2. Stuttgart (Kröners Taschenausgabe 383) 1977. S. 319–336.

Rolf-Peter Carl: *Franz Xaver Kroetz.* München (Autorenbücher 10) 1978.

Rolf-Peter Carl: *Zur Theatertheorie des Stückeschreibers Franz Xaver Kroetz.* In: Text + Kritik. Heft 57. 1978. S. 1–7.

Rolf-Peter Carl: *Franz Xaver Kroetz: »Der stramme Max«.* In: literatur für leser. 1981. Heft 1. S. 53–55.

Rolf-Peter Carl: *Franz Xaver Kroetz – Auf dem Weg zum neuen Klassiker?* In: Literatur in Bayern. 1986. Heft 6. S. 32–39.

Susan L. Cocalis: *»Mitleid« and »Engagement«. Compassion and/or political commitment in the dramatic works of Franz Xaver Kroetz.* In: Colloquia Germanica 14 (1981). S. 203–219.

Karl Deiritz: *Franz Xaver Kroetz. Stückeschreiber und Kommunist.* In: rote blätter. 1976. Heft 7/8. S. 54–57.

Josef Donnenberg: *Beispiele gesellschaftskritischer Literatur. Günter Herburger und Franz Xaver Kroetz.* In: Hans Asperger/Franz Haider (Hg.): *Das Werden sozialer Einstellungen in Familie, Schule und anderen Sozialformen.* Wien (Österreichischer Bundesverlag) 1974. S. 180–210.

Roger Downey: *Kroetz before »The Nest« and after.* In: Theater, Yale. 1984. Heft 3. S. 6–10.

Veronika Dübgen: *Unterspielen als Darstellungsformen in »Oberösterreich«.* In: Dies.: *Theater im Fernsehen.* Berlin (Volker Spiess) 1977. S. 108–111.

René J. Dufour: *La combinatoire tragique de Kroetz.* In: Pratiques Théâtrales. 1982. S. 56–73.

Albert Ettinger: *Franz Xaver Kroetz: Mensch Meier.* In: Lothar Pikulik u.a. (Hg.): *Deutsche Gegenwartsdramatik.* Band 1. Göttingen (Vandenhoeck & Ruprecht) 1987 (= Kleine Vandenhoeck-Reihe 1520). S. 99–140.

* Marieluise Fleißer: *Alle meine Söhne.* In: Theater heute. 1972. Jahressonderheft. S. 87. Wiederabdruck in: Günther Rühle (Hg.): *Materialien zum Leben und Schreiben der Marieluise Fleißer.* Frankfurt/Main (edition suhrkamp 594) 1973. S. 405–410.

Bartholomäus Grill: *»Ois is no mei. Mei is ois no.«* In: Deutsches Allgemeines Sonntagsblatt, 15. 12. 1985. (Zu: *Bauern sterben.*)

Ingrid Haag: *Horváth und Kroetz. Wirklichkeitsmodelle des Alltags.* In: Austriaca. 1979. Heft 9. S. 51–69.

Christian L. Hart Nibbrig: *Das stille Reden des Unter-Sagten: Horváth, Kroetz.* In: Ders.: *Rhetorik des Schweigens.* Frankfurt/Main (suhrkamp taschenbuch 693) 1981. S. 199–214.

Jürgen Hein: *Franz Xaver Kroetz: Oberösterreich. Mensch Meier.* Frankfurt/Main usw. (Diesterweg) 1986.

Ulrich Heising: *Der radikale Realismus von Kroetz.* In: Otto Riewoldt (Hg.): *Franz Xaver Kroetz.* Frankfurt/Main 1985. S. 201–212.

Heinz-B. Heller: *Franz Xaver Kroetz: Das Nest.* In: Wolfram Buddecke/Helmut Fuhrmann (Hg.): *Das deutschsprachige Drama seit 1945.* München (Winkler) 1981. S. 393–400.

Georg Hensel: *Spielplan.* Erweiterte Neuausgabe. Frankfurt/Main, Berlin, Wien (Ullstein Taschenbuch 34061–34063) 1981. S. 804–809, 1464–1469.

Ernest W. B. Hess-Lüttich: *Kommunikation als ästhetisches Problem.* Tübingen (Narr) 1984 (= Kodikas/Code, Supplement 10). S. 137–182.

Ernest W. B. Hess-Lüttich: *Neo-Realismus und sprachliche Wirklichkeit. Zur Kommunikationskritik bei Franz Xaver Kroetz.* In: Otto Riewoldt (Hg.): *Franz Xaver Kroetz.* Frankfurt/Main 1985. S. 297–318.

Elvira Högemann. *Stücke über kleine Leute.* In: Unsere Zeit, 24. 11. 1972.

Donna L. Hoffmeister: *»Zamhaltn muß man dann.« Reassurance Displays in Franz Xaver Kroetz' »Oberösterreich«.* In: The German Quarterly. 1981. Heft 4. S. 447–460.

Donna L. Hoffmeister: *The Theater of Confinement: Language and Survival in the Milieu Plays of Marieluise Fleißer and Franz Xaver Kroetz.* Columbia (Camden) 1983.

* Curt Hohoff: *An der Sprachlosigkeit entlang. Das Theater des Franz Xaver Kroetz.* In: Merkur. 1976. Heft 2. S. 189–191.

Norbert Honsza: *Franz Xaver Kroetz. Sozialkritisch oder kleinkariert?* In: Germanica Wratislaviensia 40 (1980). S. 17–26.

Christopher D. Innes: *Modern German Drama.* Cambridge, London, New York, Melbourne (Cambridge University Press) 1979. S. 222–234.

Gerd Jäger: *Sind das denn bloß Geschichten? Wie werden die Stücke von Franz Xaver Kroetz gespielt?* In: Theater heute. 1973. Heft 4. S. 50–53.

Gerd Jäger: *Wie sieht die Bundesrepublik heute im Drama aus? Über »Sterntaler« von Kroetz, »Bekannte Gesichter, gemischte Gefühle« von Strauß und darüber, was dazwischen liegt.* In: Theater heute. 1974. Jahressonderheft. S. 152–155.

Gerd Jäger: *Ein dressierter Aff ist ein guter Mensch. Die neuen Stücke von Franz Xaver Kroetz: »Das Nest«, »Weitere Aussichten ...« und »Heimat«.* In: Theater heute. 1975. Heft 5. S. 40f.

Gerd Jäger: *Dramen über Durchschnittsmenschen.* In: Theater heute. 1975. Heft 10. S. 6–11. (Zu: *Das Nest, Lieber Fritz.*)

Gerd Jäger: *Agnes Bernauer und die Bibel.* In: Theater heute. 1976. Heft 9. S. 41–45.

Gerd Jäger: *Kroetz spielen in West und Ost*. In: Theater heute. 1976. Heft 11. S. 20–21. (Zu: *Herzliche Grüße aus Grado, Das Nest.*)
Wend Kässens/Michael Töteberg: *Fortschritt im Realismus? Zur Erneuerung des kritischen Volksstücks seit 1966*. In: Reinhold Grimm/Jost Hermand (Hg.): *Basis*. Bd. 6. Frankfurt/Main (suhrkamp taschenbuch 340) 1976. S. 30–47.
Wend Kässens/Michael Töteberg: *Nest und Käfig. Zu der Trilogie von Franz Xaver Kroetz: »Oberösterreich«, »Das Nest« und »Mensch Meier«*. In: *Spectaculum* 30. Frankfurt/Main (Suhrkamp) 1979. S. 287–294.
Wend Kässens: *Wer durchs Laub geht, kommt darin um. Zur Sprachbehandlung und zu einigen Motiven in den Dramen von Franz Xaver Kroetz*. In: Otto Riewoldt (Hg.): *Franz Xaver Kroetz*. Frankfurt/Main 1985. S. 262–283.
Dieter Kafitz: *Die Problematisierung des individualistischen Menschenbildes im deutschsprachigen Drama der Gegenwart*. In: Reinhold Grimm/Jost Hermand (Hg.): *Basis*. Bd. 10. Frankfurt/Main (suhrkamp taschenbuch 589) 1980. S. 93–126.
* Hellmuth Karasek: *Die Sprache der Sprachlosen. Über das Volksstück, insbesondere die Stücke von Kroetz*. In: Theater heute. 1971. Jahressonderheft. S. 78 f.
Hellmuth Karasek: *Kroetz, Franz Xaver oder: Die Sprache funktioniert nicht:* In: Theater heute. 1972. Jahressonderheft. S. 76 f.
Astrid von Kotze: *Monopolisierung von Sprache in »Mensch Meier« von Franz Xaver Kroetz*. In: Acta Germanica. Bd. 13. 1980. S. 165–174.
Gerd Kühr: *Die Vertonung des »Stallerhofs«. Überlegungen zu meiner Oper*. In: Hans Werner Henze (Hg.): *Neues Musik Theater*. München (Hanser) 1988. S. 65–72.
Georg Kurscheid: *»Maria Magdalena« – Hebbels bürgerliches Trauerspiel in der Bearbeitung von F. X. Kroetz*. In: Wirkendes Wort. 1982. Heft 6. S. 405–418.
Hajo Kurzenberger: *Negativ-Dramatik, Positiv-Dramatik*. In: Text + Kritik. Heft 57. 1978. S. 8–19.
Ruth von Liebenstein-Kurtz: *Stundenblätter Hebbel »Maria Magdalene«, Kroetz »Maria Magdalena«*. Stuttgart (Klett) 1985.
Werner Liersch: *Neues Konzept des Tragischen*. In: Neue Deutsche Literatur. 1976. Heft 8, S. 93 f.
Kurt Lüthi: *Sprachnot. Ein Kommentar zu F. X. Kroetz »Stallerhof« im Grenzgebiet zwischen Literatur und Theologie*. In: H. Erharter u. a. (Hg.): *Prophetische Diakonie. Impulse und Modelle für eine zukunftsorientierte Pastoral*. Wien, Freiburg, Basel (Herder) 1977. S. 334–348.
W. Gordon Marigold: *Martin Sperr and Franz Xaver Kroetz. New directions for left-wing playwrights*. In: Perspectives in contemporary literature. 1977. Heft 2, S. 17–22.

Moray McGowan: *Sprache, Gewalt und Gesellschaft. Franz Xaver Kroetz und die sozialrealistischen Dramatiker des englischen Theaters.* In: Text + Kritik. Heft 57. 1978. S. 37–48.

Moray McGowan: *Das Objekt entdeckt seine Subjektivität: ›Innerlichkeit‹ in den neueren Kroetz-Stücken?* In: Keith Bullivant u.a. (Hg.): *Subjektivität – Innerlichkeit – Abkehr vom Politischen?* Bonn (DAAD) o.J. S. 263–286.

Moray McGowan: *Botho Strauß and Franz Xaver Kroetz: Two Contemporary Views of the Subject.* In: Strathclyde Modern Language Studies. 1985. Heft 5. S. 59–75.

Moray Mc Gowan: *Subject, Politics, Theatre – Reflections on Franz Xaver Kroetz.* In: W. G. Sebald (Hg.): *A Radical Stage.* Oxford, New York, Hamburg (Berg) 1988. S. 77–92.

Franz Norbert Mennemeier: *Volkstheater gegen den Strich.* In: Ders.: *Modernes Deutsches Drama.* Bd. 2. München (UTB/W. Fink 425) 1975. S. 291–306.

Egon Menz: *Bruckstücke von Komödien.* In: Der Deutschunterricht. 1984. Heft 3. S. 22–30.

Helmut Motekat: *Das »Neue Volksstück«.* In: Ders.: *Das zeitgenössische Drama.* Stuttgart, Berlin, Köln, Mainz (Kohlhammer) 1977. S. 106–128.

Gerd Müller: *Das Volksstück von Raimund bis Kroetz.* München (Oldenburg) 1979. S. 132–143.

* Harald Mueller: *Die armen stummen Menschen des Franz Xaver Kroetz.* In: Programmheft des Schiller-Theaters, Berlin, zu *Wildwechsel,* Spielzeit 1972/73.

Jacques Mutschler: *Le dit et le non-dit, ou l'au-delà du langage dans »Travail à domicile« de Franz Xaver Kroetz.* In: Cahiers d'études germaniques. 1986. Heft 10. S. 245–272.

Oskar Neumann: *Tun, was man kann. Franz Xaver Kroetz liest bei einer Münchner Friedensinitiative.* In: Deutsche Volkszeitung, 27. 1. 1983.

Roger Niemann: *Adaptation et parodie: »Marie Madeleine«, comédie de Franz Xaver Kroetz; »Les nouvelles souffrances du jeune W.«, roman d'Ulrich Plenzdorf.* In: Travaux et mémoires de l'Université de Limoges. Coll. allemand. No spéc. 1980. S. 107–131.

* Manfred Nössig: *Kroetz und wir.* In: Theater der Zeit. 1975. Heft 1. S. 23 f.

Manfred Nössig: *Friedrich Wolf und Franz Xaver Kroetz. Wiederaufnahme proletarisch-revolutionärer Traditionen.* In: Theater der Zeit. 1975. Heft 10. S. 15–18.

Volker Panzer: *Franz Xaver Kroetz und die Kritiker. Bemerkungen zur Kroetz-Rezeption.* In. Text + Kritik. Heft 57. 1978. S. 49–56.

Evalouise Panzner: *Franz Xaver Kroetz und seine Rezeption. Die Intentionen eines Stückeschreibers und seine Aufnahme durch die Kritik.* Stuttgart (Klett) 1976.

Evalouise Panzner: *Weiterungen im Theater des Franz Xaver Kroetz*. In: Text + Kritik. Heft 57. 1978. S. 20–28.

Jürgen H. Petersen: *Franz Xaver Kroetz. Von der Tragödie der Unfreiheit zum Lehrstück für Werktätige*. In: Gerhard Kluge (Hg.): *Studien zur Dramatik in der Bundesrepublik Deutschland*. Amsterdam (Rodopi) 1983 (= Amsterdamer Beiträge zur Neueren Germanistik. Bd. 16).

Dagmar Ralinofsky: *Theater und Kritik – Theaterkritik? III. Zum Beispiel Kroetz*. In: die horen. 1973. Heft 92. S. 70–74.

F(ranz) R(appmansberger): *Unser Dichterporträt: Franz Xaver Kroetz*. In: Theater-Rundschau. 1973. Heft 7/8. S. 10.

E. A. Rauter: *50 Jahre Kroetz sind genug! Kritik an einem Genossen*. In: das da. 1976. Heft 12. S. 38 f.

* Ursula Reinhold: *Franz Xaver Kroetz – Dramenaufbau und Wirkungsabsicht*. In: Weimarer Beiträge. 1976. Heft 5. S. 47–79.

Ursula Reinhold: *Rolf Hochhuth und Franz Xaver Kroetz im Kontext der Dramatik der BRD in den siebziger Jahren*. In: Dies.: *Tendenzen und Autoren*. Berlin, DDR (Dietz) 1982. S. 379–392.

Otto F. Riewoldt: *Franz Xaver Kroetz: Verspätete Zustimmung*. In: Ders.: *Von Zuckmayer bis Kroetz*. Berlin (Erich Schmidt). 1978. S. 218–226. (Zur Rezeption in der DDR.)

Otto Riewoldt: *Franz Xaver Kroetz – Der lange Weg zum Volksstück*. In: Christian W. Thomsen (Hg.): *Studien zur Ästhetik des Gegenwartstheaters*. Heidelberg (Winter) 1985 (= Reihe Siegen 58). S. 268–291.

Otto Riewoldt (Hg.): *Franz Xaver Kroetz*. Frankfurt/Main (Suhrkamp) 1985 (= suhrkamp taschenbuch materialien 2034).

Henning Rischbieter: *Kommen uns denn diese Komödien bei?* In: Theater heute. 1973. Heft 6. S. 33–36. (Zu: *Maria Magdalena*.)

Hedwig Rohde: *Der Theatererfolg des Undramatischen*. In: Neue Zürcher Zeitung, 20./21. 9. 1975.

Friedhelm Roth: *Volkstümlichkeit und Realismus? Zur Wirkungsgeschichte der Theaterstücke von Marieluise Fleißer und Ödön von Horváth*. In: Diskurs. 1973. Heft 6/7. S. 77–104.

Günther Rühle: *Von der Politik zur Rolle*. In: Ders.: *Theater in unserer Zeit*. Frankfurt/Main (suhrkamp taschenbuch 325) 1976. S. 233–260.

Karol Sauerland: *Kroetz und Brecht*. In: Text und Kritik. Heft 57. 1978. S. 35 f.

Peter Schaarschmidt: *Das moderne Volksstück. Sprache und Figuren*. In: Jürgen Hein (Hg.): *Theater und Gesellschaft*. Düsseldorf (Bertelsmann Universitätsverlag) 1973. S. 201–217.

Georges Schlocker: *Das Theater des Franz Xaver Kroetz oder Die erpreßte Sprachlosigkeit*. In: Revue d'Allemagne. 1979. Heft 1. S. 123–135.

Christof Schmid: *Neue »Geschichten aus dem Wiener Wald« – oder: Was ist ein »neuer Horváth«?* In: Traugott Krischke (Hg.): *Materialien zu*

Ödön von Horváths »Geschichten aus dem Wiener Wald«. Frankfurt/Main (edition suhrkamp 533) 1972. S. 246–254.

Dietmar N. Schmidt: *Münchner Gespräche mit zwei Bühnenautoren und noch einem.* In: Frankfurter Rundschau, 26. 2. 1972.

Joachim Schmitt-Sasse: *Chiffren der Ausweglosigkeit. »Bauern sterben« im Umfeld der Theaterarbeiten von Franz Xaver Kroetz.* In: Deutsche Volkszeitung/die tat, 21. 3. 1986.

Wolfgang Schneider: *Der Musenficker.* In: konkret. 1988. H. 1. S. 46–50.

Ursula Schregel: *Neue deutsche Stücke im Spielplan: am Beispiel von Franz Xaver Kroetz.* Berlin (Volkers Spiess) 1980.

Lia Secci: *Le due aggressioni di Heine e Kroetz.* In: Sipario. Mailand. 1973. Heft 321. S. 34f.

Hans-Dieter Seidel: *Franz Xaver Kroetz.* In: Frankfurter Allgemeine Zeitung. Magazin, 15. 7. 1983. S. 8–12.

Walter Seifert: *Kritisches Volksstück. Franz Xaver Kroetz' »Oberösterreich« und »Das Nest«.* In: Albrecht Weber (Hg.): *Handbuch der Literatur in Bayern.* Regensburg (Pustet) 1987. S. 603–612.

Gunther Sergooris: *Volkstheater en engagement in het werk van Franz Xaver Kroetz.* In: Dina van Berlaer-Hellemans u. a. (Hg.): *Het politieke theater heeft je hart nodig.* Antwerpen (Soethoudt) 1982. S. 79–104.

Michael Skasa: *»Lieber tot als so wie du«. Über Franz Xaver Kroetz und »Mensch Meier«.* In: Theater heute. 1978. Jahressonderheft. S. 102f.

Michael Skasa: *Kroetz – der Tschechow einer anderen Klasse?* In: Theater heute. 1978. Heft 11. S. 23f.

Osamu Takino: *Franz Xaver Kroetz: »Oberösterreich«.* In: Doitsu Bungaku. 1985. S. 38–45. (Japanisch, mit deutscher Zusammenfassung.)

Th(omas) Th(ieringer): *Politisches Engagement mit Mitteln des Theaters: Franz Xaver Kroetz.* In: die horen. 1973. Heft 92. S. 34f.

Gérard Thiérot: *Franz Xaver Kroetz et le nouveau théâtre populaire.* Bern, Frankfurt/Main, New York, Paris (Lang) 1987 (– Contacts Theatrica 4).

* Brigitte Thurm: *Theater der Sprachlosigkeit.* In: Theater der Zeit. 1972. Heft 9, S. V 50f.

Michael Töteberg: *Der Kleinbürger auf der Bühne. Die Entwicklung des Dramatikers Franz Xaver Kroetz und das realistische Volksstück.* In: Akzente 1976. Heft 2, S. 165–173. Engl. Übersetzung in: Performing Arts Journal. 1978. Heft 3. S. 17–25.

Michael Töteberg: *Wohin das Mitleid führt. »Agnes Bernauer« von Franz Xaver Kroetz.* In: Text + Kritik. Heft 57. 1978. S. 29–34.

Michael Töteberg: *Ein konservativer Autor. Familie, Kind, Technikfeindlichkeit, Heimat: traditionsgebundene Werte in den Dramen des Franz Xaver Kroetz.* In: Otto Riewoldt (Hg.): *Franz Xaver Kroetz.* Frankfurt/Main 1985. S. 284–296.

Rolf Vollmann: *Keine Einsicht in nix oder Die Dramaturgie des Dumpfen.* In: Stuttgart Zeitung, 9. 9. 1972.

* Martin Walser: *Bericht über eine Aufführung.* In: *Spectaculum 39.* Frankfurt/Main (Suhrkamp) 1984. S. 246–247. (Zu: *Nicht Fisch nicht Fleisch.*)

Ernst Wendt: *Die Jedermänner der Gesellschaft.* In: Bühne und Parkett. 1973. Heft 3. S. 13 f.

Ernst Wendt: *Bürgerseelen und Randexistenzen. Über die Dramatiker Harold Pinter und Franz Xaver Kroetz.* In: Ders.: *Moderne Dramaturgie.* Frankfurt/Main (suhrkamp taschenbuch 149) 1974, S. 91–117.

Ernst Wendt: *Kroetz, ein Realist.* In: Programmheft der Staatlichen Schauspielbühnen Berlins, 1974. Wiederabdruck in: Ders.: *Wie es euch gefällt geht nicht mehr.* München (Hanser) 1985 (=Edition Akzente). S. 185–189.

Peter Wessels: *Dialog im Drama ohne Dialog.* In: duitse kroniek. 1986. Heft 1/2. S. 40–72.

Hans Winter: *Literarisches Wissen und Formen produktiver literarischer Rezeption – dargestellt am Beispiel des Volksstücks der Gegenwart im Deutschunterricht weiterführender berufsbildender Schulen.* Frankfurt/Main usw. (Lang) 1985. (=Europäische Hochschulschriften I/863). S. 61–86.

Herbert Wiesner: *Franz Xaver Kroetz.* In: Hermann Kunisch/Herbert Wiesner (Hg.): *Lexikon der deutschsprachigen Gegenwartsliteratur.* München (Nymphenburger Verlagshandlung) 1981. S. 304–306.

Bernd Wilms: *Landshut und Kalkutta.* In: Der Spiegel, 3. 6. 1985. (Zu: *Bauern sterben.*)

Willi Winkler: *Beredtes Schweigen der Sprachlosen.* In: Bayerische Staatszeitung, 7. 1. 1983.

Wolf Wondratschek: *Geliebtes Leid.* In: Frankfurter Allgemeine Zeitung, 8. 11. 1986. Wiederabdruck in: Marcel Reich-Ranicki (Hg.): *Frankfurter Anthologie.* Bd. 11. Frankfurt/Main (Insel) 1988. S. 268–270. (Zu dem Gedicht *Tröste mich* aus *Nicaragua Tagebuch.*)

Jochen Ziller: *Standortbestimmung eines Autors.* In: Theater der Zeit. 1975, Heft 1, S. 53–56.

3.2. Aufführungskritiken

3.2.1. Julius Caesar

* Effi Horn: *Das Shakespeare-Puzzlespiel.* In: Münchner Merkur, 20. 3. 1968.

* Kai: *Haut den Shakespeare.* In: Abendzeitung (München) 19. 3. 1968.

3.2.2. Oblomow (Erste Fassung)

Hedda Herwig: *Oblomowerei.* In: Abendzeitung (München), 22. 6. 1968.

* Effi Horn: *Oblomow liegt als Tonband im Bett.* In: Münchner Merkur, 22./23. 6. 1968.

* JvM (= Joachim von Mengershausen): *Oblomowerei.* In: Süddeutsche Zeitung (München), 22./23. 6. 1968.

3.2.3. Hilfe, ich werde geheiratet!

Michael Skasa: *Der Kroetz der frühen Jahre.* In: Süddeutsche Zeitung, 7. 5. 1972.

3.2.4. Wildwechsel

Ursula Krechel: *Der Vatermord als Arbeitstherapie.* In: Kölner Stadtanzeiger, 5. 6. 1971.

Eo Plunien. *Fast eine richtige Tragödie.* In: Die Welt, 5. 6. 1971.

Heinrich Vormweg: *Nackter Alltag mit Vatermord.* In: Süddeutsche Zeitung. 8. 6. 1971.

Hellmuth Karasek: *Melodram des Normalen.* In: Die Zeit, 11. 6. 1971.

Urs von Bernau: *Sprachlose Gewalt.* In: Rheinischer Merkur, 11. 6. 1971.

Ursula Krechel: *Erst dreizehn Jahre.* In: Stuttgarter Zeitung. 11. 6. 1971.

Dietmar N. Schmidt: *Statt Abtreibung: Mord.* In: Stuttgarter Nachrichten, 12. 6. 1971.

WRK: *Verlust der Mitte.* In: Frankfurter Rundschau, 16. 6. 1971.

Gerd Vielhaber: *Aus ist es auch mit der Liebe.* In: Frankfurter Allgemeine Zeitung, 25. 6. 1971.

Manfred Leier: *Die Unfähigkeit, sich mitteilen zu können.* In: Die Welt, 25. 9. 1971.

Joachim Kaiser: *Kroetz – an Fakten gescheitert.* In: Süddeutsche Zeitung, 7. 9. 1972.

* Friedrich Luft: *Etüde in schwarzem Bauerntheater.* In: Die Welt, 1. 12. 1972. Wiederabdruck in: Ders., *Stimme der Kritik.* Stuttgart (DVA) 1979. S. 186–188.

Roland H. Wiegenstein: *Kroetz zum Ersten.* In: Frankfurter Rundschau, 4. 12. 1972.

Benjamin Henrichs: *Statt Klärung Verklärung.* In: Suddeutsche Zeitung, 11. 1. 1973. (Zum Fassbinder-Film.)

Josef Rölz: *Theater zerredet und zerfilmt.* In: epd/Kirche und Fernsehen, 13. 1. 1973. (Zum Fassbinder-Film.)

Klaus Commer: *Hautnah und warm.* In: Funk-Korrespondenz, 17. 1. 1973. (Zum Fassbinder-Film.)

W. J. Heyn: *Kitsch als aufklärender Hinweis?* In: Die Deutsche Bühne. 1973. Heft 2, S. 30. (Zum Fassbinder-Film.)

Hans Günther Pflaum: *Verachtung für Konflikte.* In: Süddeutsche Zeitung, 12. 3. 1973. (Zum Fassbinder-Film.)
Benjamin Henrichs: *Ein milder »Wildwechsel«.* In: Süddeutsche Zeitung, 2. 7. 1973.
Helmut Schmitz: *Das Wild, das sich selbst hetzt.* In: Frankfurter Rundschau. 1. 9. 1973. (Zum Fassbinder-Film.)

3.2.5. Heimarbeit/Hartnäckig

* Benjamin Henrichs: *Abend der Sprachlosen.* In: Süddeutsche Zeitung, 5. 4. 1971.
Armin Eichholz: *Schweigen im Haus erspart viel Theater.* In: Münchner Merkur, 5. 4. 1971.
Gert Gliewe: *Primitive Porno-Protestler.* In: tz, München, 5. 4. 1971.
* Klaus Colberg: Aus dem Milieu der Unterprivilegierten. In: Heidelberger Tagblatt, 6. 4. 1971.
Annemarie Czaschke: *Stinkbomben an die falsche Adresse.* In: Frankfurter Rundschau, 6. 4. 1971.
* Wolfgang Ignée: *Wer keine Sprache hat, hat nichts.* In: Stuttgarter Zeitung, 6. 4. 1971.
Dietmar N. Schmidt: *Requiem für die Schwachen.* In: Die Welt, 7. 4. 1971.
* Wolfgang Drews: *Skandal um eine Talentprobe.* In: Der Tagesspiegel, Berlin, 7. 4. 1971.
Hellmut Karasek: *Wie man Volkswut in Szene setzt.* In: Die Zeit, 9. 4. 1971.
Ernst Wendt: *Dramen über Zerstörung, Leiden, Sprachlosigkeiten im Alltag – auf der Flucht vor den großen politischen Stoffen?* In: Theater heute. 1971. Heft 5. S. 32–37.
Karl Robert Danler: *»Hartnäckig« und »Heimarbeit«.* In: Die Deutsche Bühne. 1971. Heft 5. S. 18 f.
Dietmar N. Schmidt: *Kroetzens Gänge in die Tiefe.* In: Frankfurter Rundschau, 2. 6. 1971.
Friedrich J. Bröder. *»Heimarbeit«.* In: Deutsche Volkszeitung, 9. 3. 1972.
F. Thorn: *London entdeckt die Deutschen.* In: Süddeutsche Zeitung, 4./5./6. 1. 1975.
Vo.: *Kontakt mit Kroetz in Paris:* In: Süddeutsche Zeitung, 17. 5. 1976.
Jean-Louis Besson: *En marge de l'histoire.* In: travail théâtral. 1976. Heft 24/25. S. 191–193. (Zu: *Heimarbeit.*)

3.2.6. Michis Blut

Benjamin Henrichs: *Passion für die Elenden.* In: Süddeutsche Zeitung, 17. 5. 1971.
Dietmar N. Schmidt. *Kroetzens Gänge in die Tiefe.* In: Frankfurter Rundschau, 2. 6. 1971.

haj.: »*Michis Blut*«. In: Neue Zürcher Zeitung, 2. 3. 1972.

Hellmut Kotschenreuther: *Ein Paragraph und seine Opfer.* In: Der Tagesspiegel, Berlin, 3. 7. 1977.

3.2.7. Männersache

Gerhard Rohde: *Man kommt und dann geht man wieder.* In: Frankfurter Allgemeine Zeitung, 17. 1. 1972.

Helmut Schmitz: *Theatersache.* In: Frankfurter Rundschau, 17. 1. 1972.

Gerog Hensel: *Fortgesetzter Lebenswandel.* In: Süddeutsche Zeitung, 18. 1. 1972.

* Rudolf Krämer-Badoni: *Wo Männlichkeit zum Popanz wird.* In: Die Welt, 18. 1. 1972.

Peter Iden: *Der Fleck auf der Kuttlerin ihrer Ehr'.* In: Badische Zeitung, Freiburg, 20. 1. 1972. (Wiederabdruck in: Evalouise Panzner: *Franz Xaver Kroetz,* S. 90 f.)

Heinz Beckmann: *Es begann mit dem Schluß.* In: Rheinischer Merkur, 21. 1. 1972.

Gerhard R. Koch: *Spiel mir das Lied vom Tod.* In: Stuttgarter Zeitung, 2. 2. 1972.

Georg Hensel: *Hundejahre.* In: Theater heute. 1972. Heft 2. S. 14 f.

Michael Skasa: *Zuschauerqual.* In: Süddeutsche Zeitung, 4. 12. 1972.

g. r. (= Günther Rühle): *Eine schlimme Liebesgeschichte.* In: Frankfurter Allgemeine Zeitung, 16. 12. 1972.

Helmut Schmitz: *Saure Kutteln.* In: Frankfurter Rundschau, 16. 12. 1972.

Hellmut Kotschenreuther: *Das Maul des Volkes, authentisch.* In: Der Tagesspiegel, Berlin, 22. 8. 1973.

3.2.8. Stallerhof

Reinhard Baumgart: *Dürfen Opfer schön sein?* In: Süddeutsche Zeitung, 26. 6. 1972. Wiederabdruck In: *Spectaculum.* Bd. 21. S. 288–290.

Caroline Grosse: *Wo die Sprache nicht hinkommt:* In: Frankfurter Rundschau, 26. 6. 1972.

Rolf Michaelis: *Tragödienstadel:* In: Frankfurter Allgemeine Zeitung, 26. 6. 1972. Wiederabdruck In: Theater heute. 1972. Heft 8. S. 10 ff.

Anonym: *Ländliche Tragödie.* In: Der Spiegel, 26. 6. 1972.

* Günter Zehm: *Wie der Sepp es der Beppi besorgt.* In: Die Welt, 26. 6. 1972.

Dietmar N. Schmidt: *Ein Lächeln über Preiselbeeren.* In: Stuttgarter Nachrichten, 27. 6. 1972.

Hellmuth Karasek: *Liebe ganz anders.* In: Die Zeit, 30. 6. 1972.

Kurt Lothar Tank: *Lust und Leid der Kreatur.* In: Deutsches Allgemeines Sonntagsblatt, 2. 7. 1972.

Jost Nolte: *Beppi, ein ganz neuer Typ?* In: Die Zeit, zeitmagazin, 13. 10. 1972.

ebs.: *Stallerhof oder die Revolte des Realismus.* In: Die Tat, Zürich, 16. 12. 1972.
Dieter Bachmann: *Der prügelnd verprügelte Autor.* In: Weltwoche, 20. 12. 1972.
Heinz Beckmann: *Nacktes Leben auf der Bühne.* In: Rheinischer Merkur, 23. 12. 1972.
Georg Hensel: *Das Glück der Unglücklichen.* In: Darmstädter Echo, 22. 5. 1973. Wiederabdruck in: Ders.: *Das Theater der siebziger Jahre.* Stuttgart (DVA) 1980, S. 177f.
Günther Grack: *Der Alte und die Blöde.* In: Der Tagesspiegel, Berlin, 22. 5. 1973. (Wiederabdruck in: Evalouise Panzner: *Franz Xaver Kroetz,* S. 94f.).
Reinhard Baumgart: *Hochgetrimmt, totgetrimmt.* In: Süddeutsche Zeitung, 7. 6. 1973.
Hans Schwab-Felisch: *Im Doppelgriff »Kameliendame« und »Stallerhof«.* In: Frankfurter Allgemeine Zeitung, 9. 3. 1974.
I. V. (= Irma Voser): *»Stallerhof«.* In: Neue Zürcher Zeitung, 23. 3. 1974.
Joachim Kaiser: *Stallerhof – ein animalischer Grenzfall.* In: Süddeutsche Zeitung, 8./9. 6. 1974.
Irving Wardle: *Stallerhof. German play that speaks for the inarticulate.* In: Times, 9. 8. 1974.
J. Sch.: *Hundertmal »Stallerhof«.* In: Stuttgarter Zeitung, 12. 9. 1974.
Giovanni Lombardo Radice: *La corte delle stalle.* In: Sipario, Mailand. 1974. Heft 343. S. 32.
Michael Skasa: *The English Stallerhof.* In: Süddeutsche Zeitung, 7./8. 12. 1974.
Dietmar N. Schmidt: *Kroetz aus London.* In: Die Deutsche Bühne. 1975. Heft 1. S. 14.
M. Coveney: *»Stallerhof«.* In: Financial Times, 5. 2. 1975.
F. Marcus: *Solo Flights.* In: Sunday Telegraph, London, 9. 2. 1976.
Thomas Thieringer: *Spartanischer Realismus.* In: Süddeutsche Zeitung, 23. 7. 1985.
Gerhard Rohde: *Kroetz' stumme Menschen singen.* In: Frankfurter Allgemeine Zeitung, 6. 6. 1988. (Zur Oper.)
Barbara Zuber: *Kein neuer Opernrealismus.* In: Süddeutsche Zeitung, 6. 6. 1988. (Zur Oper.)
Helmut Lesch: *Sprachlose Einsamkeit.* In: Abendzeitung, München, 6. 6. 1988. (Zur Oper.)
Gabriele Luster: *Von der Unschuld auf dem Hackbrett.* In: Die Welt, 7. 6. 1988. (Zur Oper.)
Peter Cossé: *Musik als Anstoß im Anstößigen.* In: Frankfurter Rundschau, 16. 6. 1988. (Zur Oper.)
Manfred Blumauer: *Wenig Chancen für das feinere Sensorium.* In: Opernwelt. 1988. S. 23–24. (Zur Oper.)

3.2.9. Geisterbahn

Dietmar N. Schmidt: *Vom Stallerhof ins Gefängnis*. In: Frankfurter Rundschau, 13. 11. 1975.

Hilde Spiel: *Was mit Beppi weiter geschah*. In: Frankfurter Allgemeine Zeitung, 18. 11. 1975.

dns (= Dietmar N. Schmidt): *»Stallerhofs« Fortsetzung*. In: Die Deutsche Bühne. 1975. Heft 12. S. 17f.

Paul Kruntorad: *Späte Uraufführung: »Die Geisterbahn« von Kroetz in Wien*. In: Theater heute. 1975. Heft 12. S. 59.

Thomas Thieringer: *Spartanischer Realismus*. In: Süddeutsche Zeitung, 23. 7. 1985.

3.2.10. Lieber Fritz

Georg Hensel: *Wo die Liebe aufhört*. In: Frankfurter Allgemeine Zeitung, 8. 9. 1975.

Helmut Schmitz: *Kroetzens revolutionäre Theatertat*. In: Frankfurter Rundschau, 8. 9. 1975.

Jens Wendland: *Hat Franz Xaver selbst gemacht*. In: Süddeutsche Zeitung, 8. 9. 1975.

Uwe Schultz: *Die Grausamkeit des Anstands*. In: Stuttgarter Zeitung, 9. 9. 1975.

Agnes Hüfner: *Das Bedürfnis nach Zukunft*. In: Deutsche Volkszeitung, 11. 9. 1975.

Gerd Jäger: *Dramen über Durchschnittsmenschen*. In: Theater heute. 1975. Heft 10. S. 6–11.

Dietmar N. Schmidt: *Franz Xaver Kroetz: »Lieber Fritz«*. In: Die Deutsche Bühne. 1975. Heft 10. S. 24.

3.2.11. Wunschkonzert

Benjamin Henrichs: *In Ordentlichkeit sterben*. In: Süddeutsche Zeitung, 9. 3. 1973.

Helmut Schmitz: *Eine Frau, ein Leben, ein Autor – ein Stück?* In: Frankfurter Rundschau, 9. 3. 1973.

Wolfgang Ignée: *Einsames Herz*. In: Stuttgarter Zeitung, 9. 3. 1973.

Georg Hensel: *Und sagte kein einziges Wort*. In: Darmstädter Echo, 9. 3. 1973. Wiederabdruck in: Ders.: *Das Theater der siebziger Jahre*. Stuttgart (DVA) 1980, S. 114–117.

Clara Menck: *Naturalismus bis zum bitteren Ende*. In: Frankfurter Allgemeine Zeitung, 13. 3. 1973.

Rudolf Krämer-Badoni: *Vor Dilettanten wird gewarnt*. In: Die Welt, 15. 3. 1973.

Thomas Thieringer: *Der Selbstmord des Fräulein Rasch*. In: Vorwärts, 22. 3. 1973.

Gerd Jäger: *Selbstmord?* In: Theater heute. 1973. Heft 4. S. 56.

Rolf Vollmann: *Kein Beifall für Selbstmord*. In: Stuttgarter Zeitung, 1. 12. 1973.
Michael Skasa: *Lautloses Mißglück*. In: Süddeutsche Zeitung, 1. 6. 1974.
Hans-Rainer John: *Kleine Träume – nicht erfüllte Erwartungen*. In: Theater der Zeit. 1977. Heft 8. S. 13 f.
Olaf Leitner: *Aus heiterem Himmel*. In: tip, 14. 11. 1985.
Wolfgang Höbel: *Emanzipation einer Vereinsamten*. In: Süddeutsche Zeitung, 11. 3. 1987.
Helmut Schödel: *Kroetz und Anti-Kroetz*. In: Die Zeit, 20. 3. 1987.
Heike Kühn: *Die Maßlosigkeit der Leere*. In: Frankfurter Rundschau, 23. 3. 1987.

3.2.12. Herzliche Grüße aus Grado (Inklusive)

Thomas Thieringer: *Vom alltäglichen Urlaub*. In: epd/Kirche und Rundfunk, 1. 3. 1972. (Zum Hörspiel *Inklusive*.)
Peter Bellon: *14 Tage sind 14 Tage*. In: Funk-Korrespondenz, 3. 3. 1972. (Zum Hörspiel *Inklusive*.)
F. W. H. (= Friedrich Wilhelm Hymmen): *Zwei Ehedialoge als Kontrast*. In: epd/Kirche und Fernsehen, 16. 6. 1973. (Zum Fernsehspiel.)
Rupert Neudeck: *Wenig Zusammenhang*. In: Funk-Korrespondenz, 20. 6. 1973. (Zum Fernsehspiel.)
Georg Hensel: *Die Kroetz-Menschen: »Schön is es in Grado«*. In: Frankfurter Allgemeine Zeitung, 21. 9. 1976.
Ulrich Schreiber: *Kroetz: »Herzliche Grüße aus Grado«*. In: Die Deutsche Bühne. 1976. Heft 10. S. 16.
Gerd Jäger: *Kroetz spielen in West und Ost*. In: Theater heute. 1976. Heft 11. S. 20 f.

3.2.13. Dolomitenstadt Lienz

Ulrich Schreiber: *Das Leben – ein Traum*. In: Frankfurter Rundschau, 3. 10. 1972.
Hans Schwab-Felisch: *Und man selber ist ganz woanders*. In: Frankfurter Allgemeine Zeitung, 3. 10. 1972.
Eo Plunien: *Possen mit und ohne Gesang*. In: Die Welt, 4. 10. 1972.
Volker Canaris: *Ein Volkstheater?* In: Theater heute. 1972. Heft 11. S. 30–35.
dns (= Dietmar N. Schmidt): *Dolomitenstadt Lienz von Franz Xaver Kroetz*. In: Die Deutsche Bühne. 1972. Heft 11. S. 20 f.
Thomas Thieringer: *Possen aus dem Knast*. In: Süddeutsche Zeitung, 21. 7. 1976.
Helmut Schödel: *Haftbedingungen für Theaterbesucher: Kroetz' »Dolomitenstadt Lienz« und eine Collage gegen Berufsverbote in München*. In: Theater heute. 1976. Heft 10. S. 61.

Otto Bantel: *Hinter dem Normalen.* In: Stuttgarter Zeitung, 30. 11. 1976.
Christoph Müller: *Unangestrengt leise: Kroetz' »Dolomitenstadt Lienz« in Reutlingen.* In: Theater heute, 1977. Heft 1. S. 59.

3.2.14. Globales Interesse

Thomas Thieringer: *Alles für Olympia.* In: epd/Kirche und Rundfunk, 23. 8. 1972. (Zum Hörspiel.)
Joachim Kaiser: *Der Schuß ging nach hinten los.* In: Süddeutsche Zeitung, 28. 8. 1972.
Armin Eichholz: *Polterabend für Beschränkte.* In: Münchner Merkur, 28. 8. 1972.
Christian Ferber: *Lausig, langweilig, leblos.* In: Die Welt, 28. 8. 1972.
Dietmar N. Schmidt: *Olympia-Satire – Fehlanzeige.* In: Frankfurter Rundschau, 29. 8. 1972.
Wolfgang Drews: *Kaugummi à la Kroetz.* In: Frankfurter Allgemeine Zeitung, 29. 8. 1972.
aha.: *Globales Interesse.* In: Deutsche Volkszeitung, 7. 9. 1972.

3.2.15. Der Mensch Adam Deigl und die Obrigkeit

K. H. Kramberg: *Bayerischer Woyzek.* In: Süddeutsche Zeitung, 26. 9. 1974.
Clara Menck. *In Bayern lebt man schlicht.* In: Frankfurter Allgemeine Zeitung, 26. 9. 1974.
HS (= Helmut Schmitz): *Der Mensch Adam Deigl und die Obrigkeit.* In: Frankfurter Rundschau, 26. 9. 1974.
Horst Ziermann: *Unwahrscheinliches Rührstück.* In: Die Welt, 26. 9. 1974.
Hannes Sternthal: *Absurdes Theater – realistisch gezeigt.* In: Deutsche Volkszeitung, 3. 10. 1974.

3.2.16. Oberösterreich

Georg Hensel: *Zart und traurig:* In: Süddeutsche Zeitung, 13. 10. 1972.
Hans-Dieter Seidel: *Wohin keine Abtreibung treibt.* In: Stuttgarter Zeitung, 13. 10. 1972.
Gerhard Rohde: *Ein Kroetz – fürs Fernsehen.* In: Frankfurter Allgemeine Zeitung, 16. 10. 1972.
Dietmar N. Schmidt: *Die Ausnahmen und der Durchschnitt.* In: Frankfurter Rundschau, 17. 10. 1972. Wiederabdruck in: Die Deutsche Bühne. 1972. Heft 11. S. 20f.
Thomas Thieringer: *Vom Fluch des teuren Glücks.* In: Vorwärts, 19. 10. 1972.
Helmut Walbert: *Herstellung eines Kindes im Umgebungsunfreundlichen.* In: Theater heute. 1972. Heft 11. S. 22f. Wiederabdruck unter dem Titel *Abgetrieben, nicht ganz* in: *Spectaculum.* Bd. 18. S. 345–347.

Horst Ziermann: *Zuviel Zucker im Tee.* In: Die Welt, 28. 5. 1973.
Hellmuth Karasek: *Kleiner Mann, was nun?* In: Die Zeit, 1. 6. 1973.
Mechthild Lange: *Ein normales Leben.* In: Frankfurter Rundschau, 2. 6. 1973.
Heinz Klunker: *Der Mord fällt aus.* In: Deutsches Allgemeines Sonntagsblatt, 3. 6. 1973.
Klaus Wagner: *Mechanismen der Komödie.* In: Frankfurter Allgemeine Zeitung, 9. 6. 1973.
Hellmuth Karasek: *Theaterstadt Hamburg: Strohhalm-Dramaturgie?* In: Theater heute. 1973. Heft 7. S. 16–21.
E. J. (= Ernst Johann): *Ohne Diskussion.* In: Frankfurter Allgemeine Zeitung, 10. 8. 1973. (Zur Fernsehaufzeichnung.)
Sibylle Wirsing: *Kroetz-Art.* In: Der Tagesspiegel, Berlin, 10. 8. 1973. (Zur Fernsehaufzeichnung.)
Wilfried Geldner: *Späte Ursendung.* In: epd/Kirche und Rundfunk, 10. 10. 1973. (Zum Hörspiel.)
Hella Ehlers: *Von zerstörter Menschlichkeit.* In: Ostsee-Zeitung, Rostock, 31. 10. 1973. (Zur DDR-Erstaufführung.)
Rainer Kerndl: *Eine verdrehte, manipulierte Welt.* In: Neues Deutschland, 22. 11. 1973. (Zur DDR-Erstaufführung.)
Norbert Bauer: *Kroetzens Bundesrepublik in der DDR: irreal.* In: Frankfurter Rundschau, 31. 12. 1973. (Zur DDR-Erstaufführung.)
Manfred Nössig: *Kroetz und wir.* In: Theater der Zeit. 1974. Heft 1. S. 23 f. (Zur DDR-Erstaufführung.)
Günther Cwojdrak: *»Oberösterreich« in Berlin.* In: Weltbühne, 5. 11. 1974. S. 1437 f.
Rainer Kerndl: *Hilflosigkeit, die Zorn wecken will.* In: Neues Deutschland, 9. 11. 1974.
S. W. (= Sibylle Wirsing): *Ortswechsel, »Oberösterreich« in Ostberlin.* In: Frankfurter Allgemeine Zeitung, 13. 11. 1974.
Giovanni Lombardo Radice: *Alta Austria.* In: Sipario, Mailand. 1974. Heft 343. S. 32.
Manfred Nössig: *Oberösterreich.* In: Theater der Zeit. 1975. Heft 1. S. 54–56.
Roland H. Wiegenstein: *Kollektive Katastrophen.* In: Frankfurter Rundschau, 19. 3. 1975. Wiederabdruck in: ders., *Über Theater.* Zürich (Ammann) 1987. S. 112–114.
Rolf Michaelis: *Machtkämpfe im Ehering.* In: Die Zeit, 21. 3. 1975.
Sibylle Wirsing: *Irland gegen Bayern.* In: Frankfurter Allgemeine Zeitung, 22. 3. 1975.
Massimo Scaglione: *Renzo e Anna.* In: Sipario, Mailand, 1975. Heft 348. S. 28.
Karena Niehoff: *Optimistische Tragödien mit Birkenwald.* In: Süddeutsche Zeitung, 2. 4. 1975.

Irving Wardle: *Morecambe*. In: Times, 12. 12. 1975.
Thomas Thieringer: *Redegewandte »Sprachlosigkeit«*. In: Süddeutsche Zeitung, 13./14. 12. 1975.

3.2.17. Bilanz
Thomas Thieringer: *Es bleibt das Versäumte*. In: epd/Kirche und Rundfunk, 6. 12. 1972. (Zum Hörspiel.)
Thomas Thieringer: *Diese Menschen brauchen Liebe*. In: Süddeutsche Zeitung, 4. 6. 1980.

3.2.18. Gute Besserung
Thomas Thieringer: *Welt kleiner Leute*. In: epd/Kirche und Rundfunk, 15. 11. 1972. (Zum Hörspiel.)

3.2.19. Maria Magdalena
Benjamin Henrichs: *Kroetz verliert die Sprache*. In: Süddeutsche Zeitung, 8. 5. 1973.
Hans-Deiter Seidel: *Als wäre es ihm geraten*. In: Stuttgarter Zeitung, 8. 5. 1973.
Gert Kalow: *Play Hebbel*. In: Frankfurter Allgemeine Zeitung, 9. 5. 1973.
Dietmar N. Schmidt: *Wenn ein Mitleidsdramatiker eine Komödie schreibt*. In: Frankfurter Rundschau, 10. 5. 1973.
Rolf Vollmann: *Unschuld verloren*. In: die Zeit, 11. 5. 1973.
Thomas Thieringer: *Bankrott im Schubladen*. In: Vorwärts, 17. 5. 1973.
* Michael Buselmeier: *Vordergründig aktualisiert*. In: Deutsche Volkszeitung, 24. 5. 1973.
* Georg Hensel: *Der unterwanderte Hebbel*. In: Theater heute. 1973. Heft 6. S. 34f.
Friedrich Luft: *Aufgeblasene Bestien des Ungeschmacks*. In: Die Welt, 28. 2. 1974. Wiederabdruck in: ders.: *Stimme der Kritik*. Stuttgart (DVA) 1979. S. 228–229.
Sibylle Wirsing: *Eine Materialschlacht gegen Kroetz*. In: Frankfurter Allgemeine Zeitung, 2. 3. 1974.
Jürgen Beckelmann: *Gelächter über eine Tragödie*. In: Frankfurter Rundschau, 10. 3. 1974.
Karena Niehoff: *Kleinbürger als Lemuren*. In: Süddeutsche Zeitung, 12. 3. 1974.
Gerd Jäger: *»So will ich mich net betten«*. In: Theater heute. 1974. Heft 4. S. 32–37.
T. T. (= Thomas Thieringer): *Volkstheater*. In: Frankfurter Rundschau, 16. 5. 1974. (Zum Fernsehpsiel.)
K. H. Kramberg: *Gewagtes Stück*. In: Süddeutsche Zeitung, 16. 5. 1974. (Zum Fernsehspiel.)

* g. r. (= Günther Rühle): *Kroetz gegen Hebbel.* In: Frankfurter Allgemeine Zeitung, 17. 5. 1974. (Zum Fernsehspiel.)
Peter F. Gallasch: *Bruchlandung mit Hebbel-Travestie.* In: Funk-Korrespondenz, 22. 5. 1974. (Zum Fernsehspiel.)
Monika Sperr: *Auch ein Emanzipationsversuch.* In: Deutsche Volkszeitung, 23. 5. 1974. (Zum Fernsehspiel.)
Wolfgang Ruf: *Ein Autor gestattet sich eine Entwicklung.* In: epd/Kirche und Fernsehen, 1. 6. 1974. (Zum Fernsehspiel.)
Thomas Thieringer: *Auf Hebbel zu.* In: Süddeutsche Zeitung, 11. 6. 1975.
Ernst Schumacher: *»Mir sind in Augsburg. Genau.«* In: Berliner Zeitung, DDR, 20./21. 2. 1976. Wiederabdruck in: Ders.: *Berliner Kritiken.* Bd. 3. Berlin, DDR (Henschelverlag) 1982. S. 96–99.
Marianne Eichholz: *Kroetz in Ostberlin.* In: Süddeutsche Zeitung, 26. 2. 1976.
Günther Cwojdrak: *Lustige »Magdalena«.* In: Die Weltbühne, 2. 3. 1976. Wiederabdruck in: Ders.: *Bei Licht besehen.* Berlin, DDR (Henschelverlag) 1982. S. 122–124.
Rainer Kerndl: *»Maria Magdalena« nach Hebbel nun als Komödie.* In: Neues Deutschland, 5. 3. 1976.
Brigitte Struzyk: *Zweimal »Maria Magdalena«.* In: Theater der Zeit. 1976. Heft 4. S. 38–40.

3.2.20. Die Wahl fürs Leben

Adalbert Klempt: *Nachhilfeunterricht, zu leicht gemacht.* In: epd/Kirche und Rundfunk, 12. 9. 1973. (Zum Hörspiel.)
Thomas Thieringer: *Über die Schwierigkeit, Einsichten zu gewinnen.* In: Süddeutsche Zeitung, 8. 10. 1980.

3.2.21. Münchner Kindl

Michael Skasa: *Gesegnet sei der Krautkrämer.* In: Süddeutsche Zeitung, 23. 7. 1973.
Thomas Thieringer: *Was und woher der Besitz.* In: Frankfurter Rundschau, 23. 7. 1973.
Monika Sperr: *So wenig Rente bei so viel Arbeit.* In: Deutsche Volkszeitung, 2. 8. 1973.

3.2.22. Muttertag

Josef Rölz: *Mama-Klischee mal sieben mit Inge Meysel:* In: epd/Kirche und Rundfunk, 18. 1. 1974.

3.2.23. Verfassungsfeinde

Hans-Rainer John: *Kleine Träume – nicht erfüllte Erwartungen.* In: Theater der Zeit. 1977. Heft 8. S. 13 f.

3.2.24. *Sterntaler*
Horst Ziermann: *Scherenschnitte in schiefem Winkel.* In: Die Welt, 15. 1. 1977.
Thomas Thieringer: *Das falsche Glück.* In: Süddeutsche Zeitung, 17. 1. 1977.
Jürgen Schmidt: *Von Träumen zehren.* In: Stuttgarter Zeitung, 19. 1. 1977.
Peter Iden: *Unter Wölfen.* In: Frankfurter Rundschau, 20. 1. 1977.
Sigurd Baecker: *So macht man Menschen zu Beutestücken.* In: Vorwärts, 20. 1. 1977.
Gerhard Rohde: *Drüben wär' das nicht passiert?* In: Frankfurter Allgemeine Zeitung, 22. 1. 1977.
Dietmar N. Schmidt: *Deutsche Pointen.* In: Deutsches Allgemeines Sonntagsblatt, 23. 1. 1977.
Gerhard Battmer: *Vorstellungen vom Glück.* In: Deutsche Volkszeitung, 10. 2. 1977.
Henning Rischbieter: *»Drüben wär das nicht passiert«: Kroetz »Sterntaler« in Braunschweig.* In: Theater heute. 1977. Heft 3. S. 54.

3.2.25. *Weitere Aussichten…*
Eva-Suzanne Bayer: *Geburtstagsgeschenk für Giehse.* In: Stuttgarter Zeitung, 21. 3. 1974. (Zum Fernsehspiel.)
*g. r. (= Günther Rühle). *»Weitere Aussichten« eines Abschieds.* In: Frankfurter Allgemeine Zeitung, 20. 2. 1975. (Zum Fernsehspiel.)
HS (= Helmut Schmitz): *Weitere Aussichten…* In: Frankfurter Rundschau, 20. 2. 1975. (Zum Fernsehspiel.)
Hannes Sternthal: *Zum alten Eisen geworfen:* In: Deutsche Volkszeitung, 27. 2. 1975. (Zum Fernsehspiel.)
Stefan Miersdorf: *Die aufrührerische Proletarierwitwe.* In: Neues Deutschland, 21. 6. 1975. (Zur Uraufführung.)
Ursula Sydow: *»Weitere Aussichten…«* In: Theater der Zeit. 1975. Heft 10. S. 14.
Ernst Schumacher: *»Weitere Aussichten…«.* In: Berliner Zeitung, DDR, 9. 3. 1976. Wiederabdruck in: Ders.: *Berliner Kritiken.* Bd. 3. Berlin, DDR (Henschelverlag) 1982, S. 99 f.
Rainer Kerndl: *Dargestellt mit dem Ausdruck stiller Kraft.* In: Neues Deutschland, 10. 3. 1976.
Marianne Eichholz: *Erfolgreicher Einsatz eines Dialekts.* In: Süddeutsche Zeitung, 26. 4. 1976.
Jens Wendland: *Klein, aber fein.* In: Süddeutsche Zeitung, 18. 10. 1976.
Dietmar N. Schmidt: *Von Illusion zu Illusion.* In: Die Deutsche Bühne. 1976. Heft 11. S. 21.
Eva-Elisabeth Fischer: *Ein zwiespältiges Vergnügen.* In: Süddeutsche Zeitung, 7. 11. 1981.

3.2.26. *Das Nest*

Thomas Petz: *Im Dunkel dämmert's nun.* In: Süddeutsche Zeitung, 27. 8. 1975.

Dietmar N. Schmidt: *Bilder der Ermutigung.* In: Frankfurter Rundschau, 28. 8. 1975.

Thomas Thieringer: *Die Bedingungen des kleinen Glücks.* In: Vorwärts, 4. 9. 1975.

* Benjamin Henrichs: *Bayerischer Kommunismus, nestwarm.* In: Die Zeit, 5. 9. 1975. Wiederabdruck in: Ders.: *Beruf: Kritiker.* München (Hanser) 1978. S. 116–120.

Klaus Eder: *Der Aufbruch ins Denken.* In: Deutsche Volkszeitung, 11. 9. 1975.

Rainer Kerndl: *Ein erster Schritt zu bewußtem Handeln.* In: Neues Deutschland, 16. 9. 1975. (Zur DDR-Erstaufführung.)

Gerd Jäger: *Dramen über Durchschnittsmenschen.* In: Theater heute. 1975. Heft 10. S. 6–11.

Manfred Pauli: *»Das Nest« von Franz Xaver Kroetz.* In: Theater der Zeit. 1975. Heft 11. S. 43 f. (Zur DDR-Erstaufführung.)

Mz.: *Läuterung nach Kroetz.* In: Neue Zürcher Zeitung, 15. 12. 1975.

Horst Ziermann: *Michael Hoffmann denaturiert »Das Nest« zur Sozialschnulze.* In: Die Welt, 3. 3. 1976.

KLU.: *Franz Xaver Kroetz und das beschmutzte Nest.* In: Frankfurter Allgemeine Zeitung, 23. 3. 1976.

Gerd Jäger: *Kann der kleine Mann sich ändern?* In: Theater heute. 1976. Heft 4. S. 18 f.

Jürgen Wahl: *Nestmacher Kroetz in Bonn.* In: Rheinischer Merkur, 2. 4. 1976.

Wilfried Geldner: *Unheimeliges Idyll.* In: epd/Kirche und Rundfunk, 24. 4. 1976. (Zum Hörpsiel.)

Gerd Jäger: *Das Wie erklärt das Was: Kroetz »Das Nest« in Bonn und Freiburg.* In: Theater heute. 1976. Heft 6. S. 52.

Gerd Jäger: *Kroetz spielen in West und Ost.* In: Theater heute. 1976. Heft 11. S. 20 f. (Zur DDR-Fernsehproduktion.)

Clara Menck: *Die Strafe folgt auf dem Fuße.* In: Frankfurter Allgemeine Zeitung, 12. 9. 1979. (Zum Fernsehpsiel.)

Robert Stern: *Heißes Herz.* In: Bühne, Wien. 1985. Heft 11. S. 31.

3.2.27. *Reise ins Glück*

Jürgen Steffan: *Reise ins Glück.* In: Frankfurter Allgemeine Zeitung, 7. 10. 1975. (Zum Hörspiel.)

Annemone Benthues: *Zuversichtliche Trauer.* In: epd/Kirche und Rundfunk, 15. 10. 1975. (Zum Hörspiel.)

Helmut M. Braem: *Die Mutter lacht, das Baby jauchzt.* In: Funk-Korrespondenz, 17. 3. 1976. (Zum Hörspiel.)

Jens Wendland: *Klein, aber fein.* In: Süddeutsche Zeitung, 18. 10. 1976.
Dietmar N. Schmidt: *Gegensteuern.* In: Frankfurter Rundschau, 29. 10. 1976.
Hans-Rainer John: *Kleine Träume – nicht erfüllte Erwartungen.* In: Theater der Zeit. 1977. Heft 8. S. 13 f.
Jürgen Schmidt: *Sich kleinmachen, nicht auffallen.* In: Stuttgarter Zeitung, 3. 11. 1977.
Eva-Elisabeth Fischer: *Ein zwiespältiges Vergnügen.* In: Süddeutsche Zeitung, 7. 11. 1981.

3.2.28. Heimat
Siegfried Diehl: *Wirklichkeit ohne Illusion.* In: Frankfurter Allgemeine Zeitung, 25. 1. 1980. (Zum Fernsehspiel.)
Thomas Thieringer: *Menschen.* In: Süddeutsche Zeitung, 25. 1. 1980. (Zum Fernsehspiel.)
Peter Kurath: *Adressaten- und Wirkungsfrage nicht gelöst.* In: Funk-Korrespondenz, 30. 1. 1980. (Zum Fernsehspiel.)
liv.: *»Heimat« als Scheinheimat.* In: Neue Zürcher Zeitung, 3. 2. 1980. (Zum Fernsehspiel.)
Michael Skasa: *Dem Glück eine Schangse.* In: Süddeutsche Zeitung, 4. 12. 1987.
Cornelie Ueding: *Das Glück als geheimes Thema.* In: Neue Zürcher Zeitung, 4. 12. 1987.
Cornelie Ueding: *Weil sie (k)ein Glück haben.* In: Frankfurter Rundschau, 7. 12. 1987.
Gerhard Jörder: *»Glück ist selten« – eine späte Kroetz-Uraufführung.* In: Theater heute. 1988. H. 1. S. 38–39.

3.2.29. Agnes Bernauer
* Georg Hensel: *Der gute Mensch von Straubing.* In: Frankfurter Allgemeine Zeitung, 11. 5. 1977. Wiederabdruck in: Ders.: *Das Theater der siebziger Jahre.* Stuttgart (DVA) 1980. S. 215–219.
Michael Skasa: *Legende von der heiligen Einfalt.* In: Süddeutsche Zeitung, 12. 5. 1977.
Karl Corino: *Von der neuen Armut.* In: Stuttgarter Zeitung, 13. 5. 1977.
* Rolf Michaelis: *Rotes Märchen mit blauen Augen.* In: Die Zeit, 13. 5. 1977.
Rainer Kerndl: *Hoffnung in die Kraft des Menschlichen.* In: Neues Deutschland, 24. 5. 1977.
Thomas Thieringer: *Agnes und Albrecht hinterm Busch.* In: Frankfurter Rundschau, 24. 5. 1977.
Henning Rischbieter: *Kroetz in der DDR.* In: Theater heute. 1977. Heft 6. S. 43.

Manfred Nössig: *Individueller Protest.* In: Theater der Zeit. 1977. Heft 8. S. 10–12.
Eo Plunien: *Marxistischer Schulfunk.* In: Die Welt, 26. 9. 1977.
Werner Schulze-Reimpell: *Die Skepsis ist revidiert.* In: Stuttgarter Zeitung, 29. 9. 1977.
Ulrich Schreiber: *Ein christlich-soziales Mysterienspiel.* In: Frankfurter Rundschau, 4. 10. 1977.
Hans Schwab-Felisch: *Agnes Bernauer unter Proletariern.* In: Frankfurter Allgemeine Zeitung, 7. 10. 1977.
Dirk H. Fröse: *Wie in Bethlehem.* In: Die Deutsche Bühne. 1977. Heft 11. S. 24.
Christoph Müller: *Keine Kontur gewonnen: »Agnes Bernauer« von Kroetz am Tübinger LTT.* In: Theater heute. 1978. Heft 4. S. 60.

3.2.30. *Wer durchs Laub geht…*
Peter Iden: *Eine Frau, unterwegs zu sich selbst.* In: Frankfurter Rundschau, 31. 1. 1981.
Jens Wendland: *Emanzipation per Tagebuch.* In: Süddeutsche Zeitung, 31. 1. 1981.
Uwe Schultz: *Episoden der Metzgerin.* In: Stuttgarter Zeitung, 2. 2. 1981.
Jochen Hieber: *Eine neue Martha in der alten Metzgerei von Kroetz.* In: Theater heute. 1981. Heft 3. S. 56.
C. Bernd Sucher: *Kroetzsche Fundsachen.* In: Süddeutsche Zeitung, 1. 10. 1982.

3.2.31. *Jumbo-Track*
Thomas Thieringer: *Ein Kroetz mit Disco-Sound.* In. Süddeutsche Zeitung, 29. 4. 1983.

3.2.32. *Mensch Meier*
* Jochen Schmidt: *Marthas Menschwerdung.* In: Frankfurt Allgemeine Zeitung, 25. 9. 1978.
Thomas Thieringer: *Hoffnungslos zum Lernen verdammt.* In: Süddeutsche Zeitung, 25. 9. 1978.
Eo Plunien: *Gott sei Dank, wir sind nicht so…* In: Die Welt, 25. 9. 1978.
Otto F. Riewoldt: *Ottos Welt bricht entzwei.* In: Kölner Stadt-Anzeiger, 27. 9. 1978.
Ulrich Schreiber: *Fünfhundertfünfundzwanziger aus dem Chiemgau.* In: Frankfurter Rundschau, 28. 9. 1978.
* Benjamin Henrichs: *Mensch Kroetz.* In: Die Zeit, 29. 9. 1978.
E. R. Dallontano: *Der Verlierer Meier.* In: Rheinischer Merkur, 29. 9. 1978.

Christoph Müller: *Kroetz zwischen Boulevard und Bankhaussaal.* In: Theater heute. 1978. Heft 11, S. 20–26.
Michael Skasa: *Kroetz – der Tschechow einer anderen Klasse?* In: Theater heute. 1978. Heft 11. S. 23 f.
Dirk H. Fröse: *Alle müssen lernen.* In: Die Deutsche Bühne. 1978. Heft 11. S. 46.
wg.: *»Mensch Meier«.* In: Neue Zürcher Zeitung, 6. 2. 1979.
Bruno Hitz. *Der Weg der Wünsche.* In: Die Weltwoche, 6./7. 2. 1980.
Sabine Heymann: *Szenen einer Arbeiterehe.* In: Frankfurter Rundschau, 8. 2. 1980.
Manfred Linzer: *Schweriner Neuigkeiten.* In: Theater der Zeit. 1980. Heft 3. S. 10–11.
Ned Chaillet: *Seasoned explorers of strange lands.* In: Times, 30. 6. 1980.
Sabine Heymann: *Vom langsamen Versiegen der Hoffnung.* In: Frankfurter Rundschau, 28. 10. 1980.
Uwe Wittstock: *Wie das Arbeitsleben so spielt.* In: Frankfurter Allgemeine Zeitung. 30. 3. 1982. (Zum Fernsehspiel.)
Erasmus Schöfer: *Aktualität gewonnen.* In: Unsere Zeit. 30. 3. 1982. (Zum Fernsehspiel.)
Karl H. Karst: *Zappelnde Marionetten.* In: epd/Kirche und Rundfunk, 7. 4. 1982. (Zum Fernsehspiel.)
Ernst Schumacher: *Mensch Meier: Mensch Arbeiter.* In: Berliner Zeitung, DDR, 26./27. 4. 1986.
Gerhard Ebert: *Gefangen in einem Netz von Illusionen.* In: Neues Deutschland, 29. 4. 1986.

3.2.33. Der stramme Max

* Otto F. Riewoldt: *Strammer Max schlafft ab.* In: Kölner Stadt-Anzeiger. 24./25. 6. 1980.
Horst Ziermann: *Weizen und leeres Stroh.* In: Die Welt, 27. 5. 1980.
Jochen Schmidt: *Ein skeptischer strammer Max.* In: Frankfurter Allgemeine Zeitung, 28. 5. 1980.
Werner Schulze-Reimpell: *Krise eines Arbeiters.* In: Stuttgarter Zeitung, 28. 5. 1980.
* Ulrich Schreiber: *Ein Mann dreht und sieht durch.* In: Frankfurter Rundschau, 30. 5. 1980.
Wolfgang Ruf: *Ein Skeptiker macht Gebrauchstheater.* In: Deutsches Allgemeines Sonntagsblatt, 1. 6. 1980.
Michael Skasa: *Der stramme Max.* In: Theater heute. Heft 7. S. 20 f.
dh.: *Krise einer Partnerschaft.* In: Norddeutsche Zeitung, Rostock, 22. 12. 1980.
Manfred Zelt: *Neues im Norden.* In: Theater der Zeit. 1981. Heft 3. S. 26–28.

3.2.34 *Nicht Fisch nicht Fleisch*

Georg Hensel: *Raus aus der Sackgasse, rein ins Leben:* In: Frankfurter Allgemeine Zeitung, 2. 6. 1981.

Heinrich Vormweg: *Wenn aus Typen Ideen werden.* In: Süddeutsche Zeitung, 2. 6. 1981.

Theo Girshausen: *Veränderte Bedingungen.* In: Stuttgarter Zeitung, 2. 6. 1981.

Lothar Schmidt-Mühlisch: *Mit Teddy und Marx zum Fotosatz.* In: Die Welt, 2. 6. 1981.

R. M. (= Rolf Michaelis): *Phantastisches Zeitstück.* In: Die Zeit, 5. 6. 1981.

Sibylle Wirsing: *Der Walfänger auf Zierfischfang.* In: Frankfurter Allgemeine Zeitung, 5. 6. 1981.

Gerhard Stadelmeier: *Der Gesang der Wale.* In: Stuttgarter Zeitung, 5. 6. 1981.

Friedrich Luft: *Ein Regisseur traut dem Autor nicht.* In: Die Welt, 5. 6. 1981.

Günther Grack: *Eine gute Sache, ein dummer Schluß.* In: Der Tagesspiegel, Berlin, 5. 6. 1981.

Irene Böhne: *Das Exemplarische am Alltag.* In: Süddeutsche Zeitung, 6./7./8. 6. 1981.

Anonym: *Das Blei des Setzers.* In: Der Spiegel, 8. 6. 1981.

Ulrich Schreiber: *Zuerst sehr genau, später weniger.* In: Frankfurter Rundschau, 10. 6. 1981.

Roland H. Wiegenstein: *Kaum eine Chance für Peter Stein.* In: Frankfurter Rundschau, 10. 6. 1981.

Rolf Michaelis: *Traumspiel von der Wirklichkeit.* In: Die Zeit, 12. 6. 1981.

Heinz Klunker: *Äffische Zeiten.* In: Deutsches Allgemeines Sonntagsblatt, 14. 6. 1981.

Wolfgang Ruf: *Die Frauen beherrschen den aufrechten Gang.* In: Deutsche Volkszeitung, 25. 6. 1981.

Henning Rischbieter: *Vom Druck auf den Durchschnitt und vom Drang, auszubrechen.* In: Theater heute. 1981. Heft 7. S. 1–5.

Wolfgang Platzeck: *Orwell.* In: Die Deutsche Bühne. 1981. Heft 7, S. 40.

Caroline Neubauer: *Stottern.* In: Die Deutsche Bühne. 1981. Heft 7. S. 40 f.

C. V.: *Weder – noch.* In: Neue Zürcher Zeitung, 24. 10. 1981.

Christoph Müller: *Shakespeare »Othello« und Kroetz »Nicht Fisch nicht Fleisch«.* In: Theater heute. 1981. Heft 11. S. 60.

Horst Köpke: *Ein Wertkonservativer, der das Blei liebt.* In: Frankfurter Rundschau, 8. 1. 1982.

Henning Rischbieter: *Durchsicht auf den Druck.* In: Theater heute. 1982. Heft 7. S. 24 f.

Michael Skasa: *Fische in der Luft: Schlaraffenland.* In: Süddeutsche Zeitung, 18. 10. 1983.
Hans Krieger: *Das Scheitern an Lebensangst.* In: Nürnberger Nachrichten, 18. 10. 1983.
Hans Bertram Bock: *Jenseits der Vernunft:* In: Nürnberger Nachrichten, 6. 12. 1983.
Michael Skasa: *Alltag im Kopfstand. Kroetz inszeniert Kroetz' »Nicht Fisch nicht Fleisch«.* In: Theater heute. 1983. Heft 12. S. 13 f.
Michael Skasa: *Nach Kroetz die Sintflut.* In: Süddeutsche Zeitung, 30. 12. 1983.
Helmut Schmitz: *Edgars und des Ypsilon Fall.* In: Frankfurter Rundschau, 25. 1. 1985.
Hans Chiout: *Bis zur letzten Konsequenz.* In: Frankfurter Rundschau, 28. 11. 1985.
Thomas Thieringer: *Ein hartes Stück Arbeit.* In: Süddeutsche Zeitung, 3. 2. 1986.

3.2.35. Furcht und Hoffnung der BRD
Georg Hensel: *Der gekreuzigte Arbeitslose.* In: Frankfurter Allgemeine Zeitung, 30. 1. 1984.
Wolfgang Ignée: *Umgang mit die Menscher.* In: Stuttgarter Zeitung, 30. 1. 1984.
Lothar Schmidt-Mühlisch: *Einen Arbeitslosen streiken gesehen.* In: Die Welt, 30. 1. 1984.
Ulrich Schreiber: *Furcht und Hoffnung.* In: Frankfurter Rundschau, 31. 1. 1984.
Günter Engelhard: *Konterfei tödlicher Langeweile.* In: Die Weltwoche, Zürich, 2. 2. 1984.
Heinrich Vormweg: *Nicht Fisch, nicht Fleisch.* In: Süddeutsche Zeitung, 3. 2. 1984.
Benjamin Henrichs: *Mut und Elend des Franz Xaver Kroetz.* In: Die Zeit, 3. 2. 1984.
Günter Engelhard: *Es kreist die Nervensäge.* In: Rheinischer Merkur/Christ und Welt, 3. 2. 1984.
Wolfgang Ruf/Heinz Klunker: *Arbeitslos – und mehr als die Arbeit los.* In: Deutsches Allgemeines Sonntagsblatt, 5. 2. 1984.
Fritz Wolf: *Lauter kleine Endspiele.* In: Deutsche Volkszeitung/die tat, 10. 2. 1984.
Henning Rischbieter: *Vom Leid der Arbeitslosigkeit.* In: Theater heute. 1984. Heft 3. S. 28–30.
Dirk H. Fröse: *Theater der Arbeitslosigkeit.* In: Die Deutsche Bühne. 1984. Heft 3. S. 17 f.
Verena Auffermann: *Bundesdeutsches Elend – glanzlos und grausam.* In: Theater heute. 1984. Heft 9, S. 47.

Wolfgang Ignée: *Wer hofft hier worauf?* In: Stuttgarter Zeitung, 29. 4. 1985.

3.2.36. Der Weihnachtstod

Thomas Thieringer: *Moral in reinem Raum.* In: Süddeutsche Zeitung, 20./21. 12. 1986.

Armin Eichholz: *Bayerisches Requiem zur Weihnachtszeit.* In: Münchner Merkur, 20./21. 12. 1986.

Renate Schostack: *Maria und Josef im Bayernland.* In: Frankfurter Allgemeine Zeitung, 22. 12. 1986.

Armin Eichholz: *Auf der Suche nach der Pension Gerz.* In: Die Welt, 22. 12. 1986.

Elisabeth Eleonore Bauer: *Hat Schimmerlos nichts mehr zu fressen?* In: taz, 22. 12. 1986.

Helmut Schödel: *Bethlehem in Bayern.* In: Die Zeit, 26. 12. 1986.

Barbara Schmitz-Burckhardt: *Nähe auf Distanz.* In: Frankfurter Rundschau, 27. 12. 1986.

Friedrich Kraft: *Unrecht haben alle.* In: Deutsches Allgemeines Sonntagsblatt, 28. 12. 1986.

Wolfgang Ruf: *Szenen aus dem deutschen Mief.* In: Die Deutsche Bühne. 1987. Heft 2. S. 21–23.

Michael Skasa: *Dem Glück eine Schangse:* In: Süddeutsche Zeitung, 4. 12. 1987.

3.2.37. Bauern sterben

Eva-Elisabeth Fischer: *Kroetz stellt seine Wunden aus.* In: Süddeutsche Zeitung, 11. 6. 1985.

Armin Eichholz: *Bauern-Passion, die auch Nerven kostet.* In: Münchner Merkur, 11. 6. 1985.

Gerhard Stadelmaier: *Blut spritzt, Boden brodelt.* In: Stuttgarter Zeitung, 11. 6. 1985.

Renate Schostack: *Landshut am Ganges.* In: Frankfurter Allgemeine Zeitung, 12. 6. 1985.

Manfred Seiler: *Und in der alten Heimat die Gräber der Eltern.* In: Die Weltwoche, 13. 6. 1985.

Wolfgang Schreiber: *Passion der Grausamkeit.* In: Neue Zürcher Zeitung, 14. 6. 1985.

Benjamin Henrichs: *Kroetz voll Blut und Wunden.* In: Die Zeit, 14. 6. 1985.

Barbara Schmitz-Burckhardt: *Gewalttätige Bilder des Schreckens.* In: Frankfurter Rundschau, 15. 6. 1985.

Günter Engelhard: *Totentanz zur Schmerzgrenze.* In: Rheinischer Merkur/Christ und Welt, 15. 6. 1985.

Rea Brändle: *»Ich will aufs Titelblatt, nicht ins Feuilleton«.* In: Tages-Anzeiger, Zürich, 18. 6. 1985.

Friedrich Kraft: *Dumpfe Trauer und ein stummer Christ.* In: Deutsches Allgemeines Sonntagsblatt, 23. 6. 1985.
Peter von Becker: *Die Stadt, das Land und der Tod.* In: Theater heute. 1985. Heft 7. S. 22–27.
Babette Raitmayr: *»Bluad und Milli«.* In: Bühne, Wien. 1985. Heft 7. S. 102–103.
Peter von Becker: *Die Obszönität der Wirklichkeit. Zur Erregung über Franz Xaver Kroetz.* In: Frankfurter Rundschau, 3. 7. 1985.
Hannes S. Macher: *Parabel über die Angst.* In: Literatur in Bayern. 1985. Heft 2. S. 14–15.
Herbert Glossner: *Bilderbogen aus der Fremde.* In: Deutsches Allgemeines Sonntagsblatt, 8. 12. 1985.
Hellmuth Karasek: *Der tote Christus im Münchner Exil.* In: Der Spiegel, 9. 12. 1985.
Anette Rupprecht: *Blut und Scheiße:* In: taz, 10. 12. 1985.
Peter Iden: *Kleine Leute – großes Elend.* In: Frankfurter Rundschau, 13. 12. 1985.
Wend Kässens: *Exzessiv, groß, grob, naiv – sehenswert.* In: Theater heute. 1986. Heft 1. S. 49–50.
Herbert Rosendorfer: *Antisemitismus und bayerische Innigkeit.* In: Die Weltwoche, 16. 1. 1986.
mw.: *Bluad, Schdod, Heimat – und Kroetz.* In: Neue Zürcher Zeitung, 27. 2. 1987.

3.2.38. Der Nusser

Michael Skasa: *Totgeburten aus Novembernächten.* In: Süddeutsche Zeitung, 17. 3. 1986.
Gert Gliewe: *Von der Kolportage zum großen Erlösungsspiel.* In: Abendzeitung, München, 17. 3. 1986.
Georg Hensel: *Ein Verschnitt.* In: Frankfurter Allgemeine Zeitung, 17. 3. 1986.
Hellmuth Karasek: *Vom Hinkemann zum Nusser.* In: Der Spiegel, 17. 3. 1986.
Barbara Schmitz-Burckhardt: Ein Unding von Stück. In: Frankfurter Rundschau, 21. 3. 1986.
Helmut Schödel: *Der fliegende Hinkemann.* In: Die Zeit, 21. 3. 1986.
Friedrich Kraft: *Kriege und ihre Helden.* In: Deutsches Allgemeines Sonntagsblatt, 23. 3. 1986.
Christian Döring: *Tanz um's Göttliche Geschlecht.* In: taz, 29. 3 1986.
Peter von Becker: *Kroetz' »Der Nusser«: im Falschen noch das Richtige.* In: Theater heute. 1986. Heft 7. S. 25.
Rudolf Helmstetter: *Politische Wirkung im Theater ist eine Frage der Ästhetik.* In: Theater heute. 1986. Heft 7. S. 53–54.

3.2.39. Zeitweh

Siegmund Kopitzki: *Der Dichter an der Flasche.* In: Südkurier, Konstanz, 15. 4. 1988.

Gerhard Mack: *Der Spinat des Dichters.* In: Stuttgarter Zeitung, 19. 4. 1988.

Gerhard Jörder: *Der Dichter als armes Schwein.* In: Badische Zeitung, 21. 4. 1988.

Michael Töteberg: *Einsichten durch Selbstbetrug.* In: Deutsche Volkszeitung/die tat, 29. 4. 1988.

3.2.40. Oblomow oder Der Freund der Leidenschaften (Zweite Fassung)

Wolfgang Höbel: *Der Schlaf der Vernunft gebiert Bleiernes.* In: Süddeutsche Zeitung, 7. 3. 1989.

Renate Schostack: *Wer weiß, was das Gute ist.* In: Frankfurter Allgemeine Zeitung, 7. 3. 1989.

Ingrid Seidenfaden: *Tödliche Wonnen des Nichtstuns.* In: Abendzeitung, München, 7. 3. 1989.

Lothar Schmidt-Mühlisch: *Warum das Bett verlassen? Das ist die Welt nicht wert.* In: Die Welt, 7. 3. 1989.

Manfred Seiler: *Fluchtbewegung.* In: Rheinischer Merkur/Christ und Welt, 10. 3. 1989.

Barbara Schmitz-Burckhardt: *Der verlorene Optimismus.* In: Frankfurter Rundschau, 15. 3. 1989.

3.3. Rezensionen

3.3.1. Zu: Gesammelte Stücke (1976)

Thomas Zenke: *Von der Wirklichkeit belehrt.* In: Frankfurter Allgemeine Zeitung, 10. 1. 1976.

3.3.2. Zu: Weitere Aussichten ... (1976)

Peter F. Schütze: *Die Mühen des Stückeschreibers.* In: Deutsche Volkszeitung, 25. 11. 1976.

Jürgen P. Wallmann: *Dem eigenen Werk nicht gewachsen.* In: Rheinischer Merkur, 26. 11. 1976. Wiederabdruck in: die horen. 1977. Heft 105. S. 138–140.

Georg Hensel: *Weitere Aussichten: wechselhaft.* In: Frankfurter Allgemeine Zeitung, 15. 1. 1977.

Horst Tim Lehner: *Liebe zu den Heimarbeitern.* In: Deutsche Zeitung, 25. 3. 1977.

Heinz Ludwig Arnold: *Impulse für die Bühne aus der bayerischen Provinz.* In: Deutsches Allgemeines Sonntagsblatt, 3. 4. 1977.

3.3.3. Chiemgauer Gschichten (1977)

Monika Sperr: *»Sondern wegn dem Interesse«*. In: Deutsche Volkszeitung, 13. 10. 1977.

Jens Jessen: *Laß dir doch mal von der Wirklichkeit helfen.* In: Frankfurter Allgemeine Zeitung, 22. 11. 1977.

Herbert Riehl-Heyse: *Den Chiemgauern aufs Maul g'schaut.* In: Süddeutsche Zeitung, 1. 12. 1977.

Rainer Lewandowski: *Chiemgauer Gschichten.* In: Die Zeit, 31. 3. 1978.

Rolf Wiggershaus: *Protokolle.* In: Frankfurter Rundschau, 4. 4. 1978.

Franz Schonauer: *Was Volkes Stimme (nicht) zu sagen hat.* In: Der Tagesspiegel, Berlin, 7. 5. 1978.

3.3.4. Der Mondscheinknecht

Armin Eichholz: *Acht Kapitel einer Schicksalscollage.* In: Die Welt, 14. 10. 1981.

Ulrich Weinzierl: *Jenseits der Pietät.* In: Frankfurter Allgemeine Zeitung, 7. 11. 1981.

* Stephan Reinhardt: *Im Blut seiner Niederlagen.* In: Nürnberger Nachrichten 5./6. 12. 1981.

Michael Töteberg: *Die Geschichte einer Ausstoßung.* In: die tat, Frankfurt/Main, 25. 12. 1981.

* Wilfried F. Schoeller: *Passionsgeschichte des Außenseiters. Wessen?* In: Frankfurter Rundschau, 2. 1. 1982.

* Günther Schloz: *In der Haut eines Behinderten.* In: Süddeutsche Zeitung, 23./24. 1. 1982.

Anton Krättli: *Spurensicherung als Widerstand.* In: Neue Zürcher Zeitung, 5. 2. 1982.

Oskar Neumann: *Ich habe den Willen, am Leben zu bleiben.* In: Deutsche Volkszeitung, 3. 4. 1982.

3.3.5. Der Mondscheinknecht. Fortsetzung

Jürgen P. Wallmann: *Schwierigkeiten mit der Dirne.* In: Hannoversche Allgemeine Zeitung, 8./9. 10. 1983. Ebenfalls in: Rheinischer Merkur/Christ und Welt, 13. 1. 1984.

Uwe Wittstock: *Liebe als Gebrauchswert.* In: Frankfurter Allgemeine Zeitung, 11. 10. 1983.

Stephan Reinhardt: *Hunger nach Zärtlichkeit.* In: Nürnberger Nachrichten, 18. 10. 1983. Ebenfalls in: Frankfurter Rundschau, 26. 11. 1983.

Günther Schloz: *Love-Story mit Erniedrigten.* In: Süddeutsche Zeitung, 19./20. 11. 1983.

Helga Schultheiß: *Kummer und Wut im Herzen.* In: Nürnberger Zeitung, 23. 11. 1983.

Otto Riewoldt: *Mein ist die Rache.* In: Deutsche Volkszeitung/die tat, 25. 11. 1983.

Armin Ayren: *Sind wir alle Behinderte?* In: Stuttgarter Zeitung, 18. 2. 1984.
Beatrice von Matt: *Sprachwut und Sprachlosigkeit.* In: Neue Zürcher Zeitung, 2. 3. 1984.
Michael Ackermann: *Unsere vielfachen Behinderungen.* In: Kommune. Frankfurt/Main 1984. Heft 3. S. 59–61.
Inge Meidinger-Geise: *Das geile Grausen.* In: Frankfurter Hefte. 1984. Heft 4. S. 73.
* Bernd Wilms: *Schreiben gegen die Angst.* In: Die Zeit, 13. 4. 1984.
Gerd-J. Schwennsen: *Die alte Widerborstigkeit.* In: Deutsches Allgemeines Sonntagsblatt, 27. 10. 1985.

3.3.6. Frühe Prosa/Frühe Stücke
Helmut Schödel: *Franz Xaver Kroetz: Frühe Prosa/Frühe Stücke.* In: Die Zeit, 11. 11. 1983.
Otto Riewoldt: *Mein ist die Rache.* In: Deutsche Volkszeitung/die tat, 25. 11. 1983.
Gerd-J. Schwennsen: *Weit entfernt von seinen Anfängen.* In: Deutsches Allgemeines Sonntagsblatt, 1. 4. 1984.

3.3.7. Nicaragua Tagebuch
Herbert Glossner: *Kroetz pur.* In: Deutsches Allgemeines Sonntagsblatt, 16. 3. 1986.
Herbert Steigerwald: *Ein Arschloch in Managua.* In: Tempo. 1986. Heft 4. S. 100.
Helga Schultheiß: *Der Scribero aus Bavaria.* In: Nürnberger Zeitung, 26. 4. 1986.
Jürgen Jacobs: *Langer Brief an Mutti.* In: Frankfurter Allgemeine Zeitung, 17. 5. 1986.
Sjaak Onderdelinden: *Franz Xaver Kroetz: Nicaragua Tagebuch.* In: Deutsche Bücher. 1987. Heft 1, S. 31–32.

3.4. Meldungen, Berichte, Kommentare

Benjamin Henrichs: *Schlecht gebrüllt, Kroetz.* In: Süddeutsche Zeitung, 6. 10. 1971. (Zum Interview mit Manfred Lütgenhorst.)
Thomas Thieringer: *Streit zwischen Autor und Regisseur.* In: Frankfurter Rundschau, 14. 3. 1973. (Auseinandersetzung Kroetz–Fassbinder um die Verfilmung von *Wildwechsel.*)
Anonym: *Sünde und Schande.* In: Der Spiegel, 2. 7. 1973. (Tiroler Schulskandal um *Stallerhof*-Lektüre.)
* Helmut Markwort: *Kommunisten-Trick im ZDF.* In: Gong, Heft 16/1973. (Zur *Oberösterreich*-Aufzeichnung und anschließender Diskussion.)
Hans Joachim Noack: *Nach dem Gongschlag Krach mit Kroetz.* In: Frankfurter Rundschau, 26. 4. 1973. (Zu ebd.)

Hellmuth Karasek: *Ein Trick der Kommunisten.* In: Die Zeit, 4. 5. 1973. (Zu ebd.)

Manfred Delling: *Mainzer Hofsänger. Das ZDF und die kommunistischen Unterwanderer: Lehrstück ohne Lehre.* In: Deutsches Allgemeines Sonntagsblatt, 6. 5. 1973. (Zu ebd.)

Günter Engelhard: *Geht Fressen vor Freiheit? Ein Autor weigert sich, für Sacharow zu protestieren.* In: Christ und Welt, 21. 9. 1973.

Vom »Gong« zu Georg Kronawitter oder: Denunzianten gegen Demokraten. In: kürbiskern. 1974. Heft 2. S. 164 ff.

T. T. (= Thomas Thieringer): *Im Wildwechsel«-Streit gewinnt Kroetz gegen Fassbinder.* In: Frankfurter Rundschau, 24. 12. 1974.

Sei (= Hans-Georg Seidel): *Freiwild.* In: Stuttgarter Zeitung, 13. 12. 1975. (Zu ebd.)

dpa: *Hundhammer protestiert gegen Kroetz-Stück.* In: Münchner Merkur, 10. 12. 1976.

Helmut Lölhöffel: *Kroetz und die DKP.* In: Süddeutsche Zeitung, 22. 3. 1976.

uth Henry: *Die Kroetz-Pioniere aus der Normandie.* In: Frankfurter Rundschau, 23. 3. 1976. (Zur Kroetz-Rezeption in Frankreich.)

Christoph Lindenmeyer: *Kroetz über Brecht = Kroetz über Kroetz.* In: Die Deutsche Bühne. 1976. Heft 10. S. 9. (Zur Brecht-Rede.)

Volker Hage: *Handke und Kroetz – ein Schaukampf.* In: Frankfurter Allgemeine Zeitung, 7. 12. 1976. (Zur Fernsehsendung »Litera-Tour III«.)

Marcel Reich-Ranicki: *Geht es Poeten zu gut? Zu einem Vortrag von Franz Xaver Kroetz.* In: Frankfurter Allgemeine Zeitung, 2. 5. 1979.

Peter Roos: *Ist Kroetz verbogen?* In: Stuttgarter Nachrichten, 30. 6. 1979. (Zu ebd.)

dpa: *Lüneburgs Intendant verbietet bei Kroetz-Stück Nacktauftritt.* In: Frankfurter Rundschau, 2. 10. 1979.

Roman Arens: *Kroetz verläßt die DKP.* In: Frankfurter Rundschau, 7. 5. 1980. (Mit Stellungnahmen von Martin Walser und Günter Herburger.)

Anonym: *Mensch Kroetz. Der Autor verläßt die DKP.* In: Süddeutsche Zeitung, 7. 5. 1980.

M. R.-R. (= Marcel Reich-Ranicki): *Der Fall Kroetz.* In: Frankfurter Allgemeine Zeitung, 8. 5. 1980. (Zu ebd.)

* Georg Polikeit: *Vom »kleineren Übel« und vom Klassenkampf.* In: Unsere Zeit, 9. 5. 1983. (DKP-Stellungnahme zum Austritt.)

* Thomas Thieringer: *Parteinahme eines Dramatikers.* In: Deutsches Allgemeines Sonntagsblatt, 18. 5. 1980. (Zu ebd.)

cbs (= C. Bernd Sucher): *Streit um Kroetz-Stück im Münchner Marstall.* In: Süddeutsche Zeitung, 16. 10. 1980.

Thomas Ross: *Kroetz in Kalkutta. Der Stückeschreiber aus Bayern macht neue Erfahrungen in Indien.* In: Frankfurter Allgemeine Zeitung, 14. 11. 1981.

Rolf Hochhuth: *Kein Geld – kein Kroetz.* In: Die Weltwoche, 24. 3. 1982. (Tantieme-Auseinandersetzungen.)
gesta (= Gerhard Stadelmaier): *Der Dichter wendet sich mit Grausen.* In: Stuttgarter Zeitung, 15. 1. 1983. (Zum VS-Austritt.)
Peter Dittmar: *Kroetz contra links.* In: Die Welt, 17. 1. 1983. (Zum VS-Austritt.)
Kurt Bartsch: *Oberammergauer Endspiel. Nach Franz Xaver Kroetz.* In: Ders.: *Die Hölderlinie.* Berlin (Rotbuch 277) 1983. S. 31 f. (Parodie)
Joseph Berlinger: *Wer durchs Laub geht, raschelt.* In: Ders.: *F. C. Delius gegen H. C. Artmann.* München (Brehm) 1984. S. 82–85. (Parodie)
Kammerspiele: »Setzt die Schweinerei ab!« In: Bild, München, 11. 6. 1985. (Zu: *Bauern sterben.*)
dpa: *»Bauern sterben«. Kroetz antwortet.* In: Frankfurter Allgemeine Zeitung, 6. 7. 1985.
Kroetz ins Irrenhaus. In: taz, 18. 12. 1985.
CSU-Fraktion gegen Kroetz-Stück. In: Süddeutsche Zeitung, 20. 12. 1985. (Zu: *Bauern sterben.*)
rhy. (= Herbert Riehl-Heyse): *Kroetz, CSU und die Juden.* In: Süddeutsche Zeitung, 21./22. 12. 1985.
Wos (= Wolfram Schütte): *Wenn Zensoren bitten ...* In: Frankfurter Rundschau, 23. 12. 1985.
Sam Ben-Jaakow: *Kroetz in Israel.* In: Frankfurter Rundschau, 22. 4. 1986.
dpa: *»Konservative Aktion« stört bei Peter Zadek.* In: Frankfurter Rundschau, 2. 5. 1986. (Zu: *Bauern sterben.*)
Sam Ben-Jaakow: *Fünfmal Kroetz in Israel.* In: Frankfurter Rundschau, 26. 7. 1986.
Yvonne Viehöver: *Franz Xaver Kroetz.* In: Stern. Beilage: TV-Magazin. 1986. Heft 39. (Porträt)
Hans Dräxler: *Der echte Kroetz.* In: Quick. 1986. Heft 40. (Porträt)
Thomas Thieringer: *Warum immer nur Bauern und Proleten spielen? Was für Franz Xaver Kroetz die Rolle des Baby Schimmerlos in »Kir Royal« bedeutet.* In: Frankfurter Rundschau, 20. 10. 1986.
Georg Hensel: *Weißblau, rautiert.* In: Frankfurter Rundschau, 29. 10. 1986. (Zu: *Kir Royal.*)
Marcel Reich-Ranicki: *Deutsche Leiden.* In: Frankfurter Allgemeine Zeitung, 17. 12. 1986. (Zu: Fernseh-Interview mit Günter Gaus.)
Willi Winkler: *Ich, der Kroetz.* In: Die Zeit, 19. 12. 1986. (Zu: ebd.)
Manfred Bieler: *Walhalla.* Hamburg (Hoffmann und Campe) 1988. S. 141–143. (Parodie)
Ingrid Zahn: *Wer laut bellt, beißt nicht. Zur Teestunde bei Franz Xaver Kroetz.* In: Rheinischer Merkur/Christ und Welt, 22. 4. 1988.
Willi Winkler: *Der Dichter als Radfahrer.* In: Die Zeit, 30. 9. 1988.

Franz Xaver Kroetz
Stücke I–IV

Vierbändige Ausgabe seiner Theaterstücke
46 Dramen, darunter fünf unveröffentlichte Werke

Stücke I

Opus eins für Schreibmaschine, Theater, Natur und einen Maserati · Als Zeus zum letzten Mal kam oder: Die Nacht der weißen Segel · Hilfe, ich werde geheiratet! · In memoriam Günther Oppermann · Wildwechsel · Der Soldat · Heimarbeit · Michis Blut · Männersache · Stallerhof · Geisterbahn · Lieber Fritz · Dolomitenstadt Lienz · Globales Interesse

st 1677. 496 Seiten. ISBN 3-518-38177-6

Stücke II

Hartnäckig · Der Mensch Adam Deigl und die Obrigkeit · Oberösterreich · Herzliche Grüße aus Grado · Bilanz · Gute Besserung! · Maria Magdalena · Ein Mann ein Wörterbuch... · Die Wahl fürs Leben · Münchner Kindl · Schwarzer Sonntag · Verfassungsfeinde

st 1678. 432 Seiten. ISBN 3-518-38178-4

Stücke III

Sterntaler · Das Nest · Reise ins Glück · Wunschkonzert · Weitere Aussichten... · Milde Sorte · Heimat · Agnes Bernauer · Wer durchs Laub geht... · Jumbo-Track · Mensch Meier · Der stramme Max

st 1679. 560 Seiten. ISBN 3-518-38179-2

Stücke IV

Nicht Fisch nicht Fleisch · Furcht und Hoffnung der BRD · Der Weihnachtstod · Bauern sterben · Der Nusser · Zeitweh · Der Dichter als Schwein · Oblomow oder Der Freund der Leidenschaften

st 1680. 656 Seiten. ISBN 3-518-38180-6